2025
中国水利发展报告

中华人民共和国水利部 编

中国水利水电出版社
www.waterpub.com.cn
·北京·

图书在版编目（CIP）数据

2025中国水利发展报告 / 中华人民共和国水利部编. 北京：中国水利水电出版社，2025. 3. -- ISBN 978-7 -5226-3333-6

Ⅰ. F426.9

中国国家版本馆CIP数据核字第202522M6H9号

书　名	**2025 中国水利发展报告** 2025 ZHONGGUO SHUILI FAZHAN BAOGAO
作　者	中华人民共和国水利部　编
出版发行	中国水利水电出版社 （北京市海淀区玉渊潭南路1号D座　100038） 网址：www.waterpub.com.cn E-mail: sales@mwr.gov.cn 电话：（010）68545888（营销中心）
经　售	北京科水图书销售有限公司 电话：（010）68545874、63202643 全国各地新华书店和相关出版物销售网点
排　版	中国水利水电出版社微机排版中心
印　刷	天津嘉恒印务有限公司
规　格	170mm×240mm　16开本　35.25印张　541千字
版　次	2025年3月第1版　2025年3月第1次印刷
印　数	0001—2000册
定　价	**188.00元**

凡购买我社图书，如有缺页、倒页、脱页的，本社营销中心负责调换

版权所有·侵权必究

《2025中国水利发展报告》编委会

主　　任	朱程清
副 主 任	吴文庆
委　　员	唐　亮　张祥伟　陈大勇　张　洁　郭海东　华明广 于琪洋　蒋　牧　尚文全　张文许　陈姚文　程张 莫　沫　倪文进　谭　民　许海平　金　王厚浓 林祚顶　阮利民　李尚　王钱根平　吴建华 孙振隆　王　凯　刘祥峰　乔幼锋　乔 李国英　陈茂道延　营幼群　杨 王　丽　吴道延 吴小龙　张延
主　　编	朱程清
副 主 编	吴文庆　唐　亮　张祥伟　陈茂山　营幼峰
编写组组长	陈茂山
副 组 长	王　凯　乔根平　吴浓娣　王　丽
执行负责人	庞靖鹏　张闻笛　王　璐　陈佳川
编写组成员	庞靖鹏　张闻笛　王　璐　陈佳川　康　健 李贶家　徐春毅　张岳峰　王浩宇　胡邈超 张光锦　刘　洁　王健宇　张新龙　马怡曼 赵春红　王　兹　王成　曹伟鲁　秦潘宁 张贤瑜　殷海波　叶莉莉　蒋传彤　杨曼 张雅文　王梓瑄　王文佳　陈雨磊　晓蔡洁 董青凡　李位鑫萌　张高丽华　陈晓磊　黄昊 王　陆超　丁昊宁　郭娜朋　严婷婷　李发鹏 郎劢贤　王亦聪　夏创　李　戴向前 张　琦　李聪慧萌　刘佳怡　王　丽　秦国帅 郭利颖　张慧萌　王佳怡
责任编辑	王　璐　张闻笛　陈佳川　康　健　李贶家 徐春毅

前 言

2024年是新中国成立75周年，是习近平总书记发表保障国家水安全重要讲话10周年。一年来，习近平总书记多次主持召开会议研究部署水利工作，就黄河流域生态保护和高质量发展、长江经济带发展、水安全保障、防汛抗旱等作出一系列重要讲话指示批示，为做好水利工作指明了前进方向、提供了根本遵循。《习近平关于治水论述摘编》出版发行，为进一步凝聚全党全社会治水共识和行动提供了权威论著。

2024年，在以习近平同志为核心的党中央坚强领导下，各级水利部门克难奋进、真抓实干，在多重挑战、多种考验下推动水利高质量发展、保障我国水安全取得重大进展。水旱灾害防御夺取新胜利，成功战胜了大江大河洪水和部分地区严重旱情，最大程度保障了人民群众生命财产安全，为我国粮食产量首次突破1.4万亿斤贡献了水利力量。水利建设投资连续3年突破万亿，再创历史新高，黄河古贤等一批标志性战略性重大工程开工建设，有效发挥了稳增长、稳就业重要作用。"两手发力"取得新突破，水利投融资、用水权交易、水资源费改税、合同节水管理、水土保持生态产品价值实现机制等领域改革取得跨越性重大进展。

一年来，各项水利工作都取得新进展新成效，水利高质量发展迈出新步伐。水利工程运行管理水平不断提高，现代化水库运行管理矩阵全国平台基本建成，水利安全生产风险管控"六项机制"全面推进；水资源刚性约束制度加快落实，建立取用水监管和信用评价制度，强化用水总量和强度双控，节水产业加快发展；江河湖泊生态环境持续改善，重点河湖生态流量保障目标实现全覆盖，丹江口库区及其上游流域生态保护治理成效显著，母亲河复苏行动加快推进；乡村全面振兴水利基础加快夯实，灌区现代化建设与改造取得新进展，全国农村自来水普及率达到94%，水利脱贫攻坚成果持续巩固；数字孪生水利建设取得显著进展，数字孪生水利框架体系完成顶层设计，"天空地水工"一体化监测感知体系加快完善，水利预报、预警、预演、预案能力得到提升；水利科技支撑能力不断增强，水利技术标准体系建设全面加强，一大批成熟适用水利科技成果推广应用；水利治理管理水平持续提升，节约用水条例颁布实施，水利重点领域法律制度体系不断完善。

2025年是"十四五"规划的收官之年，是为"十五五"开局打下良好基础的关键之年，处于承上启下、进一步全面深化改革的关键节点，水利工作面临新的形势和任务。必须坚持习近平总书记治水思路，坚持问题导向，坚持底线思维，坚持预防为主，坚持系统观念，坚持创新发展，扎实做好各项工作。一要坚定目标、迎难而上，集中力量攻坚克难，确保"十四五"水安全保障规划的各项任务圆满完成；二要突出重点、破解难题，坚持以制度建设为主线，进一步全面深化改革，不断完善水利高质量发展制度体系；三要精心谋划、统筹推进，扎实开展"十五五"水安全保障规划各项工作，把中央要求、群众期盼转化为具体政策、项目和行动方案，更好满足人民群众对持久水安全、优质水资源、健康水生态、宜居水环境的更高需求，为推动水利高质量发展、保障我国水安全作出新的贡献。

《2025中国水利发展报告》（以下简称《报告》）是系列报告的第22辑，全书围绕水旱灾害防御、水利基础设施、水资源节约与管理、复苏河湖生态环境等重点领域，以专题文章总结凝练年度进展，以专栏形式凸显年度亮点，以链接反映基层创新实践，全面系统展现了水利高质量发展的新成就、新突破。《报告》内容翔实、数据权威，是社会各界了解水利年度工作的重要窗口和权威参考。

《报告》的编撰与出版，承蒙各级领导的悉心指导与关怀，凝聚了众多专家学者的智慧与心血。在此，谨代表编委会向所有参与此项工作的领导、专家及同仁致以最诚挚的谢意！如有疏漏不妥之处，敬请读者批评指正。

水利部副部长、编委会主任　朱程清

2025年3月

目　录

前　言

综述篇　1

3　在深入贯彻落实习近平总书记"3·14"重要讲话精神
　　会议上的讲话　　　　　　　　　　　　　　　　　　　李国英

10　在水利部学习贯彻党的二十届三中全会精神宣讲会议上的讲话
　　　　　　　　　　　　　　　　　　　　　　　　　　　李国英

23　进一步全面深化水利改革　为推动水利高质量发展、
　　保障我国水安全作出新的贡献
　　——在2025年全国水利工作会议上的讲话　　　　　　李国英

43　在现代化雨水情监测预报体系建设现场推进会上的讲话　李国英

50　在农村供水高质量发展现场会上的讲话　　　　　　　　李国英

55　**专栏1**　《习近平关于治水论述摘编》出版发行　　　　新华社

56　**专栏2**　1.4万亿斤粮食丰收背后的水利支撑保障
　　　　　　　　　　　　　　　　　　　　　水利部农村水利水电司

58　**专栏3**　推动习近平总书记"节水优先、空间均衡、系统治理、
　　　　　　两手发力"治水思路成为国际主流治水理念
　　　　　　　　　　　　　　　　　　　水利部国际合作与科技司

60　**专栏4**　2019—2023年水利发展主要指标　　水利部规划计划司

水旱灾害防御篇

65　2024年水旱灾害防御工作综述　　　　　　水利部水旱灾害防御司

70　**专栏 5**　成功应对珠江流域历史罕见 13 次编号洪水
　　　　　　　　　　　　　　　　　　　　　水利部水旱灾害防御司

72　**专栏 6**　科学防御松辽流域洪水　　　水利部水旱灾害防御司

74　**专栏 7**　全力防御台风"格美"暴雨洪水
　　　　　　　　　　　　　　　　　　　　　水利部水旱灾害防御司

76　**专栏 8**　全力防范化解山洪灾害风险　水利部水旱灾害防御司

78　**专栏 9**　全力做好华容县团洲垸险情处置工作
　　　　　　　　　　　　　　　　　　　　　水利部水旱灾害防御司

80　**专栏 10**　有效应对华北西北黄淮地区夏旱
　　　　　　　　　　　　　　　　　　　　　水利部水旱灾害防御司

82　**链接**　浙江省舟山市：五山水利工程打造立体治水样板

84　加快完善流域防洪工程体系　　　　　　　水利部规划计划司

89　**专栏 11**　以流域为单元加快推进中小河流系统治理
　　　　　　　　　　　　　　水利部规划计划司　水利部水利工程建设司

91　**专栏 12**　蓄滞洪区建设提档加速　　　水利部水旱灾害防御司

93　**专栏 13**　《加快完善海河流域防洪体系实施方案》印发实施
　　　　　　　　　　　　　　　　　　　　　水利部海河水利委员会

95　加快完善现代化雨水情监测预报体系　　　水利部水文司

99　**专栏 14**　官厅山峡段雨水情监测预报现代化试点建设
　　　　　　取得明显成效　　　　　　　　　水利部水文司

101　加快构建水旱灾害防御工作体系　　　　　水利部水旱灾害防御司

106　**专栏 15**　构建水利部重大水旱灾害事件调度指挥机制
　　　　　　　　　　　　　　　　　　　　　水利部水旱灾害防御司

108　**专栏 16**　河湖库"清四乱"取得显著成效　水利部河湖管理司

110　**专栏 17**　守牢安全底线　全力保障水库安全度汛
　　　　　　　　　　　　　　　　　　　　　水利部运行管理司

113	**水利基础设施篇**
115	水利建设投资连续 3 年超万亿　水利基础设施建设扎实推进
	水利部规划计划司
118	专栏 18　黄河古贤水利枢纽工程开工建设
	水利部水利工程建设司
120	专栏 19　珠江三角洲水资源配置工程全线通水
	水利部水利工程建设司
122	加快形成互联互通的国家水网体系　水利部规划计划司
126	链接　　**福建省泉州市**：加快构建"两江两翼、五连五枢"水网格局
128	用好增发国债和超长期特别国债　加速推进灾后恢复重建
	水利部规划计划司
130	构建现代化水库运行管理矩阵　全面提升精准化、信息化、现代化水平　水利部运行管理司
135	专栏 20　全面推进水利工程运行管理信息化建设
	水利部运行管理司
137	专栏 21　推进水利工程管理与保护范围划定　水利部运行管理司
138	加强病险水库除险加固　　　　　　　　水利部运行管理司
142	专栏 22　推动水利工程白蚁等害堤动物防治工作制度化、专业化、常态化　　水利部运行管理司
144	扎实推动三峡工程管理工作高质量发展
	水利部三峡工程管理司　水利部宣传教育中心
148	专栏 23　三峡工程开工建设 30 周年成效显著
	水利部三峡工程管理司
150	专栏 24　三峡库区危岩地质灾害防治工作积极推进
	水利部三峡工程管理司
152	坚决守牢"三个安全"底线　持续推进南水北调工程高质量发展
	水利部南水北调工程管理司　水利部宣传教育中心
156	专栏 25　南水北调东中线一期工程全面通水 10 周年成就
	水利部南水北调工程管理司

158	水库移民工作取得新进展新成效	水利部水库移民司
161	专栏 26　丹江口水库移民 10 年	水利部水库移民司

163　水资源节约与管理篇

165	水资源刚性约束制度加快落实	水利部水资源管理司
168	专栏 27　黄河流域水资源超载治理成效明显	水利部水资源管理司
169	专栏 28　做好 2024 年度实行最严格水资源管理制度考核	水利部水资源管理司
171	国家节水行动取得新成效	全国节约用水办公室　水利部水资源管理司 水利部农村水利水电司
176	专栏 29　《节约用水条例》颁布实施	全国节约用水办公室
178	专栏 30　水利部公布水预算管理试点地区	全国节约用水办公室
179	专栏 31　水利部、市场监管总局联合印发黄河流域强制性用水定额管理意见	全国节约用水办公室
181	专栏 32　首届"节水中国行"主题宣传活动成功举办	全国节约用水办公室
183	专栏 33　"中国节水奖"获得审批	水利部人事司　全国节约用水办公室
184	链接　宁夏回族自治区银川市：激活"塞上湖城"高质量发展"水因子"	
186	大力推进节水产业发展	全国节约用水办公室
188	专栏 34　合同节水管理 10 年发展取得新突破	全国节约用水办公室　水利部综合事业局
190	推进非常规水规模化利用	全国节约用水办公室
192	严格水资源论证和取水许可管理	水利部水资源管理司
195	专栏 35　《水利部　国家发展改革委关于实施取用水领域信用评价的指导意见》印发	水利部水资源管理司

197		加快推进全国水资源监测体系建设	水利部水资源管理司
200	专栏 36	组织开展饮用水水源地名录库制定工作	水利部水资源管理司
201	专栏 37	积极推进农灌机井"以电折水"取水计量	水利部水资源管理司
203		持续强化水资源统一调度	水利部调水管理司

207 复苏河湖生态环境篇

209		全面推进幸福河湖建设	水利部河湖管理司
212	专栏 38	《关于全面推进幸福河湖建设的意见》印发	水利部河湖管理司
214	专栏 39	全国首单水利风景区暨幸福河湖生态产品价值实现成功交易	水利部综合事业局
216		加快推进母亲河复苏行动	水利部水资源管理司
221	专栏 40	京杭大运河连续 3 年实现全线水流贯通	水利部水资源管理司
223	专栏 41	在母亲河复苏行动中充分发挥河湖长制作用	水利部河湖管理司
225	专栏 42	黄河实现连续 25 年不断流	水利部调水管理司
227	专栏 43	统筹防洪灌溉和生态调度　持续改善塔里木河流域生态环境	水利部调水管理司
229	专栏 44	西辽河水流贯通调度取得历史成就	水利部调水管理司
231		地下水超采综合治理再上新台阶	水利部水资源管理司
235	专栏 45	新一轮超采区划定成果公布	水利部水资源管理司
237		全力保障河湖生态流量	水利部水资源管理司
240	链接	江苏省：建立生态流量保障体系新实践	
242		守正创新　砥砺奋进　着力推动水土保持高质量发展	水利部水土保持司
246	专栏 46	全国水土保持碳汇交易取得新成效	水利部水土保持司

248	专栏 47 《关于鼓励和支持社会资本参与水土流失治理的指导意见》印发	水利部水土保持司
250	专栏 48 《关于建立健全生态清洁小流域水土保持生态产品价值实现机制的意见》印发	水利部水土保持司
252	链接 浙江省杭州市：全国首个水土保持土石余方资源信息共享数智平台成功发布	
254	链接 浙江省安吉县：全国首单水土保持生态产品价值转化交易成功签约	
256	链接 安徽省定远县：全国首单坡耕地水土流失综合治理工程新增耕地指标成功挂牌交易	

259　农村水利水电篇

261	乡村振兴水利基础持续夯实	水利部水库移民司
266	专栏 49 赣州革命老区水利高质量发展持续推进	水利部水库移民司
268	全面提升农村供水保障水平	水利部农村水利水电司
272	专栏 50 省级农村供水高质量发展规划编制完成	水利部农村水利水电司
274	加快推进灌区现代化建设与改造	水利部农村水利水电司
278	专栏 51 持续开展深化农业水价综合改革推进现代化灌区建设试点	水利部农村水利水电司
281	专栏 52 数字孪生灌区先行先试取得积极进展	水利部农村水利水电司
283	链接 陕西省渭南市：数字赋能东雷抽黄灌区提质增效	
285	推进小水电全面绿色转型	水利部农村水利水电司
289	专栏 53 小水电绿色改造和现代化提升取得积极进展	水利部农村水利水电司

291　数字孪生水利篇

293	全力推进数字孪生水利建设	水利部信息中心

297	专栏 54	防洪"四预"支撑能力取得新突破	水利部信息中心
299	专栏 55	新技术水利应用成效显著	水利部信息中心
301	专栏 56	应用卫星遥感等新质生产力提升河湖数字化智能化监管水平	水利部河湖管理司
303		大力推进数字孪生流域建设	水利部信息中心
308		积极推进数字孪生水网建设	水利部信息中心
312	专栏 57	全力推动第一批数字孪生调水工程建设	水利部调水管理司
314		加快推进数字孪生工程建设	水利部信息中心
317	专栏 58	《关于推进水库、水闸、蓄滞洪区运行管理数字孪生的指导意见》印发	水利部运行管理司
320		稳步实施"天空地水工"一体化监测感知夯基提能行动	水利部信息中心
323	专栏 59	"水利一号"卫星发射成功 成功传回凌情监测首图	水利部信息中心
325	专栏 60	开展河道采砂监管北斗技术应用	水利部河湖管理司
326		持续完善水利网络安全体系	水利部信息中心

331 体制机制法治篇

333		持续深化水利重点领域改革	水利部规划计划司
337		强化机构编制支撑保障	水利部人事司
339		扎实推进水价改革	水利部财务司
342		全面推行水资源费改税	水利部水资源管理司 水利部财务司
345		加快建设用水权交易制度体系	水利部水资源管理司 水利部财务司
350	专栏 61	跨省区用水权交易取得新进展	水利部水资源管理司 水利部财务司 水利部南水北调工程管理司
352	链接	江苏省张家港市：创新探索用水权交易新模式	
354	专栏 62	探索"水权贷"绿色金融新模式	水利部财务司

356	专栏 63	用水权市场化交易规模取得新突破
		水利部水资源管理司　水利部财务司
		水利部综合事业局　中国水权交易所
358	强化河湖长制	水利部河湖管理司
361	专栏 64	发挥流域省级河湖长联席会议机制作用
		推进流域统一治理管理　　水利部河湖管理司
363	专栏 65	《关于加强涉河湖重大问题调查与处置的意见》印发
		水利部河湖管理司
365	专栏 66	完善青藏高原地区河湖长制　水利部河湖管理司
367	专栏 67	在重大引调水工程输水干线推行河湖长制
		水利部河湖管理司
369	专栏 68	建立大运河管理保护"流域管理机构+省级河长办"
		协作机制　　　　　　　　水利部河湖管理司
371	链接	福建省莆田市：激发河道管护民间力量
373	创新拓展水利投融资机制	水利部规划计划司　水利部财务司
375	专栏 69	全国首单水利基础设施投资信托基金（REITs）
		发行上市　　　　　　　　水利部规划计划司
377	专栏 70	中央预算内投资扩大水利支持范围并提升部分
		水利项目类型中央投资支持比例　水利部规划计划司
379	专栏 71	中央财政水利发展资金新增白蚁防治等支出方向
		水利部财务司
381	专栏 72	多地创新出台省级财政贷款贴息补助和
		水利工程保险政策　　　　　水利部财务司
383	链接	湖南省麻阳县：探索水生态产品"变现"路径
385	修订《长江河道采砂管理条例实施办法》	水利部河湖管理司
388	专栏 73	开展长江流域河道采砂专项整治行动
		水利部河湖管理司
390	加快完善水利法治体系	水利部政策法规司

394	专栏 74	2024 年水利政策法规出台情况	水利部政策法规司
397	专栏 75	汇聚法治合力　护佑黄河安澜 ——配合完成《黄河保护法》执法检查	 水利部政策法规司
399	专栏 76	深化水行政执法体制改革　提升执法质量和效能	水利部政策法规司
401	专栏 77	推深做实水行政执法与检察公益诉讼协作机制	水利部政策法规司
403	专栏 78	水利政策研究支撑水利高质量发展	水利部政策法规司
405	专栏 79	水利法治宣传教育有力有效	水利部政策法规司

407　流域治理管理篇

409		强化流域治理管理"四个统一"　持续提升长江流域水安全保障能力 ——2024 年长江流域治理管理进展与成效	 水利部长江水利委员会
414	专栏 80	全力守护丹江口库区及其上游流域水质安全	水利部长江水利委员会
416		坚持系统观念　强化"四个统一"　奋力开创黄河流域 水利高质量发展新局面 ——2024 年黄河流域治理管理进展与成效	 水利部黄河水利委员会
420	专栏 81	黄河流域积极探索水土保持生态产品价值转化	水利部黄河水利委员会
422		坚持改革创新引领　凝聚合力谋划发展 推动淮河保护治理高质量发展再上新台阶 ——2024 年淮河流域治理管理进展与成效	 水利部淮河水利委员会
426	专栏 82	持续推进进一步治淮工程建设　加快完善流域 防洪减灾体系	 水利部淮河水利委员会
428		全面强化流域治理管理　推动海河流域水利高质量发展再上新台阶 ——2024 年海河流域治理管理进展与成效	 水利部海河水利委员会
433	专栏 83	海河流域 10 年河湖生态复苏成效显著	水利部海河水利委员会

435	扎实履行职责　强化"四个统一"　奋力谱写中国式现代化珠江水利新篇章 ——2024 年珠江流域治理管理进展与成效　　水利部珠江水利委员会
440	**专栏 84**　珠江"压咸补淡"应急水量调度 20 年 守护粤港澳大湾区供水安全　　水利部珠江水利委员会
442	锚定奋进目标　坚持改革攻坚　以流域水利高质量发展保障新时代东北全面振兴 ——2024 年松辽流域治理管理进展与成效　　水利部松辽水利委员会
447	**专栏 85**　系统联动　靶向施策　加快推动西辽河流域河湖生态复苏　　水利部松辽水利委员会
449	强化流域治理管理"四个统一"　推动太湖流域水利高质量发展 ——2024 年太湖流域治理管理进展与成效　　水利部太湖流域管理局
454	**专栏 86**　持续提升太湖流域水安全保障能力 为深入推进长三角一体化发展贡献水利力量 　　水利部太湖流域管理局

行业发展能力篇

457	
459	科学推进重大水利规划编制　　水利部规划计划司
463	推动水利人才队伍建设提档升级　　水利部人事司
466	**专栏 87**　水利部党组印发《水利干部教育培训规划（2024—2027 年）》　　水利部人事司
468	**专栏 88**　水利部卓越水利工程师（数字孪生水利方向）培养试点启动实施　　水利部人事司
470	**专栏 89**　全国水工闸门运行工职业技能竞赛决赛举办　　水利部运行管理司
471	水利财会监督有力有效　　水利部财务司
474	全面提升水文支撑保障能力　　水利部水文司
478	**专栏 90**　水文新技术应用取得新突破　　水利部水文司
480	落实水利安全生产风险管控"六项机制"　提升安全支撑保障水平　　水利部监督司
483	强化发展水利新质生产力的科技支撑　　水利部国际合作与科技司

486	专栏 91	水利科技创新成果丰硕	水利部国际合作与科技司
488		水利标准化工作迈上新台阶	水利部国际合作与科技司
491	专栏 92	推动构建面向发展新质生产力的水利技术标准体系	水利部国际合作与科技司
493	专栏 93	水利行业首次获批筹建国家专业计量站	水利部国际合作与科技司
494		开创水利国际合作新局面	水利部国际合作与科技司
498	专栏 94	积极落实支持高质量共建"一带一路"8项行动水利任务	水利部国际合作与科技司
500	专栏 95	国际河流防洪合作成果丰硕	水利部国际合作与科技司
502	专栏 96	第三届亚洲国际水周成功举办	水利部国际合作与科技司
504		水利宣传引导有力有效	水利部办公厅 水利部宣传教育中心 中国水利报社 中国水利水电出版传媒集团有限公司
508	专栏 97	2024年度"中国水利记忆·TOP10"评选结果	中国水利报社
510		水利科普工作有力有效	水利部国际合作与科技司 水利部科技推广中心 水利部宣传教育中心 中国水利报社 中国水利水电出版传媒集团有限公司
514		激发水文化创新活力	水利部办公厅 水利部宣传教育中心 中国水利报社 中国水利水电出版传媒集团有限公司
517	专栏 98	我国4处灌溉工程入选第十一批世界灌溉工程遗产名录	水利部农村水利水电司
519	专栏 99	持续推进定点帮扶和对口支援	水利部水库移民司
521	专栏 100	水利援疆援藏工作进展	水利部规划计划司 水利部水利工程建设司

525	**党的建设篇**		
527	以"党建之为"保障水利高质量发展		水利部直属机关党委
531	专栏 101	深入推进部属系统基层党组织建设	
			水利部直属机关党委
533	专栏 102	水利精神文明建设成果丰硕	水利部直属机关党委
536	专栏 103	推动党纪学习教育走深走实	水利部直属机关党委
539	专栏 104	坚定不移深化政治巡视　不断推进水利部党组巡视工作高质量发展	
			水利部直属机关党委（党组巡视工作领导小组办公室）
541	专栏 105	深化水利基建工程领域廉洁风险防控和腐败问题整治工作	水利部直属机关党委
543	专栏 106	全国水利系统"双先"表彰大会召开	水利部人事司

综述篇

在深入贯彻落实习近平总书记 "3·14" 重要讲话精神会议上的讲话

李国英

10年前的今天，习近平总书记发表关于保障国家水安全的重要讲话，提出"节水优先、空间均衡、系统治理、两手发力"治水思路。我们召开这次会议，主要目的是认真学习贯彻习近平总书记重要讲话精神，对习近平总书记治水思路进行再学习再领悟，对贯彻落实工作进行再部署再推动，确保水利工作始终沿着习近平总书记指引的方向前进。

一、习近平总书记治水思路指引水利事业取得历史性成就、发生历史性变革

2014年3月14日，习近平总书记主持召开中央财经领导小组第五次会议，专题研究国家水安全战略并发表重要讲话，从实现中华民族永续发展的战略高度，开创性提出"节水优先、空间均衡、系统治理、两手发力"治水思路，为系统解决我国水灾害、水资源、水生态、水环境等新老水问题、保障国家水安全提供了根本遵循和行动指南。10年来，习近平总书记一直高度重视解决好水安全问题，亲自指挥防汛抗洪抢险，亲自擘画国家水网蓝图，亲自确立国家江河战略，亲自谋划建立河湖长制，亲自推动农村饮水安全保障，倾注了大量心血、投入了大量精力。在习近平总书记领航掌舵和治水思路的科学指引下，我国治水事业取得了历史性成就、发生了历史性变革，办成了许多事关战略全局、事关长远发展、事关人民福祉的治水大事要事。

第一，贯彻"两个坚持、三个转变"，成功战胜大江大河历史罕见洪水灾害。加快完善以水库、河道及堤防、蓄滞洪区为主要组成的流域防洪工程体系，新增水库库容1632亿 m³，新增5级以上堤防6万 km。始终把

保障人民群众生命财产安全放在第一位，强化预报预警预演预案措施，综合采取"拦、分、蓄、滞、排"等措施，成功战胜2020年长江流域性大洪水、2021年黄河中下游新中国成立以来最严重秋汛、2022年珠江流域北江1915年以来最大洪水、2023年海河流域1963年以来最大流域性特大洪水等。10年来，全国洪涝灾害损失占国内生产总值的比例由上一个10年的0.51%降至0.24%，最大程度保障了人民群众生命财产安全，最大限度减轻了灾害损失。

第二，坚持节水优先，水资源利用方式实现深层次变革。全面实施国家节水行动，强化水资源刚性约束，持续推进农业节水增效、工业节水减排、城镇节水降损，加强水资源节约集约利用，用水效率大幅提升。10年来，在国内生产总值从59万亿元增长到126万亿元的情况下，全国用水总量从6183亿 m^3 下降到5907亿 m^3。万元国内生产总值用水量下降42.8%，万元工业增加值用水量下降58.2%。农田灌溉水有效利用系数从0.530提高到0.576，在粮食总产量从1.26万亿斤增长到1.39万亿斤的情况下，农业用水量从3922亿 m^3 下降到3671亿 m^3。

第三，坚持空间均衡，水资源配置格局实现全局性优化。立足流域整体和水资源空间均衡配置，科学推进实施以南水北调工程为代表的137处重大跨流域、跨区域引调水工程，"南北调配、东西互济"的水资源配置格局初步形成，全国水利工程供水能力超9000亿 m^3，保障了经济社会发展用水需要。加快推进灌区建设，新增改善灌溉面积3.6亿亩，新增高效节水灌溉面积1.5亿亩，耕地灌溉率达到55%，为粮食连年丰收提供了有力支撑。推进农村供水高质量发展，全面解决1710万建档立卡贫困人口饮水安全问题，农村自来水普及率达到90%，困扰亿万农民祖祖辈辈的吃水难问题历史性地得到解决。

第四，坚持系统治理，江河湖泊面貌实现历史性改善。河长制湖长制新型水管理体制全面建立，省市县乡村五级120万名河湖长上岗履职，七大流域全面建立省级河湖长联席会议机制。实施母亲河复苏行动，京杭大运河实现了百年来首次全线水流贯通，永定河在断流干涸26年之后首次实现全年全线有水，白洋淀水域面积保持稳定、水质提升至Ⅲ类，华北地下水超采治理区地下水水位显著回升，水土流失治理面积达到 62 万 km²，越来越多的河流恢复了生命，越来越多的流域重现了生机。

第五，坚持两手发力，水利治理管理能力实现系统性提升。实施流域统一规划、统一治理、统一调度、统一管理，流域管理体制机制不断完善。长江保护法、黄河保护法、地下水管理条例等法律法规颁布实施，节约用水条例通过国务院常务会审议即将颁布，水行政执法与刑事司法衔接、水行政执法与检察公益诉讼协作机制落地见效。水利科技创新能力显著提升，数字孪生水利加快构建。水价、用水权市场化交易等重点领域改革成效明显，财政资金、政府债券、金融信贷、社会资本共同发力的水利投融资格局初步形成，水利基础设施建设投资迈上万亿元大台阶，金融信贷和社会资本投入从 782 亿元增长到 3482 亿元，不断创造新纪录。

10 年来的治水成就举世瞩目，使我们进一步深刻领悟了"两个确立"的决定性意义。我们要增强"四个意识"、坚定"四个自信"、做到"两个维护"，始终做习近平总书记治水思路的坚定信仰者和忠实实践者。

二、习近平总书记治水思路在中华民族治水史上具有重要里程碑意义

习近平总书记开创性提出"节水优先、空间均衡、系统治理、两手发力"治水思路，系统回答了新时代为什么做好治水工作、做好什么样的治水工作、怎样做好治水工作等一系列重大治水理论和实践问题，标志着我们党对中国特色社会主义治水规律的认识达到了新高度，是习近平新时代中国特色社会主义思想世界观和方法论在治水领域的集中体现，在中华民族治水史上具有重要里程碑意义。

从政治意义看。习近平总书记鲜明指出了治水对中华民族生存发展的至关重要性，深刻揭示了保障国家水安全对以中国式现代化全面推进强国建设、民族复兴伟业的重大现实意义和深远历史意义，深刻回答了一系列关系中华民族永续发展、关系国家长治久安、关系党的使命宗旨的重大问题，对治水事业作出一系列战略安排，凝聚起全党全社会团结治水的政治共识、思想共识。

从理论意义看。习近平总书记治水思路充分运用辩证唯物主义和历史唯物主义，吸收和发展中华优秀传统治水文化的哲学智慧和精神基因，深刻思辨治水与经济社会、治水与自然生态、开发利用与节约保护、政府与市场等相互关系，赋予了马克思主义历史观、生态观、生产力观崭新的思想内涵和时代价值，是推进马克思主义中国化时代化的光辉典范，是当代中国马克思主义、二十一世纪马克思主义在治水领域的集中体现。

从实践意义看。习近平总书记治水思路来源于实践又指导实践，具有强大的现实解释力和实践引领力，为新时代治水提供了强大思想武器和科学行动指南，开辟了我国治水事业新的伟大实践，一系列根本性、开创性、长远性治水举措相继实施，许多长期想解决而没有解决的治水难题得以解决，充分彰显出巨大的真理伟力。

从历史意义看。习近平总书记治水思路根植于中华民族悠久的治水历史，准确把握人类文明发展的历史趋势，深刻总结百年来我们党治水安邦、兴水利民的奋斗成就和历史经验，把握当前治水的时代特征，以对中华民族永续发展高度负责的历史担当提出了一系列新理念新思想新战略，为中华民族治水作出了历史性贡献。

从世界意义看。习近平总书记治水思路是富有中国特色、具有时代特征、引领世界治水的重大战略，实现了全球水治理的一次重大理论创新和思想变革，为解决各国共同面临的水问题贡献了中国智慧、中国方案，是中国式现代化道路和人类文明新形态的重要内容和重要成果，为人类社会可持续发展提供了宝贵思想财富。

我们要充分认识习近平总书记治水思路的重大政治意义、理论意义、实践意义、历史意义、世界意义，不断增强政治认同、思想认同、理论认同、情感认同，坚定不移用习近平总书记治水思路武装头脑、指导实践、推动工作。

三、始终沿着习近平总书记指引的方向推动水利高质量发展

推进中国式现代化是最大的政治。习近平总书记强调，推进中国式现代化，要把水资源问题考虑进去；中国式现代化，也包括水利现代化。

新时代新征程上，我们要清醒看到我国夏汛冬枯、北缺南丰、水资源时空分布极不均衡的基本水情不会变，水灾害频发、水资源短缺、水生态损害、水环境污染问题尚未根本解决，水利工作任重道远。我们要深学细悟习近平总书记关于治水重要论述精神，统筹水利高质量发展和高水平安全，统筹水利高质量发展和高水平保护，锚定为以中国式现代化全面推进强国建设、民族复兴伟业提供有力的水安全保障的总体目标，坚持治水思路，坚持问题导向，坚持底线思维，坚持预防为主，坚持系统观念，坚持创新发展，统筹水灾害、水资源、水生态、水环境治理，不断提升水旱灾害防御能力、水资源节约集约利用能力、水资源优化配置能力、江河湖泊生态保护治理能力，确保防洪安全、供水安全、粮食安全、生态安全。

一要完善水旱灾害防御"三大体系"。坚持"预"字当先、以防为主、防线外推，坚持建重于防、防重于抢、抢重于救，以工作措施的前瞻性、治理措施的确定性应对洪水灾害的突发性、不确定性。要深入分析流域防洪减灾格局变化，科学布局水库、河道、堤防、蓄滞洪区功能建设，构建适应发展、适度超前的流域防洪工程体系。要按照"应设尽设、应测尽测、应在线尽在线"原则，加快建设雨水情监测预报"三道防线"，推进产汇流水文模型、洪水演进水动力学模型研发应用，构建延长预见期、提高准确率的雨水情监测预报体系。要锚定"四不"目标，贯通"四情"防御，落实"四预"措施，绷紧"四个链条"，完善"四制（治）"，构建前瞻科学决策、调度指挥高效的水旱灾害防御工作体系。

二要实施国家水网重大工程。全面贯彻落实《国家水网建设规划纲要》，统筹"纲""目""结"三要素，联网、补网、强链，加快形成"系统完备、安全可靠，集约高效、绿色智能，循环通畅、调控有序"的国家水网。要遵循确有需要、生态安全、可以持续的重大水利工程论证原则，加快推进国家骨干网建设，推动省市县各层级水网协同融合发展。树牢"千年大计、质量第一"意识，高质量推进重大水利工程建设，确保经得起历史和实践检验。要持续推进灌区现代化建设与改造，推动农田灌溉自动化、灌溉方式高效化、用水计量精准化、灌区管理智能化。要推进农村供水高质量发展，全面推行"3+1"标准化建设和管护模式，最大程度实现城乡供水同源、同网、同质、同监管、同服务。

三要复苏河湖生态环境。持续推进母亲河复苏行动，强化河湖生态流量管理，因地制宜推进河湖水系连通和生态补水，加强江河湖库保护治理，加大水土流失和地下水超采综合治理力度，维护河湖健康生命，实现河湖功能永续利用。要建构河流伦理，形成维护河流健康生命的文化认同、观念自觉，促进人与河流和谐共生。

四要推进数字孪生水利建设。按照"需求牵引、应用至上、数字赋能、提升能力"的要求，推进"天空地"一体化监测感知体系夯基提能，丰富算据、优化算法、提升算力，对流域、水网、水利工程全要素和水利治理管理全过程进行数字映射、智能模拟、前瞻预演，为推动水利高质量发展、保障我国水安全提供科学、高效、安全决策支持。

五要建立健全节水制度政策。实施国家节水行动，持续推进农业节水增效、工业节水减排、城镇节水降损，强化非常规水资源利用，大力发展节水产业，推广合同节水管理，加快推进节水型社会建设。要落实水资源刚性约束制度，完善取用水监测计量体系，加强取用水监督管理，严格水资源论证和取水许可管理，严守水资源开发利用上限，提升水资源节约集约利用能力和水平。

六要强化体制机制法治管理。全面强化河湖长制，实施流域统一治理管理，健全水价形成机制、水生态产品价值实现机制，深化推进农业水价综合改革，创新拓展水利投融资机制。要健全水利法治体系，加快水法、防洪法修改，发挥好水行政执法与刑事司法衔接、水行政执法与检察公益诉讼协作机制作用，不断提升运用法治思维和法治方式解决水问题的能力和水平。要面向发展水利新质生产力，加快重大水利科技问题攻关和科技成果转化，加强水利技术标准引领和质量支撑，健全适应水利高质量发展要求的水利技术标准体系。

同志们，保障国家水安全，使命无上光荣、责任无比重大。我们要坚定不移当好贯彻习近平总书记治水思路和党中央决策部署的执行者、行动派、实干家，锚定目标、再接再厉、一如既往抓好各项工作，推动水利高质量发展，为以中国式现代化全面推进强国建设、民族复兴伟业提供有力的水安全保障。

（编者注：本文选自水利部部长李国英2024年3月14日在深入贯彻落实习近平总书记"3·14"重要讲话精神会议上的讲话）

在水利部学习贯彻党的二十届三中全会精神宣讲会议上的讲话

李国英

学习好贯彻好党的二十届三中全会精神，是当前和今后一个时期部属系统的一项重大政治任务。

历史和实践已经充分证明，改革开放是党和人民事业大踏步赶上时代的重要法宝。一说到改革开放，我们都会提到两次三中全会，一次是十一届三中全会，另一次是十八届三中全会。十一届三中全会是划时代的，因为它开启了改革开放和社会主义现代化建设新时期。十八届三中全会也是划时代的，因为它开启了新时代全面深化改革、系统整体设计推进改革新征程。历史和实践还将作出证明，二十届三中全会也是划时代的，因为它擘画了进一步全面深化改革向广度和深度进军的时代蓝图，充分体现了完善和发展中国特色社会主义制度、推进国家治理体系和治理能力现代化的历史主动，开启了为中国式现代化提供强大动力和制度保障的新局面。习近平总书记在全会上的重要讲话和关于《中共中央关于进一步全面深化改革 推进中国式现代化的决定》（以下简称《决定》）的说明，深刻阐述了进一步全面深化改革、推进中国式现代化的重大意义、总体要求、重要举措、根本保证等重大问题，进一步深化了党对全面深化改革和中国式现代化建设规律的认识，是全会精神的"纲"，为学习贯彻全会精神、紧紧围绕推进中国式现代化进一步全面深化改革提供了科学指南和根本遵循。全会作出的重大部署、取得的重要成果，事关党和国家事业前进方向，事关改革开放和现代化建设全局，对于动员全党全军全国各族人民团结奋斗、锐意进取，以进一步全面深化改革开辟中国式现代化广阔前景，实现第二个百年奋斗目标、实现中华民族伟大复兴的中国梦，具有重大意义。

进一步全面深化改革、推进中国式现代化，水利肩负重要使命。我们要深入学习领会、全面贯彻落实全会精神，把思想和行动统一到习近平总书记重要讲话精神和二十届三中全会部署上来，把智慧和力量凝聚到落实全会确定的目标任务上来。

一、强化进一步全面深化水利改革的使命担当

习近平总书记强调，把中国式现代化蓝图变为现实，根本在于进一步全面深化改革。《决定》用"六个必然要求"集中阐述了进一步全面深化改革的重要性和必要性，总书记在对《决定》作说明时又进一步作了概括凝练，提出"四个迫切需要"。我们要站在水利维度，一体领会、全面把握"六个必然要求"和"四个迫切需要"，增强进一步全面深化水利改革的责任感、使命感、紧迫感。

第一，进一步全面深化水利改革，是坚定拥护"两个确立"、坚决做到"两个维护"的必然要求。 二十届三中全会重点研究进一步全面深化改革、推进中国式现代化问题，是以习近平同志为核心的党中央贯彻落实党的二十大精神，从新时代新征程党和国家事业发展新形势新任务新要求出发，经过通盘考虑、深思熟虑作出的重大战略决策，谋的是强国复兴伟业，布的是中国式现代化大局，立的是党长期执政、国家长治久安之基，必将开启党和国家发展史上又一次具有重要里程碑意义的变革。我们要扛牢进一步全面深化水利改革政治责任，深刻认识全会的重大意义，深刻把握《决定》的丰富内涵，坚定拥护"两个确立"、坚决做到"两个维护"，当好贯彻落实习近平总书记和党中央决策部署的执行者、行动派、实干家。

第二，进一步全面深化水利改革，是推动水利事业继续大踏步前进的成功之道。 党的十八大以来，习近平总书记以"坚定方向谋改革"的政治站位、"系统集成谋改革"的全局考量、"人民至上谋改革"的价值取向、"科学方法谋改革"的高超智慧，亲自领导、亲自部署、亲自推动全面深化改革，创造性提出一系列新思想、新观点、新论断，开启气势如虹、波澜壮阔的全面深化改革进程，推动党和国家事业取得历史性成就、发生历

史性变革。水利是新时代全面深化改革的重要领域。在习近平总书记"节水优先、空间均衡、系统治理、两手发力"治水思路和关于治水重要论述精神指引下，水利部门全面深化水灾害防御、水资源节约、水生态保护修复、水环境治理等领域改革，水旱灾害防御能力实现整体性跃升，水资源配置格局实现全局性优化，水资源利用方式实现深层次变革，江河湖泊面貌实现历史性改善，水利治理能力实现系统性提升。站在新的历史起点上，把中国式现代化的水利篇章一步步变成美好现实，必须一鼓作气继续全面深化水利改革，不断激发水利事业生机活力，推动水利事业发展行稳致远。

第三，进一步全面深化水利改革，是推动水利高质量发展的内在要求。习近平总书记强调，推进中国式现代化，也包括水利现代化，要推动水利高质量发展、保障我国水安全。这为我们做好水利工作指明了前进方向、提供了根本遵循。当前，与人民群众对水安全有力保障、水资源高效利用、水生态明显改善、水环境有效治理的需求相比，水利发展依然存在不平衡不充分问题。比如，以高技术、高效能、高质量为特征的水利新质生产力发展尚未成势，统筹高质量发展和高水平安全，统筹水利勘测、规划、设计、建设、运行全生命周期，统筹物理工程与数字孪生，具备"四预"功能的水利技术标准体系建设相对滞后；"天空地水工"监测感知系统建设应用亟待提速，数字化网络化智能化亟待提升；我国防洪安全体系和能力现代化水平还不够高，国家水网建设任重道远，水资源刚性约束制度不完善，节水政策体系尚不健全，河道断流、湖泊萎缩等问题仍然存在。贯彻落实习近平总书记重要要求，推动水利高质量发展，是多重约束条件下寻求最优解的过程，必须进一步全面深化改革，用改革的方法解决发展中的问题，破除体制机制障碍，打通卡点堵点，以理念创新、制度创新、政策创新、科技创新、方法创新，大力发展水利新质生产力，塑造推动水利高质量发展新动能新优势。

第四，进一步全面深化水利改革，是更好应对水安全风险挑战的迫切需要。习近平总书记强调，水安全是涉及国家长治久安的大事；全党要大力增强水忧患意识、水危机意识，从实现中华民族永续发展的战略高度，重视解决好水安全问题。我们要始终清醒认识到，一方面，我国"夏汛冬枯、北缺南丰，水资源时空分布极不均衡"的基本水情将长期存在，决定了应对水安全挑战是一项长期任务；另一方面，受全球气候变化加剧影响，近年来极端水旱灾害事件多发频发重发，水安全领域不确定难预料因素增多，防风险保安全的形势愈来愈严峻复杂。我们要进一步全面深化水利改革，建章立制、构建体系，以更加完善的制度体系防范化解水安全风险、有效应对水安全挑战，全力保障防洪安全、供水安全、粮食安全、生态安全。

二、谋划进一步全面深化水利改革的思路举措

习近平总书记强调，进一步全面深化改革，要紧扣推进中国式现代化这个主题，突出改革重点，把牢价值取向，讲求方式方法，为完成中心任务、实现战略目标增添动力。我们要科学谋划进一步全面深化水利改革的思路举措，做到目标明确、思路清晰、选准路径，确保习近平总书记和党中央决策部署在水利系统落地见效。

一要紧紧围绕主题。习近平总书记指出，围绕党的中心任务谋划和部署改革，是党领导改革开放的成功经验。推进中国式现代化，是新时代新征程上凝聚全党全国人民智慧和力量的旗帜，也是进一步全面深化改革的主题。《决定》全篇正是紧紧围绕这个主题来谋划和部署各领域改革。全面深入学习贯彻《决定》，首先必须理解好、领悟好、贯彻好这个主题。**进一步全面深化水利改革**，必须服务于党中央赋予水利的重大使命任务，紧扣为以中国式现代化全面推进强国建设、民族复兴伟业提供有力的水安全保障这个主题，加快破解水利发展深层次体制机制障碍和结构性矛盾，为推动水利高质量发展、保障我国水安全提供强大动力和制度保障。

二要坚持目标导向。习近平总书记指出，一个国家要发展，明确目标和路径很重要。《决定》明确了进一步全面深化改革的总目标是"继续完善和发展中国特色社会主义制度，推进国家治理体系和治理能力现代化"，既同党的十八届三中全会确定的全面深化改革总目标一脉相承，又同党的二十大作出的战略部署相衔接。同时，《决定》明确了到2035年的阶段性

改革目标、"七个聚焦"的分领域改革目标、到2029年完成本轮改革任务的时间期限，凸显了改革的全面性、系统性。**进一步全面深化水利改革**，必须对照《决定》明确的总目标和阶段性目标，聚焦水利高质量发展的重要任务推进改革，更加注重系统集成，更加注重突出重点，更加注重改革实效，着力破除体制性障碍、打通机制性梗阻、推进政策性创新，不断完善水利高质量发展制度体系，推进水利治理体系和治理能力现代化。到2029年，完成《决定》中涉及水利的改革任务；到2035年，水利高质量发展制度体系全面建立，基本实现水利治理体系和治理能力现代化，基本建成与社会主义现代化相适应的水安全保障体系，为到本世纪中叶全面建成社会主义现代化强国提供水利支撑、贡献水利力量。

三要坚持问题导向。习近平总书记指出，进一步全面深化改革，要紧扣推进中国式现代化，坚持目标导向和问题导向相结合，奔着问题去、盯着问题改，坚决破除妨碍推进中国式现代化的思想观念和体制机制弊端。《决定》指出，要紧跟时代步伐，顺应实践发展，突出问题导向，并针对制约高质量发展的堵点问题、影响社会公平正义的热点问题、民生方面的难点问题、党的建设的突出问题、各领域的风险问题谋划部署改革举措。**进一步全面深化水利改革**，必须突出问题导向，深入研究水利各领域历史遗留问题、现在面临的问题、未来可能出现的问题，认真分析问题产生的原因，搞清楚工作中有什么阻碍、怎么冲破阻碍、需要采取什么改革措施，明确改革的战略重点、优先顺序、主攻方向、推进方式，改革举措要有鲜明指向性和具象化，真正做到奔着解决最突出的问题去，盯着解决最突出的问题改。

四要贯彻重大原则。习近平总书记指出，全会文件要深入总结来之不易、弥足珍贵的经验，作为进一步全面深化改革的重要遵循，并在新的改革实践中进一步丰富和发展。《决定》提出"六个坚持"的重大原则，集中体现了习近平总书记关于全面深化改革重要论述的核心要义，是对改革开放以来特别是新时代全面深化改革宝贵经验的科学总结，是我们党不断深化对改革规律性认识的重大成果，彰显了中国特色社会主义制度的鲜明特征和显著优势。**进一步全面深化水利改革**，必须贯彻"六个坚持"的重大原则，增强改革的科学性、预见性、主动性、创造性。**坚持党的全面领导是我们的最大政治优势**，要把党的领导贯穿水利改革各方面全过程，把"两个维护"作为首要政治纪律和政治规矩内化于心、外化于行，始终在思想上政治上行动上同以习近平同志为核心的党中央保持高度一致，确保水利改革始终沿着习近平总书记指引的方向前进。**坚持以人民为中心是改革的根本立场**，要始终牢记水利为民造福的历史使命，下大气力解决人民群众最关心最直接最现实的涉水利益问题，多推出一些民生所急、民心所向的水利改革举措，多办一些惠民生、暖民心、顺民意的水利实事，让人民群众有更多获得感、幸福感、安全感。**坚持守正创新是改革的本质要求**，要坚持习近平总书记治水思路不动摇，保持道不变、志不改的强大定力，保持锐意进取、改革创新的坚强决心，准确识变、科学应变、主动求变，提升破解水利改革发展深层次矛盾的能力和水平。**坚持以制度建设为主线是新时代全面深化改革的鲜明特点**，要加强水利改革顶层设计、总体谋划，破立并举、先立后破，固根基、扬优势、补短板、强弱项，把中央要求、群众期盼、实际需要、新鲜经验结合起来，努力形成系统完备、科学规范、运行有效的水利高质量发展制度体系。**坚持全面依法治国是改革的重要保障**，要在法治轨道上深化水利改革，做到重大水利改革于法有据，及时把水利改革成功经验以法律形式予以固化，把法治信仰、法治权威、法治效用贯穿和体现到水利改革的全过程、各环节。**坚持系统观念是改革的重要思想方法和工作方法**，要善用系统思维统筹水的全过程治理，全局性谋划、战略性布局、整体性推进水利改革，做到各项改革举措同向发力、形成合力，增强水利改革系统性、整体性、协同性。

五要强化根本保证。习近平总书记强调，办好中国的事情，关键在党；党的领导是进一步全面深化改革、推进中国式现代化的根本保证。《决定》在总结经验、阐述意义、提出原则、部署举措中，都把党的领导和党的建设作为重要内容，并专门部署党的领导和党的建设制度改革，充分体现了以习近平同志为核心的党中央持之以恒全面从严治党的清醒和坚定。**进一步全面深化水利改革**，必须坚定维护党中央权威和集中统一领导，完善党中央重大决策部署落实机制，确保党中央令行禁止。坚持不懈用习近平新时代中国特色社会主义思想凝心铸魂，深入学习贯彻习近平总书记关于全面深化改革的一系列新思想、新观点、新论断，深入学习贯彻习近平总书记治水思路和关于治水重要论述精神，进一步提高部属系统党员干部职工政治判断力、政治领悟力、政治执行力。坚持用改革精神和严的标准管党治党，进一步健全部属系统全面从严治党体系，深入推进水利系统党风廉政建设和反腐败工作，确保水利系统山清水秀、风清气正。

三、落实进一步全面深化水利改革的重点任务

《决定》锚定 2035 年基本实现社会主义现代化目标，重点部署了未来 5 年的重大改革任务，覆盖推进中国式现代化方方面面，构筑了进一步全面深化改革的全景图。其中，有很多涉及水利方面的内容。我们要全面把握习近平总书记和党中央对水利工作的战略定位和指示要求，系统梳理、全面承接《决定》涉及水利的改革任务，着力健全和完善实用管用的体制机制。

一是更好发挥市场机制作用。《决定》提出，要推进水利等行业自然垄断环节独立运营和竞争性环节市场化改革，健全监管体制机制；推进基础设施竞争性领域向经营主体公平开放；推进水、能源、交通等领域价格改革；拓宽多元化投融资渠道；等等。习近平总书记强调，要坚持政府作用和市场机制两只手协同发力，保障水资源安全，要充分发挥市场和政府的作用，分清政府该干什么，哪些事情可以依靠市场机制；既要使市场在配置资源中起决定性作用，又要更好发挥政府作用。**近年来**，我们着力深化水利投融资改革，创新应用多种模式吸引更多市场主体投入水利建设，扎实推进水价、用水权市场化交易等改革。"十四五"前 3 年年均落实地方政府专项债券、金融贷款和社会资本是"十三五"年均的 3 倍，其中 2023 年落实 5451 亿元、占落实水利投资的 44.5%。水利建设投资连续 2 年迈上万亿元大台阶、创造历史纪录。黄河流域首单跨省域用水权交易在四川和宁夏间成功实现。浙江丽水开展以"取水权"为质押物的"取水贷"改革，为水利工程建设拓展了资金投入渠道。**下一步**，要坚持"两手发力"，准确把握水利行业自然垄断环节和竞争性环节不同的经济特性、

发展规律，既要推动国有资本参与重大水利枢纽和水网工程建设运营，增强国有资本对自然垄断环节的控制力，又要积极推动各类经营主体进入具有供水、发电等效益的竞争性环节，同时健全监管体制机制，提升水利基础设施的可靠性和服务能力。要深化水利投融资改革，建立与金融机构、水利企业重点项目长效对接机制，推广政府和社会资本合作新机制，推进水利基础设施投资信托基金（REITs）试点，打通水利资产公开上市融资渠道，构建多元化、多层次、多渠道的水利投融资体系。要完善水资源价格形成机制，推进用水权市场化交易。

二是完善水旱灾害防御体系。《决定》提出，要健全国家安全体系，强化国家安全工作协调机制，完善国家安全法治体系、战略体系、政策体系、风险监测预警体系，完善重点领域安全保障体系和重要专项协调指挥体系；健全重大突发公共事件处置保障体系，提高防灾减灾救灾能力；等等。习近平总书记强调，要完善自然灾害特别是洪涝灾害监测、防控措施。**近年来，**我们积极践行"两个坚持、三个转变"防灾减灾救灾理念，加强流域防洪工程体系建设，开展现代化雨水情监测预报体系建设，完善水旱灾害防御责任落实、决策支持、调度指挥机制，不断提升水旱灾害防御能力。**下一步，**要加快完善流域防洪工程体系，科学布局水库、河道及堤防、蓄滞洪区建设，健全洪涝灾害风险评估机制，推动建立固底板、补短板、锻长板机制。要加快构建现代化雨水情监测预报体系，形成贯通"云雨水"、覆盖"天空地"的完整监测预报链条，实现延长洪水预见期与提高洪水预报精准度的有效统一。要加快健全水旱灾害防御工作体系，建构单元最小、全面覆盖、严密有效的责任落实机制，科学专业、支撑有力、反应迅速的决策支持机制，权威统一、运转高效、分级负责的调度指挥机制。

三是健全水利基础设施建运管体制机制。《决定》提出，要健全现代化基础设施建设体制机制，健全重大基础设施建设协调机制，健全重大水利工程建设、运行、管理机制，等等。水利基础设施建设环节多、周期长、涉及范围广，必须创新体制机制，提升水利基础设施全生命周期管理效率和水平。**近年来，**我们采取超常规措施、拿出超常规力度，全力推动水利基础设施建设和运行管理，2023年实施水利项目4.1万个、新开工重大水利工程44项，创历史新高，国家水网和省市县级水网加快建设，现代化水库运行管理矩阵加快构建，水利工程综合效益持续发挥。**下一步**，要健全与发展改革、自然资源、生态环境等部门的沟通协商机制，完善与省区市、流域管理机构的调度会商机制，强化部门协同、上下联动，形成工程建设合力。要健全水利项目实施监管和工程建设质量监管机制，保障工程建设进度、质量和安全。要健全水利工程运行管护常态化机制，尤其是要坚定不移加快构建现代化水库运行管理矩阵，全面提升水库运行管理精准化、信息化、现代化水平。

四是完善水利基本公共服务制度体系。《决定》提出，要完善基本公共服务制度体系；完善覆盖农村人口的常态化防止返贫致贫机制，健全推动乡村全面振兴长效机制；等等。水利具有鲜明的普惠性、基础性、兜底性特征，对保障和改善民生具有重要支撑作用。**近年来**，我们不断巩固拓展水利扶贫成果同乡村振兴水利保障有效衔接，建立了较为完备的农村供水工程体系，2023年底全国农村自来水普及率达到90%，规模化供水工程覆盖农村人口比例达到60%；加快灌区现代化建设与改造，在占全国55%的耕地面积上，生产了全国77%的粮食和90%以上的经济作物，有力支撑粮食连年丰收。**下一步**，要学习运用"千万工程"经验，强化乡村全面振兴水利保障，全面推行农村供水"3+1"标准化建设和管护模式，健全应急供水保障机制，完善现代化灌区建设与运营管理机制，健全以农业水价形成机制为"牛鼻子"的灌区分类型政策供给体系，加强普惠性、基础性、兜底性民生水利建设。

五是完善水资源节约集约利用体系。《决定》提出，要落实水资源刚性约束制度，全面推行水资源费改税；健全绿色低碳发展机制，发展绿色低碳产业，完善资源总量管理和全面节约制度；等等。水资源节约集约利用是一项社会管理工作，需要更多从体制机制上想办法，对水资源利用进行约束、对水资源节约进行激励。**近年来**，我们深入实施国家节水行动，强化水资源刚性约束，大力推动农业节水增效、工业节水减排、城镇节水降损。最近10年，在国内生产总值增长近1倍的情况下，用水总量实现零增长；万元国内生产总值用水量、万元工业增加值用水量分别下降41.7%、55.1%；在农业用水保持稳定的情况下，实现灌溉面积和粮食产量稳步增长。**下一步**，要坚持以水定城、以水定地、以水定人、以水定产，完善水资源刚性约束指标体系，建立健全水资源监测体系、水资源论证制度、水资源超载治理机制、地下水管控制度，全面推行水资源费改税，强化水资源开发利用总量和强度双控。要落实全面节约战略，建立健全节水制度政策，健全国家节水行动协同机制，完善节水型社会建设机制，健全合同节水管理、节水产业发展政策体系。

六是健全水利新质生产力发展体制机制。《决定》明确提出，要健全因地制宜发展新质生产力体制机制，以国家标准提升引领传统产业优化升级；推进传统基础设施数字化改造；深化科技体制改革，统筹各类科创平台建设；深化人才发展体制机制改革；推进国家安全科技赋能；等等。发展水利新质生产力，是适应新一轮科技革命和产业变革需要、提高水利发展质量的主动选择。**近年来**，我们大力推进数字孪生水利建设，健全完善水利技术标准体系，积极推动水利科技创新平台建设，加强成熟适用水利科技成果推广应用，不断提升水利科技支撑引领水利高质量发展的能力和水平。**下一步**，要坚持需求牵引、应用至上，引领推动、科技进步，查漏补缺、急用先行，夯实基础、行稳致远，构建先进、实用的水利科技支撑体系，推动新一代信息技术在水利领域深度应用，推进传统水利工程数字化改造和智能大坝建设，健全数字孪生水利建设体系，健全水利技术标准体系，完善水利科技创新、水利人才发展体制机制，以科技赋能、数字赋能推动水利高质量发展、保障我国水安全。

七是完善河湖生态保护治理体系。《决定》提出，要加快完善落实绿水青山就是金山银山理念的体制机制，健全山水林田湖草沙一体化保护和系统治理机制，健全生态产品价值实现机制，健全横向生态保护补偿机制，等等。协调人与河湖的关系，推动河湖生态高水平保护，必须依靠完善的制度体系。**近年来**，我们加强江河湖库保护治理，强化河湖长制，做到有名有实有效，实施母亲河复苏行动。全国首单水土保持碳汇交易在福建长汀成功实现，水土流失综合治理工程新增耕地和新增产能纳入耕地占补平衡政策新机制在陕西宝鸡成功试点。**下一步**，要建构河流伦理，健全河湖长制责任体系，健全河湖健康保障机制以及流域横向生态保护补偿、水生态产品价值实现等机制，完善水土保持体制机制，让更多河流恢复生命，让更多流域重现生机，实现人与河流和谐共生。

八是完善水治理体制机制法治体系。《决定》提出，要健全国家经济社会发展规划制度体系，增强专项规划和区域规划实施支撑作用；完善安全生产风险排查整治和责任倒查机制；深化立法领域改革，深入推进依法行政；等等。**近年来**，我们不断夯实水利体制机制法治管理基础，流域统一规划、统一治理、统一调度、统一管理持续强化，长江保护法、黄河保护法、地下水管理条例、节约用水条例等法律法规颁布实施，水行政执法与刑事司法衔接、水行政执法与检察公益诉讼协作等机制不断健全。**下一步**，要完善水利规划体系，建立水利规划管理和实施监督机制，健全重大规划、重大水利项目专家咨询机制，夯实水利高质量发展的规划基础。要完善流域统一治理管理机制，全面推行水利安全生产风险管控"六项机制"，不断完善水利法治体系，提升水利治理管理能力和水平。

四、加强进一步全面深化水利改革的组织领导

习近平总书记强调，制定出一个好文件，只是万里长征走完了第一步，关键还在于落实文件。《决定》第 60 条专门强调"以钉钉子精神抓好改革落实"，彰显了抓好改革落实的特殊重要性。我们要抓好《决定》贯彻落实，确保涉及水利改革的各项任务不折不扣按时完成。

一要吃透改革要求。《决定》的各项改革举措，都源于实践、奔着问题去，有明确的指向和要求。要正确认识进一步全面深化改革的谋篇布局，深入领会党中央的深谋远虑，准确理解每项改革举措的背景和定位、指向和内涵，明确水利改革靶向，不偏不倚抓好改革落实。

二要制定实施方案。抓落实需要分清轻重缓急，通过制定改革任务书、时间表、优先序，把《决定》的"大写意"转化为"工笔画"。在任务书上，不折不扣全面落实党中央确定的原则、明确的举措、提出的要求，细化实化水利改革任务，并结合实际创造性开展工作。在时间表上，

按照到2029年完成本轮改革任务的要求，根据轻重缓急确定起止时限，一个节点一个节点推进。在优先序上，从推动水利高质量发展、保障我国水安全需要出发，从最紧要的事情抓起，从老百姓反映最强烈的涉水利益问题抓起，实现纲举目张。

三要狠抓责任落实。要逐项细化分解水利改革任务，逐一厘清牵头单位、参与单位、责任事项、完成时限，做到事责对应、各就其位。各相关司局单位主要负责同志要把改革抓在手上、落到实处，既挂帅又出征，勇于担当、主动作为。部属系统广大党员干部职工要以实际行动支持、参与、推动水利改革，挺膺担当，敢闯敢试，做水利改革的促进派、实干家。

四要加强督促协调。要建立统一指挥、统筹协调、高效联动的工作机制，确保凝心聚力、步调一致、形成合力。要建立工作台账，细化任务清单，完善抓落实机制，严格阶段性关键时间节点，加强调度会商、跟踪督促和改革评价，确保取得实实在在的成效。

习近平总书记强调，中央和国家机关是贯彻落实党中央决策部署的"最初一公里"，要在学习宣传贯彻全会精神上当好排头兵。部属系统各级党组织要把学习宣传贯彻全会精神摆上重要议事日程，推动全会精神在水利系统落地生根、开花结果。**一要推动学习走深走实**。各级党组织要扛牢主体责任，主要负责同志切实履行第一责任人责任，组织全体党员干部职工原原本本学、全面系统学、结合实际学。党组（党委）理论学习中心组要充分发挥示范引领作用。领导干部要发挥表率作用，带头到分管领域、联系部门单位宣讲。要把学习全会精神作为干部培训必修课，对处级以上领导干部进行全员培训。工会、共青团、妇女组织要发挥自身优势，组织开展形式多样的学习活动。**二要广泛宣传引导**。综合利用各种宣传渠道，依托报刊网和新媒体等多种平台，对进一步全面深化水利改革进行全方位、多角度、深层次的宣传，形成浓厚氛围。**三要做到求真务实**。切实改进作风，克服形式主义、官僚主义顽疾，求真务实、真抓实干，抓铁有痕、踏石留印，务求改革取得实效。要把重大改革落实情况纳入巡视巡察的重要内容，以实绩实效和人民群众满意度检验改革。要把贯彻落实全会精神与做好当前工作结合起来，确保如期高质量完成全年目标任务。

同志们，党的二十届三中全会吹响了进一步全面深化改革、推进中国式现代化的奋进号角。让我们更加紧密地团结在以习近平同志为核心的党中央周围，高举改革开放旗帜，凝心聚力、奋发进取，为全面建成社会主义现代化强国、实现第二个百年奋斗目标，以中国式现代化全面推进中华民族伟大复兴作出水利贡献！

（编者注：本文选自水利部部长李国英 2024 年 8 月 13 日在水利部学习贯彻党的二十届三中全会精神宣讲会议上的讲话）

进一步全面深化水利改革
为推动水利高质量发展、保障我国
水安全作出新的贡献

——在2025年全国水利工作会议上的讲话

李国英

这次会议的主要任务是：全面贯彻党的二十大和二十届二中、三中全会精神，深入践行习近平总书记"节水优先、空间均衡、系统治理、两手发力"治水思路和关于治水重要论述精神，落实中央经济工作会议、中央农村工作会议部署，总结2024年水利工作，分析当前形势，部署2025年重点水利工作。

一、2024年工作回顾

2024年是新中国成立75周年，是习近平总书记发表保障国家水安全重要讲话10周年。一年来，习近平总书记多次主持召开会议研究水利工作，就黄河流域生态保护和高质量发展、长江经济带发展、水安全保障、防汛抗旱、重大水利工程建设、蓄滞洪区建设管理、水资源节约集约利用、南水北调水质保护等作出一系列重要讲话指示批示，专门对推动水利高质量发展、保障我国水安全提出明确要求，为做好水利工作指明了前进方向、提供了根本遵循。《习近平关于治水论述摘编》出版发行，为进一步凝聚全党全社会治水共识和行动提供了权威论著。党中央、国务院对水利工作作出一系列决策部署，李强总理、刘国中副总理等领导同志多次考察指导、研究部署水利工作。

在以习近平同志为核心的党中央坚强领导下，各级水利部门深入学习贯彻习近平新时代中国特色社会主义思想，坚定践行习近平总书记治水思路和关于治水重要论述精神，克难奋进、真抓实干，在多重挑战、多种考验下推动水利高质量发展、保障我国水安全取得重大进展。

——**水旱灾害防御夺取新胜利，最大程度保障了人民群众生命财产安全**。2024年，我国江河洪水南北齐发、早发多发、历史罕见，水旱灾害防御形势复杂严峻。我们始终坚持人民至上、生命至上，坚决扛牢防汛抗旱天职，狠抓雨水情监测预报体系，构建水旱灾害防御工作体系，科学精准调度流域水工程，成功抗御大江大河26次编号洪水，有效抵御1321条河流超警以上洪水、67条河流有实测资料以来最大洪水，有效应对西南、华北、黄淮、西北等地严重旱情。汛期全国6929座（次）大中型水库投入调度运用、拦蓄洪水1471亿 m³、减淹城镇2330个（次）、耕地1687万亩、避免人员转移1115万人（次），实现各类水库无一垮坝、大江大河重要堤防无一决口，最大程度保障了人民群众生命财产安全，最大限度减轻了灾害损失。迅速启动重大水旱灾害事件调度指挥机制，成功处置湖南涓水、吉林蛤蟆河、辽宁王河、内蒙古老哈河、广东西福河等堤防决口险情，特别是科学指导湖南团洲垸堤防决口抢险，坚守钱团间堤第二道防线，超前构筑沿悦来河第三道防线，48 h内完成决口封堵，确保了人员无一伤亡。强化山洪灾害预警，落细落实"谁组织、转移谁、何时转、转何处、不擅返"措施，全力避免人员伤亡。坚持旱涝同防同治，科学精准实施应急水量调度，有力保障旱区群众饮水安全和香港、澳门等地供水安全，有力保障灌区农作物时令灌溉用水需求，为我国粮食产量首次突破1.4万亿斤贡献了水利力量。

——**水利建设投资创历史新高，黄河古贤等一批标志性战略性重大工程开工建设**。我们深入贯彻落实《国家水网建设规划纲要》，全面推动完善水利基础设施体系。新开工国家水网重大工程41项，实施水利工程项目46967个，完成水利建设投资13529亿元、同比增长12.8%，创历史新高。大规模水利建设吸纳就业314.7万人、同比增长14.9%，有效发挥了稳增长、稳就业重要作用。论证70年之久的新时代保护治理黄河标志性重大工程古贤水利枢纽开工建设，实施黄河流域生态保护和高质量发展战略取得重大进展。南水北调中线引江补汉、环北部湾水资源配置等一批重大工程加快建设，珠江三角洲水资源配置工程全线通水。流域防洪工程体系加快完善，长江流域实施宣威水库、干流铜陵段治理、鄱阳湖康山蓄滞洪区等工程；黄河流域实施蒋家窑则水库、干流宁夏段治理等工程；淮河流域实施昭平台水库扩容、洪泽湖大堤蒋坝段加固等工程；国务院审议通过《加快完善海河流域防洪体系实施方案》，娄里水库和永定河等骨干河道整治以及文安洼等国家蓄滞洪区建设全面推进；珠江流域实施西江干流鹤山段堤防达标加固、迈湾水利枢纽等工程；松辽流域实施辽河干流防洪治理等工程；太湖流域实施镜岭水库、吴淞江整治等工程。丹江口库区及其上游流域等江河湖库生态保护治理、东北黑土区等水土流失治理、华北地区等地下水超采综合治理深入推进。

——"两手发力"实现新突破，多领域多地区改革取得跨越性进展。以浙江汤浦水库为底层资产的全国首单水利基础设施投资信托基金（REITs）成功发行上市，打造了拓宽水利建设长期资金筹措渠道的新型权益融资工具，构建了盘活水利存量资产和新增水利投资的良性循环。山东出台全国首个重点水利工程建设省级财政贷款贴息政策。广西出台全国首个省级财政贴息支持"节水贷"等政策。多地探索开展"取水贷"，获得银行授信额度近300亿元。用水权市场化交易日趋活跃，长江流域重庆和四川、松花江流域吉林和黑龙江实现流域内跨省份用水权交易"第一单"，河北和天津实现南水北调中线工程跨省份用水权交易"第一单"，中国水权交易所全年交易1.1万单、交易水量13.7亿 m^3，同比增长96.3%、154.7%。水资源费改税从先行先试进入全面试点阶段。河北邯郸首创全域合同节水管理新模式，全国实施合同节水管理项目687项，同比增长40.8%，节水量3.2亿 m^3。水土保持生态产品价值实现机制加快健全，小流域水土保持生态产品转化交易在多地成功实现，交易金额近10亿元；一批水土保持碳汇交易相继涌现，交易量77.5万t、交易金额3078万元；全国首单坡改梯新增耕地指标在安徽定远成功交易；全国首批水土保持土石余方资源信息共享数智匹配在浙江成功签约，实现"水土流失治理源头减量、生产建设项目取土有源"双赢。

一年来，各项水利工作取得积极进展，全年主要目标任务圆满完成。

一是水利工程运行管理水平不断提高。三峡后续工作规划加快实施，三峡库区危岩崩塌等地质灾害防治大力推进，三峡工程"十大安全"保障有力、综合效益充分发挥。南水北调东中线一期工程"三个安全"不断巩固，全面通水10年来累计调水771.6亿 m^3，水质稳定达标。现代化水库运行管理矩阵全国平台基本建成，8246座水库开展矩阵建设，全面完成3570座承担防洪任务的大中型水库库容曲线复核，完成3774座水库大坝安全鉴定、3853座水库除险加固以及17234座小型水库雨水情测报设施、19569座大坝安全监测设施建设，水库大坝安全管理持续强化。白蚁等害堤动物防治常态化推进。新增安全生产标准化小水电站509座。水利安全生产风险管控"六项机制"全面推进，水利安全生产形势总体平稳。

二是水资源刚性约束制度加快落实。党中央、国务院明确实行水资源刚性约束制度的目标任务。国家节水行动深入推进。流域区域可用水量确定工作加快推进，累计批复94条跨省份、418条跨地市江河水量分配方案，确定31个省份地下水管控指标。建立取用水监管和信用评价制度，全面开展农业灌溉机井"以电折水"取水计量，规模以上取水在线计量率达到96%。强化用水总量和强度双控，开展水预算管理试点，重点行业用水定额管理、黄河流域高耗水行业强制性用水定额编制加快推进。叫停67个节水评价不达标项目，核减水量20.9亿 m^3。深化节水型社会建设，加快发展节水产业，推动节水器具以旧换新，新建节水载体9503个，遴选公布一批水效领跑者。

三是江河湖泊生态环境持续改善。全面推进河湖生态流量和水利水电工程生态流量泄放管理，重点河湖生态流量保障目标实现全覆盖。加快推进母亲河复苏行动，全国88条（个）河（湖）中74条河流全线贯通、5条河流增加有水河长和时长、9个湖泊生态水位（水量）有效保障，京杭大运河连续3年全线贯通，永定河连续4年全线贯通、连续2年全年全线有水，海河流域"有河皆干、有水皆污"状况得到根本扭转，西辽河干流水头26年来首次到达通辽城区。黄河口湿地生态环境持续改善。陕西富平干涸40年的温泉河千年古泉复涌。启动65条跨省份江河流域水资源统一调度。完成9448条（个）河湖健康评价，新建680条（个）幸福河湖。

清理整治河湖库"四乱"问题4.2万个，恢复水库防洪库容2190万 m^3，清除河道内阻水片林和高秆作物13.5万亩、阻水围堤1140 km。广东惠州红色水乡侵占增江河道、湖北荆州学堂洲侵占长江河道等违建全面拆除。应用北斗技术实施采砂监管，开展长江流域河道采砂专项整治行动。全国地下水超采量较上一轮评价结果减少31.9%，严重超采区面积减少51%。全国新增水土流失治理面积6.4万 km^2。

四是乡村全面振兴水利基础加快夯实。 江西峡江、湖南梅山等7处大型灌区开工建设，1342处灌区现代化建设与改造加快推进，建成后将新增恢复改善灌溉面积约7000万亩。深化农业水价综合改革推进现代化灌区建设试点进展顺利。省级农村供水高质量发展规划全部印发，农村供水"3+1"标准化建设和管护模式全面推行，完成2.3万处农村供水工程建设，提升1.1亿农村人口供水保障水平，全国农村自来水普及率达到94%，规模化供水工程覆盖农村人口比例达到65%，千人以上集中供水工程全部配备净化消毒设施设备。持续巩固水利脱贫攻坚成果，扎实推进水利定点帮扶、移民安置和后期扶持，脱贫地区水利基础设施条件进一步改善。

五是数字孪生水利建设取得显著成效。 按照"需求牵引、应用至上、数字赋能、提升能力"要求，由数字孪生流域、数字孪生水网、数字孪生工程组成的数字孪生水利框架体系完成顶层设计。"天空地水工"一体化监测感知体系加快完善，"水利一号"X波段合成孔径对地观测雷达卫星成功发射并传回高分辨率凌情监测首图，永定河官厅山峡建成具有世界一流水平的现代化雨水情监测预报体系。数字孪生工程试点顺利开展。北斗、人工智能、大数据、高分辨率遥感、激光雷达、测雨雷达、三维重建技术、水文水动力学模型等在多领域深化应用，260万亿次双精度浮点高性能计算集群初步建成，基于数字孪生水利体系的"四预"（预报、预警、预演、预案）能力得到提升。

六是水利科技支撑能力不断增强。 修订面向发展水利新质生产力的技术标准体系，254项技术标准立项编制，39项技术标准报批发布，主导编制小水电、水文2项国际标准，中国水利学会等社团编制发布29项水利团体标准。国家水资源计量站、国家水文计量站获批筹建。组织实施"十四五"国家重点研发计划有关重点专项，启动45项重大科技问题研究。新筹建水利部野外科学观测研究站21家。遴选91项成熟适用水利科技成果推广应用。55项科技成果获评大禹水利科学技术奖。2人被授予国家卓越工程师，1个团队被授予国家卓越工程师团队，选拔推荐16人入选国家相关高层次人才，评选新一批水利领军人才、青年拔尖人才、人才创新团队和人才培养基地。实施卓越水利工程师培养工程。

七是水利治理管理水平持续提升。完成进一步全面深化水利改革任务89项。认真落实长江保护法、黄河保护法，水法、防洪法修改加快推进，节约用水条例颁布实施，水利重点领域法律制度体系不断完善。全国农田灌溉发展规划、全国中小河流治理总体方案印发实施，七大流域防洪规划修编、七大流域水土保持规划编制全部通过技术审查，太湖流域重要河湖和丹江口水库岸线保护利用规划印发实施。制定黄河滩区名录。全面强化河湖长制，在110个大型引调水工程输水干线设立省市县乡级河湖长4040名，建立大运河管理保护"流域管理机构+省级河长办"协作机制。流域统一治理管理持续强化，成立汉江流域治理保护中心。南水北调东线江苏段管理体制理顺取得突破。水行政执法与检察公益诉讼协作纵深推进。国际交流成果丰硕，成功举办第三届亚洲国际水周并发布《北京宣言》，积极参加第十届世界水论坛、罗马高级别水对话等重要国际水事活动，启动筹建"一带一路"国际水联盟，推动习近平总书记治水思路成为国际主流治水理念，广泛宣介河流伦理及中国实践。综合政务、财务审计、离退休干部、水利援外、后勤保障等工作持续加强，水利新闻宣传再获佳绩，水文化及水利廉洁文化建设、水利精神文明建设取得新成效。

八是全面从严治党向纵深推进。持续推动学习贯彻习近平新时代中国特色社会主义思想走深走实，认真学习贯彻《习近平关于治水论述摘编》。扎实开展党纪学习教育，深化以案促教、以案促改、以案促治，教育引导党员干部学纪、知纪、明纪、守纪。持之以恒正风肃纪反腐，常态长效深化落实中央八项规定及其实施细则精神，持续落实过紧日子要求，严肃查处违纪违规行为。深化整治形式主义为基层减负，统筹规范督查检查考核，大幅压减实地检查数量。开展水利基建工程领域廉洁风险防控和腐败问题专项整治。持续抓好中央巡视和审计整改，深入做好水利巡视巡察和内部审计工作。深入推进政治机关建设，部属系统24个党支部获评中央和国家机关"四强"党支部，45人获评中央和国家机关"四好"党员。加强领导班子和干部队伍建设，实施新一轮干部教育培训，评选表彰全国水利系统100个先进集体、218名先进个人，激励干部担当作为。水利部援藏工作组被授予"全国民族团结进步模范集体"称号。水利部1个集体和1名个人分别获得全国离退休干部先进集体、先进个人称号。

这些成绩的取得，根本在于有习近平总书记作为党中央的核心、全党的核心掌舵领航，根本在于有习近平总书记治水思路和关于治水重要论述科学指引，得益于党中央、国务院对水利工作的高度重视，得益于有关部门单位、地方和社会各界的共同努力，得益于广大水利干部职工开拓进取、苦干实干。在此，我代表水利部，向所有关心支持和献身水利事业的同志们表示衷心感谢！

在总结成绩的同时，我们更要清醒看到，水利工作仍存在不少短板弱项：防洪安全体系和能力现代化水平不够高，部分江河洪水调控能力不足，部分河道行洪不畅，部分河流堤防尚未达到设计标准，蓄滞洪区建设管理薄弱；"天空地水工"一体化监测感知系统建设亟待提速，数字化网络化智能化水平亟待提升；国家水网建设任务繁重，推动农村供水高质量发展仍需加力；水资源刚性约束制度体系不完善，节水制度政策体系不健全；河湖库"四乱"问题时有发生，河湖生态环境复苏需进一步强化；水利新质生产力发展尚未成势，水利标准支撑引领能力亟待提升；水利法治体系仍需完善；水利系统全面从严治党责任落实仍有差距，违纪违法案件时有发生，部分重点领域和关键环节廉洁风险依然较高；等等。对于这些问题，我们必须高度重视、深入研究、深化改革，下大气力加以解决。

二、形势与任务

落实好以习近平同志为核心的党中央关于水利工作的决策部署，履行好推动水利高质量发展、保障我国水安全的职责使命，必须深入分析把握水利工作面临的形势和任务，以更高站位、更宽视野、更大力度谋划和推动水利工作。

（一）深刻认识极端天气事件增多带来的严峻挑战。我国季风气候特点和自然地理条件，决定了水资源时空分布极不均衡以及由此带来的水灾害，始终是中国式现代化进程中须臾不可掉以轻心的突出风险。近年来，极端天气事件频发，水灾害风险加大，防风险保安全形势更趋严峻复杂。**从气候变化影响看**，全球气候变暖趋势明显，我国是全球气候变化敏感区和影响显著区，1961—2023年，我国年平均气温呈显著上升态势，平均每10年升高0.3℃。根据大气物理学克劳修斯-克拉伯龙（C-C）方程，气温每上升1℃，大气含水量将增加7%左右。大气增温的热力效应使水循环加强、降水变率加大，更易发生暴雨洪水。1961—2023年，我国平均年降水量、极端降水事件频次、年累计暴雨站日数均呈增加态势，20世纪80年代以来我国沿海海平面呈加速上升态势，20世纪90年代后期以来登陆我国台风的平均强度呈波动增强态势。2024年是自1850年有记录以来最热的一年，未来一段时期全球变暖仍将持续，我国水循环时空分布将更趋极端化。**从我国暴雨洪涝灾害看**，突破历史极值、颠覆传统认知的暴雨洪水灾害多发频发。2024年，全国大江大河发生编号洪水为1998年有资料统计以来最多，罕见地早在4月就发生了6次编号洪水，珠江流域罕见地发生了13次编号洪水。7月，湖南资兴最大24 h点雨量670 mm，是湖南有实测记录以来首次出现24 h 600 mm以上极端暴雨，造成严重灾害；8月，辽宁多地出现长达87 h的持续性强降雨，葫芦岛最大24 h点雨量638.8 mm，是辽宁有实测记录以来首次出现24 h 500 mm以上极端暴雨，造成严重灾害；受降雨和高温融雪共同影响，新疆塔里木河流域7条河流发生超保洪水，中游干流发生有实测资料以来最大洪水，塔克拉玛干沙漠一度出现洪水；9月以来，6个秋台风登陆我国，为1949年以来同期最多，影响持续至11月中旬。**从全球范围看**，很多国家也深受气候变化影响，严重暴雨洪水灾害频繁发生。2024年4月，属热带沙漠气候的阿联酋遭遇1949年有记录以来最强降雨，洪水导致迪拜交通陷入瘫痪；5月，巴西南里奥格兰德州发生1941年以来最大洪水，造成200多人死亡失踪；7月，美国伊利诺伊州强降雨导致纳什维尔大坝漫坝；8月，苏丹红海州连续暴雨致阿尔巴阿特水库溃坝，造成100多人死亡；9月，台风"摩羯"4次登陆引发洪水等灾害，分别导致越南、缅甸300多人、500多人死亡失踪；10月，西班牙东部发生暴雨洪水，导致220多人死亡，是1967年以来欧洲死亡人数最多的洪灾。这些都警示我们，气候变化导致的水灾害事件影响比预期更加深远和强烈，极端水灾害多发重发的态势对风险预警和防控提出了更高要求。我们要对极端天气形势保持高度警惕，对现有水灾害防御能力保持清醒认识，统筹高质量发展和高水平安全，加快推进防洪安全体系和能力现代化，牢牢把握应对极端天气挑战的主动权。

(二) 深刻认识高质量完成"十四五"规划目标面临的繁重任务。"十四五"时期是我国开启全面建设社会主义现代化国家新征程的第一个五年。中央经济工作会议明确要求，高质量完成"十四五"规划目标任务，为"十五五"良好开局打牢基础。中央农村工作会议对做好"十四五"规划收官之年"三农"工作提出了明确要求。2021年部党组部署开展"三对标、一规划"专项行动，形成了以水安全保障规划为核心的"十四五"水利发展规划体系。4年来，"十四五"水安全保障规划有力有序实施，总体进展顺利，4项约束性指标有3项完成，11项预期性指标有7项完成，但部分目标任务仍需加快推进。在"十四五"规划收官之年，我们要以强烈的责任感、使命感、紧迫感，检视台账、压实责任、咬定目标、加压冲刺，加快完成党中央、国务院有关决策部署，全面完成"十四五"水安全保障规划目标任务，向党和人民交出满意的"十四五"水利答卷。同时，要提早谋划"十五五"水利工作，一以贯之同党中央精神对标对表，不断满足人民日益增长的水安全、水资源、水生态、水环境需求，把中央要求、群众期盼落实到各项规划、政策、项目的具体安排中。

(三) 深刻认识进一步全面深化水利改革提出的紧迫要求。党的二十届三中全会擘画了进一步全面深化改革的时代蓝图，明确了2029年完成本轮改革任务的时间期限。推动水利高质量发展、保障我国水安全，面临不少结构性、根源性、趋势性压力，只有不断深化改革，推进理念创新、制度创新、政策创新、科技创新、方法创新，才能在多重约束条件下找到最优解。比如，全面贯彻党中央关于 2025 年经济工作的总体要求和政策取向，既要积极作为，担负好扩内需、稳增长的水利任务，又要紧抓机遇，进一步深化水利投融资改革，拓宽资金筹措渠道；全面落实长江保护法、黄河保护法和地下水管理条例、节约用水条例等法律法规明确的水利任务，需要破除各方面体制机制弊端；建设现代化高质量水利基础设施体系，需要健全重大水利工程建设运行管理机制，提升水利基础设施全生命周期管理能力和水平；强化水资源节约集约利用，需要更多从转变生产生活方式的体制机制上想办法，健全水资源刚性约束制度体系、节水制度政策体系；让更多河流恢复生命、流域重现生机，全面建设幸福河湖，需要建构河流伦理，重塑人与河流关系，健全河湖健康生命保障体系；发展以高技术、高效能、高质量为特征的水利新质生产力，需要破除知识、数据、技术、人才等要素配置障碍；等等。这些改革任务，涉及范围广、攻坚难度大，既有进入深化阶段、到了啃硬骨头关口的存量改革，也有积极探索、创造新模式新路径的增量改革。我们要坚决贯彻落实党的二十届三中全会精神，坚持问题导向和目标导向相结合，坚持改革和法治相统一，深入研究水利领域历史遗留问题、现在面临的问题、未来可能出现的问题，进一步全面深化水利改革，以制度建设为主线，不断完善水利高质量发展制度体系，推进水利治理体系和治理能力现代化。

三、2025 年重点工作

2025 年是"十四五"规划的收官之年，是为"十五五"开局打下良好基础的关键之年。我们要坚持以习近平新时代中国特色社会主义思想为指导，全面贯彻党的二十大和二十届二中、三中全会精神，落实中央经济工作会议、中央农村工作会议部署，坚持稳中求进工作总基调，完整准确全面贯彻新发展理念，坚持习近平总书记治水思路，坚持问题导向，坚持底线思维，坚持预防为主，坚持系统观念，坚持创新发展，以进一步全面深化水利改革为动力，更好统筹发展和安全，建立健全水利高质量发展制度体系，大力发展水利新质生产力，进一步提升水旱灾害防御能力、水资源节约集约利用能力、水资源优化配置能力、江河湖泊生态保护治理能力，为推动水利高质量发展、保障我国水安全作出新的贡献。

（一）完善水旱灾害防御体系。立足防大汛、抗大旱，坚持"预"字当先、以防为主，构筑保障人民群众生命财产安全的坚固防线。

完善流域防洪工程体系。科学布局水库、河道及堤防、蓄滞洪区等功能建设。长江流域，启动实施洞庭湖、鄱阳湖重点圩堤加固，大力推进蓄滞洪区建设。黄河流域，高标准推进古贤水利枢纽建设，加快黑山峡水利枢纽前期工作，完成黄河下游"十四五"防洪工程。淮河流域，开工淮河干流峡涡段、浮山以下段行洪区调整和建设工程。海河流域，加快建设温榆河钻子岭水库，加快拒马河张坊水库、大石河二道河水库、永定河官厅山峡洪水控制工程、温榆河西峰山水库前期工作。研究新辟牤牛河、潴龙河分洪道。珠江流域，加快龙滩水库防洪能力提升、黄茅峡水库、长潭水库扩容等工程前期工作。松辽流域，推动实施嫩江干流补充治理工程。太湖流域，开工建设上白石水库，推动太浦河后续（一期）、望虞河拓浚等工程开工。实现七大江河干流重要堤防达标三年行动方案目标任务。实施病险水库除险加固三年行动，加快实施72座大中型、2207座小型病险水库除险加固。研究启动实施蓄滞洪区建设管理三年行动，开工建设一批国家蓄滞洪区，严格非防洪建设项目洪水影响评价，常态化开展遥感监测监管。推进主要支流和中小河流系统治理。推进海堤建设。

完善雨水情监测预报体系。**健全第一道防线**，建立健全卫星数据共享机制，深化气象卫星数据应用。统筹规划推进水利测雨雷达组网建设，建设数据归集管理与应用服务平台，制定建设与应用技术规范，加快研发耦合卫星和测雨雷达的"云—雨"降水规律及降水预报模型。**强化第二道防线**，在暴雨洪水来源区、山洪灾害易发区以及水工程防洪影响区等加密布设雨量站，提高监测覆盖率。深化产汇流规律及水文预报模型研发应用。**提升第三道防线**，优化水文站网布局，填补监测空白，推进水文测站测验设备和测验方法现代化改造，提升高洪和超标准洪水监测能力，提高极端条件下测验和通信保障能力。加强洪水演进规律及水动力学模型研发应用，延伸洪水传导预报。以流域为单元，建立健全"三道防线"耦合贯通的雨水情监测预报体系。

完善水旱灾害防御工作体系。健全责任落实机制，严格落实各项防汛责任制，落细落实水库、河道及堤防、蓄滞洪区管理各层级各环节责任，落细落实山洪灾害预警"叫应"机制和人员转移"五个关键环节"责任，落细落实在建工程、重要基础设施安全度汛责任，落细落实薄弱堤段、险工险段、病险水库（闸）巡查防守责任。**健全决策支持机制，**配强各级水旱灾害防御人才专家队伍。加强"四预"能力建设，并在数字流场"正向—逆向—正向"对洪水风险和工程调度进行推演。汛前完成汉江、伊洛河、漳河、北江等14条河流水系防洪"四预"能力提升建设，推进2000个重点防治单元山洪灾害"四预"能力建设。**健全调度指挥机制，**完善会商研判、预警发布、工程调度、专项部署、下达执行环节等措施，落实重大水旱灾害事件调度指挥处置流程，严格指令执行监督。加强旱情、咸情预报和水源调度，确保城乡供水安全和灌区农作物时令灌溉用水需求。

（二）**构建国家水网工程体系。**按照"系统完备、安全可靠，集约高效、绿色智能，循环通畅、调控有序"要求，联网、补网、强链，全面建设安全韧性现代水网。

构建国家水网主骨架大动脉。推进南水北调后续工程高质量发展，抓紧完成南水北调工程总体规划修编，高标准建设中线引江补汉工程，加快推进西线先期实施工程、东线后续工程前期工作。加快环北部湾水资源配置、黑龙江粮食产能提升、引江济淮二期等国家水网骨干输排水通道建设。优化完善区域水网布局，加快区域水网骨干工程前期工作。

构建省市县级水网协同融合发展体系。科学谋划省市县级水网"纲、目、结"。开工建设四川引大济岷、辽东半岛水资源配置等省级水网骨干工程，加快新疆玉龙喀什、西藏帕孜等重点水源工程建设进度，开工建设贵州英武、云南南瓜坪等水库。加强灌区现代化建设与改造，加快江西峡江、湖南梅山、河南前坪等灌区建设，开工建设江西井冈、广西黑水河等大型灌区，实施150处以上大中型灌区现代化改造。推进大中型灌区、灌排泵站标准化管理。持续巩固拓展水利脱贫攻坚成果，落实乡村建设行动水利任务，实施重点区域水利帮扶。

健全农村供水保障体系。全面推行"3+1"标准化建设和管护模式，加快建设县域智慧管理服务平台，推动农村供水从"有水喝"向"喝好水"转变、从单元分散向规模集中转变、从传统管理向数智化管理转变。深入实施农村供水水质提升专项行动，加快小型引调水工程建设，加强水厂规范管理运行。健全平急两用的应急供水保障体系。全国农村自来水普及率达到96%，规模化供水工程覆盖农村人口比例达到69%。

（三）**完善复苏河湖生态环境治理体系**。坚持生态优先、绿色发展，持续建构河流伦理，进一步推动河湖生态环境复苏。

完善河湖健康保障体系。逐河湖、逐断面、逐工程确定生态流量目标，完善生态流量监管技术标准、信息平台，健全生态流量监测预警和评价制度，推进生态流量监测全覆盖。制定母亲河复苏标准，完成88条（个）母亲河（湖）复苏行动任务，建立全国地市级以上母亲河名录并实施复苏行动。持续实现京杭大运河水流全线贯通，保持永定河全年全线有水，全力实现西辽河干流全线过流。保障白洋淀、塔里木河、石羊河、东居延海、黄河三角洲等生态安全。开展小水电绿色改造和现代化提升，巩固黄河流域小水电清理整改成果，持续强化小水电生态流量监管。探索建立河湖健康预警机制，完成全国河湖第一轮健康评价。加强重要江河源头区、饮用水水源地保护。通过摸清底数、创新技术、开展试点等，推动湖库生态清淤。完成进一步加强丹江口库区及其上游流域水质安全保障工作方案年度任务，确保丹江口水库水质稳定达到供水要求。推进水利风景区建设。

完善水域岸线保护治理体系。实施河湖库一体化监测感知体系建设三年行动，严格河湖库水域岸线空间管控，加强涉河建设项目全过程监管，建立卫星遥感与现地查处相结合机制，加强妨碍河道行洪、侵占水库库容突出问题整治。严格水库防洪库容管理，完成国有水利工程管理与保护范围划定。推动建立水库防洪调度临时淹没补偿机制。加快推进全国河道砂石采运管理"一码通用、一码溯源"，开展黄河流域非法采砂专项整治行动。加强山区河道管控，开展乡村河湖库管护攻坚行动。

完善地下水综合治理体系。强化地下水取水总量和水位双控，完善地下水监测评价预警体系,加强泉水调查监测。启动国家地下水监测二期工程建设。加快地下水禁采区、限采区划定,开展地下水超采区动态评估。持续开展华北地区、10个重点区域、南水北调受水区等地下水超采治理。巩固拓展北京、河北等深层地下水人工回补试点成效。加强重力卫星遥感、穿透式地质雷达等技术应用,深入开展地下水运动规律研究,构建地下水通用模型。建立地下水储备制度。开展海(咸)水入侵调查。

完善水土流失综合治理体系。完成水土流失严重区、生态脆弱区和禁止开垦陡坡地范围划定,全面实施水土保持信用评价。加强长江上中游、东北黑土区等重点区域水土流失治理。以黄河粗泥沙集中来源区为重点,新建一批淤地坝,提升改造、除险加固一批老旧病险淤地坝,加强淤地坝度汛管理。建设400条生态清洁小流域。加强生产建设项目水土保持监管。加快推进水土保持监测站点建设。全年新增水土流失治理面积6.2万 km^2以上。完善水土保持碳汇交易体制机制,制定水土保持碳汇评估与核算技术规范,开展水土保持生态产品转化交易、东北黑土区侵蚀沟治理等新增耕地指标交易,探索建立水土保持治理投入循环机制。

(四)**完善数字孪生水利体系**。坚持需求牵引、应用至上、数字赋能、提升能力,管好每一条河流、每一级水网、每一座工程、每一笔投资。

完善"天空地水工"一体化监测感知体系。构建水利遥感卫星应用星座,建设归集应用平台,完善应用机制,提升不同区域、不同分辨率、不同覆盖频次的观测能力。加强坝工智能监测、坝外探测、用水在线计量监测等新技术新设备研发应用。建设水利部本级、流域管理机构、省级及相关工程单位的数据归集平台,推进多源数据互联互通。

加快建设数字孪生流域。全面启动国家数字孪生水利建设工程(一期),加快构建水利部和七大流域协同高效、动态计算的数字孪生平台。加强水利专业模型机理深化研究、参数实时率定和源程序迭代优化。持续提升数字孪生水利安全防护能力和水平。

加快建设数字孪生水网。深化南水北调东中线工程数字孪生应用,基本建成省级水网先导区数字孪生平台。加快推进国家水网调度中心、大数据中心建设,构建"国家水网一张图"。

加快建设数字孪生工程。持续推进数字孪生三峡、小浪底、丹江口、大藤峡、岳城、尼尔基等工程建设，统筹推进水库、堤防水闸、蓄滞洪区、调水工程、灌区、农村供水工程等数字孪生建设。开展智能大坝建设试点。加强与数字孪生流域、数字孪生水网衔接，深化业务信息融合和共建共享应用。推进新建、改扩建水利工程与数字孪生工程同步规划、设计、建设、验收、运行。

推进水利智能业务应用。实施"人工智能+水利"行动，构建水利大模型建设应用框架，打造流域智能防洪"四预"、水网智能调度、河湖库立体空间智能监管、水利工程智能运管等一批示范场景，加强与"2+N"业务应用体系深度集成。建立数字孪生水利评价体系。

（五）**建立健全节水制度政策体系**。坚持"四水四定"，落实水资源刚性约束制度和节约用水条例，进一步提升水资源节约集约利用能力和水平。

健全水资源刚性约束制度体系。推进水资源刚性约束配套制度建设。研究制订"十五五"用水总量和强度双控指标，加强水资源监测体系建设，建立节水统计调查制度。推动出台规划水资源论证办法，实施取用水领域信用评价，强化取用水全过程监管。启动全国水资源承载能力评价，推进水资源分区管理，制定水资源严重短缺和超载地区名录。推进跨省份江河流域实施水资源统一调度、统一管理。

建立健全农业节水增效制度体系。科学灌溉制度体系，健全灌溉试验站网体系，推动完善不同区域不同农作物灌溉制度和灌溉定额。**用水计量监测体系**，健全农业用水计量监测标准，加快灌区灌溉用水计量设施建设。**农业水价政策体系**，完善科学合理的农业水价形成机制，建立可持续的精准补贴机制，健全灌区分类型政策供给体系。**节水市场制度体系**，合理分配灌溉用水户用水权，因地制宜推进农业用水权市场化交易，探索以水权回购、节水设施购置奖补等多种形式奖励农业节水用水户。**节水技术及服务体系**，加强农业节水技术研发、集成和推广应用，培育专业化社会化服务队伍，完善节水灌溉服务网络。农田灌溉水有效利用系数达到0.583。

建立健全工业节水减排制度体系。定额管理体系，制定14项黄河流域高耗水工业服务业强制性用水定额，开展省级工业用水定额评估。**精准计**

量体系，加强工业用水计量器具配备和管理，推动建立现代化的取用水全过程计量体系。**循环利用体系**，推广工业和产业园区循环用水技术，建立水资源从工艺设计到废污水处理的"全周期"管控机制。**用水权交易体系**，激励工业用水户将节水改造和合同节水管理取得的节水量纳入用水权交易。**节水产业发展体系**，完善节水产业发展支持政策，实施节水产业标准引领行动，鼓励支持建设一批节水技术创新中心、节水产业园区，培育一批节水重点企业。万元国内生产总值用水量、万元工业增加值用水量比2020年下降16%。

建立健全城镇节水降损制度体系。**水预算管理体系**，探索建立水预算管理制度，推动建立水预算编制、审核和执行、监督机制，开展水预算用水计量设施、适应性节水改造工程建设。**水价水资源税管理体系**，全面推行水资源费改税，建立健全城乡供水价格动态调整机制。**合同节水管理体系**，优化节水支持政策，开展节水诊断服务，全年实施300项以上合同节水管理项目。**再生水利用管理体系**，完成76个典型地区再生水利用配置试点建设，推进重点城市再生水利用三年行动，建立健全非常规水技术标准体系，再生水等非常规水利用量超过230亿 m^3。**节水型社会管理体系**，深入实施国家节水行动，完善节水型社会建设机制，开展市县水效提升行动，探索开展节水管理体系认证工作。组织开展中国节水奖评选。

（六）**健全水利科技创新体系**。深入落实科教兴国战略、人才强国战略、创新驱动发展战略，加大水利科技创新力度。

健全水利新质生产力技术标准体系。加快推进"急用先行"标准制修订，启动编制水利技术标准60项。

健全水利科技创新平台工作体系。加强部级创新基地建设与管理，建立国家水网科研基地，推进水利部白蚁防治重点实验室建设。新建认定一批部级科技创新平台，推进水利部野外科学观测研究站信息汇交平台建设。加强水利重大科技问题凝练、基础研究和技术攻关。

健全水利科技创新力量支撑体系。抓好水利高层次人才培养选拔，加快建立以创新能力、质量、实效、贡献为导向的评价体系。持续实施卓越水利工程师培养工程。推广应用100项成熟适用水利科技成果。持续深化水利多双边交流合作，推进高质量共建"一带一路"水利合作，举办国际大坝委员会第28届大会。

健全水利科技创新政策保障体系。积极发挥水利部科学技术委员会等智库作用，深入开展专题咨询论证。探索建立重大科研任务"军令状"责任制，强化重大科技攻关稳定支持，优化水利科技创新组织机制，深化使命导向管理改革试点，探索推进水利科研院所现代化治理改革。

（七）**完善水治理体制机制法治体系**。推动标志性改革举措落地见效，提升水利现代化治理管理能力。

健全水利规划体系。贯彻落实国家"江河战略"，推进长江经济带发展、黄河流域生态保护和高质量发展等重大国家战略规划水利任务实施。扎实做好"十五五"水安全保障规划编制。完善国家水网建设规划体系，加快区域水网规划审查报批，完成市县级水网规划编制。推进汉江等重要流域综合规划编制。加快七大流域防洪规划报批，推进蓄滞洪区建设与管理规划修编，印发实施七大流域水土保持规划，加快国家节水中长期规划和"十五五"水土保持、水文、水利科技创新等重点规划编制。加强水利规划管理和实施评估。

健全流域统一治理管理机制。充分发挥流域防总、流域省级河湖长联席会议机制作用，进一步强化流域统一规划、统一治理、统一调度、统一管理。健全流域规划实施责任制。强化对流域内项目建设的指导监督，统筹流域水利工程布局、项目实施。强化流域水利工程多目标统筹协调调度，加强流域河湖、水权水资源统一管理。

完善河湖长制体系。深化落实河湖长制。加快构建重要流域上下游、左右岸、干支流贯通一体的河湖保护治理体系。用好涉河湖重大问题调查与处置机制，强化全链条跟踪问效，压实各级河湖长及相关部门责任。全面推进幸福河湖建设。

完善水利投融资体系。抓住实施积极财政政策和适度宽松货币政策机遇，加快"两重"项目前期工作，争取加大政府投入，有效带动社会投资，拓宽超长期特别国债、地方政府专项债券和金融支持水利政策工具等多元化投融资渠道，运用好政府和社会资本合作新机制，积极培育更多水利基础设施投资信托基金（REITs）项目申报和发行，让工程变资产、资产变资本、资本变资金、资金变投资。推进水利行业自然垄断环节独立运营和竞争性环节市场化改革，推动各类经营主体进入具有供水、发电等效益的竞争性环节。加快水利工程供水价格改革，落实价格动态调整机制。深化农业水价综合改革，推进现代化灌区建设。鼓励条件成熟、确有需要的地区研究组建水利投融资企业。推广"节水贷""取水贷"等绿色金融模式。探索水生态产品抵（质）押等绿色金融实践，研究制定水生态产品目录清单、价值核算指标体系。

健全用水权交易制度体系。加快用水权初始分配，加快完成跨行政区江河流域水量分配，加快确定流域区域可用水量。开展取用水监测计量能力提升专项行动。培育用水权交易市场，健全规范黄河流域跨省区用水权交易、南水北调中线工程用水权交易制度，推进用水权市场化交易。深化农业用水权改革试点。发挥国家用水权交易平台作用，健全流域、区域用水权交易平台体系，完善用水权供需信息系统。加强用水权交易市场监管，制定用水权交易负面清单。

健全重大水利工程建设运行管理机制。制定出台健全重大水利工程建设运行管理机制的实施意见。健全水利工程实施和质量监管机制，探索投、建、运、营一体化建设管理模式。制定国家重大水利水电工程质量管理工作制度。规范和完善水利建设市场主体信用评价。持续推进现代化水库运行管理矩阵建设，完成试点水库和先行区域建设。健全白蚁等害堤动物综合防治工作体系。大力推进堤防、水闸运行管理信息化建设。全面完成三峡后续工作规划任务，推动三峡库区危岩崩塌防治，加快三峡水运新通道建设。精准实施南水北调东中线一期工程年度水量调度，开展东中线一期工程竣工验收。出台调水工程运行管理办法。深入推进水利安全生产风险管控"六项机制"落地见效。

健全水利法治体系。水利法律规范体系，全力推进水法、防洪法、蓄滞洪区运用补偿办法修改，完善水利法律法规配套制度。**水利法治实施体系，**全面贯彻长江保护法、黄河保护法、地下水管理条例、节约用水条例等法律法规，不折不扣完成法定任务。发挥水行政执法与刑事司法衔接、水行政执法与检察公益诉讼协作机制作用，健全流域水行政处罚裁量权基准制度，推动水行政执法标准跨区域衔接。**水利依法行政体系**，完善重大决策、规范性文件合法性审查机制，做好重大决策事项社会稳定风险评估。

（八）**健全全面从严治党体系**。加强党对水利工作的领导，坚定拥护"两个确立"，坚决做到"两个维护"，认真贯彻新时代党的建设总要求，落实二十届中央纪委四次全会部署，坚持用改革精神和严的标准推进全面从严治党。

健全组织体系。深化政治机关建设，完善党中央重大决策部署落实机制。严明党的政治纪律和政治规矩，严格执行党内政治生活、重大事项请示报告等制度。强化基层党组织政治功能和组织功能，深入推进党支部标准化规范化建设，深化"四强"党支部创建。坚持新时代好干部标准，大力选拔政治过硬、敢于担当、锐意改革、实绩突出、清正廉洁的干部，加快建设高素质专业化水利干部队伍。深化事业单位改革。

健全教育体系。坚持"第一议题"制度，坚持不懈用习近平新时代中国特色社会主义思想凝心铸魂，持续学深悟透习近平总书记治水思路和关于治水重要论述精神，健全落实以学铸魂、以学增智、以学正风、以学促干长效机制。巩固深化党纪学习教育成果，建立常态化长效化的纪律教育机制。

健全监管体系。持之以恒加强作风建设，健全中央八项规定精神常态长效落实机制，推动整治形式主义为基层减负工作走深走实。健全水利巡视巡察、内部审计等制度机制，持续深化中央巡视和审计整改。健全水利廉政风险防控机制，深化水利基建工程领域廉洁风险防控和腐败问题整治，健全不正之风和腐败问题同查同治机制，推动正风肃纪反腐相贯通。

健全制度体系。依规依纪管党治党，以钉钉子精神抓好党内法规制度执行。健全完善党建工作制度体系。加强党内法规和党建制度执行情况的督促检查，确保法规制度落实落地。

健全责任体系。压紧压实各级党组（党委）全面从严治党主体责任、各级纪委监督责任、党组织书记"第一责任人"职责、领导班子成员"一岗双责"，优化责任落实考评机制，确保责任落实一贯到底。全面落实意识形态工作和国家安全工作责任制。坚持党建带群建团建，统筹抓好工会、共青团、妇联、统战等工作。

加强水文化及水利廉洁文化建设，做好水文化遗产调查、研究、保护、传承、利用，强化水利精神文明建设，做好综合政务、水库移民、水利信访、离退休干部、后勤保障等工作，更好凝聚推动水利高质量发展合力。

同志们，使命系于担当，任务重在落实。让我们更加紧密团结在以习近平同志为核心的党中央周围，以"撸起袖子加油干、风雨无阻向前行"的精神状态，锐意改革、苦干实干、善作善成，为推动水利高质量发展、保障我国水安全作出新的贡献！

（编者注：本文选自水利部部长李国英2025年1月13日在2025年全国水利工作会议上的讲话）

在现代化雨水情监测预报体系建设现场推进会上的讲话

李国英

这次会议的主要任务是：深入贯彻习近平总书记"两个坚持、三个转变"防灾减灾救灾理念和在北京、河北考察灾后恢复重建工作时的重要讲话精神，认真落实党中央、国务院决策部署，加快推进现代化雨水情监测预报体系建设，为提升我国水旱灾害防御能力、推动水利高质量发展、保障国家水安全提供有力支撑。

一、充分认识建设现代化雨水情监测预报体系的重要意义

建设现代化雨水情监测预报体系，事关人民群众生命财产安全，事关国家防洪安全，可谓"国之大者"，必须充分认识其重要性、紧迫性。

第一，这是贯彻落实习近平总书记重要指示精神的政治要求。党的十八大以来，以习近平同志为核心的党中央始终高度重视洪水灾害防御工作。习近平总书记明确提出"两个坚持、三个转变"防灾减灾救灾理念，对做好洪水灾害监测预警多次作出重要指示，强调要针对防汛救灾暴露出的薄弱环节，补好灾害预警监测短板，补好防灾基础设施短板，及早预防可能出现的洪涝灾害。习近平总书记2016年7月20日在做好当前防洪抢险救灾工作的讲话中强调，科学精准预测预报。要密切监视天气变化，加强雨情水情监测预报预警，加强汛情、灾情分析研判，提前发布预警信息，及时启动应急响应，把握防汛抗洪主动权。习近平总书记2016年7月28日在河北唐山考察时强调，要加强雨情水情监测预报预警，及时发布预警信息，及时启动应急响应，全力保障人员安全，保证大中型水库运行安全。习近平总书记2021年7月21日在关于河南防汛救灾工作的指示中强调，要提高降雨、台风、山洪、泥石流等预警预报水平，抓细抓实各项防

汛救灾措施。习近平总书记 2022 年 6 月 8 日在四川考察时强调，要提高降雨、台风、山洪、泥石流等预警预报水平，最大限度减少人员伤亡和财产损失。习近平总书记在亲自指挥海河"23·7"流域性特大洪水防御工作、考察灾后恢复重建工作时强调，要强化监测预报预警，全力保障人民群众生命财产安全和社会大局稳定；要抓紧补短板、强弱项，加快完善防洪工程体系、应急管理体系，不断提升防灾减灾救灾能力。习近平总书记今年 5 月 24 日在山东考察时再次强调，要及早预防可能出现的洪涝灾害，切实防患于未然，守住安全底线。习近平总书记的系列重要指示，为加快建设现代化雨水情监测预报体系提供了根本遵循和科学指引。我们要提高政治判断力、政治领悟力、政治执行力，进一步增强责任感、使命感，切实把思想和行动统一到总书记的重要指示精神上来，加快现代化雨水情监测预报体系建设，着力提高洪水灾害监测预报预警能力，以实际行动坚定拥护"两个确立"、坚决做到"两个维护"。

第二，这是打赢现代防汛战的迫切需要。近年来，受全球气候变化加剧影响，暴雨洪水的突发性、极端性、反常性越来越明显，突破历史纪录、颠覆传统认知的洪水灾害事件频繁出现，特别是山区中小河流源短流急，产汇流时间短，洪水突发性、致灾性强。前瞻、及时、准确的雨水情监测预报信息，是做好洪水灾害防御工作的重要前提和保障。实践证明，传统监测预报手段洪水预见期短、预报精准度不高的短板愈发突出，已难以满足打赢现代防汛战的情报需要。在洪水灾害防御中赢得先机、确保人民群众生命财产安全，就必须依靠现代化雨水情监测预报体系，实现从"落地雨"监测预报向"云中雨"监测预报转变、从本站洪水测报向洪水演进传导预报转变，做到延长洪水预见期与提高洪水预报精准度的有效统一，牢牢把握洪水灾害防御主动权。我们要坚持"预"字当先、关口前移、防线外推，加快建设现代化雨水情监测预报体系，为洪水灾害防御、保障人民群众生命财产安全提供有力的决策支持，以工作措施的前瞻性、确定性应对风险隐患的突发性、不确定性，坚决打有准备之仗、有把握之仗。

第三，这是推动水利高质量发展的必然选择。推动水利高质量发展，水文现代化要先行。当前，新一轮科技革命和产业变革加速演进，特别是以数智融合应用为驱动的新技术快速发展，为推进水文现代化提供了强劲推动力和支撑力。气象卫星、天气雷达、测雨雷达、航空遥感、激光雷达、智能传感等现代监测技术，为雨水情监测预报提供了先进的感知手段；降雨预报、产汇流、洪水演进等数学模型的研发应用以及大数据、人工智能、云计算等技术的迭代更新，为雨水情监测预报提供了算法支撑和算力保障。我们要坚持统筹水利高质量发展和高水平安全，以建设现代化雨水情监测预报体系为抓手，全力打通束缚水文现代化的堵点卡点，促进水利新质生产力发展，为推动水利高质量发展夯实基础。

二、加快推进现代化雨水情监测预报体系建设

现代化雨水情监测预报体系，总体架构可概括为"一二三四"，即锚定"一个目标"，抓住"两项重点"，建设"三道防线"，支撑"四预"功能。

第一，锚定"一个目标"。

坚持问题导向、目标导向、效用导向，坚持需求牵引、应用至上、数字赋能、提升能力，着力补短板、强弱项、固底板，加快构建现代化雨水情监测预报体系，实现"延长洪水预见期与提高洪水预报精准度"的有效统一。

第二，抓住"两项重点"。

一项是硬件，即现代化水文信息感知与监测设备。首先是监测天气系统变化及云团集结移动信息的航天遥感、地基空基雷达等设备，藉此完成对"云中雨"的监测预报，延长洪水预见期。其次是监测"落地雨"及径流全要素、全量程、全过程的现代化水文测验设备，藉此完成对降雨、洪水及其传导的监测预报，提高洪水预报精准度。再者是监测和提取下垫面条件及其变化的遥感、雷达等设备，藉此完成对产汇流及动态演进场物理参数的迅即精准提取，并以精准的数字信息嵌入计算模型。

另一项是软件，即基于现代化水文信息感知与监测数据的分析计算数学模型。首先是对"云中雨"的降雨预报模型，其次是对"落地雨"的产汇流水文预报模型，再者是对洪水演进的水动力学预报模型。这些数学模

型构建，都要围绕实现"延长洪水预见期与提高洪水预报精准度"有效统一目标进行。

第三，建设"三道防线"。

以流域为单元，按照"应设尽设、应测尽测、应在线尽在线"原则，统筹结构、密度、功能及系统集成，加快构建雨水情监测预报"三道防线"。

一是建设由气象卫星和测雨雷达加降雨预报模型、产汇流水文模型、洪水演进水动力学模型组成的"第一道防线"，实现"云中雨"监测预报并延伸产汇流及洪水演进预报。要深化气象卫星数据应用，通过对卫星云图数据二次开发，以流域为单元解析数据，实现强降雨定量化预报预警。在暴雨洪水集中来源区、山洪灾害易发区等高风险区域以及重点水库、重大引调水工程防洪影响区推进测雨雷达组网建设，加快扩大建设规模和覆盖范围。加强测雨雷达卫星高精度面雨量监测和短临降水预报技术研发，探索开展水利低轨测雨雷达卫星建设应用。研究基于气象卫星和测雨雷达的高精度面雨量监测技术、精细化降水预报技术和基于卫星遥感、雷达声呐等的水位、流量、地形、地物、土壤结构及含水率快速测量技术，在"云中雨"监测预报的基础上，耦合流域产汇流水文模型和洪水演进水动力学模型，开展产汇流及洪水演进预报，有效延长洪水预见期。

二是建设由雨量站加产汇流水文模型、洪水演进水动力学模型组成的"第二道防线"，实现"落地雨"监测并延伸产汇流及洪水演进预报。围绕流域防洪、水库调度、中小河流洪水和山洪灾害防御等业务需求，以流域为单元，构建布局合理、覆盖全面的雨量监测站网，优化站网布局结构、密度、功能，配备稳定性好、适用性高的雨量自动监测设备和北斗卫星通信信道，共享气象、自然资源等部门的雨量监测信息，增强暴雨时空分布和面雨量监测的精准性。要在"落地雨"监测预报基础上，对接"第一道防线"监测预报成果，持续率定流域产汇流水文模型和洪水演进水动力学模型参数，实时更新模型输入，迭代优化监测预报结果，在保证洪水预见期的同时，提高洪水预报精准度。

三是建设由水文站加洪水演进水动力学模型组成的"第三道防线"，

实现本站洪水测报并延伸洪水演进传导预报。要重点围绕流域防洪、水库调度等业务需求，以流域为单元，在流域干流、主要支流、有防洪任务的中小河流、蓄滞洪区、暴雨洪水集中来源区、山洪灾害易发区以及水工程防洪影响区等布设水文站网。提高水文站网防洪和测洪标准，加快研制应用适应全要素、全量程、全过程的自动（在线）监测仪器，全面加强水文站网现代化技术装备和北斗卫星通信信道配备，做好设备选型和质量控制，进一步提高雨水情监测实用性、安全性、精准性，确保极端条件下测得到、测得快、测得准、报得出。对接"第二道防线"监测预报成果，迭代优化洪水演进预报并向下游水文站或断面逐级传递，实现河系滚动传导预报，进一步提高洪水预报精准度。

第四，支撑"四预"功能。

通过现代化雨水情监测预报体系建设，不断提升预报预警预演预案能力，为水利决策管理提供前瞻性、科学性、精准性、安全性支持。

一是支撑洪水灾害防御。融合雨水情监测预报成果，支撑完善数字孪生流域、数字孪生水网、数字孪生工程，超前精准掌握流域雨水情，基于数字孪生水利体系对水利工程调度进行前瞻模拟，"正向"预演风险形势和影响，标定洪水威胁区域；"逆向"推演流域水工程运用次序、运用时机、运用规模，科学制定并迭代优化调度运用方案，实施"一个流量、一方库容、一厘米水位"精准调度，超前检视调度运行后可能出现的风险点，有针对性地预置风险防控措施，确保系统、科学、超前、安全。要构建暴雨洪水多阶段递进式预警体系，用足用好雨水情监测预报成果，根据下垫面条件物理参数变化，动态调整预警阈值，精准划定风险点位及区域，落实直达基层防汛责任人和受影响区社会公众的临灾预警"叫应"机制，确保到岗到户到人，有"叫"有"应"，必"叫"必"应"。

二是支撑水资源管理与调配。深化雨水情监测预报"三道防线"应用，加强天、空、地、水、工一体化监测感知体系点线面体四维实时监测预报，改进低、枯水测验方式，提升生态流量测验精度，构建水资源管理与调配数字化场景，健全水资源承载力、预警等模型，研发来水预报、需水调配、水量分配、水量调度等模型，统筹流域和区域生活、生产、生态用水，支撑不同来水、不同用水需求下的调度方案优选和水资源优化配置。

三是支撑水利其他业务应用。充分应用雨水情监测预报"三道防线"数据资源，强化对水利工程建设与运行管理、河湖长制及河湖管理、水土保持、农村水利水电、节水管理等各项水利业务数字赋能，全面支撑水利其他业务领域实现"四预"功能。

三、全力抓好组织实施

现代化雨水情监测预报体系建设是一项系统工程。要统筹多方力量、多方资源，合力推进，稳扎稳打，务求实效。

一要强化责任落实。水利部已经印发关于现代化雨水情监测预报体系建设的文件。各流域管理机构要充分发挥统筹协调作用，聚焦本流域重点区域，加强对流域各地的指导协调，加快推进现代化雨水情监测预报体系建设。各地、各工程管理单位要结合本地暴雨洪水特点，因地制宜做好本地区本单位现代化雨水情监测预报体系建设顶层设计，加强与发展改革、财政、无线电管理等部门沟通协调，积极争取立项审批、资金投入、无线电频率使用许可等政策支持，有力有序推进建设。明确测雨雷达运行维护保障主体机构，扩充存储和计算资源，保障测雨雷达正常业务化应用和长期稳定运行。

二要完善技术标准体系。对照现代化雨水情监测预报体系建设的目标任务，认真总结雨水情监测预报体系建设试点成果，提炼形成可复制、可推广的技术成果、工作机制、流程模式，加快制修订相关技术标准，统一规范信息采集、数据传输、模型构建、平台建设等技术标准，推进雨水情监测预报体系建设结构化、模块化、格式化、标准化，实现监测预报数据接口标准统一、便捷兼容、互联互通。

三要加强规划项目统筹。各流域管理机构和各地各单位要科学谋划现代化雨水情监测预报体系布局、结构、功能及系统集成，编制水文基础设施项目实施方案（2024—2030年）。同时，要扎实做好项目前期工作，加快推进项目审批和前置要件办理。新建水库工程要将雨水情监测预报"三道防线"纳入工程建设内容,做到与主体工程同步设计、同步施工、同步验收。近日,水利部联合财政部印发了《全国中小河流治理总体方案》,将625部测雨雷达建设纳入中央财政水利发展资金支持范围,各有关地方和单位要切实抓好项目组织实施,强化建设进度、质量、安全、资金监管,确保建成民心工程、优质工程、廉洁工程。

四要强化信息归集共享。积极与气象、自然资源等部门对接,加大信息、数据互通共享力度。以水利部、流域管理机构、省级水行政主管部门的三级数字孪生水利平台建设为依托,建立健全数字孪生水利资源共享平台,构建统一标准、联通共融的高效共享机制,实现雨水情监测预报"三道防线"算据、算法、算力协同共享。

五要夯实科技人才基础。强化先进实用技术设备研发,推进先进技术系统集成,加强成熟适用科技成果推广应用,全面提高雨水情监测预报体系感知能力和运行水平。加强与有关高等院校、科研机构合作,大力引进和培养雨水情监测预报领域的技术技能人才,建立专业素质过硬、实践经验丰富的雨水情监测预报人才队伍。

同志们,现代化雨水情监测预报体系建设,意义重大、任务艰巨、使命光荣。我们要坚定不移贯彻落实习近平总书记关于加强雨水情监测预报预警工作的重要指示精神,锚定目标,鼓足干劲,真抓实干,加快建设现代化雨水情监测预报体系,为推动水利高质量发展、保障国家水安全作出新的更大贡献!

(编者注:本文选自水利部部长李国英2024年6月4日在现代化雨水情监测预报体系建设现场推进会上的讲话)

在农村供水高质量发展现场会上的讲话

李国英

今天，我们在宁夏固原召开农村供水高质量发展现场会，主要任务是坚定不移贯彻落实习近平总书记关于农村饮水安全的重要指示批示精神，分析研判形势任务，总结交流经验做法，部署推动农村供水高质量发展。

一、深刻认识推动农村供水高质量发展的重大意义

中国式现代化，民生为大。农村供水事关民生福祉，是农村群众最关心、最直接、最现实的民生大事。"十四五"以来，各级水利部门坚决落实党中央、国务院决策部署，持续推动农村供水保障工作，完成农村供水工程建设投资2762亿元，巩固提升2.4亿农村人口供水保障水平，牢牢守住了不发生规模性饮水安全问题的底线，提前两年实现了"十四五"规划目标。新征程上，我们要心怀"国之大者"，深刻认识、准确把握推动农村供水高质量发展的重大意义，切实扛牢职责使命，学习运用"千万工程"经验，加快提升农村供水保障能力和水平，为以加快农业农村现代化更好推进中国式现代化提供有力保障。

第一，推动农村供水高质量发展是深入贯彻落实习近平总书记重要指示批示精神的政治任务。习近平总书记高度重视农村饮水安全工作，在考察调研中多次深入实地察看农村群众吃水情况，多次作出重要指示批示。习近平总书记在部署打赢脱贫攻坚战时，把保障农村饮水安全纳入"两不愁、三保障、一安全"核心目标；在由脱贫攻坚转入推进乡村全面振兴后，把农村饮水安全作为巩固脱贫攻坚成果、推动乡村全面振兴的重要标志，专门作出重要批示、提出明确要求。习近平总书记关于农村饮水安全的系列重要指示批示，为推动农村供水高质量发展提供了根本遵循和行动

指南。我们要站在坚定拥护"两个确立"、坚决做到"两个维护"的政治高度,进一步增强责任感、使命感、紧迫感,切实把思想和行动统一到习近平总书记重要指示批示精神上来,坚定不移推动农村供水高质量发展,确保农村供水工作始终沿着习近平总书记指引的方向前进。

第二,推动农村供水高质量发展是大力推进农村现代化建设的必然要求。习近平总书记指出,农村现代化是建设农业强国的内在要求和必要条件;要瞄准"农村基本具备现代生活条件"的目标,组织实施好乡村建设行动,让农民就地过上现代文明生活。农村供水工程是普惠性、基础性、兜底性的重要基础设施。推动农村供水高质量发展,可直接提高乡村基础设施完备度、公共服务便利度、群众生活舒适度,促进农村现代化建设。我们要认真贯彻落实党中央关于推进农村现代化建设的决策部署,准确把握农村发展形势,持续提升农村供水保障水平,为大力推进农村现代化建设作出水利贡献。

第三,推动农村供水高质量发展是满足农村群众日益增长的美好生活需要的重要途径。当前,全国农村自来水普及率已经达到90%,规模化供水工程覆盖农村人口比例达到60%,农村供水条件实现了明显改善。但也要清醒认识到,随着乡村全面振兴战略深入实施,农村群众对农村供水的需求正在从"有没有"向"好不好"转变,希望"水质更好""水压更足""24小时供水""缴费更方便""坏了有人修",等等。只有着力推动农村供水高质量发展,才能更好满足农村群众对农村供水的新要求、新期待。我们要始终坚持以人民为中心的发展思想,从践行初心使命、保障民生福祉的高度,加快完善农村供水保障体系,不断增强农村群众的获得感、幸福感、安全感。

第四,推动农村供水高质量发展是抵御风险挑战、守牢农村饮水安全底线的客观需要。近年来,极端天气事件频繁发生,水旱灾害趋多趋强趋广。农村供水工程点多面广,容易受洪旱灾害等事件影响,加之水源、水厂、管网、用户各环节建设运维管理机制存在短板弱项,容易出现断水停水、水质不达标等供水风险。只有着力推动农村供水高质量发展,才能有效提升农村供水应急保障和抗风险能力。我们要统筹高质量发展和高水平安全，建立健全平急两用的农村供水保障体系，牢牢守住不发生规模性饮水安全问题的底线，做到在任何时候、任何情况下都确保农村饮水安全。

二、全力抓好农村供水高质量发展工作

2023年10月，水利部在充分调研的基础上，制定印发《关于加快推动农村供水高质量发展的指导意见》，明确提出了农村供水"3+1"标准化建设和管护模式，这是推动农村供水高质量发展的实施路径。要立足当前、着眼长远，系统规划、久久为功，全力抓好农村供水高质量发展工作。

一要优先推进城乡供水一体化。树立系统观念，认真谋划省、市、县级水网建设，依托足水源、接入大管网，在大型引调水工程沿线和大中型水库周边地区尤其是城市近郊地区，优先推进城乡供水一体化，做到能联网尽联网、能扩网尽扩网、能并网尽并网，最大程度实现城乡供水同源、同网、同质、同监管、同服务。

二要大力推进集中供水规模化。对城市供水管网短期难以延伸覆盖的地区，按照"建大、并中、减小"的原则，大力发展集中供水规模化。在人口集聚的乡镇，尽可能规划建设千吨万人供水工程，以此为中心辐射分散用水户，最大限度扩大规模化供水范围。充分发挥集中供水的规模优势和管理优势，鼓励联网并网、联调联供，着力提高供水保证率。

三要因地制宜实施小型供水工程规范化。对确实无法纳入城乡供水一体化、集中供水规模化的地区，主要是牧区、山区、偏远地区等自然地理条件复杂、人口居住分散的地区，要统一建设管理标准，因地制宜推进小型供水工程规范化建设，不落一户一人，确保农村供水工程全覆盖。

四要全面推行农村供水县域统管。统筹水源、水厂、管网、用户全链条各环节，以"水质水量达标、管理服务到户"为目标，按照"政府监管、企业化运营、专业化管理、社会化服务"思路，优选专业化机构，推进县域统一管理、统一监测、统一运维、统一服务，实现农村供水专业化管理全覆盖。完善农村供水问题预警、发现、解决、反馈机制，第一时间响应群众诉求，确保问题"动态清零"。

五要深入实施农村供水水质提升专项行动。 要按照国家标准《生活饮用水卫生标准》（GB 5749—2022）落实净化消毒措施，配备专业水质净化设备和技术人员，强化水源、出厂水、末梢水质规范检测监测。聚焦 2025 年农村供水水质基本达到当地县城水平目标，推动农村集中供水工程今年年底前全部按要求配备净化消毒设施设备，其他类型农村供水工程逐步全部配备净化消毒设施设备。强化城乡一体化、规模化农村供水工程水质自检和小型集中、分散工程水质巡检。加强水源地保护，指导督促乡镇级饮用水水源地"划立治"（即保护区划定、标志牌设立、环境问题排查整治），强化小型集中供水工程水源保护措施，会同疾控部门开展监督性水质抽检，健全从水源到水龙头的全过程水质保障体系。

六要建立健全数字化、网络化、智能化管理平台。 以县域为单元，逐步建立健全数字化、网络化、智能化管理平台，保证对每个供水点、每个水源点实时监测、实时预警。加强供水信息监测感知，农村供水工程水量、水质、水压等关键参数实现在线监测，水泵机组、净化消毒等主要供水设施设备实现实时监控。构建自动化预警系统，对供水全要素全过程进行数字映射、智能模拟、前瞻预演，为农村供水管理提供前瞻性、科学性、精准性、安全性支撑。

三、确保如期完成农村供水高质量发展目标任务

要逐级细化具体任务，建立清单台账，紧盯任务落实，确保农村供水高质量发展取得实实在在的成效。

一要压实各级责任。 农村供水保障实行中央统筹、省负总责、市县乡抓落实的工作机制。要压紧压实责任链条，严格落实农村供水管理"三个责任"和"三项制度"，让每处农村供水工程都有制度管、都有人管、都有钱管，确保工程效益长效发挥、农村群众长久受益。

二要坚持规划引领。 要以"3+1"标准化建设和管护模式为主线，抓紧编制完善省级农村供水高质量发展规划，优化布局、改善结构，强化管理、提质增效。要突出实用可行，将规划落实到具体项目，确保覆盖全部农村人口。要用足用好中央财政衔接推进乡村振兴资金、地方政府专项债

券等多渠道资金，优化完善投融资模式，鼓励金融信贷、社会资本参与工程建设运行，全力保障建设和运维资金需求。

三要深化水价改革。要抓住农村供水水价改革这个"牛鼻子"，引导农村群众树立水费收缴意识，加快安装用水计量设备，在充分考虑收入水平差距、农村群众承受能力的前提下，统筹公平和效率，完善农村供水工程水价形成和水费收缴机制，促进节约用水，保障工程良性运行。

四要总结推广经验。要以县域为单元开展农村饮水安全标准化建设，整县推进"3+1"标准化建设和管护模式，建一个成一个。要结合2024年中央水利发展资金支持的小型引调水工程建设，打造推行农村供水"3+1"标准化建设和管护模式的样板，从整县推进逐步扩大到整市、整省推进，一年接着一年干、一张蓝图绘到底，确保实现预期目标。

五要强化激励约束。各级水利部门要切实履行监管责任，完善监管机制，采用信息化方式优化监管手段，切实把农村供水保障工作管好管到位。要建立健全奖惩机制，在项目、资金安排上探索创新奖补方式，促进各类责任主体全面履职尽责。

同志们，推动农村供水高质量发展，任务艰巨、使命光荣。我们要牢记习近平总书记嘱托，以"时时放心不下"的责任感、积极担当作为的精气神，锚定目标、鼓足干劲、善作善成，推动农村供水高质量发展不断取得新成效！

（编者注：本文选自水利部部长李国英2024年5月8日在农村供水高质量发展现场会上的讲话）

专栏1

《习近平关于治水论述摘编》出版发行

新华社北京10月8日电 中共中央党史和文献研究院编辑的《习近平关于治水论述摘编》一书，近日由中央文献出版社出版，在全国发行。

水是万物之母、生存之本、文明之源。治水对中华民族生存发展和国家统一兴盛至关重要。党的十八大以来，以习近平同志为核心的党中央站在实现中华民族永续发展和国家长治久安的战略高度，从全局角度寻求新的治理之道，坚持民生为上、治水为要，明确"节水优先、空间均衡、系统治理、两手发力"的治水思路，统筹推进水灾害防治、水资源节约、水生态保护修复、水环境治理，全面提升水安全保障能力，不断书写中华民族治水安邦、兴水利民的新篇章。习近平同志围绕治水发表的一系列重要论述，立意高远，内涵丰富，思想深刻，对于新时代新征程统筹水灾害、水资源、水生态、水环境治理，保护好传承好弘扬好水文化，促进"人水和谐"，为全面建设社会主义现代化国家提供有力的水安全保障，具有十分重要的意义。

《论述摘编》分6个专题，共计297段论述，摘自习近平同志2012年12月至2024年8月期间的报告、讲话、演讲、致辞、回信、指示、批示等130多篇重要文献。其中部分论述是第一次公开发表。

专栏 2

1.4 万亿斤粮食丰收背后的水利支撑保障

水利部农村水利水电司

水利是农业的命脉。俗话说，"有肥无水望天哭，有水无肥一半谷"。经过多年建设，我国耕地灌溉面积达到 10.75 亿亩，在占全国 56% 的耕地面积上，生产了全国 77% 的粮食、90% 以上的经济作物。2024 年全国粮食总产量 1.413 万亿斤，在连续 9 年站稳 1.3 万亿斤高基点上实现了新突破。粮食丰收的背后，水利发挥了不可或缺的支撑和保障作用。灌区是保障国家粮食安全的主力军，近年来，我国灌溉设施进一步完善，灌溉水利用效率和效益进一步提升，为全国粮食总产量首次突破 1.4 万亿斤贡献了水利力量。

一是对一批现有灌区实施现代化改造。2024 年，围绕实施新一轮千亿斤粮食产能提升行动，水利部会同国家发展改革委、财政部安排超千亿中央资金，实施了 1342 处灌区现代化建设与改造项目，力度和规模创历史新高，有力提高灌溉保障能力和节水灌溉水平。例如，2024 年内蒙古河套灌区复兴灌域对超过 340km 的渠系进行改造，灌溉行水时间由以前的 44~55 天缩短到现在的 37~45 天，过水能力大幅提高，在保障灌溉用水的前提下，每年可节水约 1 亿 m^3，灌溉效率和效益显著提升。

二是科学谋划灌溉面积发展。2024 年 8 月，水利部、农业农村部联合印发《全国农田灌溉发展规划》，坚持以水定地，有效衔接高标准农田建设、新一轮千亿斤粮食产能提升行动等方案，统筹水土资源条件，科学布局新增灌溉水源和新发展灌溉面积。指导督促地方加快编制出台省级规划，建立灌区项目库并推动落地。新建江西峡江、湖南梅山、河南前坪、广西龙江河谷等一批大中型灌区，合理增加灌溉面积，进一步夯实国家粮食安全水利基础。

三是全力做好灌溉排水保障。2024年年初，水利部对全年灌溉排水保障工作进行全面部署，充分发挥大中型灌区主力军作用，通过科学配水有力保障了全年粮食稳产丰收。6月华北、黄淮地区发生局地旱情，通过优化供水调度，切实保障了5700多万亩玉米等播种、出苗用水；7月底辽宁省、湖南省等地受强降雨影响发生洪涝灾害，通过组织灌区多措并举全力排水，确保农田不受涝。2024年湖南省粮食总产量达615亿斤，其中大中型灌区粮食总产量占到全省的75.6%，充分体现大中型灌区保障粮食生产的重要作用。此外，山东位山灌区充分利用数字孪生技术实施科学灌溉、精准灌溉，有效提高粮食单产量，当年小麦亩产达520 kg。

龙海游　何慧凝　齐　伟　执笔

许德志　审核

专栏 3

推动习近平总书记"节水优先、空间均衡、系统治理、两手发力"治水思路成为国际主流治水理念

水利部国际合作与科技司

第十届世界水论坛于 2024 年 5 月 20—24 日在印度尼西亚举行，水利部部长李国英率代表团出席，代表团全面宣介习近平总书记"节水优先、空间均衡、系统治理、两手发力"治水思路和关于治水重要论述，及其指引下中国保障国家水安全取得的历史性成就，积极引领国际治水议程，大力促进"一带一路"水利建设合作，得到了与会各方的高度肯定和赞赏，圆满完成了参会目标任务。

一是分享中国智慧，提出中国治水倡议，阐述中国治水成就，贡献中国治水经验和方案。在论坛期间，中国代表团举办多场会议及活动，并举办中国展馆，全方位、多角度、深层次地开展交流活动，李国英在高级别会议倡议：坚持习近平总书记治水思路，有效应对全球水挑战，实现人水和谐共生；坚持民生为本，聚焦人民群众最关心最直接最现实的涉水问题，增进全球以水惠民福祉；着力破解水领域的治理赤字，在确保防洪安全、供水安全、粮食安全、生态安全等方面协同协调协力，加快推进全球水治理进程。论坛通过了第十届世界水论坛部长级宣言，充分采纳了习近平总书记治水思路核心要义。

二是隆重宣介习近平总书记关于治水重要论述精神。在论坛期间，水利部专门举办第十届世界水论坛特别会议——第四届全球水安全高级别研讨会暨《深入学习贯彻习近平关于治水的重要论述》（英文版）宣介会，李国英与世界水理事会主席福勋、中国驻登巴萨总领事张志昇共同为新书揭幕。印度尼西亚、摩洛哥、突尼斯、沙特阿拉伯等有关国家水利部长和

水利专家200余人参加，宣介会现场嘉宾云集、反响热烈，新书获得国际社会高度赞誉。

三是在议题分会宣介习近平生态文明思想在水利领域的实践经验。代表团主办第十届世界水论坛"河流生命：水系连通与生态流量"议题分会暨《河流伦理建构与中国实践》报告推介会，李国英与联合国教科文组织自然科学助理总干事布里托共同为报告揭幕。荷兰王国水特使吉尼肯、世界银行东亚太平洋地区副行长菲罗与来自有关国家和国际组织的官员、专家近200人参加会议，与会代表高度认可中国建构河流伦理主张，认为其对促进人与河流和谐共生具有重要的理论价值和现实意义。

沈可君　执笔
金　海　徐　静　审核

专栏 4

2019—2023 年水利发展主要指标

水利部规划计划司

指标名称	单 位	2019 年	2020 年	2021 年	2022 年	2023 年
1. 耕地灌溉面积	万亩	103019	103742	104414	105539	107467
2. 除涝面积	万亩	36795	36879	36720	36194	37617
3. 水土流失治理面积	万 km²	137	143	150	156	163
其中：本年新增面积	万 km²	6.7	6.4	6.8	6.8	7.0
4. 水库总计	座	98112	98566	97036	95296	94877
其中：大型	座	744	774	805	814	836
中型	座	3978	4098	4174	4192	4230
总库容	亿 m³	8983	9306	9853	9887	9999
其中：大型	亿 m³	7150	7410	7944	7979	8077
中型	亿 m³	1127	1179	1197	1199	1210
5. 堤防长度	万 km	32.0	32.8	33.1	33.2	32.5
保护耕地	万亩	62855	63252	63288	62958	62622
保护人口	万人	67204	64591	65193	64284	63941
6. 水闸总计	座	103575	103474	100321	96348	94460
其中：大型	座	892	914	923	957	911
7. 水灾						
受灾面积	万亩	10020	10785	7140	5121	6950
8. 旱灾						
受灾面积	万亩	11757	7622	5139	9135	5706
成灾面积	万亩	7140	4139	2924	4287	2234

续表

指标名称	单 位	2019年	2020年	2021年	2022年	2023年
9. 农村水电装机容量	万kW	8144	8134	8290	8063	8157
全年发电量	亿kW·h	2533	2424	2241	2360	2303
10. 全年总供（用）水量	亿m³	6021	5813	5920	5998	5907
11. 当年完成水利建设投资	亿元	6712	8182	7576	10893	11996

注　1. 本表不包括香港特别行政区、澳门特别行政区以及台湾地区的数据；
　　2. 本表中堤防长度为5级及以上堤防的长度；
　　3. 万亩以上灌区处数及灌溉面积按设计灌溉面积达到万亩以上进行统计；
　　4. 农村水电的统计口径为装机容量5万kW及以下水电站。

徐　吉　张　岚　刘　阳　执笔

谢义彬　审核

水旱灾害防御篇

2024年水旱灾害防御工作综述

水利部水旱灾害防御司

2024年，受厄尔尼诺事件影响，全球极端天气趋频趋重趋广，我国部分地区汛情刷新纪录、局地季节性干旱伴发，水旱灾害防御形势异常复杂严峻。水利部坚决贯彻习近平总书记重要指示批示精神，按照党中央、国务院决策部署，坚持人民至上、生命至上，树牢底线思维、极限思维，会同有关部门和地方采取有力措施，实现了全国各类水库无一垮坝、大江大河重要堤防无一决口、旱区居民供水和农田灌溉有效保障，夺取了2024年水旱灾害防御重大胜利。

一、汛情旱情特点

全国面平均降雨量680 mm，较常年偏多9%，降雨总量偏多达5462亿 m^3，列1961年以来第4多，大江大河发生26次编号洪水，为1998年有资料统计以来最多，1321条河流发生超警戒以上洪水，其中301条超保证、70条超历史实测记录，一些地方发生严重山洪灾害；全国旱情总体偏轻，旱情阶段性特征明显。主要呈现以下特点。

一是降雨极端性强，台风登陆影响重。降雨时空高度集中，4—6月珠江流域、6月中下旬长江中下游、7月上中旬淮河流域、7月下旬至8月海河及辽河流域累积面雨量均列1961年以来同期最多。特别是第3号台风"格美"登陆后深入内陆与北方冷空气结合，降水总量达2167亿 m^3，较2023年第5号台风"杜苏芮"降水总量1518亿 m^3 偏多43%。局地出现极端降雨，湖南郴州资兴、辽宁葫芦岛建昌、宁夏灵武等地的点雨量均打破历史极值。

二是洪水南北并发，汛情打破纪录。"七下八上"防汛关键期超警戒河流数量一度达到常年同期的240%，为历史罕见。珠江流域四大主要江河继 2006 年之后再次全部出现编号洪水，其中北江、韩江发生特大洪水。长江干流连发 3 次编号洪水，其间中下游干流及洞庭湖、鄱阳湖日均涨幅超 1998 年。乌苏里江发生 3 次编号洪水，洪水量级刷新纪录；鸭绿江发生有实测资料以来最大洪水。

三是部分地区反复受灾，水毁损失重。湖南团洲垸及涓水、吉林蛟蟆河、辽宁王河、内蒙古老哈河、广东西福河堤防发生决口险情；陕西商洛柞水、四川甘孜康定高速公路桥梁垮塌；广东梅州、陕西宝鸡、新疆博州、四川汉源等地发生山洪泥石流灾害；湖南郴州资兴、辽宁葫芦岛建昌等地交通、电力、通信一度中断，灾害影响重。洪涝灾害造成防洪工程设施水毁严重，直接经济损失 725.88 亿元，较近 3 年同期均值上升 51.85%。

四是西南冬春连旱，华北黄淮一度夏旱。先后发生西南地区冬春连旱、华北黄淮等地区夏旱、西南等地区伏秋旱，旱情阶段性特征明显。2023 年冬季至 2024 年春季，西南地区的云南省、四川省发生冬春连旱，历时长达 6 个多月，其中云南省 16 个市（自治州）均发生不同程度旱情，高峰时有 38.9 万人因旱饮水困难。华北、黄淮和西北地区发生夏旱，河南、河北、山东、山西、安徽、江苏、陕西、甘肃 8 个省耕地受旱面积一度达到 8226 万亩。8 月以来，重庆、四川、湖南、湖北等省（直辖市）伏秋期出现罕见高温少雨，部分山丘区一度有 12.1 万人因旱饮水困难。

二、水旱灾害防御工作

面对极其严峻的汛情旱情，水利部紧紧锚定人员不伤亡、水库不垮坝、重要堤防不决口、重要基础设施不受冲击和确保城乡供水安全目标，扛牢防汛抗旱天职，坚决做到守土有责、守土负责、守土尽责，落实落细各项防御措施，筑牢保障人民群众生命财产安全防线。

一是超前部署，靠前指挥。汛前全面部署水旱灾害防御工作，对中小河流洪水、山洪灾害、水库安全度汛、蓄滞洪区建设管理等作出重点安排。汛期逐日会商 211 次，坚持主汛期"周会商+场次洪水会商"机制，国家防总副总指挥、水利部部长李国英主持会商 22 次，关键时刻赴广东、广西、江西、湖南等地现场指挥调度防御工作。部领导带队赴七大流域、重点区域、重点工程开展督导检查,针对发现的问题以"一省一单"督促整改。启动水旱灾害防御Ⅲ级应急响应9次、Ⅳ级应急响应34次。全系统派出工作组7.28万组(次)、34.91万人(次),协助指导地方做好水旱灾害防御工作。

二是"四预"当先,掌握主动。强化预报预警预演预案"四预"措施,牢牢把握防御主动。加快构建"天空地水工"一体化监测感知体系,滚动发布洪水预报76.39万站(次)、江河洪水干旱预警4382次,向防汛责任人和公众分别发送山洪灾害预警短信3727万条、25.2亿条;完善"叫应"机制,逐日"一省一单"将风险预警到河流、水库、村庄、责任人,为避险转移赢得先机。在数字流场中"正向—逆向—正向"预演水工程运用次序、时机和规模,根据预演结果迭代优化防御预案。

三是蓄泄兼筹,强化调度。坚持"系统、科学、安全、精准"调度原则,全国各级共下达调度指令3.01万道,6929座(次)大中型水库投入调度运用、拦洪1471亿m^3,减淹城镇2330个(次)、耕地1687万亩,避免人员转移1115万人(次)。长江流域调度以三峡水库为核心的长江上中游水库群拦洪253亿m^3,其中三峡水库拦洪126.8亿m^3,有效降低中下游干流水位0.70~3.10 m,充分发挥了"大国重器"防洪减灾作用。黄河流域针对北洛河1994年以来最大洪水且高含沙情况,及时启动水沙调控模式,调度三门峡、小浪底水库分别排沙1.23亿t、1.46亿t,既保证了防洪安全,又有效减轻了水库泥沙淤积。珠江流域调度棉花滩水库将最大入库洪峰9860 m^3/s削减至5000 m^3/s下泄,调度长潭、高陂水库出流,将韩江上游特大洪水有效调控至河道安全泄量。松辽流域联合调度丰满、白山水库拦洪41.2亿m^3,有效降低下游松花江站至扶余站江段水位1.37~2.18 m。调度洮儿河察尔森水库维持61 h零出库,成功避免下游31万亩耕地受淹、1.1万名群众转移。

四是尽锐出击,科学排险。水利系统派出专家组2.03万组(次)、8.74万人(次),指导水利工程险情处置。优化团洲垸洞庭湖堤防堵口方案,固守钱团间堤第二道防线,有效处置险情47处,成功抵御洪水漫延西进,从最坏处着眼、向最好处努力,迅即完成沿悦来河第三道防线,洪水风险和灾害损失最大程度得以控制。首次开展洪水漫堤风险分析，基于水文水动力学耦合方法推求乌苏里江干流沿程预报洪峰水面线，研判干堤及重要支流回水堤潜在漫堤风险点，针对性强化巡查、加固堤防、加筑子堤、封堵渗漏，有效应对乌苏里江两次超实测记录洪水。

五是旱涝同防，保障供水。抗御西南冬春旱期间，压减牛栏江流域德泽水库下泄流量留足抗旱水量，紧急实施德泽水库干河泵站取水口提升改造工程，实施昆明城市应急供水和牛栏江—滇池补水工程供水调度，有效保障云南省昆明市 600 万人供水安全和滇池生态安全。抗御华北、黄淮夏旱期间，黄河、淮河、海河流域控制性水库和引调水工程全面进入抗旱调度模式，为河北省、河南省、山东省提供抗旱用水，旱区 500 余处大中型灌区奋力保灌，有力保障旱区 5700 多万亩玉米、大豆等作物播种、出苗用水。组织实施 2023—2024 年珠江枯水期压咸补淡应急水量调度和夏秋季引江济太应急水量调度，保障了粤港澳大湾区供水安全和太湖及周边河网水源地供水安全。

六是健全机制，协调联动。加快推进水旱灾害防御体系和能力现代化建设，构建责任落实、决策支持、调度指挥"三位一体"的防御工作体系，推进防御工作闭环。聚焦提升防范化解重大风险和应对能力，建立重大水旱灾害事件调度指挥机制，陕西省、四川省相关高速公路桥梁垮塌及湖南省、内蒙古自治区、广东省有关堤防险情发生后，第一时间启动机制，第一时间作出研判部署，第一时间指导应急处置，前后方协调联动，为最大程度减轻灾害影响提供了坚实的制度保证。

三、2025 年工作重点

2025 年，水利系统将立足防大汛、抗大旱，坚持"预"字当先、以防为主，落实"四预"措施，贯通"四情"防御，加快构建完善流域防洪工程体系、雨水情监测预报体系、水旱灾害防御工作体系，持续推进水旱灾害防御体系和能力现代化，构筑保障人民群众生命财产安全的坚固防线。一是全力做好流域洪水防御工作。以流域为单元，精准实施水工程防洪抗旱联合调度，系统运用"拦、分、蓄、滞、排"措施，最大程度发挥水工程防洪减灾效益。强化堤防巡查防守，做到抢早、抢小、抢住。二是强化山洪灾害、中小河流洪水防御。密切监视短历时强降雨过程，及时发布山洪灾害气象风险预警和"一省一单"靶向预警，落实"谁组织、转移谁、何时转、转何处、不擅返"五个关键环节责任和措施；修订完善中小河流应急抢险预案，加强监测预警，及时发布洪水预警，提前转移受威胁群众，全力保障生命安全。三是确保水库安全度汛。落实水库防汛"三个责任人"和"三个重点环节"，做到责任到位、调度到位、巡查值守到位和险情处置到位，确保水库安全度汛，坚决避免垮坝。四是强化蓄滞洪区管理和运用。研究启动实施蓄滞洪区建设管理三年行动，大力推进蓄滞洪区建设，严格非防洪建设项目洪水影响评价，指导地方切实做好国家蓄滞洪区运用准备各项工作，确保关键时刻能够及时有效运用。五是做好抗旱保供保灌工作。紧盯全国旱情发展态势，精准范围、精准对象、精准时段、精准措施，精打细算用好水资源，科学调度各类水工程，确保城乡供水安全，全力保障灌区用水需求。六是推动水旱灾害防御工作体系落地见效。进一步完善责任落实、决策支持、调度指挥的水旱灾害防御工作体系，完善重大水旱灾害事件调度指挥机制，确保迅速、有序、高效应对重大水旱灾害事件，保障人民群众生命财产安全。

高　龙　火传鲁　执笔
闫培华　审核

专栏 5

成功应对珠江流域历史罕见 13 次编号洪水

水利部水旱灾害防御司

2024 年汛期（4—10 月），珠江流域汛情异常偏早、偏重，西江、北江、东江、韩江共出现 13 次编号洪水，其中韩江发生 6 次，均为 1998 年有编号洪水统计以来最多，继 2006 年后流域主要江河再次全部出现编号洪水。4 月罕见地发生 6 次编号洪水，北江 1 号洪水为全国主要江河 1998 年有编号洪水统计以来最早编号洪水，北江 2 号洪水为超 100 年一遇特大洪水，是全国主要江河发生最早的特大洪水；韩江中上游发生超 100 年一遇特大洪水；西江发生 2008 年以来最大洪水，桂江上游发生 1936 年有实测资料以来最大洪水，郁江发生 2001 年以来最大洪水。水利部坚持人民至上、生命至上，组织各级水利部门细化实化洪水防御各项措施，实现了水库无一垮坝、大江大河重要堤防无一决口，夺取了珠江流域防洪工作的全面胜利。

国家防总副总指挥、水利部部长李国英 3 次调研珠江流域水旱灾害防御工作，亲赴一线指挥北江、韩江防汛抗洪，多次主持专题会商，系统部署珠江流域洪水防御工作。水利部滚动加密洪水预报，重要控制站 24 h 预见期洪水预报精度达 90% 以上，为指挥调度提供精准的决策支撑。及时向社会公众发布洪水预警 1449 次和预警信息 29.7 万余条，累计发布预报信息 16 万余条。根据珠江汛情变化，及时启动洪水防御Ⅲ级应急响应，派出 26 个工作组、专家组赴一线指导，逐项落实暴雨洪水防御工作。

水利部珠江水利委员会和各级水利部门系统、科学、安全、精准调度全流域水工程拦洪超 356 亿 m³，减淹城镇 1161 个、减淹耕地面积 326 余万亩、避免人员转移 280 余万人。其中，调度飞来峡等水库群拦洪 4.54 亿 m³，成功将北江超 100 年一遇洪水削减至约 50 年一遇；调度棉花滩、高陂等水库拦洪 4.7 亿 m^3，将韩江上中游超 100 年一遇洪水削减为 20 年一遇；调度西江水库群拦洪 28 亿 m^3，成功防御西江 2008 年以来最大洪水，将桂江桂林江段超 100 年一遇洪水削减为 30 年一遇，确保了粤港澳大湾区、韩江三角洲、桂林等重点区域和重要基础设施防洪安全。

李琛亮　周　晋　执笔
张长青　审核

专栏 6

科学防御松辽流域洪水

水利部水旱灾害防御司

2024年汛期（6—9月），松辽流域平均降水量较常年同期偏多两成，流域内264条河流发生超警以上洪水，其中75条河流发生超保洪水，11条河流发生有实测资料以来最大洪水。松花江吉林段发生2次编号洪水，丰满水库出现1933年有资料以来最大洪量；吉林蛤蟆河、辽宁王河、内蒙古老哈河堤防出现漫溢、决口险情，辽宁建昌、绥中遭遇极端暴雨洪涝灾害。

面对严峻复杂的防汛形势，水利部会同水利部松辽水利委员会和流域内4个省（自治区），深入贯彻习近平总书记关于防汛救灾重要指示批示精神，超前谋划、团结协作、科学调度、主动防范，全力以赴打赢松辽流域洪涝灾害防御这场硬仗。

一是坚持预防为主，提前部署防御工作。汛前精心组织开展水旱灾害防御监督检查，深入查找消除安全度汛风险隐患；组织召开松花江、辽河防总会议，安排部署2024年备汛防汛工作；修订完善松辽流域超标准洪水防御预案，组织开展2024年松花江流域典型洪水防洪调度演练。防汛关键期，水利部部长李国英多次组织召开专题会商会议，提前部署各项防御工作。

二是精准预测预报，及时启动应急响应。加强气象、水文联合会商研判，全过程跟踪分析雨水情发展态势，滚动发布洪水预报20.15万次，向社会公众发布江河洪水预警290次。水利部针对松辽流域启动洪水防御Ⅳ级应急响应5次、Ⅲ级应急响应1次，先后派出35个工作组、专家组深入一线协助地方开展防汛抗洪抢险工作。

三是科学精细调度，充分发挥水工程防洪减灾效益。联合调度松花江吉林段丰满、白山水库拦蓄洪水 41.2 亿 m^3，有效降低下游松花江站至扶余站江段水位 1.37~2.18 m；调度洮儿河察尔森水库维持 61 h 零出库，成功避免下游 31 万亩耕地受淹、1.1 万人转移。汛期，松辽流域 316 座（次）大中型水库投入调度运用，共拦蓄洪水 198.39 亿 m^3，减淹城镇 283 个（次），减淹耕地 254.23 万亩，避免人员转移 252.37 万人（次）。

四是强化"四预"措施，科学应对洪涝灾害。吉林蛤蟆河、辽宁王河、内蒙古老哈河堤防漫溢、决口险情发生后，水利部立即启动重大水旱灾害事件调度指挥机制，组织开展遥感监测和水文应急监测，滚动开展洪水演进风险分析，研判第二道防线布设位置，指导做好人员转移、水工程调度和决口封堵。针对乌苏里江两次超实测记录洪水，首次运用数字推演开展洪水漫堤风险分析，精准查找干堤及重要支流回水堤潜在漫堤风险点，为堤防巡查防守、风险区群众转移、加筑加高子堤、应急抢险等赢得先机，实现了"人员不伤亡、堤防不决口、洪水不进城"的目标。

五是坚持底线思维，有效化解风险隐患。辽宁建昌、绥中等地严重洪涝灾害造成交通、电力、通信一度中断，水利部第一时间协调工作组和专家组紧急赶赴一线，为抢险救援工作提供技术支持，并组织开展遥感监测和风险研判，指导地方强化水工程调度和堤防巡查防守，最大限度地维护了人民群众生命财产安全。受局地短时强降雨影响，吉林、黑龙江等省部分中小水库一度超设计水位甚至校核水位运行，水利部第一时间督促地方撤离危险区人员，加强水工程科学调度，及时开挖非常溢洪道泄洪，加快降低库水位，迅速化解水库高水位运行风险，确保了人员安全和工程安全。

闫永鎏　执笔
王章立　审核

专栏7

全力防御台风"格美"暴雨洪水

水利部水旱灾害防御司

2024年第3号台风"格美"7月25日登陆福建省沿海并深入内陆，28日在湖北省境内停止编号，之后残余环流仍继续向北输送水汽，强降雨影响我国大陆长达7天之久，覆盖全国七大流域，降雨总量达2167亿 m³，较2023年第5号台风"杜苏芮"降雨总量（1518亿 m³）偏多43%，严重影响东南沿海、长江中下游和松花江、辽河流域等地。长江、韩江、松花江吉林段等大江大河4天内发生4次编号洪水，多条中小河流超保超警，部分河流洪水涨势迅猛，松花江吉林段白山水库入库流量69 h 内从439 m³/s 涨至9220 m³/s，湖南耒水永兴站一天之内水位涨幅达7.26 m。水利部锚定"人员不伤亡、水库不垮坝、重要堤防不决口、重要基础设施不受冲击"目标，切实强化各项防御措施，打赢了"格美"暴雨洪水防御硬仗。

一是滚动会商，周密部署防御工作。坚持主汛期主要负责同志"周会商+场次洪水会商"机制，滚动研判"格美"移动路径和影响区域内雨情、汛情发展态势，及时启动洪水防御应急响应，指导有关省级水利部门和流域管理机构编制台风暴雨洪水防御预案，动态调整防御措施，先后派出19个工作组、专家组赶赴一线。

二是"预"字当先，加强监测预报预警。实时分析演算洪水过程，开展1057条河流洪水预报11246站（次），发布洪水预警323次，其中红色预警14次。每日"一省一单"靶向预警，指导地方细化水库安全度汛、中小河流洪水和山洪灾害防御等措施。在中央电视台发布山洪灾害红色气象风险预警5期，向湖南等17个省级水行政主管部门发布临近预报预警28期，有关地方发布县级预警3.26万次，启动预警广播155.9万次，向防汛责任人和社会公众发送预警短信501万条、5.9亿条，为群众转移避险争取宝贵时机。

三是精细调度，发挥工程防洪效益。调度三峡水库为核心的长江干支流骨干水库群拦洪错峰，努力避免洞庭湖区水位再次超警，为加快洪水宣泄和险情处置创造有利条件。针对福建、浙江、江西、湖南等地，在台风影响前，调度大中型水库预泄水量 26.9 亿 m^3，为拦蓄洪水做好充分准备；在台风影响期间，调度水库拦蓄洪水 31.6 亿 m^3。针对吉林、辽宁等地，调度大中型水库预泄腾库 39.7 亿 m^3，洪水期间拦蓄洪水 81.9 亿 m^3，松花江吉林段丰满水库、鸭绿江云峰水库削峰率分别为 78%、50%。

四是加强支持，切实做好险情处置。湖南涓水和吉林蛤蟆河堤防决口险情发生后，立即启动重大水旱灾害事件调度指挥机制。水利部部长李国英主持专题会商，部署险情处置工作；调度上游水库压减出库流量，利用数字孪生推演研判决口洪水演进过程及可能影响区域，加密雨水情监测预报，为应急处置提供有力支持。

杨　光　苗世超　执笔

王章立　审核

专栏 8

全力防范化解山洪灾害风险

水利部水旱灾害防御司

2024 年，我国极端天气多发频发重发，特别是"七下八上"防汛关键期，暴雨洪水南北齐发，多地发生局部强降雨过程，引发严重暴雨山洪地质灾害。水利系统始终坚持人民至上、生命至上，超前部署，积极应对，全力防范化解山洪灾害风险，最大程度保障了人民群众生命安全，取得了显著减灾效果。

一是坚持"预"字当先，强化预报预警。水利部先后 5 次依据山洪灾害气象风险预警，启动或提升洪水防御应急响应，山洪灾害气象风险预警对基层指导性不断增强。滚动发布 0～2 h 临近预报预警共 460 期，内蒙古、浙江、安徽、福建、湖北、湖南、广西、陕西、青海等省（自治区）共计发布临近预报预警 4066 期。发布"一省一单"靶向预警 6085 县（次），精准识别不同等级风险区域及点位，发布"一省一单"靶向预警，并将山洪灾害风险区域细化至乡镇。

二是坚持应用至上，完善"三道防线"。全国共补充新建自动雨量（水位）监测站 2452 个，雨量监测站网平均密度达到 38 km^2/站，重要监测站增设北斗卫星通信信道 2077 个，布设现地水位（雨量、视频）监测预警站 1357 个，大大提升了"三断"情景下监测能力。指导地方管好用好前期山洪灾害防治项目已建成的水利测雨雷达，可生产逐 5～6 min 优于 75 m 网格分辨率的实时监测雨量和 0～3 h 预报雨量产品，提升了局地强降雨监测和预见能力。7 月 20 日，四川省凉山彝族自治州甘洛县依托 10 余次测雨雷达强回波滚动监测数据，加密发布短临预警，苏雄镇提前转移危险区 45 户 126 人，避免了人员伤亡。

三是坚持系统治理，提升"四预"能力。预报方面，实现了基于水利测雨雷达逐 15 min 滚动的未来 2 h 临近降雨预报，突破了无水文资料小流域山洪模拟预报技术难题。预警方面，实现预警阈值动态调整分析，在传统预警手段基础上，实现基于 LBS（位置）的靶向预警和智能语音"叫应"，大幅提升预警信息发布指向性和"叫应"效率。预演方面，实现重点防御单元山洪过程智能化模拟，风险辨识最小单元到户。预案方面，根据山洪监测预报预警结果和不同情景下预演结果，提出针对性风险防御方案和措施。特别是 2023 年 11 月—2024 年 6 月，按照永定河官厅山峡建设现代化雨水情监测预报体系的安排部署，移植运用、丰富拓展前期小流域山洪灾害"四预"能力试点建设成功经验，基于数字孪生小流域"三算""四预"技术模式，在北京市门头沟区试点建设现代化山洪灾害监测预警体系样板，大幅提升预警发布效率和智慧化决策能力。

四是坚持问题导向，全面复盘检视。广东省梅州市、四川省汉源县、陕西省宝鸡市、四川省康定市、湖南省资兴市等地发生山洪泥石流灾害并出现较大人员死亡失踪后，第一时间派出水利部调查组、专家组赴现场调查分析，全面复盘检视 5 起典型山洪泥石流灾害"四预"工作，深入分析致灾原因，认真查找薄弱环节，研究提出进一步完善山洪灾害防御体系的对策措施，督促指导地方深刻汲取教训，坚决避免在遭遇类似山洪泥石流灾害时发生重大人员伤亡。

五是坚持实用创新，夯实基础工作。为进一步规范山洪灾害防御预案编制工作，组织修订颁布《山洪灾害防御预案编制技术导则》（SL/T 666—2024），对提升我国山洪灾害防御能力和保障人民生命财产安全具有重要意义。组织召开西部地区山洪灾害防御技术帮扶会，面向基层 350 个县的业务骨干开展山洪灾害监测预警等技术培训，提升西部地区基层干部山洪灾害防御技术水平。四川省提出山洪灾害防御"蜀地化"工作，实现危险区各风险隐患点、转移路线避险安置点矢量化管理和动态分析，危险区基本信息"一清二楚"、灾害风险"一目了然"。

刘洪岫　路江鑫　执笔
褚明华　审核

专栏 9

全力做好华容县团洲垸险情处置工作

水利部水旱灾害防御司

2024年7月5日下午，湖南团洲垸发生决口险情。习近平总书记作出重要指示，要求全力开展抢险救援工作，切实保护好人民群众生命财产安全。水利部迅即传达、迅速行动，7月5日晚和6日上午，国家防总副总指挥、水利部部长李国英连续主持召开紧急防汛会商和部党组扩大会议，深入贯彻落实习近平总书记重要指示精神，分析研判决口险情发展态势，全力以赴指导做好团洲垸堤防决口险情处置工作。

一是迅速启动应急响应。水利部针对湖南省启动洪水防御Ⅲ级应急响应，先后下发6个通知，分阶段督促指导湖南省切实做好团洲垸决口应急处置、人员安全转移、堤防巡查防守、加快第三道防线构筑等工作，并举一反三，加强洞庭湖区、鄱阳湖区等主要堤防的巡查防守，切实做好中小水库特别是病险水库的安全度汛。同时加强力量统筹，建立前后方协同联动机制。

二是赶赴现场指导制定应急方案。7月6—7日，李国英部长率水利部工作组赶赴一线，现场勘察团洲垸堤防决口情况，以及钱粮湖南垸、新生垸、钱团间堤、悦来河、部分安全区围堤等，与湖南省负责同志、有关各方对决口封堵方案和堤防防守方案进行深入研究，连夜现场提出依法宣布进入紧急防汛期、确保7月9日12：00前完成决口封堵、适时抽排垸内蓄水、固守钱团间堤和安全区围堤、迅速构筑第三道防线、提前转移第三道防线内群众六条具体措施。

三是全力发挥水利技术优势。每日利用卫星遥感、无人机密切监视险情，利用数字模型实时推演分析洪水风险，会商研判险情发展和风险演变态势。抽调精干人员组建团洲垸险情应急处置专班，建立前方工作组和后方支撑联动机制。第一时间派出工作组、专家组、水文应急监测组，于7月5日晚抵达现场，立即开展决口全过程水文要素自动监测、空天地多手段监测分析、数字推演洪水淹没情况、第三道防线方案比选等工作，共监测决口口门宽75次、流量31次、水位观测300余次，建立决口区域地形三维模型和数字高程模型，指导决口封堵、巡堤查险、险情处置、垸内排水等工作，为抢险调度及作业提供精准决策支撑。

四是指导加固防线避免险情扩大。指导地方及时转移团洲垸内7680人，并于7月6日23：00开始实施决口封堵，历时47.5 h，至7月8日22：33（提前13 h）完成决口封堵。指导湖南省高峰期组织6000余人驻守大堤，开展24 h不间断堤防巡查，充分发挥水利技术专家作用，及时处置钱团间堤第二道防线47处险情。综合考虑确保不发生次生灾害、保障社会稳定、不留后遗症等各方面因素，确定加高悦来河堤防作为第三道防线，立即转移并妥善安置第三道防线与钱团间堤之间的1280名群众。湖南省7月8日0：00启动第三道防线构建，历时42 h，于7月9日18：00建成总长13.62 km的第三道防线。

五是科学实施垸内蓄水抽排。根据洞庭湖水位降落情况和垸内堤坡允许降幅等情况，指导湖南省提前制定决口封堵完成后的垸内排水方案。决口合龙后次日清晨（7月9日8：00）迅即抽排垸内蓄水，投入排涝力量890余人、应急排涝装备1058台（套）、电排2处，满负荷排水流量达476.7 m³/s。8月1日7：00，房屋屋基和主干道路基本全部露出水面，团洲垸险情处置全面完成。

范　镇　执笔
褚明华　审核

专栏 10

有效应对华北西北黄淮地区夏旱

水利部水旱灾害防御司

2024年5—6月，华北大部、西北东部和黄淮等地持续少雨叠加罕见高温导致夏旱，6月中旬旱情高峰时河北、山西、江苏、安徽、山东、河南、陕西、甘肃8个省8226万亩耕地受旱，玉米、大豆等作物适期播种、出苗受到不同程度影响。

水利部锚定"确保城乡居民饮水安全，确保规模化养殖和大牲畜用水安全，全力保障灌区农作物时令灌溉用水"目标，精准范围、精准对象、精准时段、精准措施，落实各项抗旱措施。

一是及时启动响应。密切监测雨情、水情、墒情、旱情，滚动预测预报，及时发布干旱预警，针对河北省、河南省启动干旱防御Ⅲ级应急响应，针对山东省、山西省、安徽省、江苏省、陕西省、甘肃省启动干旱防御Ⅳ级应急响应。派出2个工作组，分赴河南省、山西省和安徽省旱区一线调研指导。会同农业农村部、应急管理部、中国气象局印发《关于切实做好黄淮海抗高温抗干旱保夏播保全苗的紧急通知》，指导地方做好抗旱保夏播工作。商财政部及时安排中央水利救灾资金4.17亿元支持旱区抗旱减灾。

二是科学调度水工程。组织水利部黄河水利委员会、淮河水利委员会、海河水利委员会和相关省逐一梳理流域区域骨干水库、引调水工程供水能力和相关区域用水需求，紧急制定水工程抗旱应急调度方案，黄河、淮河、海河流域控制性水工程和南水北调等引调水工程全面进入抗旱调度模式。黄河小浪底水库下泄流量由700 m³/s分阶段逐步加大至4400 m³/s，指导山东省、河南省合计引水20.7亿 m³；海河流域潘家口、大黑汀、岳城水库向下游河北省、河南省相关灌区提供灌溉用水0.9亿 m³；淮河流域蚌埠闸及引江济淮、江水北调等工程加大引调水力度；南水北调东、中线工程向沿线地区应急调水 13.3 亿 m³。

三是强化灌溉管理。充分发挥大中型灌区抗旱主力作用，精细调度、优化配置抗旱水源，加强用水秩序管理，强化节约用水，确保能引尽引、能灌尽灌。旱区 514 处大中型灌区累计灌溉水量超过 25.0 亿 m³，保障了 5700 多万亩玉米、大豆等作物播种、出苗用水。

四是确保人饮安全。组织指导旱区全面摸排城乡供水情况，滚动统计因旱饮水困难人口数量，根据饮水困难人口分布、水源情况和供水工程规模类别等，因地制宜及时采取水源调度、管网延伸、新建水源、拉水送水等措施确保供水安全。

五是积极主动宣传。召开水利部抗旱保灌保供水有关情况新闻发布会，全面介绍旱情和抗旱工作情况；在水利部网站、官方微信公众号等平台和《人民日报》、新华社、中央电视台等媒体及时发布旱情及抗旱工作成效等信息，有效回应社会关切，营造良好氛围。

在各级水利部门的共同努力下，受旱地区玉米、大豆等作物总体上实现适期播种，出苗作物长势良好，为粮食丰产打下良好基础，因旱饮水困难群众、大牲畜用水均得到有力保障，夏旱防范应对工作取得显著成效。

黄　慧　耿浩博　执笔
杨卫忠　审核

链接

浙江省舟山市：
五山水利工程打造立体治水样板

浙江省舟山市定海区曾饱受洪涝之苦，近年来当地以东山、长岗山、擂鼓山、海山、竹山等环绕定海的五座山体为切口，兴建五山水利工程，以水利工程的革新带动区域的有机更新、边界延展和能级提升。

定海区三面环山、一面临海，山区来水大、中间蓄水差、下游排水慢。当地以系统治理为方针，创新提出"上拦—西调—中提升—内循环"方案，建设五山水利工程，即围绕东山、长岗山、擂鼓山、海山、竹山等5座山，新建18.3 km截洪渠，引导山体来水一部分直排入海，一部分进入城区上游水库，只剩一小部分进入城区河道，有效拦截70%的山丘汇水，大大减轻了雨水骤降时城区的防洪压力；在山体间挖掘总长2.6 km的分洪隧洞，将红卫、城北、虹桥3座水库进行连通，在台风来临前可提前放空；依托城市主要道路，重新铺设总长41.1 km，由大断面箱涵与管道相结合的主干排水网络；新建3个泵站，总流量32 m^3/s，将强排关口前移至城市中心，强排能力提升80%。

2022年9月，五山水利工程应急投用，超预期经受住了1949年以来登陆舟山市的最强台风"梅花"带来的风雨考验，原本预计大面积受淹的城区仅出现小面积积水点10余处，且多数在半小时内排空。

定海区将五山水利工程建设融入城市治理，"上拦"工程的箱涵顶部和截洪渠的建设便道，被改造成全长25 km的沿山景观绿道"东海云廊"；山洪来水集中处，用巨石块堆叠出山峦形状，变山洪来水为瀑布景观；消力井、箱涵、隧洞等水利设施就地改造成科普点、景观小品。

从"五山水利"华丽变身"东海云廊"，定海区打造出城市景观新名片，也培育了发展新增长点。围绕"东海云廊"商业IP，先后开发了云廊系列文创产品，引入云廊酒店等品牌业态，举办具有影响力的体育赛事进行引流，推动旅游业态提质升级，实现以景引赛、以赛促游、以游促产。当地村集体经济造血功能增强，周边10个城郊村经营性收入高于定海区79个村平均值20%以上。

徐鹤群　李　哲　赵里安　执笔
石珊珊　李海川　审核

加快完善流域防洪工程体系

水利部规划计划司

2024年,水利部门深入贯彻党的二十大和二十届二中、三中全会精神,积极践行习近平总书记治水思路和关于防汛抗洪救灾的重要指示精神,坚持人民至上、生命至上,树牢底线思维、极限思维,加快七大流域防洪规划修编,全力推进一批流域防洪骨干工程建设,加快完善由水库、河道及堤防、蓄滞洪区等组成的流域防洪工程体系,整体提升流域防灾减灾能力。

一、科学谋划流域防洪减灾新格局

为深入贯彻习近平总书记关于防汛抗洪救灾的重要指示精神,落实党中央、国务院有关部署,加快完善流域防洪减灾体系,水利部会同国家发展改革委等有关部门,于2022年4月启动七大流域防洪规划修编工作。两年多来,下大力气推进七大流域防洪规划修编工作,逐流域开展调研座谈和专题讨论,持续加强调度会商和协调推进。经过各方面共同努力,七大流域防洪规划修编成果全部通过专家审查,系统谋划新一轮江河防洪治理,形成了规划修编成果体系。

一是突出对标对表,深入贯彻习近平总书记重要指示精神和党中央有关决策部署。深入落实习近平总书记治水思路和"两个坚持、三个转变"防灾减灾救灾理念,对标对表习近平总书记关于灾后恢复重建、防汛抗洪救灾、蓄滞洪区建设、提高防灾减灾救灾能力等一系列重要讲话指示批示精神,统筹高质量发展和高水平安全,深入研究流域防洪减灾方略和目标任务,科学谋划流域防洪减灾新格局。

二是锚定战略目标,充分体现水利高质量发展要求。进一步强化战略思维、历史思维、辩证思维、系统思维、创新思维、法治思维、底线思维，紧紧围绕到2035年基本实现社会主义现代化的战略安排，按照部党组推动水利高质量发展工作部署，认真落实防汛工作要求，科学设定流域防洪规划目标，适度超前安排工程建设，推进防洪安全体系和能力现代化。

三是突出底线思维，算清算准流域洪水账。针对气候变化影响加剧洪涝灾害极端性、突发性、不可预见性，深入开展流域洪水防御复盘检视。充分考虑流域历史大洪水，结合上一轮防洪规划实施以来实际发生的暴雨洪水，以及未来受气候变化影响可能发生的极端暴雨洪水，算清算准流域洪水账，立足最不利、最复杂情况，充分考虑目标洪水洪量、过程和遭遇组合，优化洪水出路安排，提出应对超标准洪水的防御措施。

四是把握流域特点，加快完善流域防洪安全体系。在流域防洪工程方面，适度超前开展以水库、河道及堤防、蓄滞洪区为主要组成的流域防洪工程体系建设。加强已建水库防洪库容管控，新建一批控制性防洪水库。树立干堤意识，复核确定干堤建设标准，实施堤防达标建设和提质增效。在确保防洪安全的前提下，优化完善蓄滞洪区布局，加强蓄滞洪区建设。维持洲滩民垸行洪功能，加强分类和管控。雨水情监测预报方面，加快完善气象卫星和测雨雷达、雨量站、水文站"三道防线"及相应模型构成的雨水情监测预报体系，延长洪水预见期，提高预报精准度。在洪涝灾害防御工作方面，加快构建责任落实、决策支持、调度指挥"三位一体"的工作体系，提高防洪制度化、规范化、现代化水平。

五是坚持问题导向，着力破解重点难点问题。全面检视流域防洪减灾中存在的薄弱环节，特别是近年特大暴雨洪水暴露的短板弱项，坚持问题导向，着力破解事关防洪大局、各方面广泛关注的重点难点问题。本着实事求是、审慎从严的原则，对部分河系、河段、城市提标，防洪重点工程建设等部分历史遗留问题和省际突出矛盾，深入研究论证，充分听取各方意见，作出针对性规划安排。

六是强化数字赋能，提升规划修编成果质量和水平。坚持规划创新，同步开展规划修编数字化平台及"一张图"建设，与数字孪生流域建设相衔接，为推进水利规划数字化智能化奠定基础。各流域均已建立防洪规划数字化平台，并持续优化调整平台功能，完善数据资源体系。构建全国防洪规划数字化平台，实现"一张图"展示、数据查询、全要素检索、规划图件制作等功能。

二、加快流域防洪工程体系建设

以流域为单元，科学布局水库、河道、堤防、蓄滞洪区建设，推进一批防洪骨干工程建设，流域防洪工程体系加快完善。

（一）长江流域

流域防洪工程体系加快建设。水库方面，沅江宣威、饶河乐平等控制性枢纽工程开工，清江姚家平、资水金塘冲等水库加快建设；河道及堤防方面，长江干流铜陵段治理工程开工，长江干流安庆段治理工程加快实施，洞庭湖区重点垸一期工程加快建设，洞庭湖区重点垸二期、鄱阳湖区重点圩堤治理工程可研审查意见已报送国家发展改革委；蓄滞洪区方面，华阳河、鄱阳湖康山等蓄滞洪区加快建设。

（二）黄河流域

流域水沙调控和防洪工程体系加快完善。水库方面，新时代保护治理黄河标志性工程——黄河古贤水利枢纽工程立项建设，无定河蒋家窑则水库开工，泾河东庄水利枢纽工程加快实施，黑山峡水利枢纽前期工作取得重要进展；河道及堤防方面，黄河干流宁夏段治理工程开工，四川、青海、甘肃、内蒙古段可研报告已报国家发展改革委评估，黄河下游"十四五"防洪工程主体完工。

（三）淮河流域

加快推进治淮工程实施。水库方面，沙颍河昭平台水库扩容开工，潢河袁湾水库、濛河双堠水库加快建设，增强流域洪水调蓄能力；河道及堤防方面，洪泽湖大堤蒋坝段等开工建设，淮河入海水道二期、苏北灌溉总渠堤防加固工程加快实施，将进一步提升淮河入江入海能力；蓄滞洪区方面，淮河干流浮山以下段完成可研评估，峡涡段可研审查意见已报送国家发展改革委，山东省沿运片邳苍郯新片洼地治理工程通过竣工验收，河南省淮河流域重点平原洼地治理工程加快推进。

水旱灾害防御篇

（四）海河流域

全面实施《加快完善海河流域防洪体系实施方案》。水库方面，洺河娄里水库、洋河乌拉哈达水利枢纽开工，子牙河青山水库加快实施，拒马河张坊水利枢纽、永定河官厅山峡洪水控制工程前期工作全力推进；河道及堤防方面，永定河卢三段、卢梁段综合提升和北运河副中心段堤防加固等工程开工，新盖房分洪道右堤、寨里西堤等加快建设，卫河干流治理主体完工；蓄滞洪区方面，献县泛区、东淀、文安洼、贾口洼、永定河泛区、小清河分洪区、兰沟洼等12个蓄滞洪区建设开工，大陆泽、宁晋泊、卫河坡洼等13个蓄滞洪区建设加快实施，漳卫河恩县洼蓄滞洪区建设基本完成，永定河三角淀、大清河团泊洼建设前期工作正在推进。

（五）珠江流域

流域防洪工程体系加快完善。水库方面，西江大藤峡水利枢纽建成，龙滩水库防洪能力提升前期工作有序推进；河道及堤防方面，珠江干流广西壮族自治区梧州市龙圩段、广东省江门市鹤山段等重要堤防达标建设开工。

（六）松辽流域

持续完善流域防洪工程体系。水库方面，诺敏河毕拉河口、六股河韩家杖子、浑河关山Ⅱ等控制性水库前期工作加快推进；河道及堤防方面，辽河干流防洪提升工程主体基本完工，拉林河、绕阳河等重要支流综合治理工程加快建设。

（七）太湖流域

推进流域、区域、城市防洪工程建设。水库方面，曹娥江镜岭水库开工，交溪上白石水库已完成可研评估；河道及堤防方面，吴淞江整治工程加快建设，新川沙河泵闸和苏州河西闸工程基本完工，扩大杭嘉湖南排后续西部通道、黄浦江中上游堤防加高加固等工程加快实施，太浦河后续（一期）、望虞河拓浚工程前期工作加快推进。

三、加快补齐防洪短板弱项

一是全面加强蓄滞洪区管理。安排中央资金364.55亿元，加快海河、长江、淮河等流域蓄滞洪区建设。加强蓄滞洪区内非防洪建设项目洪水影响评价管理。指导小清河、东淀、康山等在建项目开展数字孪生蓄滞洪区建设。

二是推进中小河流系统治理。印发《全国中小河流治理总体方案》，编制完成流域面积3000 km² 以上重点中小河流防洪治理实施方案。安排中央资金554.4亿元，实施1399条主要支流和中小河流系统治理。

三是加强病险水库水闸除险加固。印发《全国病险水库除险加固实施方案（2025—2027年）》。完成3853座水库除险加固和3774座水库大坝、641座大中型水闸安全鉴定。

四是实施山洪灾害防治和水毁工程修复。安排中央资金191.8亿元，实施山洪灾害防治非工程措施建设及运行维护和1891条山洪沟治理。安排中央财政水利救灾资金25.892亿元，主汛期前完成防洪工程水毁修复。

2025年，水利系统将坚决扛牢防洪保安天职，加快完善水旱灾害防御体系，推进我国防洪安全体系和能力现代化，为以中国式现代化全面推进强国建设、民族复兴伟业提供有力的防洪安全保障。

王 晶　郭东阳　钟 文　执笔
高敏凤　杨 威　审核

专栏 11

以流域为单元加快推进中小河流系统治理

水利部规划计划司　水利部水利工程建设司

2024 年，水利部门按照以流域为单元的系统治理要求，全面推进中小河流治理，着力提升流域整体防洪能力，为保障江河安澜提供坚实基础。

一是流域面积 3000 km² 以上中小河流治理（主要支流治理）方面。为贯彻落实党中央、国务院关于合理扩大有效投资、系统提升水安全保障能力的决策部署，水利部会同国家发展改革委，立足流域整体，按照系统治理的思路，组织各流域管理机构和地方编制完成《重点中小河流防洪治理实施方案》。针对有防洪治理任务的河流，深入评估治理现状、梳理治理需求，在与七大流域防洪规划修编、流域面积 200~3000 km² 中小河流治理总体方案相衔接的基础上，提出对流域面积 3000 km² 以上的重点中小河流干流河段及防洪关系紧密的支流回水段，开展防洪综合治理。同时，以流域为单元开展逐河流治理方案编制并组织技术审核，科学确定防洪标准、治理布局、目标任务和建设内容等。安排中央预算内投资、增发国债资金 189.8 亿元，支持主要支流治理工程建设。

二是流域面积 200~3000 km² 中小河流治理方面。5 月，水利部联合财政部印发《全国中小河流治理总体方案》，明确 2024—2035 年全国流域面积 200~3000 km² 中小河流治理目标、治理标准、治理任务和治理重点，是当前和未来一段时间中小河流治理实施安排的重要依据。制定印发《关于进一步落实中小河流系统治理的通知》，规范中小河流治理前期工作，合理确定治理河流及项目实施时序，指导地方按需推进中小河流治理工作。安排增发国债资金、中央财政水利发展资金 364.57 亿元，用于 1256 条中小河流系统治理，完成治理河长 1.21 万 km。

2025 年，将坚持以人民为中心的发展思想，统筹高质量发展和高水平安全，以流域为单元，加快推进中小河流治理，印发重点中小河流防洪治理实施方案。统筹考虑各河流治理标准、目标任务，逐流域规划、逐流域治理、逐流域验收、逐流域建档立卡，实现治理一条、见效一条，充分发挥流域防洪工程体系综合效益。

韩沂桦　刘启兴　翟　媛　执笔
谢义彬　刘远新　审核

专栏 12

蓄滞洪区建设提档加速

水利部水旱灾害防御司

2024年,水利部抢抓增发国债等有利契机,指导地方加快推进国家蓄滞洪区项目建设和前期工作,建设项目数量、投资规模创新高,海河等流域蓄滞洪区建设取得重大进展。

一是投资规模创新高。2024年下达中央资金430.86亿元,支持长江流域杜家台、华阳河,海河流域小清河、东淀等39个国家蓄滞洪区建设项目,涉及北京、天津、河北、安徽等8个省(直辖市)的36处蓄滞洪区。2024年度国家蓄滞洪区建设中央投资是此前8年中央投资总和的1.5倍,项目数量、投资规模均为历史最高水平。

二是海河流域蓄滞洪区建设全面提速。加快实施宁晋泊、大陆泽、卫河坡洼等22处蓄滞洪区建设,其中新开工建设小清河、东淀、永定河等15处,一批多年想干未干的蓄滞洪区项目相继上马开工。截至2024年12月底,工程总体形象进度为78%。其中,天津市新开工贾口洼、黄庄洼等6处蓄滞洪区建设项目,工程总体形象进度为76%;河北省新开工兰沟洼、永年洼等8处蓄滞洪区建设项目,工程总体形象进度为82%。

三是在建项目取得新进展。长江流域加快实施康山、杜家台等6处蓄滞洪区建设,工程总体形象进度为62%,其中杜家台、华阳河湖北部分工程总体形象进度已达90%。淮河流域加快实施蒙洼、洪泽湖周边等8处蓄滞洪区建设,工程总体形象进度为62%,正在全力推进建设。

四是前期工作加快推进。全年重点推进前期工作的蓄滞洪区项目15个,其中海河流域文安洼、献县、贾口洼等12个蓄滞洪区项目已于6月底前全部开工;淮河干流浮山以下段行洪区调整和建设工程可研已通过国家发展改革委委托评估;安徽省淮河干流峡山口至涡河口段行洪区调整和建设工程可研审查意见已报送国家发展改革委；湖北省洪湖东分块蓄滞洪区安全建设工程可研已通过水利部审查。同时，指导地方加快推进涨渡湖、武湖等蓄滞洪区项目前期工作，其中武湖蓄滞洪区建设项目可研已由湖北省发展改革委评估。

罗　鹏　执笔

张长青　审核

专栏 13

《加快完善海河流域防洪体系实施方案》印发实施

水利部海河水利委员会

2023年7月，海河流域发生自1963年以来最大的流域性特大洪水，永定河系、大清河系等7条河流发生超保证洪水，8条河流发生有实测资料以来最大洪水，小清河分洪区、东淀蓄滞洪区等8个蓄滞洪区先后启用。党中央、国务院对此高度重视，习近平总书记强调大涝大灾之后，务必大建大治，大幅度提高水利设施、防汛设施水平，全面提升防灾减灾救灾能力。李强总理要求着眼长远，加强北方地区水利等基础设施规划建设，提高水旱灾害防范应对能力。2024年1月，中共中央办公厅、国务院办公厅印发《关于全面加强京津冀等北方地区防洪排涝抗灾基础设施建设的意见》，明确要求水利部、国家发展改革委分流域制定实施方案。

为认真落实党中央、国务院决策部署，水利部、国家发展改革委组织水利部海河水利委员会（以下简称海委）等有关单位开展了《加快完善海河流域防洪体系实施方案》（以下简称《实施方案》）编制工作。编制期间，针对重点河系和重点保护对象防洪标准等重难点问题，系统开展了"23·7"洪水复盘、历史洪水调查、暴雨移置分析，逐个开展海河流域山前平原区城市及县城防洪情况分析，科学确定重要河系和重要保护对象洪水风险，组织编制重点河系及重要保护对象防洪标准专题论证报告。水利部先后两次征求有关部门、流域相关省（自治区、直辖市）意见，水利部科学技术委员会两次开展重要城市防洪标准提升等专题决策咨询活动。

《实施方案》遵循"上蓄、中疏、下排、有效治洪"的防洪治理方略，研究提出完善流域防洪体系总体思路、主要目标、建设任务和保障措施，安排7大类40项建设任务，是当前和今后一个时期，全面提高海河流域防洪能力的纲领性文件。《实施方案》全部落地实施后，海河流域防洪布局将全面优化，基本建成现代化流域防洪工程体系、雨水情监测预报体系和水旱灾害防御工作体系，监测预报预警准确度和预见期将大幅提升，重要城市和重要基础设施防洪能力将显著提高，能够有效防御流域性特大洪水。

8月30日，国务院常务会议审议通过了《实施方案》。会议指出，海河流域地理位置重要，人口密集，加快完善防洪体系意义重大。要坚持系统观念，准确把握流域河系特点及洪水特征，把优化重要保护对象防洪布局和加强防洪工程建设结合起来，切实提升整体防洪能力。要加快重点工程建设，统筹用好预算内投资、国债资金等，严格把关确保工程质量。9月18日，水利部、国家发展改革委联合印发《实施方案》。按照水利部工作要求，海委会同流域有关省（自治区、直辖市）建立了《实施方案》前期工作推进机制，建立项目台账，稳步推动各项任务落地落实。

魏广平　执笔
户作亮　审核

加快完善现代化雨水情监测预报体系

水利部水文司

2024年，水利系统深入贯彻落实习近平总书记关于治水重要论述精神和"强化监测预报预警""补好灾害预警监测短板"等重要指示批示精神，在北京市门头沟区召开现代化雨水情监测预报体系建设现场推进会。一年来，通过中央预算内和国债资金安排水文基础设施建设项目投资59.26亿元，达到历史年度水文中央投资的最高峰，加快构建现代化雨水情监测预报体系掀起新高潮，取得了一系列新进展新突破。

一、加强现代化雨水情监测预报体系建设顶层设计

1月，水利部强调要加快完善雨水情监测预报体系，进一步延长洪水预见期、提高洪水预报精准度。3月，进一步要求按照"应设尽设、应测尽测、应在线尽在线"原则，统筹结构、密度、功能，重点围绕流域防洪、水库调度实际需求，加快构建雨水情监测预报"三道防线"，完善现代化雨水情监测预报体系。水利部组织编制《流域（区域）现代化水文监测预报体系评价办法（试行）》《现代化水文站评价方法（试行）》，并面向发展新质生产力，梳理完善水文技术标准体系，将《水利测雨雷达应用技术规范》等27项标准纳入"急用先行"标准，推动相关技术标准加快制修订，为加快构建现代化雨水情监测预报体系做好技术指导。

6月，水利部部长李国英亲自部署、亲自推动，指导北京市在永定河官厅山峡段建成现代化雨水情监测预报体系，并在北京市门头沟区成功召开了现代化雨水情监测预报体系建设现场推进会。会上，李国英部长强调要充分认识建设现代化雨水情监测预报体系的重要意义并就加快推进现代化雨水情监测预报体系建设提出"一二三四"总体架构。

11月，水利部组织制定《水利部关于加快推进雨水情监测预报体系和

能力现代化建设的实施意见》，进一步明确加快推进雨水情监测预报体系和能力现代化建设的总体目标、重点任务、保障措施。

二、第一道防线建设应用取得较大突破

一是推动水利测雨雷达组网建设。将测雨雷达建设列入水利部、财政部联合印发的《全国中小河流治理总体方案》，明确在中小河流暴雨洪水集中来源区组网建设约625部水利测雨雷达，基本覆盖约270万km²的洪涝灾害重点区域。组织各地编制完成《中小河流雨水情监测预报"三道防线"工程水利测雨雷达建设实施方案（2025—2026年）》，指导地方和相关水工程管理单位多渠道筹措资金，推进测雨雷达组网建设。2024年共落实161部测雨雷达建设投资，其中，40部已建成并投入使用，测雨雷达建设取得较大突破。

二是加强气象卫星应用。推动水文部门与气象部门建立健全卫星数据共享机制，积极参与《国家综合气象观测系统"十五五"发展规划》，持续加强与气象部门气象观测需求、统筹布局、数据共享共用等方面的交流合作，共享应用了中国气象局88部天气雷达基数据和PUB产品。我国首颗以水利正式命名的遥感监测卫星"水利一号"在太原卫星发射中心成功发射，将在"天空地水工"一体化监测感知体系"天基"监测建设中发挥重要支撑作用。应用中国风云4号静止和日本葵花9号气象卫星实时资料，初步实现对未来1~3h强对流云团覆盖地区进行强降雨风险预警；基本实现气象卫星观测的云、大气温度和湿度等数据在水利部区域降水预报模式中的同化应用，有效提高了短期降水预报的精准度。

三、第二、第三道防线建设取得重大进展

一是加强水文基础设施建设。高标准建设雨量站、水文（位）站1万余处，水文站网布局进一步完善。组织完成全国水文站高洪测验设施设备现代化升级改造，进一步提升水文监测标准和能力。指导各地按照新修订的《水文站网规划技术导则》，对6900余条有监测需求河流逐河开展水文站网布局梳理，组织编制水文基础设施项目实施方案（2024—2030年），

提出水文监测站网补空白加密度和提高已有测站测报能力的建设方案，为水文"十五五"规划编制和建设打下良好基础。

二是持续加大新技术新设备配备应用。聚焦全自动、全天候，加快推进固定式ADCP、定点式电波、侧扫电波、影像等流量和泥沙、蒸发、雨量在线监测设备应用，现代化监测能力显著提升。聚焦应急监测需求，新配备无人机、多波束测深系统、三维激光扫描仪、机载激光雷达，应急监测装备水平明显提升。利用灾后恢复重建资金，北京、河北、天津、河南、黑龙江、吉林、辽宁等省（直辖市）新配备一批北斗卫星通信终端，有力提升了极端天气情况下报汛能力。针对制约水文现代化的瓶颈难题，持续深化与高校、企业等合作，一站一策开展在线监测设备比测分析，光电测沙仪实测最大含沙量扩展至$938\,kg/m^3$，水文泥沙测报等多项新技术装备取得新突破。

三是积极推动水利工程配套水文设施建设。按照《水利工程配套水文设施建设技术指南》有关要求，指导各地在新建水库、江河治理、引调水等水利工程中将雨水情监测预报"三道防线"纳入工程建设内容，确保应建尽建，应建优建。据不完全统计，2024年以来，全国260个水利工程项目配套建设各类水文测站3000余处。

四、大力推进预报模型研发应用

一是专业预报模型研发应用加快推进。组织水利系统有关单位加大降雨预报、流域产汇流、河道洪水演进、泥沙运动等方面的数据驱动模型、机理模型和混合模型技术攻关研发，部分模型已集成封装到水利部数字孪生平台。组织开展了海河"23·7"和北江"22·6"等洪水复盘检视，验证分析流域产汇流模型的适用性，迭代优化模型结构参数，推进模型应用业务化。开发高分辨率降雨反演与融合模型、山洪灾害多阶段预报预警模型、山洪模拟模型，并集成至山洪灾害监测预报预警平台。建成多源空间信息融合的洪水预报系统。长江流域完善水文监测预报大模型架构，构建了全要素、全流程、一体化的数字水文开放业务平台。

二是强化河系滚动传导预报。2024年汛期，结合水文站、应急监测和工程运行状况，滚动跟踪洪水演进，为乌苏里江洪水防御指挥决策提供有力支撑。协调黑龙江省水文部门收集、核实乌苏里江干支流堤防堤顶高程、位置等信息，构建乌苏里江二维精细化水动力学洪水演进模型，并利用遥感监测影像校验建模方案、优化调整参数，逐堤段预报洪峰最高水位与现状堤顶高程差，全过程预演虎头至乌苏里江河口洪水演进漫堤风险，为地方加筑子堤、组织人员转移、预置抢险力量提供精准支持。

三是组织开展重点河道地形测量。2024年组织各流域管理机构和省（自治区、直辖市）完成7157处水文站大断面测量工作，积极开展水库河道及重要预报断面河道地形测量，共完成河道地形测量河段1809个，长度4918 km，面积9589 km^2，根据测量成果，及时更新水位流量关系，动态优化水文水动力学模型和参数。组织各流域管理机构编制河道地形测量总体方案，滚动、科学开展重点河道地形测量。

2025年，水利系统将坚持问题导向和目标导向相结合，坚持延长预见期和提高准确率有效统一，全力推进现代化雨水情监测预报体系建设。一是健全第一道防线，建立健全卫星数据共享机制，深化气象卫星数据应用。统筹规划推进水利测雨雷达组网建设，建设数据归集管理与应用服务平台，制定建设与应用技术规范，加快研发耦合卫星和测雨雷达的"云-雨"降水预报模型。二是强化第二道防线，在暴雨洪水来源区、山洪灾害易发区及水工程防洪影响区等加密布设雨量站，提高监测覆盖率，深化产汇流规律及水文预报模型研发应用。三是提升第三道防线，优化水文站网布局，填补监测空白，推进水文测站测验设备和测验方法的现代化改造，提升高洪和超标准洪水监测能力，提高极端条件下测验和通信保障能力。加强洪水演进规律及水动力学模型研发应用，延伸洪水传导预报。以流域为单元，建立健全"三道防线"耦合贯通的雨水情监测预报体系。

胡诗松　执笔
林祚顶　来庆鹏　审核

专栏 14

官厅山峡段雨水情监测预报现代化试点建设取得明显成效

水利部水文司

为深入贯彻习近平总书记"两个坚持、三个转变"防灾减灾救灾理念和在北京、河北考察灾后恢复重建工作时的重要讲话精神，水利部指导北京市对标世界先进水平，完成永定河官厅山峡雨水情监测预报现代化试点建设工作，初步构建了由气象卫星和测雨雷达、雨量站、水文站，以及降雨预报模型、产汇流水文模型、洪水演进水动力学模型组成的雨水情监测预报"三道防线"，全国率先实现测雨雷达组网，跨部门协同实现全市资源整合共享，构建重点河道、沟道全覆盖的全量程、全自动监测体系，水文监测预报预警的现代化、智慧化水平显著提升。

一是构建"云中雨"监测第一道防线。接入水利部气象卫星二次开发成果，在永定河官厅山峡建成3部相控阵测雨雷达并组网运行，实现永定河北京段"云中雨"监测全覆盖，充分利用"云中雨"监测成果，可以提前3 h监测到中小流域的洪水，为防汛减灾提前"抢"出2~3 h的宝贵时间。

二是筑牢"落地雨"监测第二道防线。通过强化供电保障、增设应急卫星通信设备、提高自身防洪能力等措施，将永定河官厅山峡段区域雨量站从原来的29处增加至256处，站点密度增加至每6.7 km²一站，实现了10 km²及以上流域、山洪灾害高风险区、行政村监测全覆盖。通过高密度雨量站网的建设，可以精准地掌握山峡区域面平均雨量和暴雨中心，同时还能对测雨雷达的监测雨量进行验证。

三是提升"河中水"监测第三道防线。在对原有的25个水文站强化供水供电保障、提高自身防洪标准的基础上，增建8个水文站，提高设施防护能力，增设北斗通信信道，确保关键时刻数据"测得到、报得出"。补充多波束水下地形测量船、无人机搭载激光雷达、侧扫雷达等新技术新装备，与传统监测手段组合应用，实现重要河道断面全要素、全量程、全天候、全自动监测，有效提升"河中水"监测保障能力和监测精度。

四是着力打造"北京模型"体系。初步搭建基于北京地理特征、覆盖地表地下、面向多种水灾害、涵盖多源模型的"北京模型"体系。建立"3小时短临预报、24小时短期预报、3天中期预测、10天长期展望"的迭代式、渐进式洪水预报模式，滚动开展预报作业，有效支撑防汛工作。

在2024年汛期北京市先后发生的两次强降雨过程中，永定河官厅山峡段3台测雨雷达组网监测效果初显，对降雨落区的整体细节、轮廓信息把握精细，外推1~2h预报准确率较高，实现提前2h短时强降雨预报预警。"三道防线"互相补充、相互支持、层层递进，共同构成雨水情监测的完整体系，大大提升流域防洪数字化、网络化、智能化水平，为做好水旱灾害防御调度等提供了更为精准有效的技术支撑。

石梦阳　执笔
林祚顶　刘志雨　审核

加快构建水旱灾害防御工作体系

水利部水旱灾害防御司

水旱灾害防御工作体系是水旱灾害防御"三大体系"的重要一环，通过提高管理水平、创新管理方式，与完善工程设施建设、提高监测预报能力构成有机整体，着力提升水旱灾害防御能力。

2024年2月，水利部印发《关于加快构建水旱灾害防御工作体系的指导意见》，进一步明确人员不伤亡、水库不垮坝、重要堤防不决口、重要基础设施不受冲击和确保城乡供水安全的工作目标，要求健全水旱灾害防御工作体系，为经济社会高质量发展提供坚实的水安全保障。6月中旬，水利部部长李国英要求指导各级水利部门建立责任落实、决策支持、调度指挥"三位一体"的水旱灾害防御工作体系。7月底，水利部印发《加快构建水旱灾害防御工作体系的实施意见》（以下简称《实施意见》），指导各级水利部门进一步加快构建水旱灾害防御工作体系，为夺取2024年水旱灾害防御全面胜利提供有力保障。

各级水利部门对照《实施意见》，结合各自实际梳理细化水旱灾害防御相关制度办法，部分单位已经出台或正在出台实施方案，推动水旱灾害防御工作体系落实落地。

一、构建单元最小、全面覆盖、严密有效的责任落实机制

一是全面压紧防御责任链条。水利部汛前公布744座大型水库大坝安全责任人，全面落实小型水库防汛"三个责任人"17.4万人，全覆盖开展责任人培训。山东省明确4位省领导担任省级防汛行政责任人，汛前公布骨干河道（湖泊）、大型和重点中型水库、国家级蓄滞洪区防汛行政责任人名单，共落实防汛责任人1.8万人及水库、山洪灾害预警人员2.3万人。广东省落实约1000名市级、1万名县级和18万名镇村级防汛责任人，其

中水库、堤防等水利工程防汛责任人约 5.6 万人。

二是纵深推进河湖库"清四乱"。水利部首次采用亚米级高分辨率河湖遥感影像开展地物图斑解译核查；针对汛期出现决堤险情的西福河、老哈河等河段，组织开展河道管理情况复盘分析，并举一反三，在全国部署开展阻水片林、高秆作物、围堤等妨碍河道行洪突出问题专项清理整治。各地以妨碍河道行洪、侵占水库库容问题为重点，纵深推进河湖库"清四乱"常态化规范化，召开总河长会议、签发总河长令高位推动，全年清理整治"四乱"问题 2.5 万个。

三是压实山洪灾害防御责任。有山洪防治任务的省份，压紧各项环节责任，强化现场演练，提高实战能力。四川省开展山洪沟"沟长制"先行先试，探索建立山洪沟沟长制+危险区责任人点长制"点线结合"的防御体系。广西壮族自治区情景模拟夜间、交通通信中断等极端不利条件，开展应急演练 1000 多场次，提高责任人履职能力。黑龙江、云南、陕西、甘肃等省水利厅进一步完善山洪灾害"预警—叫应—反馈"机制，将责任落实到岗、到人。

四是强化在建工程安全度汛。水利部全面落实在建水利工程安全度汛"三个责任人"，其中项目法人主要负责人作为首要责任人，建立工程安全度汛风险查找、研判、预警、防范、处置、责任等"六项机制"。广西壮族自治区 5 次开展全区在建水利工程度汛风险隐患排查整治，跟踪督促责任人整改到位。湖北省明确要求水库类建设项目主汛期一律不得开展破坝穿坝、溢洪道拆除等施工，河道堤防类项目严禁在主汛期施工涉及防洪安全部分。湖南省水利厅建立厅领导"分片包干"、相关处室联点服务的督导责任制，保障 2023 年增发国债水利工程进度和度汛安全。

五是坚持旱涝同防同治。水利部会同旱区各地精准范围、精准对象、精准时段、精准措施，密切监视旱情发展形势，科学精准实施水工程抗旱调度，成功应对西南地区冬春连旱，保障了华北、黄淮等地夏旱 5700 多万亩玉米、大豆等作物用水需求，实施 2023—2024 年珠江枯水期压咸补淡应急水量调度和 2024 年夏秋季引江济太应急调水，保障了粤港澳大湾区、太湖周边重要城市供水安全。

二、构建科学专业、支撑有力、反应迅速的决策支持机制

一是配强决策支持力量。加强各级水旱灾害防御团队和人员配备，提高决策支持的专业性和针对性。上海市增强区级和街道层面防御力量，巩固"六有"标准化建设（组织机构、工作制度、防汛预案、物资储备、抢险队伍、避难场所），增强基层防御能力。湖南省持续实施基层水利特岗人员定向培养计划，2024年招录基层水利特岗人员350多人，为基层水管单位提供人才支持。浙江省采取线上线下相结合方式，分岗位、分对象录制业务培训短视频，培训8.43万人（次），提高基层干部业务能力。

二是提升防御支撑能力。水利部印发《重大水旱灾害事件水文应急测报工作要求》《台风残余环流及降雨洪水预报工作机制》；统筹数十颗多源卫星资源，开展应急遥感监测189次，汇集618个无人机航摄数据文件，报汛站点增至15.4万个，新增建设相控阵型测雨雷达21部，持续增强"天空地水工"感知能力。福建省推进"千库联调"系统建设，通过水利"一张图"汇聚各类水工程、雨量站、水文站相关信息，整合资源、全省通用，持续完善"四预"功能。河北省重点推进大清河系、子牙河系降雨预报、流域产汇流、洪水演进等模型研发和参数率定，进一步提升"四情"感知能力。

三是完善信息报送制度。加强与有关部门信息共享，完善信息报送机制，及时报送重大险情、人员死亡失踪等重要信息。江西省制定《信息报送工作管理办法》，运用"智慧防汛会诊平台"，每日收集、统计、上报工情险情灾情信息，实现"信息化"作战。广西壮族自治区制定《洪水防御案例（信息）快速报送机制》，明确相关信息收集渠道，并对信息收集和报送提出明确要求。

四是及时开展复盘检视。水利部组织各地水利部门加强复盘分析，选派专家和业务骨干赴现场开展实地查勘，深刻总结经验教训，确保"打一仗，进一步"。陕西省配合国务院调查组、水利部工作组完成金钱河暴雨洪水、北洛河暴雨洪水等多份复盘报告。湖南省全面复盘分析团洲垸洞庭湖一线堤防溃决、资兴市特大自然灾害等，并抓紧编制灾后重建规划，努

力补强防洪工程体系薄弱环节。四川省复盘汉源、康定等地灾害教训，总结短板弱项，制定改进措施。

三、构建权威统一、运转高效、分级负责的调度指挥机制

一是加强会商研判。建立健全主汛期会商机制，确保第一时间全面掌握险情灾情信息，第一时间作出研判部署。云南省汛期每周召开周防汛会商，每次强降雨过程均组织开展会商研判，研判后进一步召开视频调度会议，对降雨落区点对点指挥调度。江苏省强化多部门联合会商，在防汛防台风关键期组织应急、气象等部门一天两会商，指导有关地区和部门做好防范应对。

二是精准发布预警。坚持"预"字当先，强化监测预报预警措施。湖北省利用"荆楚水库"平台，实现全省水库雨水情监测站点全覆盖，可实时监测库区降雨、水库水位等重要信息。安徽省运用基站定位、智能语音等技术，建立自动触发叠加人工兜底的红色预警"叫应"机制，打通预警信息发布"最后一公里"。云南省水利与气象、地震等部门建立数据共享机制，5 min 内可自动生成重要天气、自然灾害周边影响区域及水利工程清单，并同步发送至有关单位与责任人。

三是优化工程调度。坚持"系统、科学、安全、精准"原则，"一个流量、一方库容、一厘米水位"实施水库调度，充分发挥水工程综合效益。浙江省梅雨期间12天内下达调令60次，精细调度新安江水库实施预泄，精准控制下游流量，确保了新安江水库及下游地区防洪安全。广西壮族自治区在"龙舟水"期间，联合调度青狮潭、斧子口、小溶江、川江等4座水库，将桂江1号洪水由100年一遇削减至2~5年一遇。江西省调度万安水库及赣州市水库提前6天进入后汛期管理，拦蓄洪量10.9亿 m³，在缓解鄱阳湖区防洪压力的同时，为后期抗旱储备水源。

四是强化专项部署。突出防御重点，有针对性地对堤防巡查防守、险情应急处置等重点工作作出部署。洞庭湖高洪水位期间，湖南省在湖区三市提前部署6个专家组，确保发生险情1h内赶到现场。江苏省建立410条重要河道巡堤查险机制，开发查险App，制定抢险工作手册，确保险情早

发现、早处置。黑龙江省采取加强监测、精细调度、预置抢险设备等措施，成功应对9座水库超校核水位运行险情，针对3座小型水库及时开挖非常溢洪道，确保了水库安全度汛。

下一步，水利部继续抓好《实施意见》贯彻落实，督促各级水利部门推动《实施意见》落地见效；通过新闻媒体、公众号等多种方式深入宣传工作体系，进一步加深各级水利部门的认识和理解；指导各级水利部门结合实际，坚持问题导向，进一步健全责任落实、决策支持、调度指挥机制，持续完善水旱灾害防御工作体系，提升防御能力。

杨　光　苗世超　执笔

王章立　审核

专栏 15

构建水利部重大水旱灾害事件调度指挥机制

水利部水旱灾害防御司

为迅速、有序、高效应对湖南团洲垸堤防决口等重大水旱灾害事件，2024年7月5日晚，国家防总副总指挥、水利部部长李国英主持召开紧急防汛会商，要求建立重大水旱灾害事件调度指挥机制。根据《中华人民共和国防洪法》《中华人民共和国突发事件应对法》《水利部水旱灾害防御应急响应工作规程》《水利部堰塞湖应急处置工作规程》等，水利部制定《水利部重大水旱灾害事件调度指挥机制》（以下简称《调度指挥机制》），并于8月1日印发实施。

《调度指挥机制》聚焦堤防决口、水库垮坝、山洪灾害群死群伤、高危堰塞湖以及其他可能危及群众生命安全、重要基础设施安全的重大水旱灾害事件或突发险情，明确适用情形、险情灾情报告和响应启动、会商决策、工作组（专家组）派出、调度指挥、应急处置、信息报送、水利救灾资金下达、宣传报道和信息发布、事件调查和复盘检视等十个方面，确保第一时间全面掌握险情灾情等相关信息，第一时间作出研判部署，第一时间指导应急处置，做到反应迅速、指挥有力、调度有方、落实有效，着力提升水旱灾害防范化解重大风险和应对能力。流域管理机构和省级水行政主管部门可参照《调度指挥机制》，制定完善本级重大水旱灾害事件调度指挥机制。《调度指挥机制》中涉及地方人民政府有关事项，由地方各级水行政主管部门负责提请地方人民政府依法落实。在此基础上，针对水库垮坝（漫坝）、堤防决口、山洪灾害、堰塞湖、干旱、城市严重内涝和蓄滞洪区运用及重要基础设施受冲击等8类重大水旱灾害事件，进一步细化完善调度指挥处置流程，充分调动各有关方面的积极性和主动性，形成工作合力。

　　在湖南岳阳团洲垸和湘潭涓水决口、陕西柞水高速公路桥梁垮塌、湖南资兴山洪地质灾害、四川汉源及康定山洪泥石流灾害、内蒙古赤峰老哈河决口等重大水旱灾害事件发生后，水利部立即启动重大水旱灾害事件调度指挥机制，有序支持地方开展抢险救灾，最大限度减轻了洪涝灾害影响和损失。

骆进军　执笔

褚明华　审核

专栏 16

河湖库"清四乱"取得显著成效

水利部河湖管理司

2024年2月，水利部印发《关于纵深推进河湖库"清四乱"常态化规范化的通知》，以妨碍河道行洪、侵占水库库容问题为重点，持续清理整治乱占、乱采、乱堆、乱建突出问题。各地各级水行政主管部门充分发挥河湖长制作用，扎实推进河湖库"清四乱"常态化规范化取得明显成效。

一是高位部署推动。2月，水利部河长制湖长制工作领导小组召开全体会议，将水库纳入"清四乱"范畴，对纵深推进河湖库"清四乱"常态化规范化工作作出部署安排。8月，广东西福河、内蒙古老哈河决口，水利部明确要求把阻水片林作为河湖库"清四乱"工作重点。各地高度重视，23个省份省级总河长签发河长令，7个省份经省级总河长同意印发工作方案，对河湖库"清四乱"工作作出部署安排。

二是健全工作机制。通过七大流域省级河湖长联席会议平台，部署水库"四乱"问题、阻水片林等妨碍河道行洪突出问题清理整治。水利部建立"清四乱"工作组，5次组织开展视频调度会商，通报工作进展，督促解决难点问题，推动重点任务落实。

三是紧盯水库突出问题清理整治。将水库清理整治作为"清四乱"重中之重，指导督促各省级水行政主管部门制定集中清理整治方案，明确水库名单、工作安排、时间节点等。针对防洪库容侵占严重的大中型水库以及中央直管或流域管理机构负责防洪调度的防洪水库，开展2轮遥感解译，对地方图斑核查情况逐个复核，发现问题督促有关河长和地方整改。

四是整治妨碍河道行洪突出问题。在"清四乱"工作中重点开展阻水片林、围堤等妨碍河道行洪突出问题清理整治。各级河长迅速行动，相关部门协同发力，安徽省委、省政府主要负责同志签发总河长令部署开展清理整治工作；江西省部署鄱阳湖矮围清理整治专项行动，排查矮围1301处，已完成清理整治707处；山东省临清市推动调整种植结构，累计调减河道内高秆作物种植面积1.4万亩；山西省组织排查汾河干流及支流入汾口处阻水片林，全面清除河道内7100余亩阻水片林。

五是充分运用卫星遥感技术。应用亚米级卫星遥感+AI智能识别等技术手段，开展河湖库地物图斑解译，将疑似问题图斑推送地方核查整改，2024年清理整治的4.2万个问题中有58%通过遥感发现。同时，积极推进智能监管，河北省打造全省河湖视频监控"一张网"，布设高监控点位摄像头10213个，每个摄像头监控范围为4 km，对全省1386条河流、23个湖泊全覆盖监控。

2024年，全国各地依法依规清理整治河湖库"四乱"问题4.2万个，根据各地统计，恢复水库防洪库容2190万m^3，清除河道内阻水片林和高秆作物13.5万亩、阻水围堤1140 km，拆除违法建（构）筑物634万m^2，清理渣土垃圾520.7万t，打击非法采砂船405艘。

曹　伟　执笔
刘　江　审核

专栏 17

守牢安全底线 全力保障水库安全度汛

水利部运行管理司

2024年，我国气候年景偏差，江河洪水发生早、发展快、汛情重，广东梅州、湖南平江、黑龙江绥化等地先后发生水库险情，水库安全度汛形势严峻复杂。水利部认真贯彻落实党中央、国务院决策部署，锚定水库不垮坝目标，把"时时放心不下"的责任感转化为"事事心中有底"的行动力，组织各地和有关各方，上下一心、连续奋战，牢牢守住水库安全底线，扎实做好水库安全度汛工作。

一是"预"字当先、以防为主，严格落实水库大坝安全度汛措施。汛前公布全国744座大型水库大坝安全责任人，指导各地落实、公布中小型水库大坝安全责任人；全面落实小型水库防汛行政、技术、巡查"三个责任人"17.4万人，全覆盖开展责任人培训；逐库完善水库调度规程（方案）和大坝安全管理（防汛）应急预案，严格履行审批和报备手续；汛期每天电话抽查汛情严重地区水库责任人履职情况，共抽查水库13100座，确保责任人有名、有实、有能。

二是数字赋能、提升能力，大力推进水库大坝安全监测体系建设。完成17234座小型水库雨水情测报设施、19569座大坝安全监测设施建设，完成部级水库雨水情和大坝安全监测平台建设。充分利用卫星遥感、无人机等现代化技术，加快构建水利工程"天空地水工"一体化全天候动态监控体系，显著提升水库监测预警能力。汛期，通过强化水库监测信息的汇集应用，实时准确掌握水库雨水情情况，全面感知工程安全态势，研判风险隐患，对工程安全问题及时预警，科学支撑水利工程安全运行。

三是守牢底线、化解风险，全面加强水库库容安全监管。水利部坚决守好水库库容安全底线，印发《关于加强水库库容管理的指导意见》，开展水库库容安全管理专项行动，汛前组织完成承担防洪任务的3570座大中型水库库容曲线复核，对侵占水库库容、分割库区水面以及阻塞溢洪道等行为持续排查，坚决整治，对库区各类违法违规问题绝不容忍，全力保障水库库容安全。

四是加强维养、及时消险，切实强化水库大坝全生命周期管理。"十四五"以来，积极落实小型水库维修养护中央补助资金，确保维养措施落实到位，保障水库正常运行。病险水库是防汛工作的薄弱环节和短板，2024年完成水库大坝安全鉴定3774座，实施完成病险水库除险加固3853座。汛期对尚未完成除险加固的病险水库，严格执行"病险水库主汛期原则上一律空库运行"的规定。对病险严重、除险加固经济技术不合理的水库，科学实施降等或报废处置，强化全生命周期管理。

五是以汛为令、闻汛而动，确保水库巡查抢险响应迅速有力。密切关注各地水库汛情险情情况，通过现场帮扶、视频连线、短信微信等多种方式，加强业务指导，帮助地方提高水库安全度汛科学决策能力。组织指导各地提前预置应急抢险力量和抢险物资，确保汛期尤其是暴雨洪水过程中，险情能够及时、有效得到处置。

水利部将深入贯彻落实习近平总书记关于水库安全的重要指示批示精神，准确把握水库安全度汛形势和任务，坚持问题导向、目标导向，全面检视盘点，固底板、补短板、锻长板，扎实做好水库安全运行各项工作，全面提升水库安全管理和风险管控能力，为2025年水库安全度汛打下坚实基础。

曹　伟　蒋有雷　执笔
张文洁　王　健　审核

水利基础设施篇

水利建设投资连续 3 年超万亿
水利基础设施建设扎实推进

水利部规划计划司

习近平总书记指出，大涝大灾之后，务必大建大治，大幅度提高水利设施、防汛设施水平。党的二十届三中全会明确要求，健全重大水利工程建设、运行、管理机制。2024 年《政府工作报告》提出，从 2024 年开始拟连续几年发行超长期特别国债，专项用于国家重大战略实施和重点领域安全能力建设，将水利作为重点支持领域。

2024 年是习近平总书记发表保障国家水安全重要讲话 10 周年，习近平总书记对水利工作作出一系列重要讲话指示批示，专门对推动水利高质量发展、保障我国水安全提出明确要求。水利部门坚持以习近平新时代中国特色社会主义思想为指导，深入贯彻党的二十大和二十届二中、三中全会精神，积极践行习近平总书记"节水优先、空间均衡、系统治理、两手发力"治水思路和关于治水重要论述精神，认真落实党中央、国务院决策部署，围绕《国家水网建设规划纲要》目标任务，聚焦水利高质量发展，以进一步全面深化水利改革为动力，健全水利规划和重大项目前期工作推进机制，努力拓宽水利投融资渠道，推动 41 项重大水利工程开工建设，编制完成一批重大水利规划，首单水利基础设施 REITs 上市发行，全国水利建设完成投资 13529 亿元，创历史新高，自 2022 年以来完成投资连续 3 年超万亿元，为推动经济回升向好作出积极贡献。

一是全面部署推动。1 月，水利部召开全国水利工作会议，对加强水利基础设施建设作出安排部署。水利部部长李国英主持召开加快推进国家水网建设工作领导小组全体会议等，研究部署水利基础设施建设工作，细化任务措施。

二是深入调研指导。部领导多次赴水利工程建设现场，实地查看项目建设进展，指导地方和项目法人加强工程质量、安全生产、资金使用管理，全力做好工程项目实施，尽快形成实物工作量，充分发挥水利建设投资效益。

三是加强前期论证。进一步完善项目前期工作质量保障、项目审查审批、项目批复内容实施管理等机制，高质量推进项目前期工作。聚焦全局性、战略性重大水利工程，逐项制定推进计划，实行周报制度，强化节点控制，加强沟通协调，及时解决重大问题，推动工程尽早开工建设。

四是抓好投资落实。会同有关部门和地方，积极利用增发国债、超长期特别国债、地方政府专项债券、金融信贷加大水利投入，全力推动水利基础设施投资信托基金（REITs）实现"零"的突破，吸引更多社会资本参与水利基础设施建设运营，有力支撑水利建设投资连续3年迈上万亿元大台阶。

五是强化跟踪调度。充分发挥水利基础设施建设调度会商机制作用，累计开展22次调度会商，加强分析研判，推动解决前期工作、要素保障、建设进度、资金落实等堵点难点问题，加强工程建设管理，在确保工程质量和安全的前提下，加快项目建设进度。

在各级水利部门的共同努力下，2024年水利基础设施建设成效显著。

一是水利建设完成投资历史性达到13529亿元。在增发国债、超长期特别国债带动下，全国水利建设完成投资在2023年高基数基础上，实现同比增长12.8%。其中，河北省、广东省完成投资超过1000亿元，浙江、山东、湖北、安徽、湖南、江西、江苏、四川8个省份完成投资超过600亿元。

二是水利基础设施建设规模创新高。全国实施水利项目4.7万个，同比增长14.5%。黄河古贤水利枢纽、海河流域蓄滞洪区、海南昌化江水资源配置等41项重大水利工程开工建设。珠江三角洲水资源配置工程全线通水，南水北调中线引江补汉、淮河入海水道二期等一批在建工程加快实施。全国实施3853座水库除险加固，开展1342处灌区现代化建设与改造，完成2.3万处农村供水工程建设，提升1.1亿农村人口供水保障水平，全国农村自来水普及率达到94%。全国新增水土流失治理面积6.4万 km² 以上。

三是水利投融资改革取得新突破。在加大政府投入的同时，积极利用金融支持政策，创新政府和社会资本合作多种模式，多渠道筹集水利建设资金。利用地方政府专项债券、银行贷款、社会资本3302亿元；11月8日，全国首单水利基础设施REITs（浙江汤浦水库REITs）上市发行，打造了拓宽水利长期资金筹措渠道的新型权益融资工具；陕西省延安市、江西省上犹市、宁夏回族自治区彭阳市、广西壮族自治区灵川县等开展水土保持碳汇交易77万t。

四是水利建设稳就业作用持续发挥。水利项目开工数量多、吸纳就业能力强，大规模水利建设直接提供了大量就业岗位。全年水利建设吸纳就业315万人、同比增长14.9%，发放工资664亿元、同比增长16.9%。其中，吸纳农村劳动力259万人、同比增长17.5%，发放工资523亿元、同比增长21.6%，实现吸纳就业人数和工资收入双增长。

2025年是"十四五"规划的收官之年，是为"十五五"开局打下良好基础的关键之年。水利系统将统筹高质量发展和高水平安全，统筹高质量发展和高水平保护，坚持习近平总书记治水思路，坚持问题导向，坚持底线思维，坚持预防为主，坚持系统观念，坚持创新发展，以进一步全面深化水利改革为动力，超前谋划"十五五"水安全保障的总体思路和目标任务，加快推进安全韧性现代化水网建设，进一步提升水旱灾害防御能力、水资源节约集约利用能力、水资源优化配置能力、江河湖泊生态保护治理能力，为推动水利高质量发展、保障我国水安全作出新的贡献。

袁　浩　郭东阳　韩沂桦　朱丽姗　执笔

谢义彬　审核

专栏 18

黄河古贤水利枢纽工程开工建设

水利部水利工程建设司

黄河古贤水利枢纽工程是保护治理黄河的关键控制性工程，是习近平总书记亲自部署、亲自推动的重大战略工程，要求建成黄河流域水利枢纽新标杆。《国家水网建设规划纲要》将其作为国家水网重大调蓄结点工程，并先后列入《黄河流域综合规划》和国家172项、150项重大水利工程，是《中华人民共和国国民经济和社会发展第十四个五年规划和2035年远景目标纲要》确定的102项重大工程之一。

黄河古贤水利枢纽工程位于陕西、山西两省交界的黄河干流上，控制流域面积48.99万km^2和黄河73%的水量、60%的沙量，是黄河水沙调控体系中的7座控制性骨干工程之一，开发任务为：以防洪减淤、水资源调蓄为主，兼顾供水、灌溉和发电等综合利用，并为下游补水和增加河道外用水创造条件。工程等别Ⅰ等，工程规模为大（1）型。工程主要由混凝土重力坝、溢流表孔、泄洪中孔、排沙底孔、下游消能设施、发电引水进口、引水钢管及坝后电站厂房、两岸坝身供水取水口、左右岸预留供水隧洞、下游护岸和挡土墙等建筑物组成。

历经70年论证，黄河古贤水利枢纽工程于2024年6月28日开工，7月9日召开了建设动员大会，标志着工程正式进入实施阶段。工程建成后，将发挥巨大的综合效益。

一是确保河床长期不抬高，保障防洪安全。黄河古贤水利枢纽工程距小浪底水库约450 km，具有库容大、距离小浪底近的独特优势，与小浪底水库联合运用，增强调水调沙的后续动力，提高小浪底水库排沙效率和下游河道输沙效率，实现"1+1>2"的效果，确保下游河床长期不抬高。同时，冲刷降低中游潼关河段河床，实现渭河下游溯源冲刷，保障西安市和关中平原等地的防洪安全。

二是增强水资源调蓄能力，维护黄河健康生命。黄河古贤水利枢纽工程作为国家水网的重要结点工程，可有效调节径流过程，显著增强流域水资源统筹调配能力、供水保障能力和战略储备能力，保障流域和黄淮海平原的用水安全。通过工程联合调度，为中下游提供安全可靠的生态水量，提升黄河下游、河口三角洲地区生物多样性和生态系统稳定性。同时，通过置换灌区用水，改善汾河、北洛河等支流生态状况，逐步实现地下水压采平衡。

三是推动区域高质量发展，增进民生福祉。黄河古贤水利枢纽工程通过集中从库区取水替代沿河分散提水，将山西省大部分供水区、陕西省泾东渭北供水区由提水变为自流，大幅提升两省水资源保障水平，提高供水区粮食生产能力；同时，合理开发黄河水能资源，促进二氧化碳减排，为实现"双碳"目标作出积极贡献。

水利部将全面贯彻党中央、国务院决策部署，高标准推进古贤水利枢纽建设，建成民心工程、优质工程、廉洁工程，打造黄河流域水利枢纽新标杆，为黄河流域生态保护和高质量发展提供坚实的水安全保障。

张　昕　执笔
刘远新　审核

专栏 19

珠江三角洲水资源配置工程全线通水

水利部水利工程建设司

珠江三角洲水资源配置工程是国务院确定的全国 172 项节水供水重大水利工程中的标志性项目，是纳入《国家水网建设规划纲要》《中华人民共和国国民经济和社会发展第十四个五年规划和 2035 年远景目标纲要》《粤港澳大湾区发展规划纲要》的国家重大水利工程与国家水网骨干工程，是广东省"五纵五横"水资源配置骨干网络的重要组成部分，是保障粤港澳大湾区供水安全、为香港等地提供"双水源"保障、助力广东省在高质量发展和中国式现代化建设中走在前列的重要民生工程与水利基础设施。

珠江三角洲水资源配置工程由一条干线、两条分干线、一条支线、三座泵站和四座调蓄水库组成，工程输水线路全长 113.2 km，总投资约 354 亿元，建设总工期为 60 个月；设计年供水量 17.08 亿 m³，其中广州市 5.31 亿 m³、东莞市 3.30 亿 m³、深圳市 8.47 亿 m³。

该工程西起广东省佛山市顺德区西江干流鲤鱼洲，东至深圳市公明水库，沿途输水至广州市高新沙水库、东莞市松木山水库及深圳市罗田水库，主要以地下深埋盾构方式穿越粤港澳大湾区核心城市群，穿越高铁 4 处、地铁 8 处、高速公路 12 处、江河湖海 16 处，为地铁、通信、电力、管廊等市政建设预留浅层地下空间。但由此带来了工程设计、建设、运营等方面诸多世界级难题，如长距离深埋盾构施工、高水压衬砌施工组织、宽扬程变速水泵研发、长距离深埋管道检修、跨行业密集交叉穿越、超大量盾构渣土处理、短时限征地移民搬迁、全过程生态智慧管控等。

该工程于 2019 年全面开工，2020 年全面始发，2021 年全面掘进，加快推进剩余内衬施工、机组安装、通水调试等工作，全力攻坚通水目标。工程 37 座工作井的开挖、48 台盾构机施工、154 km 隧洞掘进均已完成，全线150 km钢管内衬与预应力内衬施工任务也已全部完成。珠三角水资源配置工程于2023年全面贯通后，2024年年初实现全线通水，推动广东省乃至全国水网建设迈上新台阶。

工程全线通水后，可有效解决广州市、深圳市、东莞市的水资源问题，为香港特别行政区以及广州市番禺区、佛山市顺德区等提供应急备用水源，解决挤占东江流域生态用水问题，惠及约3200万人。

张　昕　执笔
刘远新　审核

加快形成互联互通的国家水网体系

水利部规划计划司

2024年，水利部门深入贯彻党的二十大和二十届二中、三中全会精神，积极践行习近平总书记治水思路和关于治水重要论述精神，认真落实《国家水网建设规划纲要》，锚定"系统完备、安全可靠，集约高效、绿色智能，循环通畅、调控有序"目标要求，扎实推进国家水网建设，全力推动水利高质量发展、保障我国水安全。

一、加快完善国家水网主骨架和大动脉

深入贯彻落实习近平总书记关于南水北调后续工程高质量发展重要讲话指示批示精神，认真落实党中央、国务院部署，积极推进南水北调后续工程高质量发展。一是加快推进南水北调总体规划修编工作，准确把握东线、中线、西线3条线路的各自特点，对南水北调工程总体规划进行优化调整，形成总体规划修编报告。二是加快推进后续工程前期工作，西线先期实施工程可研全面启动，东线二期可研深化论证。三是高质量建设中线引江补汉工程，加强工程建设督促指导，工程进入全面施工阶段，12月首台TBM"江汉先锋号"掘进始发，超计划完成年度建设目标，工程质量安全可控。四是东中线一期工程"三个安全"不断巩固，精准实施水量调度，全面通水10年来累计调水771.6亿 m^3，水质稳定达标。五是推进东线江苏段工程管理体制理顺取得历史性突破，中线实现跨省市用水权交易第一单。

二、加快推进骨干输排水通道建设

立足流域整体和水资源空间均衡，合理布局建设一批重大水资源配置工程，全面增强水资源总体调配能力。珠江三角洲水资源配置工程全线通

水，将有效解决广州市、深圳市、东莞市水资源问题，为香港特别行政区等地提供应急备用水源，惠及约3200万人。青海引大济湟、甘肃引洮供水二期、引江济淮（河南段）等工程逐步发挥效益。环北部湾广东水资源配置、环北部湾广西水资源配置、引江济淮二期、引汉济渭二期、黑龙江粮食产能提升、吉林水网骨干工程等一批重大引调水工程加快实施。重庆渝西水资源配置工程东干线全线贯通，将稳定解决渝西部分地区约240万人的用水问题。海南昌化江水资源配置、青海柴达木盆地水资源配置一期等重大工程开工建设。

三、加快实施国家水网重要结点工程

加快推进控制性调蓄工程和重点水源建设，提升国家和区域水网水资源调控能力。新时代保护治理黄河的标志性重大工程——黄河古贤水利枢纽，广西长塘、贵州花滩子、山东太平等一批重要结点工程，以及江西峡江、湖南梅山等7处大型灌区开工建设。黑河黄藏寺、江西花桥、内蒙古东台子等水库下闸蓄水，西藏湘河水利枢纽全面建成投产。安徽凤凰山、福建白濑、新疆库尔干等一批控制性枢纽加快实施。加快广西下六甲、四川向家坝等灌区建设，实施1300多处灌区现代化建设与改造，将新增恢复改善灌溉面积约7000万亩。大力推进黑山峡、重庆福寿岩等水库前期工作。

四、统筹推进省市县级水网规划建设

31个省级水网建设规划全部批复实施；印发《市县水网建设规划编制技术要点（试行）》，指导各地科学系统谋划市县水网布局，98%市级、86%县级水网建设规划编制完成，其中17个省份全面完成市县级水网规划编制。高质量建设水网先导区，确定第三批省级、第二批市级和县级水网先导区名单，加强先导区建设跟踪指导和督促，及时总结经验做法。在浙江省宁波市召开加快市级水网建设现场推进会，交流推广典型经验。

推动农村供水高质量发展，全面推进农村供水"3+1"标准化建设和管护模式，优先推进城乡供水一体化、集中供水规模化建设，因地制宜实施小型供水工程规范化建设，推进农村供水县域统管，实施专业化管理。全年完成2.3万多处农村供水工程，提升1.1亿多农村人口供水保障水平，全国农村自来水普及率达94%。

五、大力推进数字孪生水网建设

围绕国家水网安全运行和联合调度，积极推进"国家水网一张图"建设。数字孪生南水北调中线一期1.0建成，有效保障了南水北调供水安全、水质安全、工程安全。开展第一批数字孪生调水工程建设，印发《数字孪生调水工程建设技术导则（试行）》，指导推进数字孪生调水工程建设。浙江省、山东省等省级水网先导区数字孪生水网，以及宁波市、富平县等一批市县级数字孪生水网建成投用，引领带动数字孪生水网建设。加快推进国家数字孪生骨干水网建设，编制《国家数字孪生骨干水网实施方案》。修订发布《调水工程设计导则》，组织编制完成《水利水电工程数字孪生设计导则》。

六、健全建设运行管理机制

贯彻落实党的二十届三中全会关于健全重大水利工程建设、运行、管理机制的要求，强化水网工程建设运行管理，确保工程质量和运行安全，加强水网统一调度和水工程联合调度，发挥水网综合效益。一是强化国家水网重要结点工程规划建设和调度运行管理，认定并公布第一批100项国家水网重要结点工程。二是建构现代化水库运行管理矩阵，全国8000余座水库已开展矩阵建设，基本建成全国矩阵平台，有力提升水库精准化、信息化、现代化管理水平。三是加强水网工程建设管理，强化工程建设全链条质量管理，印发《水利工程质量事故处理规定》，规范水利工程质量事故处理。四是印发实施《水利工程白蚁等害堤动物防治工作实施方案（2024—2030年）》，协调落实防治经费，指导各地各流域常态化推进白蚁等害堤动物防治工作。五是深化水网建设投融资机制改革，推动全国首单水利基础设施投资信托基金——浙江汤浦水库REITs发行上市，创新"节水贷""取水贷"等绿色金融模式，多渠道筹措水网建设资金。

2025年，将进一步加快构建国家水网工程体系，全面建设安全韧性现代水网，为推动水利高质量发展、保障我国水安全作出新的贡献。

袁　浩　郭东阳　韩沂桦　梁　栋　执笔
谢义彬　审核

> 链接

福建省泉州市：
加快构建"两江两翼、五连五枢"水网格局

2024年7月，福建省泉州市成功入选全国第二批市级水网先导区，标志着泉州市水网建设迈上新台阶。

泉州市水网先导区建设规划总投资200亿元，围绕现代化水网目标，建设内容包括防洪减灾、水资源配置和供水保障、河湖生态保护治理、数字孪生水网工程等四大类162个子项目。泉州市水网先导区建设以晋江、洛阳江干流，七库连通、闽江北水南调和闽西南水资源配置为"纲"；以区域水资源工程、世界遗产宋元古城联排联调和河湖水系连通、中小河流综合治理为"目"；以骨干大中型水库、水闸等控制性工程为"结"，同步建设数字孪生水网，打造"两江两翼、五连五枢"的水网总体布局。

泉州水网是福建水网的重要组成部分，既是省级水网规划布局"连接两岸"的先行区，也是"北水南调、西水东济"的主要受水区，还是"三纵八横、三区两带"的主要载体。泉州水网作为海峡两岸融合发展实施闽台供水的关键通道，已建成金门供水工程，累计输送原水超3400万t。目前正在实施的金门供水水源保障工程，着力构建"双水源、双线路、多调节"供水格局，进一步提升金门供水安全保障水平。

作为典型的东南沿海缺水地区，泉州市将"水"置于战略全局，2011年起规划建设七库连通工程，加快推进白濑水库建设，水网脉络初步形成。积极融入国家东南区域水网，实施闽西南水资源配置工程、闽江北水南调工程，将汀江、九龙江、闽江、晋江等四大水系连通联网。

泉州市将通过水网先导区建设，力争构建高水平安全保障，基本形成"三库两闸、七库连通"的水资源配置格局。主要城区基本实现双水源双通道供水，供水安全系数超过1.15；完成城乡供水一体化建设，打通水网"最后一公里"；筑牢提升流域防洪保障网，3级及以上堤防达标率为91%。协同发展水暖等节水产业，融入文旅经济、石化产业、新型电力等产业转型升级；幸福河湖建设全面提速，国控、省控断面Ⅰ—Ⅲ类水质比例实现100%。按照"市级建平台、县级建感知、工程单位建孪生"的总体思路，编制完成泉州市数字孪生水网规划，初步建成泉州智慧水利平台，加快推进七库连通等重点工程的数字孪生项目。

何菁锦　执笔

石珊珊　李海川　审核

用好增发国债和超长期特别国债加速推进灾后恢复重建

水利部规划计划司

2024年，水利部深入学习贯彻习近平总书记关于京津冀灾后恢复重建的重要讲话指示批示精神，认真落实党中央、国务院决策部署，组织水利部海河水利委员会及京津冀等地水利部门，抓紧开展《海河流域防洪规划》修编，落实《以京津冀为重点的华北地区灾后恢复重建提升防灾减灾能力规划》《加快完善海河流域防洪体系实施方案》，加快推进水利设施灾后恢复重建，系统提升流域防洪减灾能力。

一是积极争取落实资金。商国家发展改革委，落实海河流域、松辽流域灾后恢复重建增发国债、超长期特别国债资金超2000亿元，支持水毁水利设施修复，以及水库建设、病险水库水闸除险加固、河道治理、堤防加固、蓄滞洪区建设、南水北调中线防洪影响处理、山洪沟治理、水文基础设施、数字孪生水利等类型的900余个项目实施。

二是抓好国债项目组织实施。强化调度会商，督促指导有关地方细化项目资金管理办法，组建工作专班，建立项目台账，协调解决配套资金、要素保障等难点问题，上下协同，分类做好项目前期工作、工程开工、建设管理、投资计划执行、工程质量安全、资金使用等全流程、全链条管理，确保水利项目建设进度符合要求。增发国债和超长期特别国债安排的920个水利项目全面实施，进展顺利。

三是完善流域防洪减灾体系。2024年6月底前，海河、松辽流域有关地方完成承担防洪任务的水毁水利设施恢复重建，确保2024年安全度汛。开工建设河北青山水库、娄里水库、乌拉哈达水库，以及北京钻子岭水库和洪水控制性工程，实施永定河干流、北运河、潮白河、子牙新河等21条骨干河道系统治理，推进东淀、文安洼、贾口洼、兰沟洼、小清河分洪区、献县泛区等23处海河流域国家蓄滞洪区建设。加快南水北调中线工程防洪影响处理工程建设，保障"一泓清水永续北上"。开工建设京津冀等省份水文基础设施提升及"三道防线"项目，建成永定河官厅山峡现代化雨水情监测预报体系；支持永定河等数字孪生流域，南水北调、密云水库等数字孪生工程，以及京津冀豫等省（直辖市）数字孪生平台项目建设，大力提升流域治理管理数字化、网络化、智能化水平。

下一步，水利系统将持续加大对地方的指导支持力度，强化跟踪监督，高质量推进灾后恢复重建项目实施，把灾后恢复重建水利各项工程建设成为民心工程、优质工程、廉洁工程。同时结合《加快完善海河流域防洪体系实施方案》，加快推进一批重点项目的前期工作，抢抓超长期特别国债资金政策机遇，争取落实更多投资，完善海河流域防洪工程体系，保障江河安澜。

郭　磊　郑诗豪　执笔
张世伟　审核

构建现代化水库运行管理矩阵
全面提升精准化、信息化、现代化水平

水利部运行管理司

水利系统深入贯彻习近平总书记关于水库安全的重要指示批示精神，落实党的二十届三中全会"健全重大水利工程建设、运行、管理机制"要求，积极构建现代化水库运行管理矩阵，实施水库全覆盖、全要素、全天候、全周期管理，完善体制、机制、法治、责任制管理体系，强化预报、预警、预演、预案措施，加强除险、体检、维护、安全管理工作，全面提升水库运行管理精准化、信息化、现代化水平。

一、工作开展情况

（一）多措并举，高位推动矩阵构建

水利部组建工作专班，强化协同配合，形成工作合力，加强政策宣贯和业务指导，组织各地各单位选取积极性高、代表性强、管理基础好、经费有保障的329座试点水库和65个先行区域，推进先行先试工作。在江苏省宜兴市召开矩阵先行先试推进会议，视频展示全国矩阵平台设计原型，现场观摩5座水库矩阵建设成果，交流先行先试工作经验。及时梳理总结试点水库和先行区域工作进展及成效，组织宣传稿件42篇，通过在水利部官网开设专栏、在《中国水利报》组织专刊、编印专题简报、推送中央媒体等多种渠道，系统宣传矩阵建设有关文件和各地典型经验做法。

（二）积极响应，全国各地有力推进

各地各单位高度重视，将矩阵建设纳入重要工作议事日程，加强组织领导，明确工作要求，压实工作责任，强化要素保障。27个省份成立领导小组或工作专班，29个省份印发矩阵建设文件，22个省份召开专题会议

研究部署矩阵工作，全国8000余座水库开展矩阵建设。各地各单位探索开展各具特色的矩阵数字化应用成果建设，吉林、上海、浙江等9个省（自治区、直辖市），宁波、宜兴、莒县等市（县），以及广东永汉河等流域已基本建成区域矩阵平台；水利部直属的小浪底水库、丹江口水库、万家寨水库、大藤峡水库，北京密云水库，江苏大溪水库、老鸦坝水库、油车水库，浙江周公宅水库、皎口水库等已基本建成数字化应用成果并上线运行，部分成果在2024年防汛工作中发挥重要作用。

（三）数字赋能，初步建成全国平台

依托全国水库运行管理信息系统，集成相关业务系统数据，基本建成了覆盖全国、流域、省、市、县、水库多层级，涵盖"四全""四制（治）""四预""四管"业务的全国矩阵平台，实现对矩阵各项业务的监管、展示、应用。将部分水库和区域矩阵数字化应用成果集成到全国矩阵平台，推进实现数字孪生成果远程调用。构建智能应答助手，实现水库数据智能查询、矩阵功能智能引导、水库预警信息智能呼叫和实时叫应、水库责任人汛期电话智能抽查和履职智能评估。

二、矩阵建设进展

（一）推进"四全"管理

1. 全覆盖。水利部会同司法部、交通运输部、农业农村部、国家能源局、国家林草局等部门共同研究水库安全管理工作，联合印发《关于加强水库大坝安全管理工作的通知》。现有全国范围内水库全部纳入全国矩阵平台监管。

2. 全要素。接入自然资源部社会经济数据，可覆盖全部水库上下游左右岸。50674座水库建立了水库—河流关系，其中10934座水库构建上下游拓扑关系。持续开展数据治理，不断健全完善水库基础信息和管理信息，组织开展重点中小型水库洪水风险图编制，掌握洪水影响区内社会经济信息。

3. 全天候。印发《数字孪生水利"天空地水工"一体化监测感知夯基提能行动（2024—2026年）实施方案》《水库大坝安全监测管理办法》，制定《水利工程安全智能监测技术及设备研发实施方案》，积极推进智能监测技术设备开发应用。指导各地在完善传统安全监测设施基础上，充分利用现代化监测技术，积极构建"天空地水工"一体化监测感知体系。

4. 全周期。推动建立全生命周期数字信息档案，通过全国矩阵平台，实现水库注册登记、调度运用、维修养护、检查监测、安全鉴定、除险加固、应急管理、降等报废等全过程信息动态管理；完善项目前期工作、施工建设、竣工验收等全周期数据，推进共享水库工程建设信息。

（二）完善"四制（治）"体系

1. 体制。持续深化水库管理体制改革，明晰水库安全管理主体责任。以明晰产权、赋权释能为核心，会同自然资源部积极推进水库不动产登记试点，9个试点地区1200座水库完成不动产登记颁证。

2. 机制。稳定管护经费投入渠道，健全完善水库大坝注册登记、安全鉴定、维修养护、除险加固、降等报废等运行管理常态化工作机制，加强日常管理，确保各项机制落实落地。

3. 法治。大力推进《中华人民共和国水法》《中华人民共和国防洪法》《水库大坝安全管理条例》修订，发布《土石坝安全监测技术规范》《小型水库监测技术规范》《水利工程白蚁防治技术规程》，研究编制《水库大坝加固设计导则》《水库清淤技术规范》《水库大坝安全智能监测技术导则》等标准。

4. 责任制。公布744座大型水库大坝安全责任人，地方分级公布中小型水库大坝安全责任人；全面落实并培训小型水库防汛"三个责任人"17.4万人，汛期通过电话抽查13100座水库责任人履职情况。

（三）强化"四预"措施

1. 预报。全年完成17234座小型水库雨水情测报、19569座大坝安全监测设施、425座大中型水库大坝安全监测设施建设，完成部级水库雨水情和大坝安全监测平台建设。加快构建雨水情测报"三道防线"，指导各地推进新建水库等水利工程将"三道防线"纳入工程建设内容。

2. 预警。根据预报信息和预演成果将水库雨水情、工情预警提醒信息及时直达水库一线、直达责任人。实现卫星云图和测雨雷达强降雨预警，提升及时发布预警信息能力。指导地方各级水行政主管部门和水库管理单位密切关注水库汛情险情，及时报送并发布预警信息。

3. 预演。全国矩阵平台开发水库通用预演功能，整合应用入库预报、水库调度、大坝溃决、洪水淹没等多种模型，实现预报—调度、预报—溃决、预报—调度—淹没等多种模式洪水全过程预演。全国2769座水库开发预演模块或接入数字孪生成果，实现预演功能。

4. 预案。汛前督促指导各地逐库完善调度规程（方案）和应急预案，不断提升科学性、针对性和可操作性。强化实战演练，预置队伍、料物、装备，落实应急处置措施，提升突发事件应对能力。

（四）加强"四管"工作

1. 除险。压茬推进水库除险加固，全年完成3853座水库除险加固；联合国家发展改革委印发《全国病险水库除险加固实施方案（2025—2027年）》。健全水库退出机制，实施364座水库降等报废。

2. 体检。规范开展水库巡视检查、监测检测、隐患排查、安全鉴定。常态化开展水库到期"体检"，全年完成3774座水库大坝安全鉴定，及时准确掌握大坝安全性态。组织实施"高坝深埋病害精准诊断与可视化除险技术装备"等研究项目。

3. 维护。安排小型水库维修养护中央补助资金26亿元，带动地方财政资金投入10.5亿元，常态化开展维修养护。积极推进白蚁等害堤动物防治，印发技术指南和定额标准。

4. 安全。汛前组织完成承担防洪任务的3570座大中型水库库容曲线复核。加强水库巡查防守和险情处置，落实超标准洪水防御措施，强化病险水库安全度汛，主汛期原则上一律空库运行，严防垮坝事件发生。落实六项机制，严格管控水库安全生产风险，保障水库安全运行。

三、下一步工作重点

水利部将持续完善全国矩阵平台，及时总结矩阵建设可复制、可推广的路径和经验，充分发挥典型引领作用，在全国范围内全面推进矩阵建设,推动水库运行管理体系建构完善、要素优化配置、机制协同集成、技术迭代创新,推进水库运行管理体系和能力现代化,坚决守住守牢水库安全底线,充分发挥水库作用和效益。

郭健玮 韩 涵 王 成 执笔
张文洁 王 健 审核

专栏 20

全面推进水利工程运行管理信息化建设

水利部运行管理司

2024年，水利系统深入贯彻习近平总书记关于网络强国的重要思想，综合采取完善水利工程运行管理信息系统、提升水利工程数据质量和强化监测感知能力建设等措施，全面提升水利工程运行管理数字化、网络化、智能化水平。

一是完善水利工程运行管理信息系统。持续优化完善全国水库运行管理信息系统，增加水库库容曲线复核、大中型水库安全监测调查、除险加固项目申报等模块。完成具有防洪任务的水库管理范围划界上图12441座，水库保护范围划界上图11793座，组织完成承担防洪任务的3570座大中型水库库容曲线复核并全部入库。开发上线全国堤防、水闸运行管理信息系统，不断推进注册登记（信息登记）、检查监测、防汛管理、安全管理等业务模块功能完善；开发堤防水闸数据核对模块，并开展试点地区测试，及时修正核对流程，优化操作方式和模块功能。

二是提升水利工程数据质量。持续组织开展水库、堤防、水闸基础数据治理，对水库数据质量问题治理工作进行全面部署，持续提升数据质量。开展全国堤防和水闸系统注册、底数和空间位置数据核对工作。通过集中培训、现场指导、线上答疑直播、专人电话答疑等方式，推动数据核对有序进行。考虑现代化运行管理和防汛等工作需要，组织提出堤防水闸防汛关键信息补充方案，并广泛征求意见，确定补充特征水位、关键断面高程、历史出险情况、工程周边视频点信息、安全监测设施布置情况、穿（跨）堤建筑物等关键信息，推进工程信息补充完善。

三是强化水利工程监测感知能力建设。制定印发《水利部关于推进水库、水闸、蓄滞洪区运行管理数字孪生的指导意见》《水库大坝安全监测管理办法》，发布《小型水库监测技术规范》《土石坝安全监测技术规范》《水库大坝隐患探测技术规程》。大力推进监测设施建设，2023年地方政府一般债券安排实施的8623座小型水库雨水情测报设施和8706座大坝安全监测设施2024年汛前全部建成并投入使用。增发国债项目的8611座小型水库雨水情测报设施、10863座大坝安全监测设施、425座大中型水库安全监测设施全部建成并投入使用。组织编制"十五五"大中型水库大坝安全监测实施方案、"十五五"全国重要堤防安全监测实施方案、"十五五"全国大中型水闸安全监测实施方案。

2025年，水利系统将进一步推进水利工程运行管理信息化建设，优化迭代系统功能，建立完善数据质量治理常态化机制，持续开展水库、堤防、水闸数据治理，全面完成"十四五"小型水库雨水情和大坝安全监测设施建设任务，提升水利工程信息化管理水平。

韩　涵　聂　鼎　张　栋　执笔
司毅军　王　健　审核

专栏 21

推进水利工程管理与保护范围划定

水利部运行管理司

水利工程管理与保护范围划定是依法保护水利工程的重要措施，依法依规加快推进水库、水闸、堤防等水利工程管理与保护范围划定工作，建立范围明确、权属清晰、责任落实的水利工程管理保护责任体系，是工程安全运行和发挥效益的重要保障。

为推动水利工程运行管理高质量发展，水利部按照"十四五"全部完成水利行业管理的水库、水闸、堤防等国有水利工程管理与保护范围划定任务的要求，制定《"十四五"水利工程管理与保护范围划定实施方案》，印发《关于做好2024年度水利工程管理与保护范围划定的通知》，指导各地建立工作台账，对待划定的水利工程逐个落实进度计划。采取电话跟踪、视频连线、现场指导、数据库在线复核等方式对工作进展、工作质量进行全链条监督管理，督促指导各地依法依规实施划定工作。各地按照水利部部署和明确的工作流程，分工程类别确定测量、制图、设立界桩和标识牌，通过通知公告、网站、电视、报纸等多种形式向社会公告划界成果，并在堤防水闸基础信息数据库上传批复文件或公告文件等证明材料，更新工程划界信息。

2024年，超额完成年度划定任务，"十四五"总任务完成85%以上，16个省份提前完成"十四五"划定任务。

张　栋　执笔
司毅军　审核

加强病险水库除险加固

水利部运行管理司

2024年，水利部门坚持以习近平新时代中国特色社会主义思想为指导，深入学习领会党的二十大和二十届二中、三中全会精神，以习近平总书记关于治水重要论述精神为指引，认真贯彻落实《国务院办公厅关于切实加强水库除险加固和运行管护工作的通知》，积极协调国家发展改革委、财政部落实资金，有序实施病险水库除险加固，确保现有水库安然无恙，全年水库无一垮坝。

一、加强险情识别，常态开展水库大坝安全鉴定

指导地方严格按照《水库大坝安全鉴定办法》要求，继续全面开展水库大坝安全鉴定工作，并指导对遭遇特大洪水、强烈地震、工程发生重大事故或者出现影响安全等异常现象的水库，组织专门安全鉴定。完善水库大坝安全鉴定常态化工作机制，滚动推进水库大坝安全鉴定有序实施，水库安全鉴定信息及时纳入全国水库大坝运行管理信息系统统一管理，动态管控安全风险。2024年完成水库大坝安全鉴定3774座。"十四五"以来，累计完成水库大坝安全鉴定41594座，及时准确掌握水库安全状况，为开展病险水库除险加固提供有力支撑。

二、筑牢安全底线，全面有序实施病险水库除险加固

（一）落实属地管理责任

坚持人民至上、生命至上，锚定"人员不伤亡、水库不垮坝、重要堤防不决口、重要基础设施不受冲击"目标，统筹高质量发展和高水平安全，指导地方不断完善"省负总责、市县抓落实"的病险水库除险加固和运行管护责任体系。各流域管理机构按任务分工，指导地方优化项目组织

实施、加强质量安全和工程验收监管。地方各级水行政主管部门上下联动，夯实属地管理责任，完善责任体系，加快项目建设、严格过程管理、强化质量安全监管，扎实有序推进项目实施，持续抓好病险水库除险加固相关工作。

（二）多渠道落实资金支持

积极协调国家发展改革委、财政部，落实增发国债、2024年中央预算内投资和中央财政水利发展资金、2025年提前批中央预算内投资等中央资金298.4亿元，支持病险水库除险加固。指导地方切实落实属地管理责任，多渠道筹措资金，强化资金使用管理，加快推进实施。

（三）加快实施病险水库除险加固

指导地方提高项目初步设计审批效率，加快前期工作进度，提高工作质量；优化施工组织方案，加大人员、设备配置；紧盯开工和主体工程完工两个控制性节点，确保按期完成年度任务。

大中型水库除险加固方面：2020年前已鉴定的256座，主体工程完工233座，其中2024年主体工程完工11座。2020年已到安全鉴定期限、经鉴定后新增的312座，主体工程完工163座，其中2024年主体工程完工147座。此外，"十四五"期间按期开展安全鉴定后新增的150座，主体工程完工60座，其中2024年主体工程完工44座。

小型水库除险加固方面：2023年安排实施的3796座、增发国债支持的2906座，主体工程全部完工。2024年中央财政水利发展资金支持的757座，主体工程完工745座、完工率98.4%，计划2025年汛前主体工程全部完工。

（四）严格项目建设管理

不断强化项目建设管理，在全国水库运行管理信息系统中完善除险加固模块，实现水库基础信息数据、除险加固、安全鉴定和降等报废等模块交互，提升除险加固项目管理效率，密切跟踪项目进展。严格执行基本建设程序，落实质量责任，及时研究解决项目建设过程中的重点、难点、堵点问题，全力保障项目建设质量、安全和进度。

(五)紧抓病险水库安全度汛

全面落实水库大坝安全责任人和小型水库防汛"三个责任人",指导地方逐库制定在建工程度汛方案,严格执行病险水库主汛期原则上一律空库运行的要求。强化水库巡查防守和险情抢护,预置抢险料物、队伍、设备,采取设置非常溢洪道等措施,严防垮坝事件发生。

(六)科学妥善实施水库降等报废

强化水利工程全生命周期闭环管理,对病险严重、功能丧失或萎缩、除险加固技术上不可行或经济上不合理的水库,进行降等或报废处置。2024年完成364座水库降等与报废。

三、加强顶层设计,印发除险加固实施方案

10月,水利部联合国家发展改革委印发《全国病险水库除险加固实施方案(2025—2027年)》(以下简称《实施方案》),统筹高质量发展和高水平安全,坚持集中治理与长效机制相结合,确定了2025—2027年病险水库除险加固的工作目标、项目内容、投资安排、建设要求和保障措施,为实现"水库不垮坝"目标、牢牢守住水库安全底线提供了坚实支撑。

《实施方案》提出了病险水库除险加固三年目标任务:2025年年底前完成"十四五"除险加固任务;2027年年底前完成2024年9月前已鉴定为病险水库的除险加固任务;2027年后按照"随病随治"的原则及时解决病险问题。2025—2027年预计共需约350亿元投资,安排实施5000余座病险水库除险加固。水利部将会同国家发展改革委统筹中央预算内投资等资金渠道,支持病险水库除险加固项目,并指导地方落实资金投入责任,多渠道筹措建设资金。

《实施方案》明确了病险水库除险加固建设要求和保障措施。一是持续推进水库大坝安全鉴定常态化。各级水行政主管部门定期组织开展水库大坝安全鉴定,强化安全鉴定成果质量管理,确保真实、准确掌握水库安全状况,为开展除险加固提供有力支撑。二是规范开展除险加固。以水库大坝安全鉴定为依据,针对存在的病险问题,开展加固处理和设施改造,必要时增设泄洪设施,提高水库保坝能力。加强项目建设管理,落实各项

建设管理制度，严格执行项目基本建设程序，严格落实蓄水验收和竣工验收有关规定。三是科学推进水库降等报废。强化水利工程全生命周期闭环管理，对病险严重、功能丧失或萎缩、规模减小、除险加固技术上不可行或经济上不合理的水库，经过充分论证后科学实施降等或报废，及时化解安全风险。四是强化各项保障措施。落实属地管理责任，健全病险水库除险加固长效机制，严格资金管理，强化运行管理，保障安全度汛，加强指导工作，确保实施方案取得实效。

下一步，水利部门将继续不断加强病险水库除险加固工作，及时消除水库大坝安全隐患，全力保障水库运行安全。一是全力推进《实施方案》有序实施，按照"随病随治"的原则，锚定目标任务，细化计划安排，根据工程实际情况增加人员、设备配置，加快项目实施进度，对新鉴定出的病险水库及时除险、不留隐患，确保全面高质量完成年度和"十四五"目标任务。二是积极协调国家发展改革委，持续对符合中央投资政策要求的新增病险水库除险加固项目给予中央预算内投资支持。三是推动地方不断完善病险水库除险加固常态化机制，定期开展安全鉴定、及时做好除险加固、科学实施降等报废，强化水库全生命周期运行管理，切实保障水库安全运行和人民生命财产安全。

曲　璐　尹江珊　李　阳　执笔
张文洁　王　健　审核

专栏 22

推动水利工程白蚁等害堤动物防治工作制度化、专业化、常态化

水利部运行管理司

2024年，水利部认真学习贯彻落实习近平总书记重要批示精神，深入开展调查研究，持续规范和加强白蚁等害堤动物防治工作。

一是推动建立防治工作长效机制。印发《水利工程白蚁等害堤动物防治工作实施方案（2024—2030年）》，确定当前和今后一个时期防治工作目标，落实各地防治责任，明确具体工作任务及完成时限，督促指导各地各流域全面有序开展防治工作。进一步完善白蚁等害堤动物防治经费保障机制，支持各地开展防治工作。

二是颁布白蚁防治行业技术标准。赴浙江、河南、湖北、广东等地专题调研白蚁危害及防治工作情况，充分研究吸收各地意见建议和经验做法，组织编制并发布《水利工程白蚁防治技术规程》，包括蚁情检查与监测、危害等级评定、防治措施、防治施工、环境保护、防治项目验收等内容，体现了注重工程安全、倡导智能检测和绿色防治以及探索应用防治新技术、新设备等要求，为白蚁防治工作提供技术支撑和行业指导。

三是组织白蚁等害堤动物防治情况普查。组织水利部白蚁防治重点实验室开展土栖白蚁分布趋势调查，升级完善"白蚁等害堤动物普查"模块，组织各地各流域对水库和堤防开展防治情况普查，汇总整理普查成果，编制完成《2024年水利工程白蚁等害堤动物防治情况普查报告》。

四是推动防治新技术研发应用。组织水利部白蚁防治重点实验室有序开展白蚁巢穴振动特性、危害机理等基础研究，建设国内首个水利工程白蚁隐患探查技术研发测试平台，申请建立水利部云南楚雄野外观测站，开展堤坝白蚁巢穴声波探测、蚁穴探测定位雷达、智能一体查杀等系列仪器

设备研发和应用，推动利用现代化的技术手段和装备提高防治效率。

五是推动白蚁等害堤动物防治知识普及。组织召开水利工程白蚁防治技术指南宣贯及技术交流会议，交流先进防治技术，总结成熟经验做法。指导各地各流域对基层防治管理和一线从业人员开展全覆盖培训，通过课堂教学、现场观摩等多种方式，提升实操技能和防治技术水平；积极吸纳高校、科研院所、防治机构的专业人才，组建专家库，为防治工作提供技术指导和咨询服务。

下一步，水利部将持续组织开展全国水利工程白蚁等害堤动物危害年度普查，编制水利工程白蚁防治案例汇编；督促指导各地各流域健全综合防治工作体系，全面落实防治责任、经费、人员和工作措施，做好检查排查、危害治理和监测等各项工作，推动防治新技术新装备研发应用。

刘书潭　谢　冬　夏志然　执笔
司毅军　审核

扎实推动三峡工程管理工作高质量发展

水利部三峡工程管理司　水利部宣传教育中心

2024年，水利部深入贯彻党的二十大和二十届三中全会精神，贯彻落实习近平总书记治水思路和关于治水重要论述精神，特别是关于三峡工作的重要指示批示精神，聚焦水利高质量发展目标任务，扎实推动三峡工程管理各项工作取得新的成效。

一、三峡库区危岩崩塌防治持续推进

充分发挥牵头作用，积极协调推动国务院批准印发的《三峡库区危岩崩塌防治工作方案》年度重点任务落实。积极协调财政部提前一年落实规划内地质灾害防治专项资金4亿元，并落实其他费1.5亿元，用于支持威胁三峡库区航道和旅游安全的危岩崩塌等地质灾害防治。3月，组织有关部门、地方和单位在重庆市巫山县召开现场推进会，督促地方摸清地质灾害隐患，建立工作台账，加快工程项目实施，落实监测预警全覆盖。会同自然资源部、交通运输部、应急管理部等相关部门编制印发《三峡库区地质灾害防治规划（2026—2035年）工作大纲》。

二、三峡工程安全运行管理不断加强

一是组织制定《关于加强三峡水库综合管理工作的意见》，完成合法性审查和宏观政策一致性评估后，正式提交国务院办公厅。二是督促相关部门和单位落实《三峡水库库容安全保障工作方案》，组织完成三峡水库库容复核，开展消落期库尾减淤调度和清淤疏浚试点，编制"一坝一案"处置方案，最大程度减轻对防洪库容的影响。严格涉河项目审批，督促水库岸线违规利用等问题整改，有效维护库容安全。三是持续开展三峡工程运行安全综合监测，发布《三峡工程公报2023》。充分发挥泥沙专家组的组织协调和技术咨询作用，编制完成《三峡工程泥沙年度报告（2023）》。四是组织编写《新阶段三峡工程"十大安全"保障分析报告》，开展枢纽工程运行安全年度综合评估，督导枢纽运行管理单位针对问题抓好整改落实。

三、三峡水运新通道前期工作顺利推进

充分履行三峡水运新通道项目推进组副组长单位职责，落实行业管理和初审把关责任。积极推动可行性研究前期相关工作，协调项目业主、设计单位推进可研报告编制，组织完成移民搬迁、环境影响评价、航道通航条件影响评价等相关要件办理。组织水利部水利水电规划设计总院（以下简称水规总院）对工程总布置和施工总布置研究报告、可研报告（规划部分）进行技术审查，审核意见和可研报告相关支撑意见报送国家发展改革委。组织有关部门和单位开展现场调度，积极协调湖北省人民政府发布"停建令"。组织水规总院开展建设征地移民安置规划大纲审查和规划报告审核，联合湖北省人民政府批复移民安置规划大纲，督促湖北省水利厅批复移民安置规划。

四、三峡后续工作年度任务圆满完成

积极协调财政部安排三峡后续专项资金110.8亿元，落实481个项目，2024年度项目全部开工，完成专项投资102.5亿元，投资完成率达到92.5%，超过年度目标要求。一是严格事前审核。会同国家发展改革委、财政部组织制订年度计划。组织有关单位对项目前期工作、涉河项目审批、绩效目标等开展绩效审核，运用绩效评价结果，体现"奖优罚劣"工作导向，提升项目前期工作质量。二是强化事中管理。建立项目台账，采取第三方监测、现场调研、视频调度等方式，及时了解项目开工投资完成情况，督促地方加快项目实施进度，保障工程质量与安全。三是开展事后评价。组织开展2023年度重大水利工程建设基金绩效评价，对2023年度三峡后续工作项目开展内部审计调查，对内审调查发现问题未完成整改的项目开展跟踪监测，组织开展重大项目后评价，督促各地强化责任担当，

加强问题整改,努力达到绩效目标。

五、数字孪生三峡建设提档升级

指导加快数字孪生三峡2.0版建设。一是强化统筹协调。站在"工程+流域"全局,制定2024年数字孪生三峡任务工作台账,明确目标任务、责任分工、主要成果、完成时限4张清单,按月调度、压茬推进。二是加快标准化建设。三峡工程数字资产共建共享管理办法、数据汇集标准、集成技术规范等5项标准规范已全部完成初稿并在项目建设中试行,数字孪生三峡标准体系初步构建。三是突出业务应用。引导用户全过程参与,提前5天预报长江2024年1号、2号洪水,向中下游沿江省份发布堤防超警长度约2430km,发布101个洲滩民垸预警信息,实现消落区库尾冲刷泥沙390余万m^3。四是组织协调提升工程立项。组织编制《数字孪生三峡提升专项工作实施方案》,通过财政部事前评估。协调水利部长江水利委员会和中国长江三峡集团有限公司(以下简称三峡集团)深度合作,积极推动三峡水利卫星发射前期工作。

六、长效扶持机制研究取得阶段性成果

一是完成三峡后续工作规划实施阶段性评估。系统分析项目实施和资金安排、目标任务完成情况和实施成效,研判存在的问题和面临的新形势新要求。二是组织完成需求分析报告。编制完成促进三峡工程安全运行和扶持库区高质量发展需求分析报告(2026—2035年),提出需要支持事项。三是积极开展政策梳理。认真梳理三峡后续专项政策到期后,从国家战略、行业政策、专项政策三个维度,研究三峡后续专项政策的不可替代作用。四是完成长效扶持机制研究报告。商沿江4个省(直辖市)以及国家发展改革委、财政部等14个部门和单位,组织完成《关于促进三峡工程安全运行和移民融合发展长效机制的研究报告》。在上述工作的基础上,初步形成呈报国务院领导的建议报告。

七、三峡工程宣传工作成效显著

聚焦三峡工程开工建设30周年主题主线,宣传"国之重器"巨大综

合效益，讲好三峡故事。组织中央主要媒体和水利行业媒体，深入开展主题采访，在《人民日报》等央媒刊发原创性稿件100余篇。会同三峡集团举办"致敬三峡"主题摄影展，在现场、官网和微信公众号开展线下或网络展览，参观人数和点击量超50万人（次）。在央视总台8个频道中、英文播出《中国三峡 人水和谐》公益广告片。在《中国水利》杂志推出三峡工程开工建设30年专辑，编辑出版《国之重器 民之三峡》科普读物。

2025年，水利系统将扎实推动三峡工程运行管理、长效扶持机制构建、三峡水运新通道建设、三峡后续工作实施、库区危岩崩塌防治、数字孪生三峡建设等重点任务，保障三峡工程运行安全，充分发挥工程综合效益。

张雅文　执笔
王治华　审核

专栏 23

三峡工程开工建设 30 周年成效显著

水利部三峡工程管理司

2024 年 12 月 14 日,三峡工程迎来了开工建设 30 周年的辉煌时刻。自 1994 年 12 月 14 日正式开工建设以来,作为人类历史上最宏伟的水利工程之一,不仅实现了"截断巫山云雨,高峡出平湖"的壮美画卷,更为浩荡长江带来了意义深远的改变。

三峡工程,作为迄今世界上综合效益最大的水利枢纽,是保护和治理长江的关键性骨干工程。30 年来,在防洪、发电、航运、水资源利用等诸多领域,三峡工程都展现出了无可比拟的巨大价值,成为当之无愧的国之重器。

防洪是三峡工程的核心使命,也是其最大效益所在。三峡水库正常蓄水位 175 m,防洪库容 221.5 亿 m^3,总库容达 393.0 亿 m^3,可充分发挥在长江中下游防洪体系中的关键性骨干作用。自蓄水以来,三峡水库累计拦洪总量超过 2100 亿 m^3,成功应对 3 次最大洪峰超过 7 万 m^3/s 的洪水,从根本上改变了长江中下游尤其是荆江河段的防洪格局,极大减轻了下游地区的防洪压力,有力保障了人民生命财产安全和经济社会的稳定发展,确保了长江的安澜。

三峡水电站装机总容量为 2250 万 kW,自运行以来,其发电效益不断释放。截至 2024 年 12 月,三峡电站累计发电量已超过 1.7 万亿 kW·h,相当于节约标准煤 5.5 亿 t,减少二氧化碳排放 15 亿 t。在全球积极应对气候变化,我国大力推进能源转型的背景下,三峡工程的清洁能源优势愈发凸显,为我国实现碳达峰、碳中和目标注入了强大动力。

三峡工程的建成,显著改善了长江通航条件,使长江成为名副其实的"黄金水道"。三峡船闸自 2003 年投运以来,累计运行数十万闸(次),通过船舶超百万艘（次），通过货物超21.6亿t。三峡升船机自2016年9月试通航以来，也取得了显著的航运效益。航运业的蓬勃发展有力地推动了长江经济带的区域协同发展和对外开放。

此外，三峡工程在水资源利用、生态环境保护等方面也取得了显著成效。三峡水库水资源总量大，时空分布调控能力强，是我国最大的战略淡水资源库，是国家水网上的骨干结点工程。三峡水库自建成以来，累计为长江中下游调节补水超3600亿 m^3，保障了长江中下游人饮和灌溉用水安全。同时，三峡库区生态环境持续改善，库区新增污水日处理规模不断提升，干流水质稳定在Ⅱ类；重点片区林草覆盖面积增加，森林覆盖率超过50%，保土保水能力进一步增强。三峡工程的建成，不仅保护了长江生态环境，更为库区人民提供了美好的生活环境。

三峡工程开工建设30年来的辉煌成就，是中国水利事业发展的一座不朽丰碑。它见证了中国综合国力的稳步提升和科技创新能力的飞跃，彰显了中国人民艰苦奋斗、勇于创新、团结协作的伟大精神。未来，三峡工程将继续在保障国家水安全、推动长江经济带高质量发展、促进人与自然和谐共生等方面发挥不可替代的重要作用，为实现中华民族伟大复兴的中国梦贡献磅礴力量。

徐　浩　执笔

王治华　审核

专栏 24

三峡库区危岩地质灾害防治工作积极推进

水利部三峡工程管理司

习近平总书记高度重视三峡库区危岩地质灾害防治工作，自 2023 年 5 月以来，多次作出重要指示批示。水利部会同有关部门、省（直辖市）和单位深入贯彻习近平总书记重要指示批示精神，落实党中央和国务院决策部署，有力有序推进三峡库区危岩地质灾害防治工作，确保人民群众生命财产安全、三峡工程运行安全和三峡水库航运安全。

一是发挥工作合力。水利部切实扛牢牵头责任，加强统筹协调。2024年 3 月，组织召开三峡库区危岩地质灾害防治工作现场推进会，水利部部长李国英分析研判三峡库区危岩地质灾害风险态势，安排部署防治重点工作任务。财政部、自然资源部、交通运输部、应急管理部加强督促指导，协同发力；重庆市、湖北省认真落实主体责任，逐级压实市县责任，确保防治措施落到实处。

二是摸清风险底数。水利部督促指导重庆市、湖北省组织专业技术队伍，对三峡库区地质灾害隐患和移民安置区高切坡开展全面调查排查，摸清风险隐患底数，建立明细台账并动态更新。截至 2024 年 12 月，共有 5247 处地质灾害隐患点（重庆市 3878 处、湖北省 1369 处）列入台账，其中危岩隐患点 1003 处。对 3238 处移民安置区高切坡安全隐患点（重庆市 2462 处、湖北省 776 处）进行评估，研判确定风险等级，采取分类处置措施。

三是加快推进工程治理。协调财政部将三峡后续工作规划地质灾害防治类剩余资金 24 亿元在 2024 年提前安排完毕；从其他费中安排 3 亿元（2024 年已安排 1.5 亿元），专项支持威胁长江航道和旅游安全的危岩地质灾害防治。列入 2024 年度计划的 183 个项目正在有序组织实施。会同自然资源、交通运输、应急管理等部门编制完成三峡库区地质灾害防治规划（2026—2035年）工作大纲。

四是提升监测预警能力。构建完善三峡库区地质灾害"四重网格""四位一体"管理体系、高切坡"风险感知—研判预警—响应处置—工作评价"全链条监测预警体系，充分发挥监测预警作用。汛期，重庆市、湖北省成功预警巫溪、云阳、奉节、秭归等地多起泥石流、滑坡等地质灾害，提前转移群众600多人。

五是提高应急救援水平。重庆市在巫山县设立库区危岩地质灾害救援专项指挥部，湖北省在宜昌市建设水上应急救援中心。两省（直辖市）发布抢险救援专项预案、联合开展综合应急演练，共同提升区域联动水平。

三峡库区地质灾害形成演变、三峡水库运行对周边地质环境影响、三峡库区作为库区周边群众生产生活条件和长江黄金航道的存在，均是长期过程且叠加作用致使三峡库区地质灾害风险将长期存在，防治任务依然艰巨。下一步，水利部将加强统筹协调，牵头组织做好以下工作。一是指导督促库区加快项目前期工作，精心组织实施，确保三峡后续工作规划明确的地质灾害防治任务如期完成；二是加强精细化调查评价，实时摸清危岩地质灾害隐患底数，动态更新台账，将新增隐患点纳入监测预警全覆盖；三是推进"天空地水工"一体化监测感知网建设，进一步提升地质灾害监测信息智慧化模拟、科学化预警水平；四是组织开展重大问题研究，强化145 m水下岩体劣化监测和机理研究，不断提升三峡库区危岩地质灾害防治能力。

刘登学　执笔

王治华　审核

坚决守牢"三个安全"底线
持续推进南水北调工程高质量发展

水利部南水北调工程管理司　水利部宣传教育中心

2024年，水利系统认真学习贯彻落实习近平总书记治水思路和关于治水重要论述精神，以及关于南水北调工程重要讲话指示批示精神，聚焦高质量发展要求，全力守牢"三个安全"底线，充分发挥"四条生命线"作用，超额完成东中线水量调度计划，全面完成引江补汉工程及防洪影响处理国债项目年度建设目标，全面通水10周年宣传工作取得良好效果，工程管理水平进一步提升。

一、全面加强工程监管，切实守牢"三个安全"底线

一是全力做好防汛工作。水利部加强行业监督管理，公布防汛责任人，指导协调沿线各单位落实防汛主体责任。首次建立并落实主汛期防汛工作机制，通过周防汛会商会共享雨水情信息、及时协调处置影响防汛安全的隐患。组织开展防汛检查和中线防汛抢险应急演练。推动拒马河暗渠防护加固涉汛主体工程提前15天完成，调水运行及在建项目实现安全度汛。

二是持续加强运行监管。完成东线一期工程、中线水源工程安全风险评估，组织开展工程洪涝风险专项评估。妥善应对年初低温雨雪冰冻期间安全运行有关工作，开展应急演练，提前部署年末冰期安全输水各项工作。加强中线穿跨邻接项目安全监管。组织编制南水北调水量调度应急预案。

三是切实保障水质安全。牵头推进落实"进一步加强丹江口库区及其上游流域水质安全保障工作方案"各项工作，建立动态台账，召开2次协调会议，推进年度任务全面完成。首次开展丹江口库区及总干渠联动水污

染事件应急处置演练。组织开展水质安全保障工作调研，做好中线藻类防控。中线丹江口水源及干线水质稳定达到Ⅱ类及以上，东线水质稳定在Ⅲ类。

二、科学实施水量调度，充分发挥工程综合效益

一是全力组织实施年度水量调度工作。落实东中线一期工程和东线北延水量调度会商工作机制，实施科学精准调度，充分发挥工程调水能力。截至2024年12月31日，东中线一期工程、东线北延应急供水工程累计调水量771.41亿m^3（其中东线工程调水72.21亿m^3，东线北延应急供水工程调水8.25亿m^3，中线工程调水690.95亿m^3）。2023—2024年度累计调水95.76亿m^3，其中，东线工程年度向山东省调水10.01亿m^3，向江苏省、安徽省净增供水量为2.66亿m^3、0.23亿m^3（初步调算），东线北延应急供水工程年度穿黄断面调水2.38亿m^3，中线工程调水83.37亿m^3，全面完成年度水量调度计划。

二是持续开展南水北调工程生态补水。年度完成生态补水12.36亿m^3，有力助推河湖生态环境复苏。其中，为华北地区地下水超采治理和母亲河复苏行动补水9.98亿m^3，为大运河再次实现全线水流贯通补水2.38亿m^3。工程累计实施生态补水118.73亿m^3。

三是开展应急抗旱供水和向鲁北地区生态农业补水。为应对6月华北、黄淮等地旱情发展形势，经与江苏、山东、河南、河北、天津等省（直辖市）沟通协商，增供东、中线一期和东线北延应急供水工程13.32亿m^3应急抗旱水量，有效助力缓解受水区旱情。利用北延工程富余能力探索向鲁北地区实施生态农业补水1.18亿m^3，有效助力缓解当地生态农业用水紧缺局面，同时依据有关政策开展生态农业水价协商，有效提升受水区的用水积极性、促进调水效益的发挥。

三、聚焦高质量发展，加快推进后续工程各项工作

一是高标准建设引江补汉工程。指导制定分年度建设计划并及时跟进督导，多次赴现场调研质量管控和安全生产，落实安全生产"六项机制"，

年度投资及形象进度超计划完成，年度完成投资26.1亿元，占年计划的108%，累计完成投资71.7亿元，主隧洞累计掘进3571.6m，首台盾构机实现提前始发。工程质量安全可控。

二是积极推进后续工程各项工作。配合完成总体规划修编，推进中线雄安调蓄库、观音寺调蓄库、西霞院水利枢纽与中线总干渠连通工程等加快建设。组织编制完成《南水北调中线防洪影响处理工程实施方案（2024—2030）》。南水北调防洪影响处理2023年增发国债18个项目进展顺利并全部完成15.2亿元国债投资，2024年度超长期特别国债9个项目全部开工。

三是做好竣工验收准备工作。参与筹备国务院推动南水北调后续工程高质量发展协调有关会议，起草竣工验收委员会组建方案及有关工作建议，经会议审议通过，并按要求落实后续工作。扎实做好东中线一期工程竣工验收各项准备，编制竣工验收大纲，开展重大技术问题专题研究等工作。

四是持续推进数字孪生南水北调工程。加强督导协调，全面完成年度任务并深化成果运用，在冰期输水、防汛度汛、水质保障、应急调度等方面应用成效显著。召开4次协调会和现场调研督导，协调指导中国南水北调集团有限公司（以下简称南水北调集团）等单位优化完善数字孪生水网先行先试建设方案。推动测雨雷达试点在中线工程立项建设。

四、落实全面深化改革要求，持续提升支撑保障能力

一是协调推动有关改革任务取得突破。贯彻落实党的二十届三中全会改革要求，制定并细化南水北调相关改革举措。探索研究对南水北调集团自然垄断环节企业监管，推动理顺东中线一期工程管理体制机制，东线江苏段工程管理体制理顺及水费使用分配等难题取得历史性突破。持续推进《南水北调工程供用水管理条例》修订前期准备工作，围绕引调水工程法规制度建设开展调研。启动《长距离调水工程水量水质模型构建技术导则》标准的编制。

二是"两手发力"在南水北调工作中取得新突破，健全规范南水北调

中线工程用水权交易制度，推进中线跨省（直辖市）用水权交易，12月下旬天津市、河北省在中国水权交易所完成了中线工程第一单省际用水权交易，实现了省际用水权交易零的突破，为推动中线用水权在更大范围进行交易发挥示范作用。

三是精心组织全面通水10周年宣传报道。聚焦工程全面通水10周年重要节点，水利部组织南水北调集团及沿线各单位，提前组织谋划、调动各方资源，充分发挥各类媒体矩阵力量，构建起全媒体、全方位、多角度、高密度、接力互动的宣传格局，在全社会掀起宣传热潮，引起各方关注和空前反响，取得良好宣传效果。

2025年，水利部将持续守牢南水北调工程"三个安全"底线，着力提升工程综合效益，进一步全面深化相关改革，持续推进科技创新和后续工程规划建设，加快构建国家水网主骨架和大动脉，为推动水利高质量发展、保障我国水安全作出新的贡献。

王梓瑄　执笔

袁其田　审核

专栏 25

南水北调东中线一期工程全面通水 10 周年成就

水利部南水北调工程管理司

2024 年是南水北调东中线一期工程全面通水 10 周年。10 年来，水利部认真践行习近平总书记治水思路和关于治水重要论述精神，聚焦把南水北调工程建设成为"优化水资源配置、保障群众饮水安全、复苏河湖生态环境、畅通南北经济循环的生命线"，持续推进工程高水平安全和高质量发展，工程经济效益、社会效益、生态效益充分发挥，战略性功能日益显现，国之重器生命线作用不断巩固。

一是统筹发展和安全，不断优化水资源配置格局。作为国家水网的主骨架和大动脉，南水北调工程从战略上、全局上优化了我国水资源配置格局。全面通水 10 年来累计调水 771.41 亿 m^3，沿线城市生活和工业供水保证率显著提升，有力改善了北方地区特别是黄淮海地区水资源条件和水资源承载能力，有效促进了水资源与人口资源环境相均衡，助力京津冀协同发展、雄安新区建设等重大国家战略实施。

二是坚持以人民为中心，增强人民群众幸福感。工程供水区域不断延伸，惠及 45 座大中城市 1.85 亿人。随着受水区配套工程的不断完善，受益范围正由大中城市向农村拓展，受益人口逐年增加。

三是落实节水优先方针，提高水资源利用效率。坚持"调水、节水两手都要硬"，把节水作为受水区的根本出路，全面提升受水区水资源节约集约利用水平，用水效率总体水平位于全国前列。指导建立省、市、县三级用水总量和强度双控指标体系，推广应用成熟适用节水技术。

四是践行绿色发展理念，推动人水和谐共生。深入贯彻落实进一步加强丹江口库区及其上游流域水质安全保障工作方案，持续做好中线工程水源地水质安全保障工作。10年来，东线工程水质持续稳定达到地表水Ⅲ类、中线工程保持在Ⅱ类及以上。通过水源置换和河湖生态补水等措施，华北地区地下水水位总体回升，一大批河湖重现生机。

五是持续深化改革创新，工程管理能力不断提升。贯彻落实《南水北调工程供用水管理条例》，打造重大工程建设运行管理法治化样板。全面推行河湖长制，水源区建立行政执法与检察公益诉讼协作机制并取得明显成效。强化科技创新，一大批创新成果推广应用。落实发展新质生产力要求，加快推进数字孪生南水北调建设，工程信息化、数字化、智能化水平显著提升。

六是加快总体规划修编，高质量推进后续工程建设。《南水北调工程总体规划》修编取得积极进展，中线后续引江补汉工程已进入全面实施阶段，积极推进南水北调后续工程前期工作，做好东中线一期工程竣工验收准备工作。

南水北调工程全面通水10年取得的成就，是中国特色社会主义制度优越性的生动诠释，是中国式现代化实践的重大成果，也为加快水利高质量发展提供了宝贵经验。新时代新征程，水利部将深入实施《国家水网建设规划纲要》，加快构建国家水网主骨架和大动脉，尽快完善南水北调工程总体布局，确保"一泓清水永续北上"，为以中国式现代化全面推进强国建设、民族复兴伟业提供有力的水安全保障。

王梓瑄　执笔

袁其田　审核

水库移民工作取得新进展新成效

水利部水库移民司

2024年，水利系统坚持以人民为中心，走好群众路线，用好"千万工程"经验，以高度负责的态度做好水库移民各项工作。围绕加快重大水利工程顺利立项开工和解决移民群众的生产生活突出问题，不断提升移民安置质效，更好落实后期扶持政策，新阶段水库移民工作高质量发展取得新进展、新成效。

一、移民安置各项工作提质增效

一是扎实做好移民安置前期工作。围绕推进水利工程项目开工建设这一重要任务，重点聚焦纳入国家规划的重大水利工程，抓好移民安置前期工作，助力新开工37项重大水利工程。指导做好黄河古贤、黄河黑山峡、三峡水运新通道等重大水利工程移民安置前期工作，推动移民安置前期要件办理，加快移民安置规划大纲及移民安置规划审批审核，促进工程前期工作有序推进，保障工程开工建设。

二是切实加强移民安置实施管理。落实重大水利工程移民搬迁进度协调机制，省级责任进一步压实，流域管理机构督导作用得到更好发挥。持续抓好移民搬迁进度月调度工作，督促指导有关方面加快移民搬迁安置进度，促进工程顺利建设。63个在建重大水利工程全年累计完成移民搬迁安置10.7万人。

三是稳步推进移民安置验收工作。加强大中型水利工程移民安置验收管理，落实地方人民政府和流域管理机构验收责任，明确验收要求，提升验收质量。统筹历史遗留未验工程和新完工工程，督促指导具备条件的水利工程尽快开展移民安置验收，确保移民安置验收去存量工作取得新进展。下大力督促广西大藤峡、新疆阿尔塔什等项目做好移民安置验收准备工作，完成引江济淮工程（河南段）、四川紫坪铺、重庆藻渡等工程移民安置验收。

四是持续做好制度建设和信访稳定等工作。在《中华人民共和国水法》《中华人民共和国防洪法》修改中，提出征地移民补偿、水库防洪调度临时淹没处理相关研究建议，研究起草关于做好水库防洪调度临时淹没处理工作的意见。规范大中型水利工程移民安置监督评估行为，组织修订《大中型水利工程移民安置监督评估管理规定》。紧扣发展新质生产力，修订完成《水利水电工程建设征地和移民安置规划设计规范》等4项技术标准。加强移民信访问题面上研判调度和点上指导跟进，促进社会稳定。

二、后期扶持政策实施成效显现

一是持续抓好后期扶持各项政策落实。完成2023年度新增大中型水库农村移民后期扶持人口核定，新增8.5万人，截至2024年年底，全国水库移民后期扶持人口为2554万人。加大扶持力度，全年共下达水库移民扶持资金438亿元，完成2023年度中央水库移民扶持基金的绩效评价工作，按时开展中央水库移民扶持基金资金支付月调度工作。各地统筹资源要素，多措并举提升资金使用效果，推动建设宜居宜业美丽移民村2656个，一大批移民群众可感可及的后期扶持项目相继发挥作用。全年水库移民人均可支配收入超过2.2万元，移民收入与当地群众收入差距不断缩小。

二是着力解决制约发展的突出问题。坚持问题导向，水利部办公厅、财政部办公厅、国家发展改革委办公厅联合印发《关于推动解决2024年度大中型水库库区和移民安置区突出问题的通知》，专项安排资金46亿元，支持各地实施133项水利基础设施、产业就业扶持、美丽移民村建设等项目，有效解决了一批制约库区和移民安置区发展、群众反映集中的突出问题，项目资金发挥的作用更加显现，移民群众更加安居乐业，库区和移民安置区呈现和谐有序的良好发展态势。

三是强化政策研究、项目资产管理和移民文化建设。完成大中型水库移民后期扶持政策总结评估工作和大中型水利水电工程建设与后期扶持关系、库区和移民安置区经济社会发展趋势、后期扶持政策连带影响问题3

个专题研究工作，积极开展移民收入专项调查，提前做好政策研究储备。持续加强后期扶持项目管理和资产监管，各地对后期扶持政策实施以来形成的项目资产进行了全面摸底，初步建立了资产台账，登记各类项目资产122万个，项目资产长效运行管护机制正逐步建立。组织编纂完成《中国水库移民大事记》《中国水库移民口述实录》和《中国水库移民志》（初稿），移民文化建设不断加强。

2025年，水利系统将深入学习贯彻习近平总书记关于水库移民工作重要指示批示精神，进一步提高政治站位，始终坚持以人民为中心的发展思想，学习运用好"千万工程"经验，统筹谋划移民规划、搬迁安置、后期扶持工作，有力保障水利工程顺利建设和安全运行，为推动国家水网建设贡献移民力量，助力库区和移民安置区经济社会高质量发展。

张栩铭　执笔
朱东恺　审核

专栏 26

丹江口水库移民 10 年

水利部水库移民司

习近平总书记十分牵挂南水北调丹江口水库移民。在 2015 年新年贺词中强调"希望他们在新的家园生活幸福"。2021 年在河南省南阳市实地了解南水北调中线工程建设管理运行和库区移民安置等情况时讲话指出，吃水不忘挖井人，要继续加大对库区的支持帮扶。水利部认真贯彻落实习近平总书记的重要指示精神，会同有关部门指导地方全力做好移民发展稳定大文章。10 年来，集中各方资源要素，从政策、资金、项目等方面倾斜支持库区和移民安置区经济社会发展，统筹做好移民发展稳定工作，"搬得出、稳得住、能发展、可致富"目标逐步实现，做到移民发展与工程建设双赢。

一是生活条件显著改善。通过整合移民安置、后期扶持等资金，统筹推进库区和移民安置区基础设施建设，持续提升公共服务水平。加大移民住房质量安全保障力度，妥善处理水库蓄水后引发的地质灾害影响，持续巩固移民安置成果。河南省累计安排补助资金 2 亿元，基本完成美好移民村示范村建设工作。逐步将丹江口库区移民村打造为当地乡村振兴的典范。累计向 28 个县（市、区）南水北调移民安置点投入扶持资金 12 亿元，实施项目 6519 个。郑州市荥阳市李山村、平顶山市郏县马湾村、南阳市淅川县邹庄村等多个移民村获得"全国文明村镇""中国美丽休闲乡村"等国家级荣誉称号。湖北省采取"以奖代补"方式每年安排专项资金，开展美丽移民村建设示范创建活动，整村推进移民村建设提档升级，全省南水北调移民村共实施移民美丽家园项目 5529 个，新建人畜饮水工程 551 处，人均住房面积达 38.2 m^2。

二是产业发展稳步推进。多措并举，积极推动库区和移民安置区产业发展，因地制宜引导移民参与特色农业种植、养殖以及农产品加工业，培育了一批具有地方特色的产业项目，产业发展助力移民增收致富。河南省以"扶持资金项目化，项目资产集体化，集体收益全民化"的"三化"帮扶，将各渠道资金以集体资产的形式投向生产项目，增加移民收入、壮大集体经济。坚持产业为基，因村制宜，发展"一村一品"，支持208个移民村分别发展适宜产业。湖北省持续探索库区和安置区高质量发展新路径，为移民发展注入新动能。指导各地结合实际开展产业帮扶，把推动移民产业发展作为帮扶工作重点，扶持移民产业园、仓储租赁、乡村旅游、特色种养殖等优势产业，累计实施移民生产开发项目886个，已形成"一村一品"移民村179个。

三是社会治理更加有序。注重将移民搬迁安置与新型城镇化和新农村建设相衔接，致力于让移民更好融入新生活。河南省健全"横向到边、纵向到底"的基层治理体系，组织发动移民共同参与村庄治理。通过"两委"主导、"三会"（民主议事会、民主监事会、民事调解会）协调、社会参与、法治保障的移民村新型社会治理模式，成立了500多个合作社和专业协会等经济管理组织提供社会服务，扩大集体积累，增加移民收入，实现多年丹江口水库移民"零上访"。湖北省深化运用共同缔造理念，充分发挥基层全过程人民民主，组织开展移民村自治，真正让丹江口水库移民成为共同缔造美丽移民村的主导者、建设者、受益者，把问题和矛盾化解在基层，全力构建"人人有责、人人尽责、人人享有"的社会治理共同体。

唐东炜　执笔
谭　文　审核

水资源节约与管理篇

水资源刚性约束制度加快落实

水利部水资源管理司

2024年，水利系统以落实水资源刚性约束制度为主线，夯实水资源管理能力支撑，加强水资源管理组织保障，取得积极进展和成效。

一是强化流域区域用水总量控制。全面推进河湖生态流量确定工作，制定了全国171条跨省重点河湖、546条省内重点河湖生态流量保障目标，基本实现了重点河湖生态流量保障目标体系全覆盖，全面完成334个工程生态流量复核工作。严格生态流量管理，组织对全国171个重点河湖281个生态流量保障目标控制断面开展生态流量监测和分析评价工作，纳入2023年度考核的断面生态流量目标达标率在97%以上。新批复南四湖、大通河流域水量分配方案，全国计划开展水量分配的95条跨省江河已累计完成94条，基本明确了各省级行政区在跨省江河流域的地表水开发利用管控指标。对具备监测等条件的，全部纳入考核。加快确定地下水管控指标，已完成31个省（自治区、直辖市）地下水管控指标确定成果审查，29个省（自治区、直辖市）成果已经省级人民政府或其授权部门批准实施，基本建立了以县级行政区为单元的地下水取水总量、水位控制指标体系。制定流域区域可用水量确定技术大纲，印发《水利部关于开展可用水量确定工作的通知》，组织开展可用水量确定工作，在现有水量分配方案、地下水管控指标等的基础上，进一步细化完善流域区域用水总量管控指标体系。

二是严格水资源论证和取水许可监管。新出台钢铁、纺织、水源热泵3类行业建设项目水资源论证导则，制定规划水资源论证管理办法。组织开展建设项目水资源论证和取水许可审批线上抽查。持续推进中央巡视、环保督察、生态环境突出问题警示片、审计反馈的违法违规取用水问题整改。利用信息化手段强化违规取用水问题排查整改，全年累计排查整治问题线索超过 1.3 万条。印发《取用水管理巩固提升行动方案》，完成 579 万个取水口信息比对衔接。贯彻落实《中华人民共和国黄河保护法》，确定并公布水利部黄河水利委员会在黄河干流及跨省重要支流取水许可管理权限。

三是推动水资源分区管理。完成黄河流域水资源超载地区评估，经过 3 年多的治理，黄河流域地表水超载的地市由 13 个减少为 2 个地市和 1 个县，地下水超载县级行政区由 62 个减少为 48 个；制订了水资源短缺地区和超载地区判定标准、黄河流域水资源承载能力评价技术大纲。

四是完善水资源监测体系。组织建立取水计量设施（器具）电子档案，加快推进取水在线计量数据接入。截至 2024 年年底，建立了 230 多万个取水口取水计量档案，全国取用水管理平台在线计量点超过 23 万个，规模以上取水在线计量率超过 96%。与国家电网有限公司创新推进农业灌溉机井"以电折水"取水计量，制订完成《农灌机井取水量计量监测方法》技术标准并经国家市场监管总局批准发布，印发了《关于加快推进农业灌溉机井"以电折水"取水计量和管理工作的通知》《农灌机井取水量计量监测方法》，联合打造"电力看水资源"监测平台，有效破解农业灌溉机井计量难题。

五是做好水资源考核工作。实行最严格水资源管理制度考核，是中央统筹规范督查检查考核以来，水利部保留的唯一考核事项。水利部严格落实中央关于整治形式主义为基层减负和精简优化基层考核的要求，完善考核内容，优化考核指标，改进考核机制，完成了 2023 年度最严格水资源管理制度考核。考核结果经国务院审定后向社会公告，浙江等 15 个省份考核优秀。印发《2024 年度实行最严格水资源管理制度考核方案》，制定赋分细则并报中组部审核后印发。2024 年是实行最严格水资源管理制度考核的第 11 年。11 年来，在各方面共同努力下，最严格水资源管理制度考核的激励鞭策作用不断彰显，为压实地方人民政府水资源节约保护与管理主体责任，强化水资源的刚性约束作用，更加有效地防范和解决水资源领域的突出问题发挥了重要作用。

2025 年，水利部门将进一步健全水资源刚性约束制度体系，推进水资源刚性约束配套制度建设。确定流域区域可用水量，加强水资源监测体系建设，推动出台规划水资源论证办法，实施取用水领域信用评价，强化取用水全过程监管，启动全国水资源承载能力评价，推进水资源分区管理，制定水资源严重短缺和超载地区名录，进一步做好水资源考核工作。

常　帅　刘　婷　宋琳琳　李　舒　执笔
于琪洋　齐兵强　审核

专栏 27

黄河流域水资源超载治理成效明显

水利部水资源管理司

2020年12月,为贯彻习近平总书记在中央财经委员会第六次会议关于黄河流域水资源超载地区暂停新增取水许可的指示精神,水利部印发《关于黄河流域水资源超载地区暂停新增取水许可的通知》,明确黄河流域13个地市地表水超载,62个县级行政区地下水超载,以及暂停新增取水许可和加快超载治理的具体政策措施,同时提出水利部每3年组织对黄河流域水资源超载情况进行一次系统评估。

该通知实施以来,水利部组织水利部黄河水利委员会(以下简称黄委)和相关省(自治区)严格落实黄河流域水资源超载地区暂停新增取水许可要求,指导督促超载地区县级以上地方人民政府制定水资源超载治理方案,结合地方实际,采取产业结构调整、强化节水、水源置换、严格水资源监管、用水权交易等系统措施开展超载治理。2024年3月,水利部办公厅印发《关于开展黄河流域水资源超载地区评估工作的通知》,明确了评估范围、评估工作程序、评估标准及评估结果的运用等。经评估,黄河流域原地表水超载的13个地市中,仍然超载的有2个地市和1个县;原地下水超载的62个县级行政区中,仍超载的48个,不再超载的14个。

已认定不再超载的,解除对其暂停新增取水许可的限制。在仍然超载的地区中,黄委、相关地区县级以上地方人民政府水行政主管部门,对取自超载河流地表水、各超载类型地下水超采区范围内地下水的取水申请,除生活用水等民生保障用水外,按照管理权限,分别暂停审批相应水源的新增取水许可。同时,要求水资源超载地区加快推进超载综合治理。

常 帅 刘 婷 宋琳琳 李 舒 执笔
齐兵强 审核

专栏 28

做好 2024 年度实行最严格水资源管理制度考核

水利部水资源管理司

2024 年，水利部在全面完成 2023 年度最严格水资源管理制度考核的同时，切实落实中央整治形式主义为基层减负若干规定，精简优化了 2024 年度水资源管理考核体系。

一是完成 2023 年度最严格水资源管理制度考核。根据《国务院关于实行最严格水资源管理制度的意见》和《国务院办公厅关于印发实行最严格水资源管理制度考核办法的通知》规定，水利部会同国家发展改革委等 9 个考核工作组成员单位，对 31 个省（自治区、直辖市）2023 年度实行最严格水资源管理制度情况完成了考核。全国 31 个省（自治区、直辖市）2023 年度考核等级均为合格以上，其中浙江、上海、江苏、山东、江西、广东、安徽、贵州、四川、湖南、福建、湖北、河北、重庆、天津考核等级为优秀。

二是组织开展 2024 年度最严格水资源管理制度考核。经中共中央办公厅和国务院办公厅批准，实行最严格水资源管理制度考核列入 2024 年度考核工作计划。为做好 2024 年度实行最严格水资源管理制度考核工作，水利部加强调研，总结经验，逐项对照复核检视是否存在加重基层负担的考核倾向，严格落实中央关于整治形式主义为基层减负和精简优化基层考核要求，制定了 2024 年度实行最严格水资源管理制度考核方案和赋分细则。

与 2023 年相比，一是精简优化考核体系和考核指标内容。严格落实中央批准的考核工作计划，对考核类别进行了优化，由 2023 年的 8 类整合为 5 类，对考核指标和考核内容进行了精简。较 2023 年，考核指标减少 11 个，考核内容减少 18 项，减少比例分别为 35%、25%。二是完善考核方式。充分运用日常监管和信息化手段掌握地方工作情况，对考核内容能够通过日常监管以及线上核查抽查掌握的，不再需要基层进行自查或者开展现场检查，减少基层上报的表格。三是突出对重点工作的考核。强化母亲河复苏行动、地下水超采治理、取水监测计量等重点工作考核，加大相应分值。四是与水资源刚性约束制度要求相衔接。对实行水资源刚性约束制度意见中明确的新任务纳入了考核。

常　帅　刘　婷　宋琳琳　李　舒　执笔

齐兵强　审核

国家节水行动取得新成效

全国节约用水办公室　水利部水资源管理司
水利部农村水利水电司

2024年，水利部深入学习贯彻党的二十大和二十届二中、三中全会精神，践行习近平总书记治水思路和关于治水重要论述精神，会同有关部门和地方持续推进农业节水增效、工业节水减排、城镇节水降损，推动国家节水行动取得新成效。据初步预测，全国万元国内生产总值用水量和万元工业增加值用水量分别较2020年下降16%和20%，农田灌溉水有效利用系数达到0.580。

一、节水重点行动扎实推进

一是强化用水总量和强度双控。党中央、国务院明确实行水资源刚性约束制度的目标任务。流域区域可用水量确定工作加快推进，累计批复94条跨省份、418条跨地市江河水量分配方案，确定31个省（自治区、直辖市）地下水管控指标。率先在黄河流域建立强制性用水定额管理制度。印发《关于在黄河流域实行强制性用水定额管理的意见》，完成火电等6项强制性用水定额国家标准制定工作。推进落实节水评价制度，从严审查规划和建设项目节水评价，发布《节水评价技术导则》《水利建设项目节水评价编制规程》，叫停67个节水评价不达标项目，核减水量20.9亿 m^3。

二是统筹推进重点领域节水行动。召开2024年节水工作部际协调机制全体会议，协同推进农业节水增效、工业节水减排、城镇节水降损。加快推进1342处灌区现代化建设与改造，统筹发展高效节水灌溉1000万亩。全面开展农业灌溉机井"以电折水"取水计量。推进重点行业用水定额贯标，加强工业用水精准计量和循环利用。深化节水型社会建设，联合发布《公共机构节约用水管理办法》，推动全国100多万家公共机构率先普及节水器具，结合家装厨卫"焕新"加快推动家庭节水器具更新。推动全国新建成节水载体9503个、高速公路服务区"节水驿站"61个。联合公布200家公共机构、28家用水产品、82家重点用水企业（园区）水效领跑者。

三是积极实施区域重大战略节水行动。主动服务京津冀协同发展、长江经济带发展、粤港澳大湾区建设、长三角一体化发展、黄河流域生态保护和高质量发展等国家区域重大战略实施，深入推进黄河流域深度节水控水行动，扎实推进南水北调东中线工程受水区全面节水，大力加强京津冀、长三角、粤港澳大湾区节水管理创新举措先行先试。南水北调工程受水区用水效率处于全国前列。

四是大力推进非常规水开发利用。制定《开展非常规水利用提升行动工作方案》，安排中央水利发展资金支持20个非常规水开发利用项目建设，建立滚动实施项目库。完成2项非常规水国家标准立项，推进京津冀再生水配置体系建设，完成海水淡化专题调研，联合国家发展改革委等部门遴选50个重点城市实施再生水利用三年行动，高质量推进76个典型地区再生水利用配置试点城市建设。

二、体制机制改革持续深化

一是建立健全节水制度政策体系。制定关于建立健全节水制度政策体系的意见，落细落实农业节水增效、工业节水减排、城镇节水降损三大领域十五项制度政策体系和五项保障措施。健全节水规划与标准体系，启动编制《国家节水中长期规划（2025—2035年）》，组织开展10项重点专题研究。在水利技术标准体系中单列"节约用水"专业门类，把28项节水领域基础性国家和行业标准纳入体系。发布实施白酒、饮料、乙烯和丙烯4项国家用水定额和省级用水定额。

二是探索推行水预算管理。在宁夏回族自治区、山东省德州市、浙江省宁波市、河南省禹州市、广东省广州市流溪河流域等10个地区分类开展水预算管理试点，探索以预算的理念管住水用好水，通过试点先行，积累经验，逐步建立水预算管理制度。山西、陕西、辽宁、湖南、海南等16个省开展33个省级试点工作。

三是推进农业水价综合改革。会同国家发展改革委等部门指导各地落实国务院部署，加快推进农业水价综合改革，2024年新增改革的面积达约1.3亿亩。在持续抓好第一批21个深化农业水价综合改革推进现代化灌区建设试点的基础上，启动第二批25个试点工作。择优编印第一批试点经验做法和政策措施，宣传试点有效模式。试点采用"灌区+""水利+""合同节水管理"等模式，以政府投资为引导，统筹灌区水费、水利资产经营、用水权交易等收益，共吸引信贷资金31.3亿元、社会资本28亿元投入现代化灌区建设改造。

四是加快发展节水产业。推动构建节水产业发展政策、标准、优培、市场、创新五大体系，联合印发《关于加快发展节水产业的指导意见》《关于金融支持节水产业高质量发展的指导意见》。推动节水产业集群发展，由京津冀、长三角、粤港澳大湾区三大产业高地和多个设备制造、科研创新集聚区构建的"三地多区"节水产业发展格局初步形成。26个省份推出"节水贷"等绿色金融配套政策和有关产品，合作银行节水产业相关领域贷款余额2481亿元，较2024年年初增长17.4%。

五是完善节水激励机制。多措并举推广合同节水管理，积极开展合同节水管理辅导，遴选公布39个合同节水管理典型案例。河北省邯郸市首创全域合同节水管理新模式，全国累计实施合同节水管理项目1977项，年节水10.8亿m^3。用水权市场化交易日趋活跃，中国水权交易所全年交易1.1万单、交易水量13.7亿m^3，同比增长96.3%、154.7%。水资源费改税从先行先试进入全面试点阶段。推动节水认证纳入绿色认证体系，对六大类主要生活用水产品实行水效标识管理。设立"中国节水奖"。

三、节水能力建设不断增强

一是节水法治建设实现重大突破。国务院颁布施行《节约用水条例》（以下简称《条例》），为新时代节水工作提供了坚实法治保障。各级水利部门深入宣传贯彻实施《条例》，开展宣讲解读培训活动3300余场，媒体发布相关报道4800余篇，培训对象6000万人（次）以上，营造了实施

《条例》的良好社会氛围。19个省（自治区、直辖市）出台省级节水法规，9个省（自治区、直辖市）出台省级节水政府规章，广西、云南等10个省（自治区、直辖市）启动省级节水法规制修订工作。

二是科技创新引领作用不断加强。加快推进先进高效节水技术装备和关键共性技术集中攻关，加大成熟适用节水技术推广应用力度，积极筹建节水领域国家技术创新中心，推动建设水资源高效利用野外观测站。印发《水利部办公厅关于鼓励建设节水技术创新中心的通知》，指导山东、江苏等19个省份建设31个省级节水技术创新中心。筹备成立中国水利学会节水专业委员会。深化节水技术国际交流合作。

三是数字节水建设全面提速。加快节水数字化智慧化建设，搭建"一图一库两平台"系统框架，制定国家节水数据库目录，完成《节约用水数据库表结构及标识符》行业标准制订。节水统计制度加快建立，首次向全社会发布《中国节约用水报告2023》。在用水统计调查制度基础上，补充设计工业企业节水调查、服务业单位节水调查、非常规水调查、节水产业调查等方面统计内容，初步形成用水节水统计调查表。完成河北、黑龙江、江苏、湖南4个省份节水统计调查制度试填试报工作。

四是节水宣教效能持续提升。举办首届"节水中国行"主题宣传活动，线上、线下参与总人数超过300万人（次），最大程度凝聚全社会节水共识与力量。选聘10名中国"节水大使"为节水公益代言40余次。全国1208个城市共计1.1万个地标响应"千城地标亮节水"联合行动。在中国教育电视台面向全国中小学生制播12集《奇妙节水课》，累计收看人次超500万。举办第五届"节水在身边"全国短视频大赛，组织各地开展节水宣传"五进"活动（节水进机关、进校园、进企业、进社区、进农村）超过2万次，全社会节水意识不断增强。

四、2025年工作重点

2025年，水利系统将全面落实水资源刚性约束制度和《节约用水条例》，全方位贯彻节水优先方针和"四水四定"原则，深入实施国家节水行动，大力提升水资源节约集约利用能力。一是建立健全农业节水增效5

项制度政策体系，即科学灌溉制度体系、用水计量监测体系、农业水价政策体系、节水市场制度体系、节水技术及服务体系。二是建立健全工业节水减排 5 项制度政策体系，即定额管理体系、精准计量体系、循环利用体系、用水权交易体系、节水产业发展体系。三是建立健全城镇节水降损 5 项制度政策体系，即水预算管理体系、水价水资源税管理体系、合同节水管理体系、再生水利用管理体系、节水型社会管理体系。四是强化政策支持和机制保障，健全金融支持政策，完善财税支持政策，健全激励引导政策，完善协调推进机制，健全节水成效评价机制。

罗　敏　何兰超　执笔

刘宝勤　审核

专栏 29

《节约用水条例》颁布实施

全国节约用水办公室

2024年3月9日，国务院总理李强签署国务院令，公布《节约用水条例》（以下简称《条例》），自2024年5月1日起施行。

《条例》总结党的十八大以来节水工作的丰富实践，将行之有效的经验做法转化为制度规范，全面、系统规范和促进节水活动，为保障国家水安全、推进生态文明建设、推动高质量发展提供有力的法治保障。《条例》共6章52条，主要规定了以下内容。

一是坚持党的领导。明确规定节水工作应当坚持中国共产党的领导，贯彻总体国家安全观，统筹发展和安全。

二是加强用水管理。对主要农作物、重点工业产品和服务业等实行用水定额管理；按行政区域对年度用水实行总量控制；对用水达到一定规模的单位实行计划用水管理；对节水潜力大、使用面广的用水产品实行水效标识管理；水资源严重短缺地区、地下水超采地区应当严格控制高耗水产业项目建设。

三是完善节水措施。推进农业节水增效，引导农业生产经营主体合理调整种植养殖结构和农业用水结构；推进工业节水减排，要求工业企业采用先进适用的节水技术、工艺和设备；推进城镇节水降损，全面推进节水型城市建设；促进非常规水利用。

四是强化保障监督。健全农业用水精准补贴机制和节水奖励机制；对符合条件的节水项目给予补助；引导金融机构加大对节水项目的融资支持力度；鼓励发展节水服务产业；支持开展用水权交易；将节水目标完成情况纳入对地方人民政府及其负责人考核范围。

五是严格法律责任。对使用国家明令淘汰的落后的、耗水量高的技术、工艺、设备和产品等违法行为，规定了相应的法律责任。

张树鑫　执笔
刘永攀　审核

专栏 30

水利部公布水预算管理试点地区

全国节约用水办公室

2024年7月25日，水利部办公厅印发《关于公布水预算管理试点地区的通知》，公布了宁夏回族自治区等10个水预算管理试点地区。

开展水预算管理试点，是健全用水总量和强度双控管理的改革举措，是发挥市场机制作用促进从严从细管好水资源、精打细算用好水资源的创新探索。水利部印发《水预算管理试点方案》后，各省级水行政主管部门高度重视，积极指导申报试点地区结合区域特点编制实施方案，择优向水利部推荐了35个试点地区。

水利部组织专家认真评审，综合考虑试点地区典型代表性、实践工作基础、改革创新措施、组织保障等因素，遴选确定在宁夏开展省域试点，在河北唐山、内蒙古乌海、浙江宁波、山东德州、广西柳州、甘肃张掖开展市域试点，在河南禹州、云南澄江开展县域试点，在广东广州流溪河流域开展流域试点，分类探索水预算管理模式路径。

张建功　执笔
刘永攀　审核

专栏 31

水利部、市场监管总局联合印发黄河流域强制性用水定额管理意见

全国节约用水办公室

2024年8月12日，为深入贯彻习近平总书记关于黄河流域生态保护和高质量发展重要讲话精神，落实《中华人民共和国黄河保护法》《节约用水条例》和水资源刚性约束制度，水利部、市场监管总局联合印发《关于在黄河流域实行强制性用水定额管理的意见》（以下简称《意见》），推进建立黄河流域强制性用水定额管理制度，打好黄河流域深度节水控水攻坚战。

黄河流域最大的矛盾是水资源短缺。在黄河流域实行强制性用水定额管理，是坚持节水优先从根本上缓解流域水资源供需矛盾的必然要求，是强化水资源刚性约束推进用水方式转变的重要途径，是以国家标准提升引领传统产业优化升级扩大发展空间的关键举措。水利部深刻把握在黄河流域实行强制性用水定额管理的重大意义，深入沿黄河各省（自治区）高耗水行业开展调研，统筹考虑黄河流域水资源条件、产业布局、行业用水情况和发展需求，联合市场监管总局研究制定了《意见》。

《意见》根据国家相关政策规定和黄河流域产业结构等实际情况，提出在火力发电、选煤、煤化工、建材、钢铁、石化和化工、铝等高耗水工业和宾馆、游泳场馆、洗车场所、洗浴场所、高校、室外人工滑雪场等高耗水服务业实行强制性用水定额管理。围绕强制性用水定额"怎么编""怎么用""怎么管"，《意见》提出强制性用水定额全流程全链条全要素管理措施，明确强制性用水定额分两级制定，限定值用于现有用水单位管理，先进值用于新建、改（扩）建项目用水管理；强化用水单位自行开展水效对标、实施节水技术改造、健全内部管理制度等主体责任；加大强制

性用水定额执行管理力度，严格高耗水工业和服务业项目审批，加强强制性用水定额执法。考虑到用水单位对实施强制性用水定额的实际需求，《意见》提出强制性用水定额自发布日期至实施日期之间设置过渡期，推广合同节水管理助力用水单位节水技术改造。

张树鑫　执笔

刘永攀　审核

专栏 32

首届"节水中国行"主题宣传活动成功举办

全国节约用水办公室

为贯彻落实全面节约战略和节水优先方针，深入推进国家节水行动，提升全民节水观念意识和文明素养，在习近平总书记发表保障国家水安全重要讲话10周年之际，全国节约用水办公室、陕西省水利厅和西安市人民政府于2024年3月22—23日在古都西安成功举办首届"节水中国行"主题宣传活动。活动以"美丽中国、节水优先"为主题，以西安主会场活动为龙头，全国各地联动开展节水宣传活动，得到社会各界的积极响应和广泛参与。

本次活动集中宣传了习近平总书记"节水优先、空间均衡、系统治理、两手发力"治水思路和关于治水重要论述精神，全方位展示了水利部党组贯彻落实节水优先方针、深入实施国家节水行动取得的新成效，充分发挥了水利部节水宣传教育主阵地作用，对强化全社会节水意识，助力形成节水型生产生活方式产生了深远影响。

活动采用线上线下结合方式开展，反响热烈，受到全社会广泛关注。据统计，参加西安主会场和7个分会场现场活动的各界人士近10000人，通过"中国水事""节水护水在行动"微信视频号、"节水在身边"抖音号等渠道收看直播人数达335.5万人（次），《人民日报》、新华社、中央广播电视总台等中央主流媒体刊播原发报道20篇，《陕西日报》《北京日报》《郑州日报》等省市级媒体报道1100余篇，各类媒体发布相关信息5700余条，累计阅读量达8400万次，掀起了全民关注、全民参与节水实践新高潮，成为国内举办规格最高、规模最大、影响最广的节水主题宣传活动。

主题宣传活动中，新当选的中国"节水大使"与公众首次见面，2023

中国节水十大经典案例、2023年新建成省级节水科普馆及教育基地名单发布；举办第五届"节水在身边"全国短视频大赛、"节水中国、你我同行"联合行动、节水宣传"五进"活动（节约用水进机关、进校园、进社区、进企业、进农村）启动仪式和中央媒体联合采访团出征仪式。西安主会场与7个分会场进行视频连线互动。6名县委书记录制特别节目《县委书记谈节水》。中国"节水大使"走进校园、社区、企业宣传节水。

杨雨凡　赵春红　执笔
李　烽　审核

专栏 33

"中国节水奖"获得审批

水利部人事司　全国节约用水办公室

节水优先是习近平总书记"节水优先、空间均衡、系统治理、两手发力"治水思路的首要内容，是治水工作的根本方针。节约用水涉及各行业各部门，涉及生产、生活、生态各领域，涉及观念、意识、标准、技术等多要素。为推动提升全民节水意识、激发社会各方面参与节水工作的热情，根据《节约用水条例》关于"要对节水成绩显著的单位和个人，按照国家有关规定给予表彰、奖励"有关规定，2024年4月，水利部向党和国家功勋荣誉表彰工作委员会办公室申请设立"中国节水奖"。经过积极争取，充分论证，2024年年底该项目获批开展，周期为3年。

"中国节水奖"将对在实施国家节水行动、建设节水型社会、农业节水增效、工业节水减排、城镇节水降损、再生水等非常规水利用、节水理论研究和科技研发推广、节水宣传教育与科普、节水志愿服务等重点领域工作中实践探索、创新突破、成效显著的集体和个人进行表彰。首届"中国节水奖"评选表彰工作拟于2025年启动实施。

袁　静　张建民　执笔
郭海华　骆　莉　审核

宁夏回族自治区银川市：
激活"塞上湖城"高质量发展"水因子"

近年来，宁夏回族自治区银川市全面落实最严格水资源管理制度，深入践行"四水四定"原则，全面提升水资源节约集约利用水平，让有限的水资源发挥更大作用，为先行区示范市建设提供坚实保障。

农业方面，高标准农田建设是实现高效节水农业的重要途径之一。贺兰县作为用水权改革的试点，已成立5家智能节水科技公司，管理着全县52.5万亩耕地的用水。节水公司定期检查水渠防止破损渗漏，因地制宜研究节水措施。此外，银川市还集中改造了连片鱼塘3.2万亩，建设设施养殖15万 m^2，大力推广三池两坝、稻渔综养、鱼菜共生、复合生态沟塘、温棚微生物降解等水质净化模式，渔业面积稳定在10.05万亩，适水产业规模和效益稳步提升。

工业方面，以节水型园区建设和用水权改革为抓手，通过出台鼓励节水控水支持政策，全面推动园区水资源利用向集约式转变。园区投资1.7亿元建设再生水储存设施和输配管网，将再生水引入重点企业，全面提高再生水使用率。同时，银川市还通过实施冷却水循环回用、再生水利用、废水处理再利用、蒸汽冷凝水回收利用等措施，深度挖掘企业节水空间，工业节水增效成果显著。

水资产管理方面，以县域为单元，全面推进用水权确权，已完成农业、工业、养殖业确权工作，实施银川市3区和永宁县水资源节约集约利用监管项目建设，建立了《银川市金融支持用水权改革的实施方案》等20余项改革制度，累计实现用水权交易71笔，交易水量近6.83亿 m^3，交易金额7.06亿元，有力推动了水资源向水资产转变。

河湖生态管理保护方面，银川市采用"一沟一策"的治理方法，对挡浸沟等9条城市黑臭水体进行治理；随后，又实施了银新干沟、第二排水沟、西大沟生态修复及品质提升工程。银川市加快实施污水处理厂提标改造，16座污水处理厂全部实现一级A排放标准，城市污水集中处理率达到95%以上，县城污水处理率达到85%以上，农村生活污水处理率达到50%。积极开展农业面源污染防治，绕城高速公路内全面禁止施用化肥、农药、除草剂，禁养区的畜禽养殖场关停搬迁，小散乱养殖场全部退出城区，大型规模养殖场粪污处理设施配套率达100%。大力开展人工湿地建设，建成南北贯通50km，串联湿地8处，形成面积1.1万亩的滨河水系，种植水生植物持续生态治理，确保排入黄河的水质稳定。

孟砚岷　王　瑜　执笔
石珊珊　李海川　审核

大力推进节水产业发展

全国节约用水办公室

2024年，我国节水产业快速发展。6月，水利部联合国家发展改革委、工业和信息化部、住房城乡建设部、农业农村部印发《关于加快发展节水产业的指导意见》，并陆续推出一批支持产业发展的政策举措和具体措施。10月，水利部在全国节约用水办公室增设节水产业处，强化抓节水产业的专门机构及人员力量，各地发展节水产业的信心进一步增强。

一是构建"1+N"制度政策框架。五部委《关于加快发展节水产业的指导意见》印发实施，围绕"农业节水增效、工业节水减排、城镇节水降损"三大领域，从国家层面对节水产业发展进行顶层设计，构建"政策、标准、优培、市场、创新"五大体系，明确到2027年节水产业规模过万亿的目标。全国节水办会同有关部门联合出台合同节水管理、绿色金融支持、节水器具普及、科技创新引领等专项政策，指导地方因地制宜细化落实措施，形成政策组合拳。

二是多措并举推广合同节水管理。印发《关于加强合同节水管理辅导工作的通知》，指导河北省邯郸市、唐山市等地实施全域合同节水管理，促成邯郸市人民政府与中国水务达成合同节水管理项目签约，意向项目金额50亿元，遴选发布39个合同节水管理典型案例。全年实施合同节水管理项目577项，超额完成年度任务，全国合同节水管理项目累计1867项，总投资超168亿元，年节水量达10.4亿 m^3，平均节水率约为22%。

三是强化节水产业标准引领。研究提出《节水产业统计分类标准》，初步统计我国节水相关企业6.9万家，节水领域公开的专利超过2.9万个，估算节水相关产业市场规模7640亿元。创新节水认证标准体系，范围共涵盖199类用水产品、3000多个规格型号、涉及1061家企业，4种节水产品进入政府采购清单。初步建立水效标识制度和标准体系，共涵盖6类生活用水产品，备案企业 1.1 万家，备案产品型号超 11 万件。

四是推动节水产业集群发展。推进建设京津冀、长三角、粤港澳大湾区节水产业高地和全国多个节水设备制造、科技研发创新集聚区，初步形成"三地多区"发展布局。长三角节水产业联盟在上海成立，天津市召开节水产业融通发展峰会，陕西省组织召开西安国际水博会，江苏省率先成立 2 个节水产业园区，节水产业在各地蓬勃发展。联合国管局印发《关于开展公共机构节水器具普及更新工作的通知》，会同商务部等部门印发《关于做好家装厨卫"焕新"工作的通知》，会同国家发展改革委等部门研究制订《关于推动重点领域用水设备更新和用水产品以旧换新的实施方案》，节水产品市场需求进一步提振。

五是培育节水产业发展环境。全面加强绿色金融支持，联合中国银行印发《关于金融支持节水产业高质量发展的指导意见》，加强与中国人民银行、国家开发银行、中国工商银行等金融机构沟通协调，指导 23 个省（自治区、直辖市）推出"节水贷"等绿色金融配套政策和有关产品。截至 2024 年年底，合作银行节水产业相关领域贷款余额达到 2481 亿元，较年初增长 17.4%。青海、浙江、山东、福建、湖北等省份因地制宜打造优质供给、精准对接的节水产业博览会、推介会、交流会，打造节水产业交易交流平台。

六是促进节水产业科技支撑。推动筹建节水领域国家技术创新中心，完成《节水领域国家技术创新中心顶层布局方案》并报科技部备案。印发《水利部办公厅关于鼓励建设节水技术创新中心的通知》，指导 16 个省（自治区、直辖市）建设省级节水技术创新中心 31 个，提升节水科技创新能力和产业化应用水平。发布 2024 年度成熟适用水利科技成果推广清单，组织召开节水科技推广会，加强节水技术精准匹配和供需对接。建立中国—哈萨克斯坦、中国—新加坡国际合作机制，推进节水产业技术"走出去"。

黄一凡　执笔

李　烽　审核

专栏 34

合同节水管理 10 年发展取得新突破

全国节约用水办公室　水利部综合事业局

2014 年以来，水利部从坚持政府与市场两手发力、更加有效发挥市场作用出发，开创性提出了合同节水管理的新模式，并纳入水利改革发展总体布局，在实践中持续推动深化。截至 2024 年年底，全国累计实施合同节水管理项目 1977 项，总投资 172.68 亿元，年节水 10.8 亿 m^3，平均节水率 22.52%。10 年来，合同节水管理项目数量逐年增加，商业模式不断创新，实施领域不断拓展，超过 800 家节水服务企业参与，培育发展了一批节水服务企业。

一、制度政策体系更加完善

国家"十三五"规划、"十四五"规划和《中华人民共和国黄河保护法》《节约用水条例》《党中央、国务院关于加快经济社会发展全面绿色转型的意见》《国家节水行动方案》等对推广合同节水管理作出部署。2023 年，水利部联合 8 个部门印发《关于推广合同节水管理的若干措施》。2024 年，水利部联合 4 个部门印发《关于加快发展节水产业的指导意见》，对合同节水管理工作作出系统谋划。积极推动将合同节水管理纳入《绿色低碳转型产业指导目录》《绿色债券支持项目目录》《环境保护、节能节水项目企业所得税优惠目录》等财税金融优惠目录，将合同节水管理作为金融支持水利的重点支持领域，制定印发《水利部　中国银行关于金融支持节水产业高质量发展的指导意见》，指导 25 个省（自治区、直辖市）推出"节水贷"等绿色金融配套政策和有关产品。

二、辅导推动机制更加有效

2024 年，水利部办公厅印发《关于加强合同节水管理辅导工作的通知》，指导各地摸排节水需求，开展政策宣讲，建立项目台账，强化辅导服务和供需对接。部领导主持视频调度节水产业发展工作，组织专家赴河北、江苏、辽宁、河南等10余个省份开展现场辅导。建立合同节水管理服务平台，为企业和用水户牵线搭桥、提供服务。组织制定《合同节水管理技术通则》等4项国家标准和《公共机构合同节水管理项目实施导则》等4项团体标准。将高校作为发展合同节水管理的突破口，全国10%以上高校采用了合同节水管理模式。遴选公布了两批共69个典型案例，调研推广宁夏回族自治区吴忠市利通区灌区合同节水管理创新模式，全程指导河北省邯郸市首创全域合同节水管理新模式。每年组织开展现场观摩、技术交流、政策研讨、网络培训等，通过新华社、《人民日报》等主流媒体加强政策解读与案例宣传。

三、合同节水市场更具活力

经过10年创新实践，已经形成更加适合我国节水实际、水资源管理特点和节水服务市场发展趋势的合同节水管理新模式，节水服务市场更具活力。项目数量逐年增加，2014—2024年合同节水管理新增项目由7项增长到687项，年节水量突破10亿 m^3，项目数量和节水效益均实现重大飞跃；商业模式不断创新，在节水效益分享型等传统模式的基础上，涌现出用水权交易型、资源置换型、综合农事全流程托管服务等"合同节水+"创新模式，拓宽项目收益渠道，为合同节水管理注入新的活力；实施领域全方位拓展，由最初的公共机构领域，逐步延伸至农业节水增效、工业节水减排、城镇节水降损全部领域，实现多领域广泛应用；覆盖区域实现全国布局，全国32个省级行政区已实现全覆盖；节水产业蓬勃发展，870多家节水服务企业参与合同节水管理项目，其中民营企业数量比例超过80%，在政策支持和市场需求的推动下，保障了各方合理收益，展现出显著的节水效果和市场活力，促进了节水产业发展，实现了"帕累托最优"。

李佳奇　任　亮　执笔
刘宝勤　审核

推进非常规水规模化利用

全国节约用水办公室

加强非常规水开发利用有助于增加水资源、保护水生态、改善水环境、降低碳排放、推动区域经济社会高质量发展，既是深入贯彻习近平总书记"节水优先、空间均衡、系统治理、两手发力"治水思路和关于治水重要论述精神的政治要求，也是落实党中央、国务院关于推进污水资源化利用、实现绿色低碳发展的内在要求。2024年，水利系统落实节水优先方针，开展非常规水利用提升行动，从政策标准、工程设施、试点建设等方面持续发力，全国非常规水利用领域和规模不断扩大，非常规水利用领域由河湖生态补水向工业、农业、城市杂用扩展，2023年全国非常规水利用量达到212亿m^3，预测2024年全国非常规水利用量超220亿m^3，相比2022年增加约44亿m^3，有效缓解了水资源供需矛盾，非常规水逐渐成为部分城市稳定可靠的"第二水源"。

一是完善非常规水开发利用。将缺水地区非常规水开发利用工程设施建设纳入《市县水网建设规划编制技术要点（试行）》，明确以节水为前提，坚持常规水与非常规水统一配置的城乡供水骨干工程布局建设思路。实施重点工程项目储备，水利发展资金2025年第一批节水补助资金安排5亿元支持20个非常规水开发利用工程设施建设，建立动态更新的项目储备机制，按两年滚动方式编制实施方案，分批开展非常规水开发利用工程建设。启动编制京津冀再生水配置体系建设总体方案和省级实施方案（2025—2030年），合理确定预期目标，科学规划配置体系布局，统筹将再生水配置于工业生产、城市杂用、河湖生态补水等领域，带动金融资本和社会资本深度参与，着力打造系统完备、结构合理、安全可靠、绿色智能、具有国际示范意义的超大规模再生水配置体系。

二是高质量推进再生水试点建设。根据典型地区再生水利用配置试点中期评估结果，高位推动，分类指导，深入推进76个典型地区再生水利用配置试点城市建设有力有序开展，各试点城市根据水资源禀赋与发展需求，科学确定再生水利用规划布局，强化再生水配置管理，提高再生水供给能力，因地制宜建设再生水厂、输水管网等输配设施，逐步推进分质供水，探索完善激励政策制度，形成了不少效果好、能持续、可推广的典型经验和模式。联合国家发展改革委、住房城乡建设部印发《推进重点城市再生水利用三年行动实施方案》，遴选确定西安、昆明、唐山等50个重点城市推进再生水利用。配合生态环境部公布第二批区域再生水循环利用试点城市名单，选择邢台、吕梁等19个城市，将再生水纳入水资源统一配置，推动再生水生产和利用平衡、湿地净化与调蓄能力匹配。

三是健全非常规水开发利用政策制度。结合《中华人民共和国水法》修改，系统性强化非常规水开发利用相关条文。抓好《节约用水条例》中非常规水开发利用相关规定的宣贯落实。建立健全涵盖规划配置、工程设计、水质、安全利用等各个环节的非常规水技术标准体系，开展非常规水利用量统计规范、非常规水开发利用规划编制规程、雨水集蓄利用工程技术标准等3项国家标准制修订，推进微咸水综合利用技术导则、微咸水利用工程技术规范等2项国家标准立项。研究建立节水统计调查制度，首次向社会发布《中国节约用水报告2023》，建立再生水、集蓄雨水、海水淡化水、矿坑（井）水、微咸水等非常规水开发利用数据按年统计更新机制。

下一步，水利系统将继续夯实非常规水"第二水源"战略基础，完善非常规水开发利用工程设施，谋划开展重点区域非常规水替代行动，聚焦再生水利用管理体系，助力拓展高质量发展空间。

郭　磊　执笔
李　烽　审核

严格水资源论证和取水许可管理

水利部水资源管理司

2024年，水利系统以从严从细管好水资源为主线，开展取用水管理巩固提升行动，严格水资源论证和取水许可管理，加快建立取用水领域信用体系，切实规范水资源开发利用秩序。

一、开展取用水管理巩固提升行动

4月，水利部部署开展取用水管理巩固提升行动，在取用水管理专项整治行动基础上，突出抓好取水许可电子证照管理和取用水监管数字化应用，及时动态发现和查处违规取用水问题，切实提高取用水管理的数字化、网络化、智能化水平。行动历时8个月，经过水利部、流域管理机构、各省级水行政主管部门共同努力，各项任务如期完成，取得显著成效。

一是取水口及取水许可信息数字化管理能力显著提升。全面完成取水口信息比对衔接，对取用水管理专项整治行动核查登记的全国河道外586万个取水口信息，与60万套取水许可电子证照取水口信息进行逐项比对，明确取水口信息对应关系，并在取水许可电子证照系统中补充完善。截至2024年12月，完成信息比对衔接的取水口数量达579万个，完成率达99%。将取水口有关数据信息纳入水资源监管"一张图"，利用取水许可电子证照系统组织开展数据治理，实现了取水许可电子证照数据动态更新。

二是取水在线计量率和计量数据质量显著提升。规模以上取水基本实现在线计量，组织将地表水年许可水量50万m^3以上、地下水年许可水量5万m^3以上的非农取水，以及5万亩以上的大中型灌区渠首取水口取水的在线计量数据全面接入全国取用水管理平台。截至2024年12月，规模以上取水在线计量率超过96%。通过安装离线计量或"以电折水"方式计量水量的，首次按季度上传取水计量数据和计量凭证。推动各流域管理机构、地方各级水行政主管部门逐步建立取水计量设施（器具）电子档案。

三是取用水事中事后监管的智慧化水平显著提升。5月，印发《关于利用全国取用水管理平台建立违规取水问题线索排查整改常态化机制的通知》，利用信息化手段加强对许可水量、计量水量、统计水量等数据的分析比对，将超许可水量取水、违规新增取水许可、证照失效仍取水、计量数据异常及超管控指标审批等疑似问题及时动态推送给流域管理机构和省级水行政主管部门，建立了问题线索推送、地方排查确认、推进问题整改、逐级复核认定的工作机制。

二、严格水资源论证和取水许可管理

一是开展建设项目水资源论证和取水许可审批线上抽查。建设项目水资源论证和取水许可审批是取用水管理的"第一粒扣子"，是从源头严格水资源管控、落实水资源刚性约束制度的重要抓手，是取用水事前监管的重要环节。为深入了解各地建设项目水资源论证和取水许可审批实施情况，发现和整治水资源论证报告编制质量、取水许可审批存在的问题，将31个省（自治区、直辖市）已审批并发证的部分建设项目作为抽查对象，组织开展建设项目水资源论证和取水许可审批线上抽查。针对抽查发现的问题，依法依规指导督促地方水行政主管部门建立问题台账、明确整改措施、做好问题整改。

二是持续完善水资源论证技术标准体系。组织推动《建设项目水资源论证导则　第8部分：钢铁行业建设项目》《建设项目水资源论证导则　第9部分：纺织行业建设项目》《建设项目水资源论证导则　第12部分：水源热泵建设项目》出台。截至2024年12月，13项分行业建设项目水资源论证导则已累计出台10项，为取水许可审批提供技术支撑。

三是完善流域管理机构取水许可管理权限。贯彻落实《中华人民共和国黄河保护法》，3月印发《水利部关于公布黄河水利委员会在黄河干流及跨省重要支流取水许可管理权限的通知》，确定水利部黄河水利委员会在黄河干流及跨省重要支流指定河段的取水许可管理权限。

三、加快建立取用水领域信用体系

为深入贯彻落实中央关于水资源刚性约束和社会信用体系建设的要求，加快取用水领域信用体系建设，强化取用水信用监管，7月，水利部、国家发展改革委联合印发了《关于实施取用水领域信用评价的指导意见》（以下简称《意见》），重点围绕取用水领域信用评价的范围、规则、程序和结果运用等方面，对当前和今后一个时期的取用水领域信用评价工作作出总体安排和部署。《意见》要求各流域管理机构、各省级水行政主管部门开展取用水领域信用评价工作，将取用水户相关信息与全国取用水管理平台等按需共享，推动取用水领域信用评价纳入《全国公共信用信息基础目录》，加强其他领域信用信息和严重失信主体名单信息的共享使用，切实提高取用水管理的权威性和威慑力。同步开展《取用水严重失信主体信用管理办法》研究，建立了取用水信用评价信息管理平台，为开展取用水领域信用评价工作提供基础支撑。

四、2025年工作重点

下一步，水利部门将切实加强取用水全过程监管，严格水资源论证和取水许可管理，强化违规取用水问题查处整改，开展取用水领域信用评价，加强信息数据汇聚共享，指导开展电子证照数据治理，不断提升取用水智慧监管能力水平。

李笑一　马　超　王海洋　范子龙　郭　飞　执笔
于琪洋　张鸿星　审核

专栏 35

《水利部 国家发展改革委关于实施取用水领域信用评价的指导意见》印发

水利部水资源管理司

为全面贯彻落实党中央、国务院关于实行水资源刚性约束制度和关于社会信用体系建设的决策部署，加强社会信用体系建设，2024年7月，水利部、国家发展改革委联合印发了《关于实施取用水领域信用评价的指导意见》（以下简称《意见》），对当前和今后一个时期的取用水领域信用评价工作作出总体安排和部署。

《意见》指出，取用水领域信用评价是贯彻落实习近平总书记关于治水重要论述精神，加强取用水监管、规范取用水秩序的重要手段，是精打细算用好水资源、从严从细管好水资源的关键举措。加快取用水领域信用体系建设，建立跨部门协同监管机制，将有力发挥信用在取用水领域创新监管机制、提高监管能力方面的基础性作用。取用水领域信用评价工作，以加强取用水信用监管为着力点，将取用水领域违法违规和弄虚作假等行为纳入信用记录，建立信用评价规则，规范信用评价程序，强化评价结果运用，通过以评促管、部门联动、稳慎适度，建立健全取用水领域守信激励和失信惩戒机制，引导取用水户依法依规取用水资源，规范水资源开发利用秩序，提高取用水管理的权威性和威慑力，支撑和保障水利高质量发展。

《意见》重点从3个方面对实施取用水领域信用评价作出了具体安排。一是建立信用评价规则。流域管理机构和省级水行政主管部门作为评价主体，先期对已纳入取水许可管理的非农业取用水户和未经批准擅自取水的非农业取用水户开展信用评价。二是明确信用评价程序。评价工作每年开展一次，每年3月底前完成上一年度信用评价，建立评价结果公示和异议申诉处理机制，评价结果依托"信用中国"等网站向社会公布。三是强化评价结果应用。依法实施守信激励和失信惩戒，开展取用水领域信用分级分类监管，加强取用水领域信用评价与全国信用信息共享平台公共信用综合评价的融合应用。

《意见》强调，各单位要将实施取用水领域信用评价作为实行水资源刚性约束制度的一项重要任务，不断健全取用水领域信用监管相关制度，将取用水户相关信息与全国信用信息共享平台等按需共享，落实信息安全责任，加强政策宣传，营造良好社会氛围。

李笑一　马　超　王海洋　侯兆云　李佳璐　执笔
于琪洋　张鸿星　审核

加快推进全国水资源监测体系建设

水利部水资源管理司

党的二十届三中全会明确要求落实水资源刚性约束制度。落实水资源刚性约束制度，是当前贯彻"四水四定"原则、强化水资源节约集约利用、支撑和保障高质量发展的重要举措。健全水资源监测体系是落实水资源刚性约束制度的基础性支撑，是精打细算用好水资源、从严从细管好水资源的关键手段。水利系统高度重视水资源监测体系建设，把水资源监测体系建设作为提升水利行业能力的重中之重，加快推动水资源监测体系建设相关工作。

一、2024年工作开展情况

一是做好水资源监测体系建设顶层设计。制定印发《全国水资源监测体系建设总体工作方案（2024—2027年）》，重点围绕取水口取水监测计量、河湖断面和地下水监测、监测计量数据信息化应用，明确了水资源监测体系建设的总体考虑、主要目标和重点任务。协调国家发展改革委、财政部等相关部门加强对此项工作的支持，安排中央水利发展资金支持取用水监测计量体系建设。

二是组织编制水资源监测体系建设实施方案。组织各流域管理机构、各省，在前期专题论证基础上，结合本流域、区域实际，实化细化工作方案中有关取水口取水监测计量、河湖断面和地下水监测、监测数据信息化应用等内容的目标、任务、分工安排、实施计划等，编制了各流域、各省2025—2027年水资源监测体系建设实施方案。对各流域管理机构和省级水行政主管部门上报的实施方案进行技术审查，对各实施方案的完整性、目标任务的合理性、方案实施的可行性进行把关。在此基础上，编制完成《全国水资源监测体系建设实施方案（2025—2027年）》，进一步细化了工作任务，明晰了各类任务的立项途径和实施方式。

三是完善取水监测计量体系。《取水计量技术导则》（GB/T 28714—2023）国家标准自 4 月 1 日起正式实施。结合巩固提升行动，组织建立取水计量设施（器具）电子档案，加快推进取水在线计量数据接入。截至 2024 年年底，建立了 230 多万个取水口取水计量档案，全国取用水管理平台在线计量点已达 25 万个，规模以上取水在线计量率超过 95%，在线计量率提高了 21 个百分点。

四是加快推进农业灌溉机井"以电折水"。为有效破解农业灌溉机井计量难题，与国家电网有限公司创新推进农业灌溉机井"以电折水"取水计量，于 6 月签署了战略合作框架协议。7 月，联合国家电网有限公司印发了《关于加快推进农业灌溉机井"以电折水"取水计量和管理工作的通知》。制订完成《农灌机井取水量计量监测方法》技术标准并经市场监管总局批准发布，联合打造"电力看水资源"监测平台，组织各地加快开展水电档案匹配、典型样本井建设和"以电折水"系数测算等工作。河北、内蒙古、陕西、山西 4 个省（自治区）水利电力部门已签署战略合作协议。

五是组织做好用水统计调查制度实施。加快用水统计调查基本单位名录库建设，加强用水统计报表填报审核，组织完成 2023 年度用水总量核算，编制发布《2023 年中国水资源公报》。印发实施《2024 年用水统计调查数据质量抽查工作方案》，通过线上抽查的方式，组织完成了对 128 个县级行政区以及 1727 个用水户的抽查检查工作。

二、2025 年工作计划

下一步，水利部将强化标准、规划、项目、立项、建设、评价全链条管理，具体如下。

一是组织抓好总体方案实施。按照"两监测、一应用"的框架体系，组织抓好《全国水资源监测体系建设总体工作方案（2024—2027 年）》和实施方案任务落实，协调相关部门和司局落实相关资金支持推进相关工作。

二是开展取用水监测计量能力提升专项行动。分类完善取水计量设施（器具）电子档案，加快推进取水在线计量数据接入和非在线数据上传工作，扩大取水在线计量覆盖面，切实提高数据到报率和数据质量，强化取用水监测计量数据的实际应用。协调落实中央水利发展资金支持地方开展相关工作。

三是全面推进农业灌溉机井"以电折水"。进一步加强与国家电网有限公司的战略合作，共同建立农业灌溉机井"水—电"信息归集平台，指导各地细化"以电折水"工作范围、完善"水—电"信息关联档案、优化"以电折水"系数测算、强化"以电折水"数据应用。

四是抓好用水统计调查制度实施。进一步抓好用水统计调查名录库复核和日常数据报送审核，组织开展取用水监测计量统计专项抽查。按期发布《中国水资源公报》，研究建立用水统计数据定期发布机制。

马　超　孙　蓉　李佳璐　罗　静　郭　飞　执笔
于琪洋　齐兵强　审核

专栏 36

组织开展饮用水水源地名录库制定工作

水利部水资源管理司

习近平总书记多次就做好饮用水水源地安全保障作出重要指示批示。水利部高度重视饮用水水源地保护，全面贯彻落实《中华人民共和国水法》《中华人民共和国长江保护法》《中华人民共和国黄河保护法》《地下水管理条例》《国务院关于实行最严格水资源管理制度的意见》等法律法规和文件规定，持续加强水源管理保护，为供水安全提供有力保障。为全面掌握全国饮用水水源地数量、类型、分布和取用水管理情况，2024年，水利部按照水源地供水量、供水人口、区位重要性等因素，组织开展了县级及以上饮用水水源地名录库制定工作。

4月，水利部编制了《饮用水水源地名录库建设工作方案》，组织各流域管理机构和各省级水行政主管部门启动了饮用水水源地名录库制定工作。5—8月，组织对各类饮用水水源地基础信息初步筛查，综合各流域、各省域特点，研究确定了饮用水水源地命名规则和流域重要水源地纳入标准。9—11月，水利部印发《关于开展饮用水水源地名录库制定工作的通知》，组织各省（自治区、直辖市）对向县级及以上城市供水的各类在用、备用（含应急）的集中式饮用水水源地进行全面排查确认，并对省级水行政主管部门、流域管理机构成果进行复核，基本摸清了全国集中式饮用水水源地现状，建立了全国饮用水水源地数据库。

下一步，水利部将继续完善全国饮用水水源地监管平台，建立全国集中式饮用水水源地名录。

李笑一　王　华　王海洋　杨　钦　执笔
于琪洋　张鸿星　审核

专栏 37

积极推进农灌机井"以电折水"取水计量

水利部水资源管理司

党的二十届三中全会明确要求落实水资源刚性约束制度。取水计量是落实水资源刚性约束制度的重要基础，我国现有农业灌溉机井 536 万眼，农业灌溉机井点多、面广、量大，长期以来是取水计量的短板。为贯彻落实习近平总书记关于精打细算用好水资源，从严从细管好水资源的重要指示精神，着力破解农业灌溉取水计量难题，2021 年以来，水利部联合国家电网有限公司加快推进农灌机井"以电折水"取水计量战略合作，2024 年度工作取得积极进展。

一是部门战略合作取得重要进展。6 月，水利部与国家电网有限公司就农业灌溉机井"以电折水"签署了战略合作框架协议，7 月初印发了《关于加快推进农业灌溉机井"以电折水"取水计量和管理工作的通知》（以下简称《通知》）。《通知》重点围绕水电信息关联建档、典型监测站网建设、"以电折水"系数测算、用水用电数据转换、"以电折水"成果应用等环节，对"以电折水"工作进行安排部署。在相关政策的指引下，各省水利部门与电力部门战略合作加快推进。4 月，《取水计量技术导则》国家标准正式实施，为推进"以电折水"提供了依据和技术支撑。编制完成《农灌机井取水量计量监测方法》，作为国家计量技术规范，于 2025 年 1 月 1 日实施。

二是协同配合机制不断健全完善。按照智慧水利建设要求，与国家电网有限公司联合打造"电力看水资源"监测平台，部署了水电档案匹配、用电用水监测、机井异常预警等应用场景，利用全国取用水管理平台开发相应功能模块，并计划与国家电网有限公司实现信息平台协同。协调财政部利用中央水利发展资金支持地方推进农灌机井"以电折水"。

三是"以电折水"实践稳步有序推进。2021年以来,水利部联合国家电网有限公司在河北、山西、内蒙古、辽宁、吉林、黑龙江、山东、河南、陕西、新疆10个省(自治区)启动了先行先试工作。2024年以来,各地工作力度进一步加大。据统计,全国一半左右的省份正在推进或计划推进"以电折水",主要集中在北方地区,覆盖范围占全国地下水取水口的95%以上。其中,河北、山西、陕西、辽宁、黑龙江5个省已基本完成"水-电"信息建档工作,形成了较为完整的"以电折水"名录信息。河北省率先完成各环节工作,百万眼农灌机井全面实现"身份证式"管理和水电信息关联建档,基本全面建成"以电折水"系数典型监测站网,以乡镇为单元发布"以电折水"系数上下限阈值及推荐值;山东省完成"以电折水"系数分区64个,辐射试点区,初步测算试点区域"以电折水"系数成果;广东省作为南方地区也积极开展探索实践,初步建成"以电折水"典型监测站网和"以电折水"计量档案。

四是数据分析应用取得初步成效。河北省基本能够做到按月掌握全省用水数据,"以电折水"数据成果已被广泛应用于用水总量控制、取水许可监管、用水统计调查等诸多具体工作,有力助推了水资源监管精细化智慧化水平的提升。内蒙古自治区利用"以电折水"成果基本实现了农业灌溉取用地下水量全面统计,并通过"以电折水"数据成果倒逼有关地区压采地下水,促进农业节水。辽宁省朝阳市应用"以电折水"样本井监测的水量数据,核算不同作物及灌溉方式条件下的用水定额,用于用水统计系统中县域小型灌区农业用水量计算。"以电折水"有效扩大农业灌溉取水计量覆盖面,通过"以电计水""以电控水"等工作,及时发现并遏制非法打井以及机井"明关暗用""停而复用"等问题,实现更加精细化、智慧化的取水监管。

马　超　李　彦　郭　飞　罗　静　李佳璐　执笔

齐兵强　审核

持续强化水资源统一调度

水利部调水管理司

2024年，水利系统持续强化水资源统一调度，不断提升水资源调度管理能力和水平。

一、跨省江河流域水资源统一调度持续强化

水利部先后印发了《开展水资源调度的跨省江河流域及重大调水工程名录（第一批）》《开展水资源调度的跨省江河流域名录（第二批）》，涉及跨省江河流域85条，以有序调度、科学调度为目标，强化水资源统一调度管理，持续推进跨省江河流域水资源统一调度。

截至2024年年底，开展水资源统一调度的跨省江河流域65条，其中：第一批名录中明确的55条跨省江河流域已全部开展水资源统一调度，第二批名录明确的30条跨省江河流域中湘江、资水、澧水、洞庭湖环湖区、窟野河、罗江、阿伦河、音河、建溪、交溪10条跨省江河流域已启动水资源统一调度。水利部批准下达淮河水资源调度方案和金沙江、汉江、太湖、西辽河、永定河、松花江干流、淮河干流及其重要支流、西江等30条跨省江河流域年度调度计划，对嫩江等35条跨省江河流域年度调度计划提出备案意见，有力促进了流域治理管理统一调度工作落实，加快了目标科学、配置合理、调度优化、监管有力的流域水资源管理体系的构建。水资源统一调度已成为推动水利高质量发展、加快复苏河湖生态环境的有力抓手。

二、已建重大调水工程水资源统一调度高效实施

2024年，水利部持续推进重大调水工程调度，指导工程科学开展调度工作。印发引黄入冀补淀工程年度调度计划，持续推进引黄入冀调度工作，引黄入冀补淀工程向河北调水3.4亿 m^3，其中入白洋淀2153万 m^3，

持续稳定白洋淀生态水位，组织引黄入冀潘庄线路向大运河补水1.7亿m^3，助力大运河全线贯通。印发引江济淮工程年度调度计划并组织建立会商机制，引江济淮工程向淮河流域调水1.3亿m^3，保障工程发挥供水效益。组织制定引滦工程年度调度计划并开展调度工作，引滦工程调水6.8亿m^3，保障天津和河北唐山等地供水安全。组织制定东深供水、珠海澳门供水工程年度调度计划并开展调度工作，分别调水20.9亿m^3、4.3亿m^3，切实保障粤港澳大湾区用水安全。组织印发引汉济渭工程水资源调度方案（试行），推进引汉济渭工程在保障区域经济社会可持续发展和改善生态环境中发挥重要作用。2次组织实施望虞河引江济太调水、1次新孟河引江济太调水，累计调引长江水入太湖流域11.2亿m^3，有效补充太湖及河网优质水资源。

三、省内跨地市江河流域及调水工程水资源调度有序推进

全面加强调水行业管理，以水资源统一调度为抓手，努力实现有序调水、科学调水，推进调水管理工作在更高水平更大目标上取得新成效。指导省级水行政主管部门确定本行政区域内需要开展水资源调度的江河流域名录。截至2024年年底，全国31个省（自治区、直辖市）印发了水资源调度名录，共涉及410条省内跨地市河流、80项调水工程。

四、重点流域区域生态调度持续强化

一是强化黄河水量统一调度，黄河实现连续25年不断流，组织持续向黄河三角洲和乌梁素海实施生态补水，2024年分别补水2.01亿m^3、3.77亿m^3。二是西辽河水量调度取得历史成就，汛期调度期间，充分利用雨洪资源、实现洪水资源化利用，强化水资源统一调度、科学调度、精准调度，调度期末水头行进到总办窝堡枢纽以下72.9km处，取得了历史成就。三是永定河连续4年实现全线贯通，连续2年保持全年全线有水。四是印发实施漳河全线贯通补水方案，保持汛前全线贯通并经漳卫新河入海。五是指导启动黄藏寺水利枢纽生态调度运用，黑河东居延海实现连续20年不干涸。六是指导实施第25次向塔里木河下游生态输水，输水水头成功到达台特玛湖，再次实现塔里木河全线通水。七是开展石羊河生态补水，2024

年指导景电二期延伸向民勤调水工程向石羊河跨流域补水 1.03 亿 m^3，保障石羊河生态安全。

五、2025 年重点工作

水利部将坚决贯彻落实习近平总书记"节水优先、空间均衡、系统治理、两手发力"治水思路和关于治水重要论述精神，不断提升调度管理能力与水平，持续复苏河湖生态环境。一是持续完善调水管理制度。出台调水工程运行管理办法，健全调水工程运行管理机制，加强调水工程运行管理，充分发挥调水工程效益。二是继续强化水资源统一调度。继续推进65条跨省江河流域开展水资源统一调度，有序推进第二批名录中剩余的綦江、御临河等20条跨省江河流域全部启动水资源调度。深入推进省内跨地市江河流域开展水资源调度。三是持续强化重点流域区域生态调度。发挥调水工程生态补水效益，保障白洋淀、塔里木河、石羊河、东居延海、黄河三角洲等重点河湖区域生态安全。

梁钟元　何飞飞　尹文杰　倪康　俞雷　执笔

张玉山　审核

复苏河湖生态环境篇

全面推进幸福河湖建设

水利部河湖管理司

党的十八大以来，以习近平同志为核心的党中央高度重视河湖保护治理管理工作，作出全面推行河湖长制的重大决策部署，全国江河湖泊面貌发生了历史性变化。2019年9月，习近平总书记在黄河流域生态保护和高质量发展座谈会上，发出建设造福人民的幸福河的伟大号召；习近平总书记在党的二十大报告中指出，中国式现代化是人与自然和谐共生的现代化；2023年12月，中共中央、国务院印发《关于全面推进美丽中国建设的意见》对江河湖泊保护治理提出了明确要求；党的二十届三中全会要求加快完善落实绿水青山就是金山银山理念的体制机制，健全生态产品价值实现机制；2024年7月，中共中央、国务院《关于加快经济社会发展全面绿色转型的意见》要求完善生态文明制度体系，为绿色转型提供更强创新动能和制度保障。近年来，水利部会同各地各有关部门积极响应习近平总书记伟大号召，以河湖长制为抓手，因地制宜开展幸福河湖建设，实现探索，取得显著成效。

一、2024年幸福河湖建设开展情况

一是有序推进幸福河湖建设。水利部商财政部在17个省（自治区、直辖市）遴选40条河流实施幸福河湖建设项目，各地以河安湖晏、水清鱼跃、岸绿景美、宜居宜业、人水和谐为目标，统筹水灾害治理、水资源保护、水生态修复、水环境改善、水文化建设和岸线保护，有序开展幸福河湖建设。长江、黄河、淮河等七大流域分别组织召开省级河湖长联席会议，部署推动幸福河湖建设。各省份通过省级总河长令等方式部署推进，2024年新建成680条幸福河湖，河畅、水清、岸绿、景美的河湖景象陆续呈现，人民群众的获得感、幸福感、安全感显著增强。

二是不断规范相关制度。水利部商财政部、自然资源部、交通运输部、农业农村部、国家林草局联合印发《关于全面推进幸福河湖建设的意见》，从重点任务、河湖长制作用发挥、工作路径、保障措施等方面，对幸福河湖建设工作作出全面部署。水利部印发《幸福河湖建设项目实施意见（试行）》《幸福河湖建设项目负面清单指南（试行）》，加强中央财政水利发展资金支持开展的幸福河湖建设项目的管理，指导各地加强对项目申报、实施方案审核、项目实施、中期评估、总体验收、成效自评估等的全过程监管，引领带动各地规范有序推动幸福河湖建设。印发《幸福河湖建设项目实施方案编制指南（试行）》，指导各地科学规范编制幸福河湖建设项目实施方案。

三是持续加强幸福河湖宣传。组织开展幸福河湖优秀案例征集发布活动，在全国范围内征集一批治水效果明显、管护机制完善、推动区域发展有力，成效好、可持续、能复制的好经验、好做法，宣传河湖长制及幸福河湖建设成效，发挥引领作用。指导开展"家乡河·幸福河"宣传活动、"守护幸福河湖"公益短视频征集等宣传活动，营造全社会爱河护河的良好氛围。

四是推进河湖健康评价。河湖健康评价是掌握河湖健康状态、分析河湖问题的重要手段，是编制"一河（湖）一策"、实施河湖系统治理的重要依据，是河湖长组织领导河湖管理保护工作、检验河湖管理保护工作成效的重要参考。自全面启动河湖健康评价工作以来，各地积极组织实施河湖健康评价、建立河湖健康档案，2024年各地新开展9448条（个）河湖健康评价，累计完成1.67万条（个）河湖健康评价，逐河逐湖建立健康档案，针对健康评价发现的问题，滚动编制实施"一河（湖）一策"，逐步解决影响河湖健康的突出问题。

二、2025年工作重点

下一步，水利部将按照《关于全面推进幸福河湖建设的意见》的工作部署，进一步完善工作机制，压紧压实各级河湖长及相关部门的责任，加强河湖管护，稳步推进幸福河湖建设。一是指导各省份制定本地区幸福河湖建设实施方案（2025—2030年），提出拟建设的幸福河湖清单，以流域为单元，明确建设目标、任务举措、实施步骤等。二是指导各地充分发挥河湖长制在幸福河湖建设中的保障作用，明确各级河湖长组织领导和统筹协调责任，拓宽投入渠道，规范有序推进幸福河湖建设。各省份推进本省份幸福河湖名录建设，实行名录动态管理，强化幸福河湖建设成效"回头看"，对出现突出问题、不符合标准要求的及时调出名录。三是加强中央财政水利发展资金支持的幸福河湖建设项目实施的跟踪督导，确保项目实施成效。积极争取中央财政水利发展资金继续支持幸福河湖建设。四是鼓励各地选择自然禀赋条件好的河湖水系，在严格保护水域岸线空间、生态环境安全前提下，优化河湖资源配置，挖掘河湖生态价值，探索建立河湖生态产品价值核算指标体系，推动生态产品价值实现。五是继续面向全国征集发布幸福河湖优秀案例。六是指导督促各地基本完成"十四五"河湖健康评价任务，强化健康评价结果运用，滚动编制实施"一河（湖）一策"，有力有序推动解决影响河湖健康的突出问题；研究部署"十五五"时期河湖健康评价工作。

魏雪艳　执笔

李春明　审核

专栏 38

《关于全面推进幸福河湖建设的意见》印发

水利部河湖管理司

为贯彻落实党的二十届三中全会精神，推动经济社会发展全面绿色转型和美丽中国建设，全面建设造福人民的幸福河湖，2024 年 12 月，水利部联合财政部、自然资源部、交通运输部、农业农村部、国家林草局 5 个部门制定印发《关于全面推进幸福河湖建设的意见》（以下简称《意见》）。

《意见》提出幸福河湖建设的总体目标，要求到 2030 年，幸福河湖建设取得积极成效，以各地"母亲河"为重点建成一批幸福河湖；到 2035 年，江河湖泊保护治理能力和水平显著提升，河湖面貌全面提档升级，"河安湖晏、水清鱼跃、岸绿景美、宜居宜业、人水和谐"的幸福河湖基本建成。

《意见》明确幸福河湖建设重点任务，要求以流域为单元，以河湖水系为脉络，开展幸福河湖建设，具体任务包括：一是提升河湖安全保障水平。完善流域防洪工程体系、雨水情监测预报体系、水旱灾害防御工作体系，依法依规严格管控河湖行蓄洪空间，推动河湖管理范围纳入国土空间规划"一张图"，严格水域岸线管控。二是维护河湖健康生命。建构河湖伦理，贯彻"四水四定"，全面推进节水型社会建设，加快河湖生态环境复苏，加强河湖生态流量调度监管，推进水土流失综合治理，坚定不移推进长江十年禁渔，完善休禁渔制度。三是实现河湖清洁美丽。推进河湖岸线和滩区生态整治，打造沿河沿湖绿色生态廊道，恢复河湖自然形态和连通性，严禁违规占用耕地、违规取水挖湖造景，推进农村水系综合整治，完善污水收集配套管网建设，严格入河湖污染物管控。四是推动河湖生态产品价值转化。通过幸福河湖建设，持续改善河湖生态环境，夯实流域区域经济绿色发展、人民群众生活品质提升的基底，建立河湖生态产品价值实现机制，推动河湖生态优势、资源优势向发展优势、经济优势转化。五是保护传承弘扬江河文化。深入挖掘长江、黄河、大运河等江河文化内涵，推动中华传统治水文化创造性转化、创新性发展，延续江河文脉，讲好江河故事。

《意见》要求切实发挥河湖长制作用，形成党政主导、河长牵头、属地负责、部门联动的工作机制，充分发挥流域省级河湖长联席会议机制的作用，加强与公安、检察、法院、司法等部门协作，加快完善"天空地水工"一体化监测感知体系，健全社会力量参与河湖保护治理和幸福河湖建设工作机制，凝聚幸福河湖共治共管共享合力。

《意见》提出幸福河湖建设的工作路径。一是制定实施方案，要求省级河长办组织制定幸福河湖建设实施方案（2025—2030年），提请省级总河长审定后，以总河长令等形式印发实施。二是拓宽投入渠道，明确中央财政积极支持幸福河湖建设，倡导地方创新投融资机制，引导和撬动更多社会投资参与幸福河湖建设，创新河湖治理保护项目的融资、建设、管理模式。三是实行名录管理，省级河长办依据国家或省级幸福河湖评价技术标准组织评估，符合标准的纳入本省份幸福河湖名录，建立退出机制，对出现突出问题、不符合标准要求的调出名录。四是健全长效机制，完善幸福河湖长效运行管护机制，探索建立河湖保护者受益、破坏者赔偿的利益导向机制和河湖生态产品价值转化反哺河湖管护机制，持续提升河湖安全保障水平，维护河湖健康生命。

宋　康　执笔

李春明　审核

专栏 39

全国首单水利风景区暨幸福河湖生态产品价值实现成功交易

水利部综合事业局

2024年9月18日，水利风景区暨幸福河湖生态产品交易在浙江省开化县、德清县成功签约，签约总金额为1050万元。此次交易为全国水利风景区生态产品价值实现的首单，对建立健全河湖生态产品价值实现机制具有重要的示范意义。

近年来，水利部组织开展了水利风景区水生态产品价值实现相关研究，制定了河湖型水利风景区生态产品清单，组织专家团队对开化县马金溪水利风景区、德清县洛舍漾水利风景区开展生态产品价值核算。经专家论证，2023年，马金溪水利风景区生态产品价值17.02亿元，洛舍漾水利风景区生态产品价值4.64亿元。指导开化县、德清县人民政府分别出台水生态产品交易管理办法，明确交易区块水生态产品保护与开发经营、利益分配、反哺水利等的权责与义务，同时完成交易区域水域岸线利用涉水行政许可审批，为水生态产品价值实现提供了制度保障。在生态产品价值核算基础上，经过评估、网上公告、线下竞争谈判，两处水利风景区下淤村区块和洛舍漾半岛区块水生态产品价值最后以500万元、550万元价格成交。水利风景区暨幸福河湖生态产品价值实现成功交易，其经验启示如下。

一是探索了"生态治理+价值提升+共建共享"的水生态产品价值实现模式。将前端流域综合治理与后端产业发展相结合，以市场化经营开发机制促进生态资产保值增值，同时建立起协同推进乡村河湖水域管护的长效机制，明确将收益资金的27%反哺水利风景区河湖运行维护和乡村共富。德清县洛舍漾景区通过生态产品交易，可为村民新增就业岗位100余个，每年增加村集体收入预计超过 100 万元，有效保障了优质水生态资源价值提升与良性循环。

二是有效拓展了水利风景区助力水利高质量发展的新路径。全国有千余家水利风景区，它们生态资源富集、环境质量优越、工程景观雄伟、自然风光优美，蕴含着多种多样的水生态产品，价值实现的潜力巨大。实践证明，在严格监管、系统谋划、科学布局的前提下，可吸引市场主体参与水利风景区运营管理、河湖生态保护与修复，提升生态产品供给能力和水平，助力复苏河湖生态环境，可实现"绿水青山就是金山银山"的双向转化。

三是为河湖生态产品价值实现提供新思路。通过交易活动，指导地方人民政府和景区建立了"产品培育—权属确认—资产评估—产品交易—收益反哺"全链条河湖型水利风景区生态产品价值实现路径；根据河湖生态产品特点，提出了河湖生态产品清单，探索了水域岸线所有权、使用权、经营权"三权分离"价值实现模式；建立了交易收益资金按比例反哺河湖保护修复及乡村振兴模式，为实现河湖生态产品价值，推动幸福河湖建设提供了新思路。

董 青 执笔
雷 晶 审核

加快推进母亲河复苏行动

水利部水资源管理司

2024年，水利系统全力推进母亲河复苏行动取得突破性进展，获得显著成效。

一、全面完成2024年母亲河复苏行动年度工作任务

（一）全面部署，加快推进复苏行动

4月，水利部印发《加快推进母亲河复苏行动实施方案（2024年）》，明确了年度工作目标、重点措施和工作分工，要求举全行业之力推进母亲河复苏行动。7月11日，水利部部长李国英主持召开部务会议，研究加快推进母亲河复苏行动有关工作，要求统筹总体目标和阶段目标，做好复苏行动方案检视评估和持续实施，确保如期实现复苏目标任务。各有关司局和单位按照职责分工，细化实化工作任务，推进工作开展并加强督促指导，以更大力度支持母亲河保护治理。

（二）锚定目标，复核检视"一河（湖）一策"

水利部组织制定《关于母亲河复苏行动方案复核与检视相关要求》，逐河（湖）检视和完善复苏目标，分析措施合理性和有效性，实现目标与措施闭环管理。经检视复核和反复沟通协调，至2025年88条母亲河中，79条母亲河全部实现全线或力争实现全线贯通目标，其中全线贯通67条，力争全线贯通12条；9个湖泊维持生态水位（生态补水量）。与检视前相比，全线贯通的河流增加了36条。

（三）台账管理，推进重点任务措施落地

水利部组织逐河（湖）制定母亲河复苏行动2024年工作计划，共列明1519项重点措施和项目清单，逐项明确责任单位和完成时限，实施动态

跟踪管理，推进重点任务措施有效落实，其中，初始水权分配、生态流量核定、水资源调度等明确2024年年底前完成的重点任务已全部完成。

一是加快推进初始水权分配。77条（个）河（湖）完成初始水权分配，明确相关区域或取用水户在母亲河（湖）的可用水量，或明确水资源配置方案或河道内生态用水配置方案；其他11条（个）河（湖）因不跨县级行政区、无自产水资源或无取水等情况，无需开展初始水权分配。

二是加强生态流量管理。75条（个）河湖完成生态流量核定，共核定276个河湖断面和已建工程生态流量，其中河湖断面105个、已建水利水电工程171个。其他13条（个）河湖因属于人工开挖河道、行洪排涝或无取用水等暂不核定生态流量目标。

三是实施水资源统一调度。制定83条（个）河（湖）水资源调度或补水计划（其他5条河流因无控制性工程或无取水工程等情况，暂不需要制定水资源调度计划），并组织实施。水利部海河水利委员会制定《2024年华北地区河湖生态环境复苏实施方案》，持续推进做好多水源统一调度和生态补水调度。水利部松辽水利委员会制定《2024—2025年度西辽河流域水资源调度计划》等，科学精细调度西辽河干支流水库，优化汛期洪水调度。

四是严格取用水监管。水利部组织开展取用水管理巩固提升行动，加强母亲河（湖）取水许可电子证照管理，严格取水计量监督管理，动态全面掌握各类取水口信息，进一步规范取用水管理秩序。结合灌区现代化改造项目和农田灌溉发展规划实施，加大母亲河（湖）所在地区农业节水力度，提高用水效率。

五是推进河道整治等工程实施。水利部推动落实增发国债资金，支持24条母亲河提升防灾减灾能力、灾后恢复重建。制定《全国中小河流治理总体方案》，将34条母亲河及11条母亲河支流纳入方案，涉及母亲河1379km治理任务。2024年第二批水利发展资金支持5条母亲河治理，涉及7个项目72.6km河长。以母亲河为重点，组织编制《水生态保护修复工程实施方案（2024—2030年)》。纵深推进河湖库"清四乱"。

（四）定期评估，强化工作督导管理

一是开展成效评估。制定印发《母亲河复苏行动成效评估工作方案》，明确评估内容、指标体系和评估方法。组织开展复苏行动遥感解译工作，完成88条（个）河湖复苏行动前以及2024年4—11月的逐月遥感影像专题解译分析。完成海河流域63条（个）河湖2024年、2014年的生态环境复苏成效遥感影像专题解译分析，科学评估复苏成效。制定印发《水利部办公厅关于加快推进母亲河复苏行动水文监测分析工作的通知》，动态分析评价母亲河复苏成效并编制水文监测分析专报。

二是加强工作督导。组织相关单位及时跟踪复苏目标及任务措施进展情况，督促指导地方水行政主管部门按月在线填报。利用《水资源管理信息》定期发布复苏目标完成情况和工作进展，加强跟踪督办。开展"母亲河复苏成效显著"通报表扬有关工作。

三是强化水利技术标准和科技支撑。将《河湖复苏技术导则》《河湖复苏成效评估技术导则》等18项相关标准纳入新修订印发的《水利技术标准体系表》。利用国家重点研发计划"长江黄河等重点流域水资源与水环境综合治理"重点专项等渠道，支持河湖生态环境复苏有关科技问题。

（五）强化宣传，营造良好舆论氛围

中央电视台、《人民日报》、新华社等中央主流媒体对母亲河复苏开展了专题报道。央视《新闻联播》头条栏目播发《复苏河湖生态 构建人水和谐美丽中国》以及"复苏的母亲河"系列专题之长江篇、黄河篇，《新闻直播间》《东方时空》栏目先后播发系列专题。《人民日报》、新华社刊发多篇报道，深度反映母亲河复苏行动部署举措和良好成效。在第十届世界水论坛上发布《河流伦理建构与中国实践》报告，展现中国关于建构河流伦理的主张和理念，得到国际社会高度认可。10月17日，水利部举行"河湖复苏北京进展"新闻发布会，向社会公布母亲河复苏行动的工作进展、经验模式和复苏成效。母亲河复苏行动已形成广泛社会影响力，人民群众获得感、幸福感逐步提升。

二、2024年母亲河复苏行动成效取得显著生态效益

截至2024年年底，88条（个）母亲河（湖）中的79条河流，有74条河流实现全线贯通，比原定计划超额完成25条；5条河流增加有水河长和时长；9个湖泊保障生态水位（水量）。已超额完成2024年全线贯通复苏目标，1.4万km河流、744 km² 湖泊得到有效修复和保护，推动江河湖泊面貌持续改善。

（一）海河流域河湖全面复苏

统筹引江水、引黄水、当地水库水、再生水等水源，对海河流域7大河系、38个河湖实施常态化生态补水，相机对其他河湖实施补水，截至2024年年底，累计补水68.05亿 m³。海河流域"有河皆干、有水皆污"状况得到根本扭转，河湖面貌实现根本改善。2024年海河流域有水文监测数据的52条河流实现全线贯通。断流26年的永定河连续4年全线水流贯通，连续2年实现全年全线有水。断流百年的京杭大运河连续3年实现水流贯通。干涸40多年的滹沱河连续4年全线水流贯通，重现碧波。

（二）西辽河复苏取得突破

组织实施春季调度，精打细算用好每一方春季融冰水和上游水库蓄水，干流水头于4月1日最终到达总办窝堡枢纽以下58.75 km。7月25日启动汛期贯通调度，9月14日干流水头最终行进至总办窝堡枢纽以下72.9 km，刷新了西辽河干流水头近26年来行进的最远距离，标志着西辽河水量调度取得了历史性成就。

（三）跨省及省内重点河流复苏成效明显

黑河流域加强冬季调度、春季融冰期水量调度、春季集中调度和关键期调度，东居延海连续20年不干涸。洮儿河、史河、灌河、石羊河、庄浪河等河流实现全线贯通，其中石羊河首次利用原河道东大河输水到青土湖，青土湖维持一定范围的旱区湿地，生态状况稳步恢复。七里海生态水位稳定达标，春季共监测到20余万只迁徙候鸟途经七里海，其中国家一级保护动物东方白鹳累计过境超过4000只。

实践证明，加强组织领导是推进母亲河复苏行动的根本保证，科学确定复苏标准是推进母亲河复苏的工作基础，实施系统治理是推进母亲河复苏行动的根本途径，健全长效管理机制是推进母亲河复苏行动的重要保障。

三、2025年工作计划

2025年，水利部将继续贯彻落实习近平总书记"绿水青山就是金山银山"理念，发挥水利作用，全力推进母亲河复苏行动，为人与自然和谐共生提供水利保障。一是组织制定2025年母亲河复苏行动实施方案，明确年度复苏目标、重点任务和保障措施，完成88条母亲河复苏目标任务。二是研究制订母亲河复苏标准。三是加强顶层设计，整体谋划，在总结梳理88条（个）母亲河（湖）复苏行动基础上，建立全国地市级以上母亲河名录，全面推进母亲河复苏行动。

王　华　江方利　执笔
于琪洋　张鸿星　审核

> 专栏 40

京杭大运河连续 3 年实现全线水流贯通

水利部水资源管理司

　　为持续推进华北地区河湖生态环境复苏和地下水超采综合治理，水利部联合北京、天津、河北、山东 4 个省（直辖市）持续开展京杭大运河全线贯通补水工作。2024 年 2 月，水利部启动京杭大运河全线贯通补水行动。3 月 20 日，京杭大运河第三次实现全线水流贯通。截至 7 月 1 日，累计补水 15.44 亿 m^3，京杭大运河首次实现全线有水时长超百天。

　　补水行动启动后，水利部会同北京、天津、河北、山东 4 个省（直辖市）水利部门，切实做好水量联合调度、水源置换和地下水回补、河道清理整治、水污染防治、动态跟踪监测评估、管水护水等工作，保障补水工作顺利开展。尤其是 6 月下旬，受高温少雨影响，华北、黄淮等地旱情迅速发展，通过视频会议等形式加强对水利部海河水利委员会（以下简称海委）和北京、天津、河北、山东 4 个省（直辖市）水利部门的指导，锚定"确保城乡居民饮水安全，确保规模化养殖和大牲畜用水安全，全力保障灌区农作物时令灌溉用水"目标，优化调度各类水源，节制闸控制槽蓄水量，统筹抗旱供水和京杭大运河补水工作。一是找准供需突出矛盾，加强雨水情预测分析，科学评估水库供水能力，海委多次到灌区、河道等开展现场调研，摸清抗旱用水需求。二是实施科学精细调度，统筹各地用水需求，滚动调整调度计划，6 月下旬，在南水北调东线北延、潘庄引黄工程均已停水的情况下，岳城水库尽最大努力为卫运河、南运河沿线输送了灌溉水源，为夏播用水提供了坚实的水源保障，全力保障抗旱的同时，也为京杭大运河提供了补水水量。三是加强取水监管，采取现场巡查、视频监控和远程计量等方式，加强河道沿线取水计量和管控，确保各取水口有序用水。

通过优化配置调度南水北调东线一期北延应急供水工程供水、京津冀鲁地区本地水、引黄水、引滦水、再生水及雨洪水等水源，截至7月1日，各补水水源累计向京杭大运河黄河以北河段补水15.44亿 m^3，大运河沿线累计引水5.93亿 m^3，用于置换269.45万亩灌溉农田抽取的深层地下水。补水行动为沿线省（自治区）地下水超采治理提供了置换水源，补水河道水生态环境持续改善，在降雨偏少的情况下，河道周边地下水得到补给，同时有效保障了沿线抗旱用水需求。

李　雪　李家旗　执笔
于琪洋　张鸿星　审核

专栏 41

在母亲河复苏行动中充分发挥河湖长制作用

水利部河湖管理司

2024年4月,水利部印发《关于在母亲河复苏行动中充分发挥河湖长制作用的通知》,督促各地将母亲河生态环境复苏作为河湖长制年度重点工作,推动各项任务落实落地。

一是各地高位部署推动。相关省份省级总河长、省级河长湖长组织研究母亲河复苏工作,要求将母亲河生态环境复苏作为幸福河湖建设的重要内容,明确母亲河问题清单、目标清单、任务清单、措施清单、责任清单,纳入"一河一策""一湖一策"方案,有力推动。河北、内蒙古、四川、陕西、宁夏等省(自治区)总河长主持召开总河长会议,北京、河北、内蒙古、陕西、甘肃、青海等省(自治区、直辖市)发布省级总河长令部署推动省内母亲河复苏行动,天津、黑龙江、山东、河南等省(自治区、直辖市)相关省级河长赴河湖一线督导检查,现场协调解决母亲河复苏的堵点、难点问题。2024年,88条母亲河各级河湖长推动解决影响河道过流、违规取用水等突出问题约1091个。

二是流域管理机构和省级河长办强化统筹协调。长江、黄河、淮河、海河、松辽流域省级河湖长联席会议对母亲河复苏行动作出部署。各省级河长办加强统筹协调,协同有关部门分解落实母亲河复苏行动任务。宁夏深化"河长办+部门"工作机制,联合自治区生态环境厅、农业农村厅、住建厅等有关部门,开展河湖长制工作督查,协同解决清水河、沙湖等2条母亲河水资源、水环境、水生态突出问题;青海省河长办组织生态环境、水利、自然资源、住建等部门开展恰卜恰河地区生态环境整治联合执法,清除影响河道过流问题。

三是运用卫星遥感技术提升监管效能。将 88 条母亲河作为 2024 年河湖库地物遥感图斑解译重点对象，水利部信息中心首次在线发布亚米级遥感影像成果，水利部长江水利委员会、水利部黄河水利委员会、水利部淮河水利委员会、水利部海河水利委员会、水利部松辽水利委员会解译并向相关省份下发疑似问题图斑 4854 个，督促地方加紧核查整改。山西省加大无人机巡河力度，重点关注母亲河"四乱"整治、河道断流、湖泊萎缩干涸等问题；甘肃省加强母亲河动态监管，及时掌握母亲河水量、水质、水生态和水域面积变化、岸线开发利用情况，推进母亲河问题智能识别、预警研判、及时处置。

四是加快突出问题清理整治。各地将母亲河作为纵深推进河湖库"清四乱"常态化规范化的重点，共排查出问题 1357 个，完成整改 1285 个，推动解决了一批影响河道主槽输水、生态环境复苏的问题。水利部松辽水利委员会开展西辽河河道状况调查，发现影响河道行洪和过流的 22 个卡点问题，现已整改 19 个，剩余 3 个问题正在推进整改。水利部海河水利委员会跟踪督促 2023 年海河流域省级河湖长联席会议确定的涉及母亲河 10 个重点问题清理整治，永定河内 1.1 万 m^2 蔬菜大棚等问题已按期完成整改。河北在永定河、北运河、滹沱河、滦河等 5 条母亲河开展河道内厂房、住房专项排查整治，"一市一单"督促相关市总河长组织清理发现的 47 个突出问题，实现了主汛期前完成整改的目标。

丁文浩　执笔
李春明　审核

专栏42

黄河实现连续25年不断流

水利部调水管理司

2024年,水利部全面落实《中华人民共和国黄河保护法》(以下简称《黄河保护法》),认真践行"四水四定"原则,多措并举、精准施策,持续强化黄河水量统一调度,圆满完成各项调度目标任务,确保了供水安全、生态安全,取得了显著的社会效益、经济效益和生态效益,有力支撑了黄河流域生态保护和高质量发展。8月12日,黄河实现自1999年以来连续25年不断流。

组织水利部黄河水利委员会严格执行《2023年7月至2024年6月黄河可供耗水量分配及非汛期水量调度计划》,批准下达《2024年7月至2025年6月黄河可供耗水量分配及非汛期水量调度计划》,滚动编制月、旬水量调度方案,科学调度小浪底等骨干水库,实现多目标统筹调度;及时公布《2024—2025年度黄河水量调度责任人名单》,明确水量调度责任;督促各省份和有关单位严格执行年度调度计划、调度方案和实时调度指令,强化总量控制和调度监管,确保水量调度工作有序开展。2023—2024年度黄河干流累计供水232.77亿 m^3,比年度计划分配指标(247.28亿 m^3)少14.51亿 m^3,考虑应急抗旱用水以及华北地区河湖生态环境复苏补水,各省(自治区)用水量均不超年度计划分配指标。

此外,水利部加强重点河流生态流量监管,重点河流主要控制断面生态流量保证率全部达标,有效保障河道基本生态用水。实施重点区域生态补水,促进区域生态修复改善,2024年累计向乌梁素海生态补水3.77亿 m^3、河口三角洲生态补水2.01亿 m^3,宝贵的黄河水资源在更多区域发挥了重要生态效益。

下一步,水利部将认真履行《黄河保护法》赋予的法定职责,进一步强化流域干支流统一调度，提升调度水平和管理能力，维护黄河健康生命，为黄河流域生态保护和高质量发展提供更加有力的水安全保障。

梁钟元　张园园　执笔

张玉山　审核

专栏 43

统筹防洪灌溉和生态调度
持续改善塔里木河流域生态环境

水利部调水管理司

2024年，水利部指导新疆维吾尔自治区塔里木河流域管理局统筹引洪灌溉和生态输水，强化流域水资源统一调度，持续改善塔里木河流域生态环境。

一是科学制定方案。组织有关单位对塔里木河下游河道及沿线胡杨林区进行实地调研，详细了解沿线河道情况、水利工程运行情况和胡杨林区需水情况，在此基础上分别编制塔里木河第25次向下游生态输水方案及胡杨林区引洪补水实施方案。调度过程中，根据来水情况不断优化补水方案，细化补水措施，让有限的水资源发挥最大效益。

二是实施引洪灌溉。主汛期实施"河湖库"联调联控，发挥水利工程调节径流等关键作用，采取"三年一轮灌"的补水方式，向"四源一干"胡杨林区引洪补水。通过完善受水区闸后林间配套设施、疏浚输水通道、开挖简易沟渠，将生态水输送到离河道较远、以往未覆盖、生态出现退化迹象的区域，进一步扩大了灌溉范围。全年向"四源一干"胡杨林区引洪补水23.98亿 m^3，淹灌面积518万亩，影响面积705万亩，超额完成年度补水任务。

三是集中生态输水。分两阶段实施第25次向塔里木河下游生态输水，累计下泄水量3.84亿 m^3。其中，3月22日—4月11日，抓住草本植物种子萌发、乔灌木返青的重要时段，实施第一阶段生态输水，下泄水量0.20亿 m^3，水头到达库尔干断面；8月12日—11月12日，在胡杨集中落种、植物生长繁衍的主要需水期，实施第二阶段生态输水，下泄水量3.64亿 m^3，水头第19次进入台特玛湖。在完成水量下泄任务的基础上，积极扩展生态

·227·

水的配置空间，最大限度滋润两岸天然植被，稳定维持台特玛湖适宜面积。2024年塔里木河干流入台特玛湖水量0.37亿 m^3，湖区面积164.2 km^2，核心区面积46.37 km^2。

通过持续实施塔里木河流域"四源一干"水资源统一调度，曾经干涸的台特玛湖保持适宜的面积，两岸垂死的胡杨得到拯救，塔里木河下游"绿色走廊"重焕生机，塔克拉玛干、库鲁克塔格两大沙漠合拢趋势得到有效遏制。下一步，水利部将站在人与自然和谐共生的高度，积极建构河流伦理，加强塔里木河流域水资源统一调度指导，科学调配流域水资源，发挥水资源综合效益，为塔里木河流域生态保护和高质量发展提供水安全保障。

梁钟元　张园园　执笔

张玉山　审核

专栏 44

西辽河水流贯通调度取得历史成就

水利部调水管理司

2024年，水利部围绕"力争实现西辽河干流全线过流"工作目标，持续强化西辽河统一调度，力争早日实现西辽河干流全线过流，全力做好恢复西辽河健康生命的工作。

一是强化部署安排。2月8日，水利部印发《2024—2025年度西辽河流域水资源调度计划》，明确力争实现西辽河干流全线过流调度目标。1月27—29日，水利部部长李国英调研辽河保护治理管理工作，要求综合施策，系统施治，同向发力，复苏西辽河生态环境，并提出五方面工作要求。分管部领导专题调研了西辽河水量调度工作，召开了有关专题会议，并对西辽河水量调度工作作出了相关要求。

二是印发工作方案。3月29日，水利部印发《力争实现西辽河干流全线过流工作方案》。其中明确2024年重点工作围绕"力争实现西辽河干流全线过流"目标，从水情预报、水文监测、可调度水量分析、水资源常规调度、汛期洪水调度、河道治理、加强生态水量保障、监督管理、数字孪生西辽河建设、社会宣传引导等10个方面提出45项重点工作。

三是实施春季调度。组织水利部松辽水利委员会（简称松辽委）印发春季调度预案，3月1日启动春季调度工作。春调期间，会同松辽委、内蒙古自治区水利厅克服开河时间较晚、有效调度时间较短等不利因素，进一步强化实时调度与现场指导、精打细算用好每一方春季融冰水和上游水库蓄水，干流水头最终到达总办窝堡枢纽以下58.75 km，实现干流过水长度136.75 km。

四是开展汛期贯通调度。6月12日，组织松辽委印发《2024年汛期西辽河干流全线过流调度预案》，拟充分利用有效场次洪水，加强洪水统一调度、科学调度、精准调度，力争汛期实现西辽河干流全线过流。7月25日，根据流域降雨及水库蓄水情况，适时加大水库下泄流量，启动汛期贯通调度，9月3日干流补水水头与通辽城区既有水面衔接，实现总办窝堡枢纽以下71.0km有水，9月14日干流水头最终行进至总办窝堡枢纽以下72.9km，刷新了西辽河干流水头近26年来行进的最远距离，西辽河水量调度取得了历史成就。

五是完成冬季蓄冰保水工作。综合考虑秋冬季调度窗口期、上游来水、水库蓄水、生产生活用水、河道损失等因素，通过科学调度上游东台子、德日苏宝冷、大石门水库持续泄流，尽可能拓展河道浸润范围、延长河道结冰长度。西辽河干流、老哈河、西拉木伦河共有约950km河道处于有水（冰）状态，据测算，河道冰冻槽储水量3000余万m^3，为2025年西辽河春季的水资源调度工作奠定下垫面基础。

梁钟元　张园园　执笔

张玉山　审核

地下水超采综合治理再上新台阶

水利部水资源管理司

2024年，水利系统深入贯彻《地下水管理条例》，推进地下水取水总量、水位"双控"管理，全面完成新一轮地下水超采区划定，持续实施华北地区及其他重点区域地下水超采综合治理，强化地下水监管，地下水保护和治理再上新台阶。

一、推进地下水管控指标落实

水利部已印发31个省（自治区、直辖市）的地下水管控指标技术审查意见，要求各地按管控指标及相关要求，加强地下水开发利用监督管理，严防地下水开采导致生态和地质环境问题，增强地下水管控能力，切实做好辖区内地下水保护与管理工作。北京、天津、河北、山西、内蒙古、辽宁、吉林、黑龙江、上海、江苏、浙江、安徽、福建、江西、山东、河南、湖北、湖南、广东、广西、海南、重庆、四川、贵州、云南、西藏、陕西、青海、宁夏29个省（自治区、直辖市）的地下水管控指标成果已经省级人民政府批准实施。基本建立了以县级行政区为单元的地下水取水总量、水位控制指标体系。加强对地下水管控指标落实情况的监管。

二、全面完成新一轮全国地下水超采区划定工作

31个省（自治区、直辖市）完成地下水超采区划定成果并通过流域技术审核，形成的全国地下水超采区划定成果通过水利部和自然资源部召开的成果技术审查会，经部务会审议通过后联合自然资源部印发。从新一轮地下水超采区评价结果看，全国地下水超采区面积总体下降，超采量、超采程度显著降低。一是超采区数量减少，存在超采的省份由21个减少为

18 个。二是超采面积有所减少，本次地下水超采区总面积较上一轮减少 1.95 万 km^2，减少 6.8%。三是超采量大幅下降，本次地下水超采量较上一轮减少 50.3 亿 m^3，减少 31.9%。四是超采程度显著降低，严重超采区面积较上一轮减少 8.83 万 km^2，减少 51%。

三、深入推进华北地区地下水超采综合治理

水利部会同有关部门以及北京、天津、河北 3 个省（直辖市）落实《华北地区地下水超采综合治理实施方案（2023—2025 年）》，持续推进节水控水、多渠道实施水源置换、加大河湖生态补水力度、进一步强化监管预警、加快推动泉域治理修复、积极开展海（咸）水入侵防治。细化实化工作安排，强化责任落实，推动华北地区等重点区域地下水超采综合治理。通过各项措施的扎实推进，华北地区超采治理取得积极成效。2024 年相较于 2018 年，京津冀治理区浅层地下水和深层地下水分别回升 3.19 m 和 8.46 m。

四、全面实施重点区域地下水超采治理

水利部会同有关部门和地方推动落实《"十四五"重点区域地下水超采综合治理方案》，实施节水控水、水源置换、河湖地下水回补、调整种植（产业）结构、减少配水面积、泉域保护与治理、海水入侵防治等综合治理措施，重点区域超采治理取得积极成效。10 个重点区域地下水位总体保持稳定。推动地方落实《南水北调东中线一期工程受水区地下水压采总体方案》任务，完成受水区 2023 年度地下水压采评估工作并上报国务院。经评估，截至 2023 年年底，受水区累计压采地下水 81.39 亿 m^3，地下水水位总体回升，与 2018 年年底相比，2023 年末受水区浅层地下水平均水位上升 1.93 m，深层地下水平均水位上升 7.62 m。

五、扎实开展深层地下水人工回补试点

指导北京、河北推进深层地下水人工回补试点。河北省沧州市，衡水市桃城区、阜城县以及唐山市乐亭县深层地下水回补试验场累计回补地下

水 22.06 万 m³；开展了回补条件下地下水水动力场、水化学场演变机理、深层地下水回补过程中堵塞发生与演变机理等研究；研究利用地表水优势回补通道进行回补。北京利用地表水在玉泉山泉域回补地下水 1.16 亿 m³，玉泉山泉水位持续上升，较 2023 年同期回升 4.01 m。

六、持续实施华北地区河湖生态环境复苏行动

2024 年，印发《2024 年华北地区河湖生态环境复苏实施方案》《华北地区河湖生态环境复苏行动方案（2024 年夏季）》《京杭大运河 2024 年全线贯通补水方案》，开展 2024 年华北地区河湖常态化补水、夏季集中补水和京杭大运河全线贯通补水，全年累计补水 68.05 亿 m³，其中，夏季集中补水 7.94 亿 m³，洋河、独流减河、漳卫新河贯通入海。白洋淀水位保持在 6.5 m 以上，水面面积稳定在 250 km²。京杭大运河第三次实现全线水流贯通，累计补水 15.44 亿 m³，沿线置换深层地下水灌溉面积 269.45 万亩，京杭大运河首次实现全线有水时长超百天。

七、强化地下水监管

开展地下水超采区水位变化通报检视评估，对 2020 年印发的《全国地下水超采区水位变化通报方案》进行了修订，增加 3 年滑动累计水位下降作为点名、会商依据，完善了水位变化的通报、会商、约谈机制。印发 2023 年第四季度、2024 年第一季度及 2024 年上半年地下水超采区水位变化通报，压实地方人民政府地下水治理与保护主体责任。加强水利发展资金地下水超采综合治理项目台账精细化管理，组织建立地下水超采综合治理项目储备库。水利部批准发布《地下水控制指标确定技术导则》（SL/T 833—2024），组织编制《地下水禁限采区划定技术要求》《海（咸）水入侵调查评价技术要求》，启动《地下水超采区评价导则》修订工作。组织开展利用重力卫星监测地下水储量研究与应用，加快地下水通用模型研发，加强先进技术、信息化手段在地下水监管业务中的应用。

下一步，水利部将充分利用好新一轮全国地下水超采区划定成果，组织相关省份修订完善地下水禁止开采区、限制开采区，开展地下水超采区

动态评估；持续开展华北地区、10个重点区域、南水北调受水区等地下水超采治理，巩固拓展北京、河北等深层地下水人工回补试点成效；强化地下水取水总量和水位双控，建立地下水储备制度，深入开展地下水运动规律研究，加强重力卫星遥感、穿透式地质雷达等技术应用。

廖四辉　李　青　穆恩林　执笔
于琪洋　张鸿星　审核

专栏 45

新一轮超采区划定成果公布

水利部水资源管理司

为深入贯彻落实习近平总书记"节水优先、空间均衡、系统治理、两手发力"治水思路和关于治水重要论述精神，按照党中央、国务院决策部署和《地下水管理条例》有关规定，水利部会同自然资源部组织相关省份及有关技术单位历时3年完成了新一轮全国地下水超采区划定工作，综合划定了全国地下水超采区，摸清了当前全国地下水超采状况，分析了10年来变化情况，反映了近年来国家地下水超采治理工作的成效。

本次划定工作充分利用水利部门、自然资源部门共34929眼监测井监测数据，充分调动200余家单位、2000余名技术人员，全国共划定平原区地下水超采区面积26.76万 km^2，其中浅层地下水超采区面积14.43万 km^2，主要分布在天山南北麓及吐哈盆地、黄淮地区、河西走廊、京津冀平原、西辽河流域、鄂尔多斯台地、汾渭谷地、三江平原等；深层承压水超采区面积13.27万 km^2（深浅层重叠面积约0.94万 km^2），主要分布在黄淮地区、京津冀平原、辽河下游平原等。

与2015年全国地下水超采区划定结果相比，近年来地下水超采综合治理工作取得积极进展。总体来看，全国地下水超采区面积总体下降，超采量、超采程度显著降低。一是超采区数量减少，存在超采的省份由21个减少为18个。二是超采面积有所减少，本次地下水超采区总面积较上一轮减少1.95万 km^2，减少6.8%。三是超采量大幅下降，本次地下水超采量较上一轮减少50.3亿 m^3，减少31.9%。四是超采程度显著降低，严重超采区面积较上一轮减少8.83万 km^2，减少51%。

下一步，水利部将会同有关部门和地方深入贯彻落实习近平生态文明思想，按照《地下水管理条例》和水资源刚性约束制度要求，充分利用好新一轮全国地下水超采区划定成果，持续深入推进地下水超采综合治理工作，逐步实现地下水采补平衡。

穆恩林　李家旗　执笔
于琪洋　张鸿星　审核

全力保障河湖生态流量

水利部水资源管理司

2024年，水利部持续推进河湖生态流量管理工作，不断提升河湖生态用水保障水平。

一、扎实推进河湖生态流量管理

（一）健全生态流量管理政策

将生态流量监管、水利水电工程生态流量核定等纳入新修订的《中华人民共和国水法》（以下简称《水法》），不断完善生态流量管理政策要求。组织制订河湖生态流量管理办法，进一步规定河湖生态流量管理范围、原则和职责分工，明确河湖和水利水电工程生态流量目标确定的技术要求、保障措施、监测预警和监督评估等管理要求，为进一步规范生态流量管理提供政策依据。

（二）完善生态流量技术标准体系

梳理河湖和已建水利水电工程生态流量相关的技术标准，将《河湖生态环境需水计算规范》（SL/T 712—2021）、《水库生态流量泄放规程》（SL/T 819—2023）、《水利水电工程生态流量计算与泄放设计规范》（SL/T 820—2023）等标准纳入《水利技术标准体系表》，形成了面向河湖、新建和已建工程的生态流量确定和管理的技术标准体系。依据相关技术标准规范，选择合适的方法计算并进行水量平衡和可达性分析，统筹协调生活、生产、生态用水，合理确定河湖断面和水利水电工程生态流量目标。

（三）完成88条（个）母亲河（湖）生态流量目标确定

梳理总结2020年以来水利部组织确定的重点河湖和已建水利水电工程生态流量确定先行先试工作经验，组织对88条（个）母亲河（湖）及水利水电工程生态流量确定状况进行全面排查，并推进重要控制断面和工程生态流量目标的确定工作。截至 2024 年年底，组织有关流域管理机构和省级水行政主管部门完成 75 条（个）河湖 276 个河湖断面和已建工程生态流量目标确定，其中河湖断面 105 个、已建水利水电工程 171 个。府河、赵王新河等 13 条（个）河湖因属于人工开挖河道、行洪排涝或无取用水等暂不核定生态流量目标。严格生态流量目标落实，推动 88 条（个）母亲河（湖）完成年度复苏目标任务。

（四）全面开展河湖和已建水利水电工程生态流量确定与保障

组织制定《水利部关于全面开展河湖和已建水利水电工程生态流量确定与保障工作的意见》，以流域为单元，统筹上下游、干支流、左右岸，逐河湖、逐断面、逐工程确定生态流量目标，全面推进水利水电工程生态流量泄放设施建设或改造，实施流域生态流量统一调度和管理，完善河湖和已建水利水电工程生态流量监测评价体系，健全生态流量预警响应机制，力争用 3 年左右时间，以流域为单元构建起上下游贯通一体的生态流量保障体系，确保河湖和水利水电工程生态流量目标落实落地，让河流恢复生命、流域重现生机。

（五）强化生态流量监督管理

加强江河流域水资源统一调度，推动将河湖断面和已建工程生态流量目标纳入江河流域水资源调度方案、年度调度计划和工程日常运行调度规程，采取加强水资源统一调度、严格取用水总量控制、强化监测预警和会商等措施，推动生态流量管理措施落实。建立全国河湖生态流量管理平台，实现 147 条跨省重点河流、238 个断面生态流量监测信息实时展示、监测预警。开发预警信息的蓝信发布功能，及时发布生态流量监测预警信息。利用《水资源监管信息月报》按月发布重点河湖生态流量保障目标达标情况，将生态流量保障目标落实情况纳入最严格水资源管理考核。2023 年，纳入考核的重点河湖生态流量达标率 98.3%。

二、2025 年工作重点

一是加快推进生态流量目标确定。组织流域管理机构和地方水行政主管部门，分级、分类开展全国河湖和已建水利水电工程生态流量目标确定，推进生态流量管理全覆盖。

二是强化河湖生态流量监管。完善河湖生态流量监管平台，加快推进水资源监测体系建设，完善生态流量监测站网，提升生态流量监测能力，加强监测预警，提高生态流量保障程度。加强生态流量泄放情况监管，对生态流量不达标的河湖和水利水电工程，及时加强督导和监管。

三是完善管理政策。结合《水法》修订，完善河湖和水利水电工程生态流量目标确定、保障、监管等法律要求。组织制订河湖生态流量管理办法，细化、规范河湖生态流量监管措施。

四是强化技术支撑。加快推动敏感期生态流量确定、河流枯水期和低水流量监测等重大问题研究。加快推动河湖生态流量确定与保障技术规范制订。加强河湖断面和工程生态流量监测信息汇聚，充分运用信息化和遥感监测等技术提升监管水平。

王　华　倪　洁　执笔
于琪洋　张鸿星　审核

> 链接

江苏省：
建立生态流量保障体系新实践

保障河湖生态流量，事关江河湖泊健康，事关生态文明建设，事关高质量发展。江苏省近年来结合平原水网双向性、波动性、往复流等特点，以生态水位的管控与保障为重要手段，着力打造让人民满意的幸福河湖。

一是积极探索生态水位确定方法，结合平原水网水情特点确定重点河湖生态水位管控目标，"一河（湖）一策"全面印发保障实施方案，率先建立监测评估机制，实施实时监测、定期评估、监督考核；制定平原河网地区生态水位确定规范，以阳澄淀泖区、里下河腹部区为试点，在全国率先探索以水利片区为单元确定河网生态水位。

二是建立重点河湖生态水位（流量）预警响应机制，编制落实重点河湖生态水位（流量）预警响应工作方案，建成生态水位（量）实时监测预警系统，增设预警防线，可预判触发日期。与此同时，密切关注水雨情，加强分析研判、会商联保，组织各级优化水资源调度、严格取用水管理，干旱期间加密监测预报、细化用水计划调整、加强取水口门管控，有效保障重点河湖生态水位（流量）。

三是持续优化河湖资源调配格局，构建流域引调水系统，建成江水北调、江水东引、引江济太等三大跨流域调水工程体系，形成太湖"两进三出"引排格局；实施区域调水引流工程，积极开展生态用水保障体系建设，实现江河湖库多源互补、蓄泄兼筹；持续强化调配措施，将生态水位（流量）管控与保障作为水量调度方案和计划编制实施的硬约束，并将生态用水保障纳入水利工程调度规程。

生态安澜，河畅景美。江苏省以维护河湖健康生命为核心，依托目标合理、责任明确、监管有效的河湖生态水位（流量）确定和保障体系，全省重点河湖生态水位（流量）全面有效保障，用水美画卷交出漂亮的治水答卷。

江方利　游　洋　聂　青　执笔

张鸿星　审核

守正创新　砥砺奋进
着力推动水土保持高质量发展

水利部水土保持司

2024年，水利系统围绕中共中央办公厅、国务院办公厅《关于加强新时代水土保持工作的意见》，加强组织协调，强化作风建设，圆满完成年度目标任务。

第一，以政策机制创新为牵引，水土保持生态产品价值实现多点突破。联合国家发展改革委、中国人民银行印发实施《关于建立健全生态清洁小流域水土保持生态产品价值实现机制的意见》，明确核算方法、转化路径和支持政策等。浙江、江苏、江西、湖北、广东、河北、辽宁等10个省及水利部黄河水利委员会（以下简称黄委）19条小流域生态产品转化交易成功达成，金额近10亿元。宁夏、陕西、广西、贵州、云南、山东、安徽、山西、河南、四川等14个省（自治区）及黄委开展水土保持碳汇交易，交易量77.5万t，金额3078万元。福建省龙岩市首创水土保持司法碳汇机制，并应用于生态刑事案件。会同自然资源部制定《关于鼓励和支持社会资本参与水土流失治理的指导意见》，明确产业开发用地、产权激励等支持政策。安徽省定远县坡耕地治理纳入耕地占补平衡，交易新增耕地指标16.28亩，收益207.96万元。浙江省率先上线水土保持土石余方资源信息共享数智平台，实现"水土流失治理源头减量，生产建设项目取土有源"双赢。

第二，以严格监管执法为抓手，人为水土流失新型监管机制加快构建。印发《水利部关于加强水土保持空间管控的意见》，建立水土保持空间管控制度，完成国家级水土流失重点预防区和重点治理区划定落地。常态化全覆盖开展遥感监管，首次将禁垦坡度以上陡坡地水土流失风险认定纳入遥感解译判别范围。针对水土流失风险隐患高的项目，实施重点监管。建成水土保持信用信息平台，全面归集 2024 年度水土保持信用信息并开展试评价。实施水土保持信用监管，将 203 家单位列入水土保持重点关注名单。聚焦服务国家重大战略，突出抓好部批生产建设项目监管，部本级审批水土保持方案 130 余个。编印发布《水土保持监督执法典型案例（2023 年版）》，推动 2 起人为水土流失行政公益诉讼案纳入最高检、水利部联合发布的 10 大典型案例。全国各级水行政主管部门立案查处水土保持违法违规案件 900 余件。

第三，以提升水保功能为导向，重点区域水土流失综合治理提质增效。安排水土保持中央资金 199.3 亿元（含增发国债资金 120.3 亿元），治理水土流失面积 1.95 万 km^2，中央投资和重点治理面积均创历史新高。突出抓好投资计划执行进度调度，中央投资完成率超 98%。利用增发国债资金，治理黑土区侵蚀沟 2.77 万条，保护耕地 656.7 万亩，每年可增加粮食综合生产能力 1.5 亿斤。以丹江口库区、重要水源地等为重点，打造生态清洁小流域 677 条。加强黄土高原水土流失治理，建设淤地坝和拦沙坝 553 座，年可拦截入黄泥沙 420 万 t，改造坡耕地 64.15 万亩，除险加固病险坝和提升改造老旧坝 844 座。坚持"两手发力"，推动 53 个项目采取以奖代补方式实施，吸引社会资本投入 6776 万元。在重点工程带动下，全年新增水土流失治理面积 6.4 万 km^2。强化淤地坝安全运用监督管理，实现淤地坝安全度汛目标。

第四，以提升支撑水平为目标，水土保持监测评价进一步深化拓展。国家水土保持监测站点优化布局工程全面实施，现代化的水土保持监测体系加快构建。围绕美丽中国建设、河湖生态环境复苏和流域治理管理等，深化拓展水土保持监测评价，连续 7 年实现全国年度水土流失动态监测全覆盖，定量掌握并发布全国、各级行政区、大江大河流域以及重大国家战略区域、国家重点关注区域等水土流失状况。首次开展丹江口库区及其上游流域、三北地区水土流失监测评价，完成乌梁素海、塔里木河、居延海、永定河等水生态保护修复工程实施区域水土保持成效评价。首次开展 25°以上新增陡坡地开垦监测、全国退林（草）还耕情况及其水土流失变化评价。实施黄土高原地区大中型淤地坝淤积专项调查，定量掌握坝顶以下剩余库容和淤积情况，为助力黄河流域生态保护和高质量发展提供科学依据。

第五，以完善规划标准为重点，水土保持基础工作得到全面加强。首次完成七大流域水土保持规划编制审查，形成区域与流域有效衔接的规划体系。完成 2023 年度全国水土保持规划实施情况评估，按程序报国务院。发布实施水土保持监理、淤地坝维修养护、黑土区水土流失综合防治、水土保持规划编制、水土保持监测 5 项行业标准。完成水土保持碳汇评估与核算、水土保持项目前期工作、土壤侵蚀分类分级、生产建设项目水土保持设施验收、水土保持工程质量评定 5 项标准制修订。完成部分土壤侵蚀模型研发并推动应用。加快数字水保建设，开发水土保持数字化场景线运行，全面加强数据资源建设和管理，持续汇集各类数据。完善全国水土保持信息管理系统，增强水土流失动态监测协同解译与模型计算平台功能。协调国家发展改革委，推动水利部首次在全国生态日发布水土保持重要成果。

第六，以联防联控联治机制为平台，流域统一治理管理作用充分发挥。按照四个"统一"要求，七大流域管理机构充分利用水土流失联防联控联治机制平台，建立年度会商机制，研究协调解决问题，推进重点任务落实。长江流域开展丹江口库区及其上游、成渝地区双城经济圈大型项目水土保持联合监管，向检察机关移交查处 13 个水土保持违法问题线索。黄河流域开展流域（片）水土保持专项执法行动，对违法项目依法进行查处，对其中 12 个情节严重且整改不到位的项目，移交检察机关开展公益诉讼，形成强大威慑。海河流域开展永定河流域生产建设项目协同监管，发现并督促整改违法违规项目 201 个，行政处罚 8 个，责任追究 25 个。松辽流域协同推进东北黑土区侵蚀沟治理，以季度工作动态共享重要信息。此外，淮河、珠江、太湖等流域，召开联防联控联治机制工作会议，围绕协同监管、联动执法、空间管控、生态产品价值实现等重点工作，交流经验，研究问题，提出举措。"流域上下一体、省区互助互促"的流域水土保持统一治理管理机制初步构建。

2025 年，水利部门将切实履行法定职责，全面贯彻《关于加强新时代水土保持工作的意见》要求，深化体制机制创新，狠抓政策制度落实，严格预防保护和监督管理，加快推进重点区域水土流失治理，深化拓展水土保持监测评价，强化流域水土保持统一治理管理，着力培育形成水土保持监管治理新质生产力，提升水土保持功能和生态产品供给能力，全年新增水土流失治理面积6.2万 km² 以上。

曹利远　执笔

沈雪建　审核

专栏 46

全国水土保持碳汇交易取得新成效

水利部水土保持司

党的二十届三中全会强调，健全碳市场交易制度、温室气体自愿减排交易制度，积极稳妥推进碳达峰碳中和。水利部深入贯彻落实党中央决策部署，坚持政策引领，强化创新驱动，推进先行先试。指导宁夏、陕西、广西、贵州、云南、山东、安徽、山西、河南等14个省（自治区）及水利部黄河水利委员会（以下简称黄委），开展水土保持碳汇交易，交易量77.48万t，金额3078万元。为拓展绿水青山转化为金山银山的路径，引导社会资本参与水土保持生态建设，加快水土流失治理步伐开辟了新渠道。

第一，坚持目标引领，强化组织保障。水利部高度重视水土保持碳汇工作，推动纳入中共中央办公厅、国务院办公厅《关于加强新时代水土保持工作的意见》（以下简称《意见》）。印发《水利部贯彻落实〈关于加强新时代水土保持工作的意见〉实施方案》，并对水土保持碳汇作出安排部署。各地水利部门进一步加强组织领导，将水土保持碳汇作为推动水土保持高质量发展的创新性、引领性工作系统推进。

第二，坚持因地制宜，积极撮合交易。水利部在进一步完善水土保持碳汇评估和核算体系的基础上，在全国范围内选取一批典型项目，利用碳汇研究成果和核算方法，成功推动江西省上犹县、宁夏回族自治区彭阳县、陕西省延安市、广西壮族自治区灵川县、贵州省织金县、云南省曲靖市和黄委所属的15条小流域，开展各具特色的水土保持碳汇交易。上犹县将水土保持碳汇纳入江西省温室气体自愿减排范围，极大提高了交易主体的积极性；彭阳县成交了黄河流域第一单水土保持碳汇交易；延安市成交了全国单笔交易金额最大（543.6万元）的水土保持碳汇交易；灵川县成交了全国交易单价最高（50元/万t）水土保持碳汇交易；黄委在西峰南小河沟小流域成交了水利部直属机构第一单碳汇交易；织金县首次以"碳票"的形式赋予水土保持碳汇以全新概念；曲靖市成交了全国首单个人自愿购买水土保持项目碳汇，实现了公众参与水土保持项目碳汇交易的新突破。

第三，坚持守正创新，健全核算体系。水利部系统总结各地碳汇交易成功经验，组织科研单位和有关方面专家，围绕水土保持措施碳汇能力，进行全面调研、深入研究，开展咨询论证，研究制定了《水土保持碳汇评估与核算技术规范》和坡改梯、淤地坝等项目碳汇方法学。为规范水土保持碳汇能力评估与碳汇量核算，将水土保持碳汇纳入温室气体自愿减排交易机制，畅通水土保持碳汇交易渠道，为实现碳达峰碳中和目标、建设美丽中国提供了支撑。

晓开提江·卡斯木　执笔
沈雪建　审核

专栏 47

《关于鼓励和支持社会资本参与水土流失治理的指导意见》印发

水利部水土保持司

2024年9月，水利部办公厅、自然资源部办公厅联合印发《关于鼓励和支持社会资本参与水土流失治理的指导意见》（以下简称《指导意见》），旨在贯彻落实习近平总书记"节水优先、空间均衡、系统治理、两手发力"治水思路和关于治水重要论述精神，在继续加大政府投入的同时，逐步推动形成市场作用和政府作用有机统一、相互补充、相互协调、相互促进的格局，健全完善水土保持多元化投入机制，激活释放政策红利，加快推进水土流失重点治理，增加优质水土保持生态产品供给。

《指导意见》明确，鼓励和支持社会资本按照国土空间规划、生态保护修复规划、水土保持规划等规划和有关技术标准要求，采取自主投资、与政府合作、公益参与等方式，参与小流域综合治理、坡耕地综合整治、侵蚀沟治理、淤地坝和拦沙坝新建及改造、崩岗综合治理、石漠化治理、固沟保塬等水土保持工程项目，及其投资、设计、建设、管护等过程。

《指导意见》指出，社会资本主体投资水土保持工程，可以依法依规取得自然资源资产使用权及相关权益，开展生态产品开发、产业发展等活动；形成的新增耕地、碳汇增量等水土保持生态产品关联权益可以依法依规参与交易，获取合理收益。地方各级人民政府可以按照有关法律法规，通过投资补助、运营补贴、金融支持等方式保障社会资本主体获得合理收益。

《指导意见》强调，要加强组织领导，各级水利、自然资源部门要立足职能、密切配合、形成合力，建立规范高效的协同工作机制，统筹协调解决实施过程中遇到的困难和问题；要强化管理服务，按照行业主管部门项目管理要求，强化项目审批、建设、验收等环节的监管，严格规范建设行为，确保工程质量、安全和公益性效益的发挥；要加强风险防范，严格落实耕地占补平衡有关政策，禁止地方与社会资本在利益驱动下单纯追求新增耕地指标、不顾立地条件强行补充的行为；要注重宣传引导，充分利用各类媒体平台，加强法律法规政策宣传，做好鼓励和支持社会资本参与水土流失治理的政策解读。

谢雨轩　执笔

陈　琴　审核

专栏 48

《关于建立健全生态清洁小流域水土保持生态产品价值实现机制的意见》印发

水利部水土保持司

2024年9月18日，水利部、国家发展改革委、中国人民银行联合印发了《关于建立健全生态清洁小流域水土保持生态产品价值实现机制的意见》（以下简称《意见》），旨在深入贯彻落实党中央、国务院关于建立健全生态产品价值实现机制和加强新时代水土保持工作的决策部署，推动水土保持高质量发展。

《意见》指出，以体制机制创新为核心，完善政府主导、企业和社会各界参与、市场化运作、可持续的生态产品价值实现路径，促进产业生态化和生态产业化。《意见》对水土保持生态产品价值实现过程中的价值核算、价值评估、公开交易、签订协议等环节作出明确规定，并强调水土保持生态产品价值收益应按照"谁投资、谁受益；谁拥有、谁受益；谁经营、谁受益"的原则进行分配，同时反哺所在地区水土流失重点治理或水土保持功能巩固提升。《意见》明确，到2029年，生态清洁小流域水土保持生态产品价值实现的制度框架、支持政策、标准体系和工作机制基本构建。到2035年，完善的水土保持生态产品价值实现机制全面建立，全国水土保持生态产品价值实现格局有效形成，为基本实现美丽中国建设目标提供有力支撑。

《意见》要求，各有关单位要加强组织领导，发挥各级水土保持协调机制作用，加大水土保持生态产品价值实现工作推进力度；抓好产品培育，以小流域为单元，组织编制水土保持生态产品培育目录清单，提升水土保持生态产品供给能力。同时，加强金融支持，健全补偿机制，强化监督指导，推动更多水土保持生态产品价值实现项目落地。

《意见》中发布了《水土保持生态产品价值核算方法（试行）》，作为水土保持生态产品价值核算的依据，明确了水土保持生态产品的相关概念、类型及不同类别水土保持生态产品的具体价值核算方法，并鼓励地方健全核算标准体系，进一步丰富完善水土保持生态产品类型和具体算法。

王海鹏　执笔

沈雪建　审核

链接

浙江省杭州市：
全国首个水土保持土石余方资源信息共享数智平台成功发布

2024年11月，浙江省成功发布全国首个水土保持土石余方资源信息共享数智平台，开展首批数智匹配利用交易，打通了弃渣综合利用信息共享、变废为宝的渠道，实现了"水土流失治理源头减量、生产建设项目取土有源"双赢，为各地提供了可复制可推广的经验。

第一，搭建信息平台，打通交易渠道。浙江省水利厅借鉴商业网购软件模式，在搭建的"浙土平衡"平台中设"我要取土""我要弃土"两个模块，包含取弃土时间、位置、类型、方量等必要信息，根据"取土户""弃土户"实际需求，智能推送距离近、土质好、价格合理的"供需清单"。平台试运行至今，累计吸引各类市场主体上线取土订单42单、取土需求1496万 m^3、上线弃土订单69单、弃土需求41039万 m^3，匹配成功14单，匹配方量147.2万 m^3。

第二，加强政策支持，引导各方参与。浙江省水利厅联合省发展改革、财政、自然资源、生态环境、交通运输等部门建立加强水土保持土石余方资源信息共享和资源化利用的协同机制，全面落实土石余方资源利用职责和分工。研究制定表土余方资源优先利用、交通项目土石余方资源跨县调度利用等政策，以及不同类型土石余方资源再利用名录和规定，不断完善表土资源保护、弃渣减量和综合利用机制，鼓励和引导社会各方参与土石余方资源数智匹配利用的积极性，力争早日形成土石余方资源匹配利用更加便利、高效和广泛的良好态势。

第三，深化政务服务，助力降本增效。浙江省水利厅将生产建设项目水土保持土石余方资源匹配利用情况，作为水土保持方案审查审批和后续监管的重点，建立覆盖全省的生产建设项目水土流失智慧监测系统，动态掌握数智匹配利用的土石余方去向，持续加强水土保持分类分级监管，推动实现"无风险不打扰、低风险预提醒"，助力社会营商环境逐步优化。

据统计，浙江省每年新增资源化数智利用土石余方潜力约1亿 m^3，在减少弃土场占地约800 hm^2、水土流失量约150万 t 的同时，可节省取弃土成本60亿元，生态效益、经济效益和社会效益凸显。

王秋霞　执笔
陈　琴　审核

浙江省安吉县：
全国首单水土保持生态产品价值转化交易成功签约

2024年3月20日，全国首单"黄浦江源石门坑生态清洁小流域河垓区块"水土保持生态产品价值转化交易成功落地，交易额3328万元，收益专项用于水土流失治理和村民共富创收，标志着全国水土保持生态产品价值转化实践实现了零的突破，探索形成了政府主导、企业和社会各界参与、市场化运作、可持续的水土保持生态产品价值实现路径。

一、做法成效

一是系统开展价值核算。首次提出水土保持生态产品理论体系，明确其内涵机理，构建水土保持生态产品价值核算方法，解决生态产品度量难的问题，并以石门坑生态清洁小流域为对象，核算其水土保持生态产品价值103亿元。

二是科学制定政策制度。印发《关于加快推进水土保持生态产品价值实现的意见》，从交易程序、收益管理、政策支持、试点示范、组织领导等方面提供制度保障。印发《安吉县"两山银行"试点实施方案》《安吉县水土保持生态产品交易管理办法》，规范产品培育、价值核算、公开售让等管理。

三是公开开展产品交易。依据水土保持生态产品价值核算研究成果，明确生态清洁小流域评估值，并以此为标的后按程序公开挂拍，探索形成了政府主导、企业和社会各界参与、市场化运作的水土保持生态产品价值实现机制。

二、经验启示

一是价值核算。深化理论研究，以小流域为单元开展水土保持生态产品价值核算，统筹考虑水土保持生态产品投资主体和产权主体，依法依规确定水土保持生态产品价值交易的出让方。按规定开展水土保持生态产品资产评估，防范国有或集体资产贬值、流失。

二是搭建平台。依托地方公共资源交易中心或其他生态资源交易平台，推动供求双方精准对接。严格核查潜在市场经营主体的经营状况、履约能力和商业信誉等，严防抢占优质资源、骗取政策补助、严重失信的市场经营主体参与经营。

三是收益反哺。建立水土保持生态产品价值转化反哺机制，明确转化收益分配方式，确保分配公平性合理，转化收益主要用于区域水土流失预防保护和综合治理，促进生态系统水土保持功能持续改善和域内群众共同富裕。健全水土保持生态产品价值转化收益资金监督机制，确保资金使用的合规性和透明性。

秦　怡　执笔
沈雪建　审核

安徽省定远县：
全国首单坡耕地水土流失综合治理工程新增耕地指标成功挂牌交易

安徽省认真贯彻落实中共中央办公厅、国务院办公厅《关于加强新时代水土保持工作的意见》要求，积极探索利用耕地占补平衡政策，2024年9月4日，指导滁州市定远县成功开展全国首单坡耕地水土流失综合治理工程新增耕地指标交易，为水土保持领域深化新时代"千万工程"，拓宽资金投入渠道，建立健全水土保持多元化投入保障机制提供了经验。

第一，积极谋划，抓好顶层设计。安徽省委办公厅、省政府办公厅印发《关于加强新时代水土保持工作的实施意见》，明确要求探索坡耕地、荒坡地治理投入新路径，将治理形成的可以长期稳定利用的耕地纳入耕地占补平衡，实施指标收益反哺。安徽省水利厅积极对接省自然资源厅，推动开展坡耕地水土流失综合治理新增耕地及新增产能指标收益反哺工作，统筹低效用地等非传统耕地资源，选取国家水土保持示范县定远县开展试点。

第二，统筹协调，市县合力推进。滁州市水利局、市自然资源和规划局在项目立项、资金筹措、竣工验收、耕地指标入库等关键环节全过程支持项目区建设，定远县形成了党委政府牵头抓、职能部门协同办、乡镇群众带头干的工作局面，定远县人民政府办公室印发《定远县坡耕地水土流失综合治理项目新增耕地及新增产能指标交易收入资金使用管理办法（试行）》（以下简称《办法》），明确"水土保持新增耕地收益资金的70%继续用于水土流失综合治理项目；30%奖补给项目区的乡镇用于耕地保护及实施维护"。《办法》

印发后实现了"三个转变":一是带动区域内干部群众对谋划治理项目的积极性,实现了从传统水土流失治理"项目找地"向区域精准治理"地找项目"的转变;二是拓宽县级配套资金投入渠道,实现了农村基础设施"有项目建"向"有资金管"的转变;三是夯实耕地保护和粮食安全的根本基础,实现了项目区域从"有地种"向"种得好"的转变。

第三,创新模式,取得积极成效。定远县水务局、县自然资源和规划局深挖土地结构潜力,优化综合治理布局,充分发挥主导作用,配套更加完善的田间道路、坡面水系、灌溉渠道、水源保障等措施,一体化推进项目实施,提升了项目区耕地地力,改善了农业生产条件,走出了一条"修梯田、提效能、促增收、兴产业"的定远模式。通过对项目区504亩坡耕地和部分荒坡进行坡耕地综合治理,新增耕地面积17.93亩,增加率为3.55%,本次交易耕地指标16.28亩,交易形成收益207.96万元,为总投入的近60%。

第四,总结经验,持续探索推广。安徽省水利厅将继续深化坡耕地水土流失综合治理,推进耕地"数量不减少、质量不降低",强化粮食安全保障。聚焦水土保持体制机制创新,在全省范围内探索水土保持生态产品价值实现路径,并指导定远县完善地力提升新增耕地粮食产能指标收益反哺工作。联合省自然资源厅谋划出台配套政策,持续推动水土流失综合治理,形成新增耕地和新增产能指标,为全国水土保持高质量发展提供经验。

谢雨轩　执笔

陈　琴　审核

农村水利水电篇

乡村振兴水利基础持续夯实

水利部水库移民司

2024年，水利系统深入学习贯彻习近平总书记治水思路和关于治水重要论述精神，以及关于"三农"的重要论述精神，全面贯彻落实党中央、国务院决策部署，学习运用"千万工程"经验，有力有序推进乡村振兴水利保障工作，坚决防止发生规模性农村饮水安全问题，进一步改善农村水利基础设施，为推进乡村全面振兴、加快农业农村现代化提供了重要的水利支撑和保障。

一、水利保障措施全面加强

一是加强研究部署。召开乡村振兴水利保障工作会、部乡村振兴领导小组办公室会，部署推进乡村振兴水利保障重点工作。印发《水利部关于进一步做好巩固拓展水利扶贫成果同乡村振兴水利保障有效衔接工作的通知》《水利部办公厅关于印发2024年乡村振兴水利保障工作要点的通知》，与农业农村部等5部门联合印发《关于加强乡村建设项目库和任务清单管理的通知》，明确有关任务和具体举措。二是加强调研督导。按照中央农办有关要求，研究有效衔接五年过渡期后半程水利保障工作，组织调研组赴湖北省、甘肃省等脱贫地区开展专题调研。开展水利支撑乡村振兴关键要素研究。完成对吉林省巩固拓展脱贫攻坚成果同乡村振兴有效衔接考核评估综合核查。三是加强宣传报道。协调中央媒体刊发乡村振兴水利保障专题报道10余篇。依托水利行业报、刊、网等融媒集群，持续宣传报道乡村振兴水利保障工作，在《中国水利报》刊发相关报道36篇，并开设《推进移民共富　助力乡村振兴》《巩固扶贫成果　助力乡村振兴》等栏目，在中国水利网站、"中国水事"微信公众号及其他融媒体平台刊发稿件近30篇。编印《乡村振兴水利保障工作简报》9期。

二、水利脱贫攻坚成果持续巩固

一是提升农村供水保障水平。对农村居民饮水状况开展动态监测，动态解决459万农村人口饮水临时性反复问题。指导30个省（自治区、直辖市）和新疆生产建设兵团印发实施省级农村供水高质量发展规划（上海市已实现城乡供水一体化，不要求编制），安排中央财政水利发展资金30亿元支持60个县域的86个小型引调水工程建设项目。落实农村供水建设投资1317.7亿元，开工建设农村供水工程2.3万处，1.1亿农村人口供水保障水平得到提升。加快推动农村供水县域统管工作，实现农村供水县域统管的县域数量占比达到48%。落实农村供水工程维修养护资金88.38亿元，维修养护农村供水工程8.3万处，服务农村人口1.87亿人。二是增强脱贫地区和脱贫群众内生发展动力。加强水利人才帮扶，新选派15名挂职干部和驻村第一书记。组织召开基层水利人才"订单式"培养现场会，推广"订单式"水利人才帮扶模式。举办6期乡村振兴水利保障帮扶培训班，培训450人次。加强水利科技帮扶，在脱贫地区实施2项水利技术示范项目，将新疆维吾尔自治区、西藏自治区3项技术需求纳入2024年度成熟适用水利科技成果推广清单。加强水利劳务帮扶，在水利重点工程项目和农村水利基础设施领域积极推广以工代赈，在水利工程建设与管护中优先吸纳满足岗位技能要求的脱贫人口和低收入人口，累计吸纳14.50万人。三是巩固拓展水库移民脱贫攻坚成果。安排438亿元中央水库移民扶持基金，支持25个省（自治区、直辖市）统筹推进巩固拓展水库移民脱贫攻坚成果工作。重点关注86.5万移民脱贫人口，加大移民脱贫人口跟踪帮扶力度。支持库区和移民安置区发展特色产业，推动产业转型升级，助力水库移民增收。完善移民村基础设施建设，改善水库移民人居环境。认真做好大中型水库移民后期扶持政策总结评估工作。

三、乡村振兴水利基础不断夯实

一是提升农村水旱灾害防御能力。安排中央预算内投资29.28亿元、中央财政水利发展资金73.77亿元和增发国债资金687.28亿元，实施

365座大中型病险水库除险加固，支持华阳河等21处蓄滞洪区建设，对1256条中小河流和1891条山洪沟开展综合治理，支持山洪灾害非工程措施建设及运行维护。安排中央预算内投资和增发国债资金56.3亿元，加快构建雨水情监测预报"三道防线"，积极推进水文基础设施建设。二是强化水资源开发利用。安排中央预算内投资66.53亿元和增发国债资金966.23亿元，支持5处新建大型灌区和1265处灌区现代化建设和改造。因地制宜开展中小型水源工程建设，安排中央预算内投资15.6亿元和增发国债资金621.34亿元，支持137座中型水库和287座小型水库建设。三是开展水生态保护治理。安排中央资金199.3亿元（含增发国债资金120.3亿元），因地制宜实施国家水土保持重点工程，治理水土流失面积1.95万km^2。加快推进88条（个）母亲河（湖）复苏行动，74条河流实现全线贯通，9个湖泊水位保证率达100%或完成生态补水目标。安排中央水利发展资金53亿元，支持华北地区和重点区域地下水超采综合治理工作。安排中央财政水利发展资金16亿元，支持推进40个幸福河湖建设项目实施。

四、水利管理服务能力稳步提升

一是强化水利工程运行管理。加快构建现代化水库运行管理矩阵，全面推进8000余座水库矩阵建设。严格落实水库大坝安全责任制，加强小型水库、骨干淤地坝等水利工程安全及运行监测设施建设。深化水利工程管理体制改革，推动小型水库专业化管护提质增效，1200座水库完成水库不动产登记试点颁证。组织开展2024年度白蚁等害堤动物危害及防治情况全覆盖普查，支持开展白蚁等害堤动物防治。二是深化河湖长制。在重大引调水工程输水干线推行河湖长制，压紧压实各级河湖长责任，建立乡村河湖日常巡查管护体系。纵深推进河湖库"清四乱"，以妨碍河道行洪、侵占水库库容为重点，明确防洪库容侵占严重的大中型水库名单，清理整治河湖库管理范围内违法违规问题。三是加强水资源管理。印发《加快经济社会发展全面绿色转型水利重点任务落实措施》《关于加快发展节水产业的指导意见》，全面建设节水型社会，协同推进节水载体建设。加强地下水取水总量、水位管控，印发31个省（自治区、直辖市）的地下水管控指标。制定印发加快建设用水权交易制度体系工作方案，加快建设用水权交易制度体系。

五、重点区域帮扶作用继续凸显

一是抓好乡村振兴重点帮扶县水利工作。安排水利建设投资299.27亿元倾斜支持160个国家乡村振兴重点帮扶县，其中中央投资184.06亿元，实施农村供水、农田灌排、防洪抗旱减灾、水土保持和水生态保护修复等3310个项目。新增、恢复和改善灌溉面积83.03万亩，完成中小河流治理长度828.99 km，治理水土流失面积3897.83 km^2。二是推进定点帮扶工作。坚持"组团帮扶"工作机制，组织实施"八大工程"，扎实推进"五大振兴"，安排6个定点帮扶县（区）中央水利建设投资21.53亿元，支持补齐水利基础设施短板。安排水利建设投资12.42亿元，支持江西省宁都县实施农村供水工程维修养护、大型灌区续建配套与现代化改造、山洪灾害防治和非工程措施等项目。三是补齐革命老区民族地区边境地区乡村振兴水利短板。分别安排革命老区、民族地区、边境地区脱贫县中央水利建设投资399.66亿元、465.23亿元、94.99亿元，实施5157个、6025个、655个水利项目。鼓励有条件的地区在全面深化水利改革方面先行先试，推进江西省赣州市革命老区水利高质量发展取得新成效。

六、下一步工作计划

2025年，水利部门将按照党中央、国务院决策部署，对标对表《中华人民共和国国民经济和社会发展第十四个五年规划和2035年远景目标纲要》任务，全力推进巩固拓展水利扶贫成果和乡村振兴水利保障工作，集中力量抓好办成一批重点实事，让农民群众可感可及、得到实惠。一是坚持底线思维。全面推行农村供水"3+1"标准化建设和管护模式，牢牢守住农村饮水安全底线。二是坚持目标导向。围绕产业兴旺和粮食安全、农村防洪减灾、乡村宜居宜业等，完善农村水利基础设施体系。三是坚持改革创新。推进农村水利体制机制改革，不断提升基层水利治理服务水平。

四是坚持统筹兼顾。在做好对脱贫县、革命老区、民族地区、边境地区倾斜支持的同时，进一步加大对国家乡村振兴重点帮扶县的帮扶力度。

宋　昱　执笔
朱闽丰　审核

专栏 49

赣州革命老区水利高质量发展持续推进

水利部水库移民司

深入贯彻落实党中央、国务院关于推进赣南革命老区振兴发展的决策部署，持续加大支持力度，在水利政策、资金、项目、人才等方面给予倾斜，为赣南振兴发展提供了重要的支撑和保障。

一、加大政策资金支持力度

2022年，水利部印发《水利部关于支持江西革命老区水利高质量发展的意见》，并将赣州市作为重点支持区域。2012年以来连续派出6名干部赴赣州市宁都县开展挂职帮扶。"十四五"以来，安排赣州市水利建设投资297亿元，年均较"十三五"末增长65%。将6个重大水利项目列入《"十四五"水安全保障规划》，并指导赣州市按照分步推动项目前期，加快项目落地。梅江灌区从项目谋划到完成所有前期工作仅20个月，实现当年立项、当年开工，已完成投资23亿元。平江灌区历时12个月成功立项并全面开工，已完成投资10亿元。其他4个项目也正在加快开展项目前期论证。2024年，安排赣州市水利建设投资突破110亿元，其中国债资金55.3亿元。

二、加快推进水利项目实施

一是推进农村供水保障工程建设。赣州市实施农村饮水提档升级项目1752个，受益农村人口404万，农村自来水普及率达93%，提前两年完成赣州市"十四五"目标。二是推进农田灌排工程建设。实施2个新建大型灌区和30个大中型灌区建设改造项目，新增、恢复及改善灌溉面积90余万亩，新增粮食产能1.3亿斤，农田灌溉水有效利用系数提高至0.538。

三是推进水旱灾害防御工程建设。全面完成160座病险水库和1082座病险山塘除险加固任务，建成74个主要支流、中小河流治理项目，新建加固提升堤防488 km。四是推进水资源开发利用。建设20座中小型水库，其中7座已完工，新增库容1.28亿 m³。五是推进水土保持工程建设。完成水土流失治理面积1946 km²，修复崩岗2434座，建设生态清洁小流域73条。上犹县紫阳小流域完成了中部省份首单水土保持项目碳汇交易。

三、促进水利管理能力提升

一是强化河湖长制。全面落实河湖长制，在江西省率先实现联防联控协作机制全覆盖，赣州市87个重要水功能区和赣江、东江出境断面水质达标率保持100%。二是强化水利工程运行管理。1016座水库均落实专业化、社会化管护，大余油罗口水库、寻乌太湖水库获评水利部标准化管理工程，完成7个水利部小型水库安全监测能力提升试点县建设。三是推进数字孪生建设。加快构建数字孪生监测体系，建成市级智慧水利一期平台、章江流域数字孪生平台、山洪灾害危险区监测预警平台，完成瑞金市九堡河山洪沟数字孪生项目建设。四是推进水利改革创新。深化水利投融资体制机制改革，推动梅江、平江灌区项目吸引社会资本通过投建运管一体化方式参与项目建设。宁都县列为水利部深化农业用水权改革试点，梅江灌区入选全国第二批深化农业水价综合改革推进现代化灌区建设试点。五是推进水文化建设。崇义县上堡梯田入选世界灌溉工程遗产，并建设我国首家世界灌溉工程遗产博物馆；瑞金市红井、东华陂获评水利部"人民治水，百年功绩"治水工程，入选第五批国家水情教育基地。

宋　昱　执笔
朱闽丰　审核

全面提升农村供水保障水平

水利部农村水利水电司

2024年,水利系统加快推进农村供水"3+1"标准化建设和管护模式,组织编制省级农村供水高质量发展规划,大力推进农村供水工程建设,积极推进农村供水县域统管,深入实施农村供水水质提升专项行动,全国农村自来水普及率达到94%、规模化供水工程覆盖农村人口比例达到65%,超额完成年度目标任务。

一、精心组织编制省级农村供水高质量发展规划

根据《水利部关于加快推动农村供水高质量发展的指导意见》,印发《水利部办公厅关于加快推进农村供水县域统管工作的通知》,发布《村镇供水工程技术规范》《小型农村供水工程规范化提升技术规程》。组织各流域管理机构指导督促各省份加快规划编制,组织有关单位专家,采取分片包干的形式对省级农村供水高质量发展规划报批稿提前把关,确保符合农村供水"3+1"标准化建设和管护要求。各省份系统梳理县域供水情况、发展需求,形成总体思路,明确年度安排、资金渠道,并充分征求相关部门意见,经省级人民政府同意后印发实施,增强了规划的可操作性和执行约束力。截至2024年年底,30个省(自治区、直辖市)和新疆生产建设兵团的规划(上海已实现城乡供水一体化,不要求编制)已全部印发实施。

二、加快推进农村供水工程建设

引导各地结合国家和省市县级水网建设,"两手发力"多渠道筹措资金,加快推进农村供水工程建设。各地落实农村供水工程建设投资1317.71亿元,其中地方专项债398.29亿元、银行贷款356.1亿元、各级

财政资金219.55亿元、社会资本等343.77亿元。完成投资1266.93亿元，开工工程2.5万处，完工2.3万处，提升1.1亿农村人口供水保障水平。为解决水源不稳定、输配水管网能力不足问题，提高农村供水规模化程度，水利部会同财政部2024年首次下达中央财政水利发展资金30亿元，支持60个县域开展86个小型引调水工程项目建设，以县域为单元，涵盖从水库、河道、湖泊等至水厂的取水口、输水管道、桥涵及附属设施建设，水源连通、管网敷设等工程建设，以及县域农村饮水安全标准化建设。

三、积极推行农村供水县域统管和专业化管护

全国近半县域实现了农村供水县域统管。贵州省、山东省、河南省农村供水管理条例（办法）陆续颁布或实施，累计已有23个省（自治区、直辖市）将农村供水保障上升为法律法规条款。指导各地按照"政府监管、企业化运营、专业化管理、社会化服务"思路优选农村供水专业化机构，完善管理管护机制、运行维护标准，健全水价形成机制和考核体系，推进县域统一管理、统一监测、统一运维、统一服务。江苏省等地基本实现城乡供水一体化管理；四川省、山东省等地探索实施投建管运一体化统管模式；浙江省、福建省等地采取农村供水公司、供水总站、"专业化公司+村级管水员"相结合的方式实现县域统管。

四、不断提升农村供水水质保障水平

督促各省份农村集中供水工程全部按要求配备净化消毒设施设备，会同财政部新增中央水利发展资金10亿元，支持农村供水水质提升专项行动，解决水质存在问题的工程1.47万处。加强水质管理，督促各地对标《村镇供水工程技术规范》，开展农村集中供水工程水质自检工作，依托区域水质检测中心等机构开展农村供水工程水质巡检，会同有关部门开展水质抽检并加强监管，鼓励开展水质在线检测监测。配合生态环境部强化水源保护，97%的乡镇级水源保护区完成划定，指导督促加快标识牌设立和环境问题排查整治。积极会同国家疾病预防控制局，做好包虫病区农村饮

水安全保障工作，确保供水安全。做好技术研究推广，征集净水技术和产品，听取相关专家、企业对农村供水水质提升意见建议。组织相关单位遴选第一批25项先进实用的农村供水水质保障技术（产品）并正式发布。

五、积极推进数字孪生农村供水工程建设

推进农村供水从传统管理向数智化管理转变，定期调度数字孪生农村供水工程建设情况，把县域数字化、网络化、智能化管理平台建设纳入农村供水县域统管内容，统筹推进。以农村水利水电管理信息系统为平台，推进水源和规模化农村供水工程信息关联，完善供水风险图。北京、浙江、宁夏、广东、江西、山东、湖南、新疆等省（自治区、直辖市）加快建设省级智慧供水平台，全国初步建成700多个县域农村供水信息管理服务平台。指导各地打造一批数字孪生农村供水工程，如浙江省"浙水好喝"城乡供水数字化管理平台，开发了区域保供预警模型和农村供水水源旱情预警模型；宁夏回族自治区全面实施"互联网+城乡供水"示范省（自治区）建设，通过"我的宁夏"App实现了线上报修、运维、缴费等功能，建成全自治区供水运营管理一张网。

六、有力应对洪旱等自然灾害，做好应急保供水工作

一是全力做好抗旱保供水。针对2024年华北、黄淮、西南等地旱情，按照精准范围、精准对象、精准时段、精准措施要求，密切跟踪因旱饮水困难农村人口和大牲畜数量，建立动态监测台账，滚动调度指导灾区通过启用备用水源、应急调水、衔接异地水源、铺设管网等方式，以及打井、提水抽水、分时供水、拉水送水等措施，解决高峰期农村人口和大牲畜的饮水困难。二是科学应对洪涝灾害。针对2024年湖南省资兴市、辽宁省葫芦岛市等地强降雨灾害，迅速派出专家赶赴一线检视工程受损情况，发放农村饮水安全知识手册，指导灾区加强水源清理、设施清洗、净化消毒、水质检测和环境消杀，尽快抢修供水设施，恢复正常供水。三是持续巩固农村饮水安全成果。各地落实农村供水工程维修养护资金53.78亿元，其中中央财政下达维修养护补助资金30亿元，共维修养护农村供水工程

8.83万处，服务农村人口2.1亿人。2024年累计解决了459万人（次）的农村供水临时性反复问题。

下一步，将聚焦"三个转变"，深入推动农村供水高质量发展。指导各地依据省级规划，衔接水网建设，以县域为单元，持续完善农村供水保障体系，推动农村供水从单元分散向规模集中转变；全面推行农村供水县域统管和专业化管护，全面提升数字化、网络化、智能化水平，推动农村供水从传统管理向数智化管理转变；持续提升农村供水水质保障能力，推动农村供水从"有水喝"向"喝好水"转变。

张国华　包严方　执笔

周　双　审核

专栏 50

省级农村供水高质量发展规划编制完成

水利部农村水利水电司

2024年,全国各省份农村供水高质量发展规划突出实用可行,确保了"3+1"标准化建设和管护模式覆盖全部农村供水人口,主要特点如下。

一是摸清了现状底数,分析了发展趋势,明确了规划思路。截至2023年年底,全国共建成563万处农村供水工程,可服务8.7亿农村人口。各地结合国家和省市级水网建设,按照城乡发展总体规划、村庄规划和城乡融合发展思路,在城市近郊地区优先推进城乡供水一体化、大力推进集中供水规模化,推动城市基础设施和公共服务向农村延伸;对短期无法纳入一体化、规模化的小型供水工程,因地制宜实施规范化建设改造,统一建设改造和管理标准,实现达标供水;结合实际大力推行农村供水县域统管,实现专业化管护全覆盖。

二是全面对接"农村基本具备现代生活条件、让农民就地过上现代文明生活"的总要求,明确水量、水质和24h连续供水目标要求,体现高标准、高水平。在用水量方面,各地规划统筹农村生活饮用水和改厕、洗浴、环境卫生、乡村旅游以及农村二、三产业发展等用水需求;在用水方便程度方面,各地规划把24h连续供水人口比例作为重要目标;在水质保障方面,各地规划对标农村供水水质总体达到当地县城供水水质水平。

三是顺应乡村地区人口变化趋势,因地制宜优化布局供水工程。各地规划将农村户籍人口、非户籍常住人口统一纳入农村供水总人口,统筹考虑重大节假日返乡人口弹性用水需求,努力构建与人口流动变化趋势相适应的农村供水保障体系,不断提高供水系统韧性,确保供水水量、水压、水质持久稳定保障。此外,各地还充分考虑局部地区农村人口增减趋势和村庄发展特点,统筹布局农村供水工程,宜大则大、宜小则小,不搞一刀切。

四是全面推行农村供水县域统管，明确水价形成和水费收缴机制，破除工程长效运行管理体制机制障碍。在统一管理方面，根据镇村分布、政府财力、人口规模、工程布局等因素，充分考虑县域内农村供水工程实际，科学确定县域统管模式。在统一运维方面，配置搭建专业化管理运维队伍，完善巡查维护、供水质量、用户服务、维修抢修、应急供水、安全生产等专业管理标准流程。在统一监测方面，建立智慧管理服务平台，及时诊断和预警管网爆管、漏损等风险。在统一服务方面，实行信息发布、水质公开、24 h 服务等制度。

下一步，将以省级规划为依据，指导各地分解目标任务至市县，细化到年度，实行清单化管理，动态调度，直至全部落实。

苏 扬 李 斯 执笔

周 双 审核

加快推进灌区现代化建设与改造

水利部农村水利水电司

2024年，水利系统进一步夯实国家粮食安全水利根基，围绕新一轮千亿斤粮食产能提升行动，科学谋划全国农田灌溉发展，推进大中型灌区现代化建设与改造，着力完善灌排体系，不断提升管理能力。

一、科学谋划灌溉发展

8月，水利部、农业农村部联合印发《全国农田灌溉发展规划》，与新一轮千亿斤粮食产能提升行动、逐步把永久基本农田建成高标准农田等政策充分衔接，坚持以水定地，明确了到2035年全国农田灌溉发展的目标、布局和任务。督促指导各地编制省级规划，做好与国家规划的衔接，将灌溉发展目标任务落实到具体灌区项目上，先建机制后建工程，统筹推进规划项目落地。依据《全国农田灌溉发展规划》，会同有关部门指导督促地方围绕农田灌排薄弱环节，系统梳理需求，储备了一批灌区建设改造、重点区域排涝项目；组织各地加快前期工作，为项目实施奠定基础。

二、强力推进灌区现代化建设与改造

水利部会同国家发展改革委、财政部下达中央资金79.6亿元（其中中央预算内投资60.5亿元、中央水利发展资金19.1亿元），实施147处大中型灌区续建配套与现代化改造，预计可新增恢复改善灌溉面积1000多万亩。通过900多亿元增发国债资金支持1195处大中小型灌区项目，预计可新增恢复改善灌溉面积约6000万亩。修订完善大中型灌区、灌排泵站标准化管理评价标准，全年各地新增标准化管理大中型灌区、灌排泵站450余处。

三、农业水价综合改革持续发力

水利部会同国家发展改革委等部门指导各地落实国务院部署,加快推进农业水价综合改革,全国新增改革面积约1.3亿亩。在持续抓好第一批21个深化农业水价综合改革推进现代化灌区建设试点的基础上,启动第二批25个试点工作,推进22个深化农业用水权改革试点。在内蒙古自治区河套灌区召开深化农业水价综合改革推进现代化灌区建设座谈会,总结交流试点经验。优化完善试点跟踪指导机制,组织流域管理机构、技术支撑单位等对试点进行指导,形成合力。择优编印第一批试点经验做法和政策措施,宣传试点有效模式,发各地学习借鉴。试点采用"灌区+""水利+""合同节水管理"等模式,以政府投资为引导,统筹灌区水费、水利资产经营、用水权交易等收益,提升灌区项目融资能力,共吸引信贷资金31.3亿元、社会资本28亿元投入现代化灌区建设改造。

四、全力保障农业灌溉用水

2024年年初,水利部对全年灌溉保障工作进行全面部署,充分发挥大中型灌区主力军作用,指导各地科学制定供用水计划,建立灌溉用水台账,加强灌溉用水科学调度,多措并举保障灌溉用水需求。指导各地提前对春灌各环节作出部署安排,多措并举提高灌溉水源保障能力,优化调度,春灌累计灌溉供水528亿 m^3,灌溉面积超过4亿亩,实现了应灌尽灌。针对6月华北、黄淮部分地区旱情,充分发挥旱区500余处大中型灌区抗旱保灌主力军作用,按照"精准范围、精准对象、精准时段、精准措施"要求,优化供水调度,切实做好已出苗作物灌溉和待播耕地补墒,保障了5700多万亩玉米等播种、出苗用水,为保障粮食丰收提供了坚实的水利支撑。7月底辽宁省、湖南省等地发生洪涝灾害,组织灌区多措并举全力排水,确保旱能灌、涝能排,全国全年累计减淹耕地1687万亩。

五、积极推进农业节水增效制度体系建设

农业是用水大户,也是最大节水潜力所在。水利系统坚持节水优先,

组织各地结合灌溉供水保障、大中型灌区现代化建设改造、深化农业水价综合改革推进现代化灌区建设试点、数字孪生灌区先行先试、灌溉试验站网能力提升、技术标准制修订等积极落实农业节水增效制度体系建设相关要求。组织对各省份推进农业节水增效制度体系建设情况进行书面调研，联合有关单位对11个省份和新疆生产建设兵团30余处灌区开展现场调研，深入了解工作现状、取得经验和存在问题，提出健全农业节水增效制度体系的思路和举措。

六、2025年工作重点

2025年，水利系统将坚持问题导向、目标导向，持续提升灌区服务能力与水平，为保障国家粮食安全贡献水利力量。

一是加快健全农业节水增效制度体系。加强灌溉试验工作，强化灌溉试验站网综合能力，开展灌溉试验资料整编，优化灌溉制度，适时修订灌溉用水定额。结合灌区现代化建设与改造，加快完善农业灌溉用水计量设施。强化农业节水管理，科学制定供用水计划，有序引导改进传统地面灌溉方式，因地制宜发展高效节水灌溉。把握作物需水量和灌溉制度两个关键，指导科学灌溉。配合国家发展改革委做好全国农业水价综合改革验收，开展改革成效评估。健全节水技术及服务体系，培育用水合作组织和专业化、社会化服务队伍。持续抓好两批深化农业水价综合改革推进现代化灌区建设试点，总结提炼可复制、可推广的经验，健全分类政策供给体系。全国农田灌溉水有效利用系数达到0.583。

二是强化农田灌溉发展顶层设计。印发省级农田灌溉发展规划。坚持先建机制、后建工程，扎实推进项目前期工作，有序推进规划项目落地。发布新的全国大中型灌区名录，建立名录与灌区"一张图"联动机制，动态更新完善灌区"一张图"。强化以水定地，加强大中型灌区取水许可管理，落实用水总量控制、定额管理。

三是加大灌排工程体系改造升级力度。深入贯彻《中华人民共和国粮食安全保障法》，印发全国中型灌区续建配套与现代化改造实施方案（2025—2026年），编制重点区域排涝工程实施方案等。做好大中型灌区现代化改造、新建中型灌区及重点区域排涝工程等项目前期工作，实施150处以上大中型灌区现代化改造项目，力争启动一批新建中型灌区和重点区域排涝工程。加强部门协作，统筹推进灌区骨干工程与高标准农田建设。

四是强化农业灌溉供水保障。及早部署安排春灌、夏灌工作，保障作物时令灌溉需求。做好干旱、洪涝等灾害应对工作，制定并优化灌溉计划，及时启动排涝自排闸、排水泵站等，确保旱能灌、涝能排。有条件的灌区利用数字孪生等技术，提高灌溉供水效率和效益。

五是持续提升标准化管理能力。持续推动大中型灌区、灌排泵站标准化管理。深化灌区管理体制改革，落实"两费"，合理配备人员，强化技术技能培训，提升管理管护水平。持续做好世界灌溉工程遗产挖掘、推荐和申报。

六是深化数字孪生灌区先行先试。聚焦农田灌溉用水计量精准化、管理运维智能化、灌溉方式高效化，抓好49个数字孪生灌区先行先试，形成一批可复制、可推广的模式。充分利用协会、学会等平台，开展数字孪生灌区建设经验交流。新建和改造大中型灌区要同步开展数字化建设和智慧化应用。

张　翔　齐　伟　申祖宁　执笔

许德志　审核

专栏 51

持续开展深化农业水价综合改革 推进现代化灌区建设试点

水利部农村水利水电司

2024年，水利系统持续开展深化农业水价综合改革推进现代化灌区建设试点，进一步分区分类探索有利于"两手发力"的现代化灌区建设典型模式。

一是组织开展第二批试点。6月，确定第二批25处深化农业水价综合改革推进现代化灌区建设试点，其中试点灌区16个，试点县（市、区）9个。在内蒙古自治区巴彦淖尔市召开深化农业水价综合改革推进现代化灌区建设座谈会，总结交流了第一批试点经验，部署第二批试点工作。

二是加强指导推动。优化完善试点跟踪指导机制，组织流域管理机构、技术支撑单位等对试点进行指导，形成上下贯通合力。召开视频调度会，交流试点进展、成效和经验，商讨解决困难问题，共商解决对策。择优编印第一批试点经验做法和政策措施，宣传试点有效模式，发各地学习借鉴。第一批21个试点均完成农业水价调整，完善了精准补贴和节水奖励机制。第二批25个试点已全部完成实施方案批复，正有序推进各项任务。两批试点采用"灌区+""水利+"以及"合同节水管理"等模式，以政府投资为指导，统筹灌区水费、水利资产经营、用水权交易等收益，提升灌区项目融资能力，试点共吸引31.3亿元金融信贷资金、28亿元社会资本投入现代化灌区建设。

三是分类探索现代化灌区建设经验模式。云南省元谋县按照"陆良模式"六项机制，将完善经济作物水价机制吸引社会资本的模式拓展到全县，采取"政府投资+股权合作+特许经营"模式，实施元谋灌区西部灌片高效节水工程一期项目，已落实资金 27565 万元，其中社会资本投入资金 6779 万元。宁夏回族自治区利通区通过"合同节水管理+水权交易"模式，成功引进 5 家市场主体组建项目公司，以特许经营模式实施灌区工程建设管护等，用水权交易收益按项目公司、合作社、种植农户 7∶2∶1 的比例分配。山东省齐河县豆腐窝灌区探索粮食主产区"政府引导、社会参与、市场运作"的投融资模式，在政府加大投入的基础上，引导各类社会主体投资水利设施建设，其中，国企集中流转土地并完善灌溉设施，种植大户投资购置高效节水灌溉设施，引入企业开展田间农田水利设施管护。江西省宜黄县采取类似"住房公积金"模式的"差额补贴、基金管理"水费补贴机制，农民按规定缴纳水费，财政按照成本水价进行差额补贴，水费、财政补贴资金共同构成"农田水利维养基金"，有效解决农田水利工程维修养护经费，并实现良好管护，走出了一条南方丰水地区粮食作物为主的农田水利工程管护成功之路。

第二批深化农业水价综合改革推进现代化灌区建设试点名单

试点类型	序号	试点名称
试点灌区	1	河北省八一灌区
	2	辽宁省营口灌区（三八、前进灌片）
	3	江苏省陈洋灌区
	4	浙江省通济桥灌区
	5	安徽省釜山水库灌区
	6	福建省五一水库灌区
	7	江西省梅江灌区
	8	山东省琵琶山灌区
	9	山东省五七灌区
	10	湖北省幸福渠灌区
	11	湖南省澧阳平原灌区
	12	广东省桂南水库灌区
	13	重庆市黄桷滩水库灌区
	14	四川省青衣江流域乐山灌区（东风堰灌片）
	15	宁夏回族自治区西河灌区
	16	新疆维吾尔自治区大河沿子灌区

续表

试点类型	序号	试点名称
试点县（市、区）	1	山西省晋中市祁县
	2	江苏省宿迁市宿城区
	3	浙江省嘉兴市平湖市
	4	安徽省六安市金安区（淠史杭灌区金安灌片）
	5	江西省九江市永修县
	6	湖北省天门市
	7	湖南省长沙市长沙县
	8	四川省攀枝花市仁和区
	9	新疆维吾尔自治区伊犁哈萨克自治州伊宁县

何慧凝　崔　静　石苗苗　执笔

张敦强　审核

专栏 52

数字孪生灌区先行先试取得积极进展

水利部农村水利水电司

数字孪生灌区是提高水资源节约集约水平的重要手段，是推进灌区现代化发展的重要路径，对推动灌区高质量发展、保障粮食安全、助力农业强国建设具有重要意义。2022年年底，为贯彻落实水利部党组关于智慧水利建设的有关决策部署，遴选了49处大中型灌区启动数字孪生灌区建设。水利部指导各地积极探索、不断创新，数字孪生灌区先行先试取得积极进展。

一是加强前期谋划，做好顶层设计。水利部建立了专家库，组织专家对数字孪生灌区先行先试方案逐一进行技术咨询、问诊把脉，对位山、红旗渠等10余处典型灌区数字孪生建设实施方案进行深度指导，明确建设目标与任务。结合灌区特点与实际需求，依托水利系统推荐的13项数字孪生灌区模型，充分利用好现有科技成果，有效减少灌区在模型开发方面的重复性投资，提高建设效率与质量。

二是强化宣传推广，实现互联互通。2024年6月，在内蒙古自治区巴彦淖尔市河套灌区召开现场会，推广典型经验。统筹学会协会资源，线上线下开展经验交流，举办专家讲座和技术交流会，组织先行先试灌区和相关单位交流数字孪生灌区建设进展和应用成效。依托《人民日报》、新华社等主流媒体，宣传典型案例，推广先进经验。

三是建设成效初显，管理效能提升。部分先行先试灌区边建设边应用，强化数字赋能，用水计划编报时间明显缩短、配水效率显著提升、节水效果初步显现，在春灌和抗旱保灌中发挥了重要作用。安徽省淠史杭灌区初步建成数字化灌区体系，通过"水利专业模型+数据底板"与业务融合，供水计划编制时间由原来1~2周缩短为5 min；江西省赣抚平原灌区春灌提前 10 天预报需水时段与水量，3 min 计算提出 3 天预见期配水计划；山东省位山灌区应用立体感知系统，辅助卫星遥感技术分析灌溉进度，动态调整优化配水调度方案，指导群众科学抗旱保灌，灌溉供水效率明显提高。

崔　静　戴　玮　石苗苗　执笔
许德志　审核

链接

陕西省渭南市：
数字赋能东雷抽黄灌区提质增效

2024年8月26日，陕西省渭南市东雷抽黄灌区完成夏灌，累计供水7260万 m³、灌溉96万亩（次），创45年来新纪录。依托数字监测、精准调度和智能管理，提高灌溉效率，助力农业增产。

动态监测，掌握抗旱主动权。依托数字孪生平台，灌区结合气象、墒情监测和卫星遥感技术，实时监测旱情，预判发展趋势，实现精准灌溉。灌区覆盖四县41.7万人，已建立用水数据库，利用墒情、气象、水情监测站，实现远程监控，提高灌溉精准度。数字孪生平台可远程监控设备状态、预警故障，并预测作物需水量，为合理用水提供参考依据。2024年，年均供水超1亿 m³，灌溉130万亩（次）。

联网控制，增强供水硬实力。东雷抽黄工程是陕西省扬程最高、流量最大的提灌工程，拥有4个塬上灌溉系统，建有各级抽水站28座，安装机组121台（套），最多9级提水，累计扬程311 m。近年来，东雷抽黄灌区建成泵站自动监控系统、闸门自动控制系统，铺设232 km光纤通信网，构建了"控制网"和"调度网"。通过远程设定闸门高度和流量，实现系统自动调节，提高供水精准度。智能化改造后，远程调控有效降低人力成本，灌溉效率大幅提升，灌溉时间由25天缩短至15天，缓解了用水高峰压力。

"掌上"办理，实现节水增效优服务。通过"农水宝"App，农户可在线申报用水、结算水量、扫码缴费，实现全程数字化办理。数字孪生技术实现水资源"供、需、耗、用"全过程监管，亩均用水减少10 m³，水费降低3~5元，每年节水1800万 m³。

到2025年，力争实现灌区全域数字化，全面建成信息监测立体感知体系、自动控制体系和数字孪生灌区与智慧综合决策系统平台；实现灌区数字孪生平台在灌区管理与核心业务上的应用，为新阶段灌区高质量发展提供有力支撑和强力驱动。

刘艳芹　执笔

石珊珊　李海川　审核

推进小水电全面绿色转型

水利部农村水利水电司

2024年，水利系统深入贯彻习近平生态文明思想，落实习近平总书记治水思路和关于治水重要论述精神，统筹发展和安全，加快推进小水电转型升级绿色发展，防范化解重大安全风险隐患，为助力我国实现"双碳"目标、优化能源结构、促进地方经济社会发展作出了积极贡献。

一、主要工作做法和成效

一是持续巩固小水电站安全生产基础。小水电站大坝安全提升行动成效显著，累计推动7900余座电站大坝完成注册登记，1.5万余座小水电站大坝完成安全鉴定评估，清理整改的757座退出发电功能的大坝已全部落实安全管理单位和监管责任人。部署2024年小水电站安全生产和安全度汛，组织开展小水电站安全隐患排查整治，全年累计排查整改安全风险隐患8800余个，整改完成率超过99%，对剩余问题落实安全防范措施，纳入整改清单实行闭环管理，持续推进整改。通过信息化赋能小水电站安全生产工作，开展小水电站"三个责任人"履职情况智能电话抽查，累计提醒600位电站责任人。浙江省单站装机1000 kW以上小水电站已全面达到安全标准化要求，1475座1000 kW以下小水电站完成"两不八有"创建工作。福建、安徽等13个省份明确库容达到水库规模的小水电站大坝纳入水库统一监管。江西省、福建省、湖北省、云南省等地结合大坝安全提升专项行动，组织开展压力钢管（管道）、前池等重点部位专项检测，提升重要设施运行安全水平。

二是稳妥推进小水电清理整改。完成黄河流域小水电分类整改任务。召开视频会商会，指导沿黄各省（自治区）结合实际细化实化工作内容，压实工作责任。强化部门协作，组织召开七部门视频会商，商请有关部门复核重要生态功能区小水电整改情况，通过部领导带队调研指导、加强整改调度、印发工作进展通报、七部门视频研讨和联合调研等，多措并举推进问题整改和验收销号；组织制定电站安全生产标准化建设和明令淘汰设备清单，加强对青海等技术薄弱省份帮扶。青海、陕西、山西、河南、甘肃等有生态流量泄放要求的省份有关部门联合出台小水电生态流量监管文件，青海省出台《小水电强化管理办法》。纳入黄河流域小水电清理整改范围的950余座整改任务全部完成。长江经济带等已完成整改地区紧盯中央环保督察等反馈问题，督促整改落实，持续巩固清理整改成果。其他未完成分类整改的地区按照既定目标，加快组织实施，统筹推进。

三是持续强化小水电生态流量监管。印发《水利部办公厅关于开展小水电生态流量在线随机抽查工作的通知》，部署开展在线随机抽查，组织完善专家操作指南和管理手册，制定在线随机抽查实施细则，指导各省开展自抽查，推进抽查工作制度化、规范化。指导省级监管平台建设，全国有生态流量泄放要求的25个省（自治区、直辖市）全部建成投运监管平台，推动电站应接尽接，提升电站在线率。建设全国监管平台，已有广东等19个省（自治区、直辖市）监管平台2.3万余座电站接入全国平台，实现监管数据实时共享。全年完成7000余座电站在线随机抽查，加强抽查结果应用，推动全国4.1万余座小水电站按要求泄放生态流量，累计修复减脱水河段约10万km。广东省出台全国首个小水电生态流量泄放差别化上网电价政策。安徽、湖南、广西、湖北、云南等省（自治区）结合近几年监管工作实践及时修订省级监管办法，完善监管制度。福建、江西、四川等省对抽查发现的问题建立台账，通过下发"一市一单"等措施，实施"查、认、改、罚、回头看"闭环管理，督促电站做好问题整改取得较好效果。

四是积极引导绿色改造和现代化提升。推动将小型水电站更新改造纳入国家发展改革委等十部门出台的《绿色低碳转型产业指导目录（2024年版）》，修订发布小型水电站技术管理规程和绿色小水电评价规程，组织编制小型水电站集控中心建设技术规范等绿色发展标准。召开小水电绿色发展现场会，交流推广典型经验，指导各地全力推动小水电绿色改造和现代化提升。各地建立项目储备库，约8000座小水电站和220处集控中心具备开工条件。全国累计建成300余处小水电站集控中心，4000余座电站完成智能化改造。浙江、贵州、广东等省编制省级规划。湖南省率先出台推进小水电智能化集约化物业化发展指导意见。安徽省、贵州省积极协调纳入省级设备更新方案。广东省、浙江省、江西省对小水电站群实施智能化改造先行先试，增加的部分发电收益造血惠民，消除集体经济相对薄弱村。浙江省、湖北省、陕西省探索开展水风光融合发展，依托小水电建设泛微网，强化区域电力供应保障。

五是加快完善小水电信息化管理。加强小水电信息化监管平台建设，建立水源地与小水电站关联关系，同步"一张图"对应点位50 km范围内水库、河流、湖泊等水源数据，关联28000余处水源地信息同步上图；完成黄河小水电清理整改国产化改造与900多座水电站共5000余条业务数据迁移，推进数据共享和互联互通，强化在线监管应用。引导基础条件较好的小水电站探索开展数字孪生建设，完善防洪调度、电力优化调度、安全应急管理、生态保障等应用功能，提升"四预"能力。

二、下一步工作重点

一是强化小水电安全监管。进一步压实安全生产主体责任，加强电站业主法制教育与技术培训。全面落实小水电站安全生产和安全度汛"三个责任人"管理职责，建立履职情况与安全隐患问题告知机制。巩固小水电站大坝安全提升专项行动成果，对无法注册登记的按照水库管理要求进行监管，配置必要的雨水情监测设施。加快推进隐患排查和大坝安全提升专项行动中发现的问题整改，对存在重大安全隐患、鉴定或评估为三类坝的要纳入重点监管名录，严格落实空库运行等措施，加快推进除险加固，消除安全隐患。将"头顶一盆水"等电站纳入重点监管名录，常态化开展风险隐患排查，确保安全度汛。加强对小水电集控中心监管，强化小水电集群安全生产、生态流量预报预警、智能调度等应用。持续推进安全生产标准化建设。

二是持续推动小水电落实生态流量。推动各地及时修订生态流量监管办法，动态调整重点监管名录，完善监管制度体系。推进生态流量泄放在线随机抽查常态化、规范化。强化年度在线随机抽查结果应用，纳入最严格水资源管理制度等考核内容。完善生态流量监管技术标准体系，规范监测监控行为。借鉴广东经验，积极推动各地出台充分反映生态保护和修复治理成本的绿色小水电电价政策。

三是巩固小水电分类整改成果。充分发挥省级清理整改协调机制作用，持续巩固整改成果。沿黄各省（自治区）的省级水行政主管部门组织对小水电清理整改情况开展再复核和再确认，确保整改质量和效果。其他尚未完成分类整改工作的地区积极稳妥完成分类整改收尾工作，确保按期完成。流域管理机构要充分发挥协调指导和监督检查作用，紧盯中央生态环境保护督察、生态警示片等各渠道反映的问题，指导相关省份加快整改，举一反三，完善长期机制。

四是深入推进绿色改造与现代化提升。推动有关地方出台实施方案和政策措施，指导各地重点聚焦电站智能化改造、集控中心建设和物业化管理，创新开展小水电数字孪生和数智化监管模式。充分发挥市场机制作用，鼓励有条件的地区发挥龙头企业带动作用，引导分散的电站企业积极参与改造，推进小水电智能化改造、集约化运行、物业化管理。统一规范小水电集控中心建设标准，加强技术培训和能力建设，培育壮大小水电智能化改造和集控中心建设方面的人才队伍。

曲　鹏　张　丽　王　帅　执笔
邢援越　审核

专栏 53

小水电绿色改造和现代化提升取得积极进展

水利部农村水利水电司

我国建成小水电站约 4.1 万座，装机 8100 多万 kW，广泛分布在 1700 多个县（市、区）。由于小水电站分布分散，老旧电站比例大，生态流量监管难，与经济社会高质量发展和中国式现代化的总体要求还存在较大差距，亟须加快转型升级、绿色发展。2020 年以来，《关于加快构建新发展格局的指导意见》《国务院关于 2030 年前碳达峰行动方案的通知》等文件中明确提出要推进小水电绿色改造。2024 年新颁布的《中华人民共和国能源法》明确规定，更新改造水电站，应统筹兼顾综合利用功能。

水利系统以提升安全生产水平和解决生态环境问题为目标，指导各地探索开展小水电站智能化改造、集约化运行、物业化管理，绿色改造和现代化提升取得效果显著，累计建成集控中心 300 余处，纳入集中控制电站 4000 余座。改造后基本实现无人值守，电站本质安全水平大幅度提高；通过数字化赋能，电站群实现优化调度，水能资源利用效率提高 10%~40%，河流生态环境得到有效修复；通过物业化管理，电站运行成本进一步下降，行业监管能力有效提升，形成了生态、社会、经济效益多赢的局面。

一是加强顶层设计。水利部对推进小水电绿色改造和现代化提升作出部署，提出了明确要求。湖南省出台指导意见，加快推进小水电智能化、集约化、物业化发展。浙江省通过规划引导，对 317 座电站实施智能化改造，建成 7 个生态示范区，修复减脱水河段 70 余公里，为小水电深度参与多能互补、推进源网荷储一体化奠定基础。贵州省级规划以消除安全隐患和巩固生态流量为基础，选取黔东南苗族侗族自治州作为集约化建设试点，建成镇远县、从江县 2 个小水电集控中心，推动 300 余座电站实施智能化改造。

二是制定完善技术标准。出台《智能化小型水电站技术指南（试行）》《小水电集控中心技术指南（试行）》，修订《小型水电站技术管理规程》，对电站智能化改造、集控中心建设和电站规范化管理提出明确的标准。湖南省按照"安全为基、生态优先、智能发展"的原则和相关技术标准，在长沙市浏阳市、株洲市炎陵县建成区域集控中心7处，超过200座小水电站实现集中托管，全域生态流量全达标，无安全生产事故，发电效益整体提升超过20%。

三是出台支持政策。将小水电站更新改造写入国家发展改革委等十部门出台的《绿色低碳转型产业指导目录（2024年版）》。联合相关金融机构，将小水电绿色改造纳入金融信贷重点支持范围。指导各地发挥好市场化配置资源作用，用好用足金融支持政策，福建省水利厅与国家开发银行福建分行签订合作框架协议，通过省财政贴息，每年为小水电绿色改造提供合作贷款5亿元额度。广东省广宁县、湖南省郴州市等地区探索通过"取水贷""绿电贷"金融工具累计授信324亿元，带动全域小水电智能化改造升级投入近3亿元，推动了千亿级水经济产业跨越式高质量发展。浙江省新昌县整合小水电站资产成立绿能公司，联合社会资本和强村公司成立兴村富民基金，通过智能化改造电站增加的发电收益，每年向兴村富民基金分红，实现了绿色水电助力乡村共富。

曲　鹏　王　璠　赵　虹　执笔
邢援越　审核

数字孪生水利篇

全力推进数字孪生水利建设

水利部信息中心

2024年，数字孪生水利建设进入全面推进和深化应用阶段，算据获取、算法优化、算力提升等方面取得突破，具有"四预"功能的数字孪生水利体系加快构建，驱动支撑水利高质量发展的作用明显。

一、数字孪生水利建设取得新进展

一是在丹江口水利枢纽召开数字孪生水利建设现场会，实地考察大坝智能感知设备技术和数字孪生丹江口建设应用成果，水利部部长李国英出席会议并讲话。二是有力推进国家数字孪生水利建设工程（一期）、国家地下水监测二期工程前期工作。三是推进国家水网调度中心前期工作，组织编制国家数字孪生骨干水网实施方案，跟踪指导省级水网先导区数字孪生水网建设先行先试，积极推动县级数字孪生水网建设。印发《数字孪生调水工程建设技术指南》，推进数字孪生调水工程和第一批国家水网重要结点工程数字化改造。四是印发《关于推进水利工程建设数字孪生的指导意见》《水利部关于推进水库、水闸、蓄滞洪区运行管理数字孪生的指导意见》，提升水利工程建设全要素、全过程的数字化、网络化、智能化管理能力。三峡、小浪底、丹江口、大藤峡等多处数字孪生工程建设成果迭代优化并应用于实战。五是印发实施《数字孪生水利"天空地水工"一体化监测感知夯基提能行动方案（2024—2026年)》，完成部本级、流域、省级、工程管理单位实施方案审查，"天空地水工"一体化监测感知体系构建初见成效。

二、"三算"能力不断提升

一是获取算据。水利部数字孪生平台（全国水利一张图）首次获得自然资源部核发的地图审核批准文件，新增汇集全国 1∶25 万比例尺，覆盖 18 类要素的基础地理信息、中国铁塔和"雪亮工程"视频监控资源，完成 72 类 2600 多万个水利对象信息动态更新，服务年调用突破 3.6 亿次。二是优化算法。基于高精度 DEM 构建全国范围内包括 32.7 万个子流域、32.8 万个河段和 32.9 万个节点的数字流域底座，研发了集总式水文模型、分布式水文模型等近 50 个模型。以永定河、引江济淮工程为典型，构建典型河流径流预报、生态水量调度和河道水流演进等模型。研发"串联"正向和反向优化调度演算模型，优化"并联"反向演算模型方法，持续攻关"混联"优化调度演算模型，实现长江中游"三峡—城陵矶"调度区域反向调度预演，形成通用化调度拓扑构建和配置系统。三是提升算力。建成 260 万亿次双精度浮点高性能计算集群，提升数据处理效率，缩短降雨、洪水预报时间。

三、"2+N"业务应用体系持续完善

一是支撑打赢水旱灾害防御硬仗。面对极端复杂反常天气气候，努力兼顾洪水预见期的延长与洪水预报精准度的提高，超前准确预报大江大河创历史纪录的 26 次编号洪水，同时全面落实"四预"措施，有力支撑应对罕见的 15 起重大暴雨洪水灾害事件，防洪"四预"被评为数字中国建设典型案例。首次以流域为单元开展界河、冰凌、冰湖、咸潮及风暴潮预报，提前 1 周准确预报乌苏里江将全线超保，开展阿克苏河上游境外麦兹巴赫冰川堰塞湖溃决风险分析。针对湖南省洞庭湖团洲垸等事件，开展洪水漫堤风险分析和构筑防线方案研究，有力支撑会商决策和前线抢险调度。全年基于测雨雷达，发布乡镇级临近暴雨自动预警 4343 条，预警乡镇 42261 个（次），信息直达 53.8 万人（次）；发布 1933 条河流、4376 站洪水预报 6.9 万余次，并向社会公众发布水情预警 4300 余条。

二是全面支撑水资源管理与调配。初步构建水资源管理与调配系统"1+8+25+95"业务应用体系建设思路，即 1 个水资源管理与调配系统门户（全国水资源监管"一张图"）、8 个业务平台、25 个业务应用场景、95 项任务专题。优化完善全国取用水管理平台，实现 45 万取用水户信息、

60万取水许可证照信息以及155万（在线25万、非在线130万）监测计量设施基础信息、水量信息汇集。持续完善重点河湖生态流量管理平台，实现全国145个重点河湖235个生态流量控制断面的监测预警，按日发布预警信息。持续推进母亲河复苏管理平台开发，完成88条（个）母亲河（湖）复苏行动目标指标梳理，有水河长、河湖面积遥感解译矢量信息按月动态更新。持续完善调水信息管理系统，推进建设节水管理"一图一库两平台"。

三是助力河湖管理精细化常态化。完成全国流域面积50 km^{2}以上河流与水面面积1 km^{2}以上湖泊（无人区除外）管理范围内新增地物套合比对，首次对承担防洪功能的水库库区管理范围内本底地物开展遥感调查，为推进河湖库"清四乱"常态化规范化打下良好基础，支撑河湖问题"清存量、遏增量"。

四是不断强化水利工程信息化管理。全国现代化水库运行管理矩阵部本级平台原型系统、堤防水闸运行管理信息系统上线运行。持续优化全国水库运行管理信息系统，完善水库库容曲线复核等模块。水利安全生产风险管控"六项机制"信息系统上线，覆盖704个水利部直属及下级单位、947座水利部直管工程。

四、保障体系进一步健全

一是深入开展"人工智能+水利"调研，研发具备"擅学习、能交互、会计算、可展现"特点的"上善"水利大模型体系。二是水利部卓越水利工程师培养工程（数字孪生水利方向）于7月在河海大学正式启动，采用"三段衔接、工学交融"的培养方式，着力培养储备一批既懂水利又懂信息化的卓越水利工程师。三是重新建构面向水利新质生产力的数字孪生水利标准体系，主要包括通用类、设计类、信息化基础设施类、数字孪生平台类、业务应用类、网络安全类、保障运维类7类共计58项标准，已颁布30项，正在制修订16项。四是国家重点研发计划"水利行业大模型关键技术研究与河湖库监管示范应用"、青年科学家计划"数字孪生水利高精度地理空间数据密态计算方法研究与应用"立项。

五、政务服务提质增效

积极推进水利行业标准电子证照系列标准建设，涉水电子证照覆盖领域持续扩大并实现全国互通互认，依托水利部电子证照系统发放7类电子证照108万余份。水利部12314监督举报服务平台全年接到举报线索24.4万余条。开展机器人智能外呼工作，有效支撑农村供水管理、小水电和小型水库防汛"三个责任人"落实。水利部网站荣获"2024年度中国最具影响力党务政务平台"荣誉称号，在政府网站绩效评估中位列国务院组成部门第3名。水利部政务服务平台获2024年数字政府五十佳优秀创新案例。一级造价工程师（水利工程）注册综合服务获部委网站"十佳"优秀创新案例。

六、牢牢守住网络安全防线

印发《水利部办公厅关于进一步强化数字孪生水利网络安全工作的通知》。以攻防集中式演练、区域性演练和专项演练结合强化行业网络安全，连续7年在国家网络安全攻防演习中取得"优异"成绩。深入开展重要信息系统数据安全防护。推进水利行业IPv6发展重点任务落地见效。关键信息基础设施保护工作成效明显，受邀在国家关键信息基础设施保护相关工作会交流经验。

2025年，水利系统将坚持需求牵引、应用至上、数字赋能、提升能力，完善"天空地水工"一体化监测感知体系，加快建设数字孪生流域、数字孪生水网、数字孪生工程，推进水利智能业务应用，引领发展水利新质生产力，为推动水利高质量发展、保障我国水安全提供强力驱动和有力支撑。

陈雨潇　翁春元　审核
钱　峰　执笔

专栏 54

防洪"四预"支撑能力取得新突破

水利部信息中心

2024年,"天空地水工"监测感知首次成体系投入运用,雨水情监测预报"三道防线"建设与应用取得新进展,"四预"功能不断在实战中强化,有力支撑保障水旱灾害防御指挥决策。

一、"天空地水工"监测感知首次成体系投入运用

一是"天"提供"宏观"全局遥感监测感知。归集处理1210景卫星遥感影像,编制120余期遥感监测报告。二是"空"提供"中观"高精度视频监测感知。汇集200余次无人机航摄数据,共享200多万处视频监控资源、近5万路中国铁塔视联平台监控点位。三是"地、水、工"信息共享量进一步提高。各地向水利部报汛站点增至15.4万个,较2023年增加2.2万个;发布1933条河流4376个断面68.9万站(次)预报,较2023年增加40%。四是应急监测提供"微观"关键河段工程感知。针对应急突发事件,增设应急监测断面20余处,精准支撑应急处置决策。

二、第一道防线降雨预报取得新进展

一是持续开展测雨雷达建设。推进北京市永定河、大藤峡、小浪底等地的36部水利测雨雷达组网建设并投入使用,发布乡镇级临近暴雨自动预警4343条,预警乡镇42261个(次),信息直达53.8万人(次)。二是强化强降雨风险预警。同化风云4B和葵花9号卫星数据,发布强降雨风险预警7858次。三是强化中长期预测。首次开展"龙舟水"预测,结论与实况基本一致;主汛期预测总体把握中东部降水偏多趋势。四是首次开展台风残余环流影响预报。印发《台风残余环流及降雨洪水预报工作机制

(试行)》，提前1天准确预报台风"潭美"残余环流对海南造成的强降雨。

三、第二道防线洪水预报取得新成绩

一是大江大河洪水预报精度再创佳绩。超前准确预报大江大河26次编号洪水，提前2天预报北江发生超50年一遇特大洪水，提前1周预报长江中下游干流全面超警，提前2天预报淮河编号洪水。二是首次以流域为单元开展界河预报。提前1周预报乌苏里江将全线超保；提前24 h预报鸭绿江水丰水库水位超过125 m历时达60 h。三是首次开展冰凌及冰湖预报。提前1天预测黄河封河上首位置，提前10天预测麦兹巴赫冰川堰塞湖溃决洪水演进至协合拉站洪峰流量。四是首次开展咸潮及风暴潮预报。研发长江口、珠江口咸潮及风暴潮预报系统，在台风影响期间得到实战检验。

四、第三道防线洪水演进风险预报取得新突破

一是首次开展突发应急洪水预报。构建10余套应急洪水预报方案，支撑应急突发事件会商决策。二是首次开展洪水漫堤风险分析。基于水文水动力学耦合方法推求乌苏里江干流沿程预报洪峰水面线，研判漫堤风险点，支撑提前加筑子堤等调度决策。三是首次开展构筑防线方案分析。构建湖南洞庭湖团洲垸多套防守方案，计算需抢筑子堤土方量，支撑第三道防线构筑。四是滚动开展洪水预演分析。开展203次洪水预演分析，研判村庄、道路受淹风险，为堤防溃决和漫滩险情处置应对工作提供有力支撑。

宫博亚　执笔
钱　峰　审核

专栏 55

新技术水利应用成效显著

水利部信息中心

数字孪生水利是发展水利新质生产力的重要抓手,随着数字孪生水利建设由积极探索、先行先试进入全面推进和深化应用阶段,人工智能、卫星、大数据、北斗等新技术成为数字孪生水利建设新引擎。

一是水利大模型初步构建并取得成效。水利系统研发具备"擅学习、能交互、会计算、可展现"特点的"上善"水利大模型体系,支撑数字孪生水利"四预"功能,并在多个场景落地探索。台风降雨与洪水预报方面,2024年汛期,上善水利大模型应用到"艾云尼""格美"等多个台风的模型推理预报中,于7月21—29日预报"格美"将西行深入内陆,与实际路径基本相符。水库运行管理方面,大模型与全国现代化水库运行管理矩阵平台对接,通过语音识别—推理—合成等技术,支撑水库责任人履职评估智能外呼,相关功能在山东、河南、湖南、浙江、宁夏5个省(自治区)部分水库开展实战测试。网络安全方面,通过实时分析全网流量和日志,自动关联对应资产类型,智能研判风险等级和处置策略。此外,大模型还在河湖库智能监管、暴雨地震等极端事件模拟分析、水利行业知识生成与办公辅助、图文多模态解析、辅助编程等场景进行探索。二是重力卫星监测地下水储量变化和试点应用取得积极成效。积极推进重力卫星监测作为地下水运动规律研究新方法,利用重力卫星数据逐步开展重点区域地下水储量分析,为地下水"双控"管理提供有效支撑。依托国家重点研发计划"多尺度流域水资源和水利设施遥感监测应用示范项目",研发基于重力卫星的地下水储量变化反演评估模型,尝试突破重力卫星对不同深度地下水分层监测制约,探索重力卫星、地下水监测和干涉合成孔径雷达(InSAR)等多源协同监测机器学习校正方法,在华北地区开展试点应用。

· 299 ·

三是推进水利北斗规模应用。通过水利重大科技课题"面向数字孪生水利的卫星'通导遥'综合应用研究"项目建设，验证了"通导遥"技术在数字孪生水利中的效能，在"天空地水工"一体化监测感知夯基提能行动方案中明确要求加大北斗应用力度，提高一体化监测感知北斗应用水平。印发《水利北斗应用场景指南》，在黄河大北干流河段、河北省邢台市沙河、河北省石家庄市平山冶河、湖南省岳阳县东洞庭湖胜利采区等区域开展的河道采砂监管北斗技术试点取得初步成果，为北斗技术在水利业务深度应用积累了宝贵经验。四是积极推进视频技术在水利行业应用。构建冰凌、生态流量、项目建设监视等应用场景，扩大视频资源接入范围和接入量，流域和省级单位接入水利部平台比例达到82%，汇聚水利视频资源和算法模型，提升部级视频平台对业务应用支撑服务能力。加强与中国铁塔战略合作，与铁塔智联技术有限公司签订合作协议，积极协调开放6万余路高点监控视频，在湖南省岳阳市华容县团洲垸堤防决口、陕西省商洛市柞水县桥梁垮塌、湖南省湘潭县涓水堤防决口等险情处置和鸭绿江2024年第1号、第2号洪水防御中，第一时间协调中国铁塔在灾区关键部位及时抢通、增补视频监控点位，将受灾地区实时情况传送到水利系统，有力支撑灾害险情应急处置。

陈雨潇　成春生　执笔
钱　峰　审核

专栏 56

应用卫星遥感等新质生产力提升河湖数字化智能化监管水平

水利部河湖管理司

按照水利部党组推进数字孪生水利建设和"管到每一条河流"的要求，坚持需求牵引、应用至上、数字赋能、提升能力，不断完善河湖管理数据底板，应用卫星遥感、北斗、人工智能等新质生产力手段，积极推进河湖数字化智能化监管。

一是完善河湖管理数据底板。依托"全国水利一张图"和河湖遥感平台，持续推动河湖基础数据、河湖地物数据、业务管理数据上图。截至 2024 年年底，已汇集河湖本底数据、河湖管理范围、岸线功能分区、河湖地物信息、涉河建设项目、河湖长等 6 大类近 300 万条信息，实现对 14 万条河流、4000 多个湖泊、30 万名河湖长等信息的动态管理，全国 173.5 万 km 河湖管理范围矢量数据、2200 多条重要河流近 3 万个岸线功能分区、8.8 万个涉河建设项目、133 万个河湖地物信息上图，有效支撑河湖管理工作。

二是全面应用卫星遥感技术。利用河湖遥感平台接入的高分、资源、环境等 20 余颗卫星影像资源，结合流域管理机构解译和地方现地核实，构建河湖地物数据库。2024 年，首次全面利用亚米级高分辨率遥感影像，对水利普查名录内河湖、3570 个具有防洪任务的大中型水库进行全覆盖遥感监测，增建水库库区地物数据库。通过河湖遥感平台，实现疑似"四乱"问题遥感解译、图斑推送、地方核查、流域抽查、清理整治、问题销号全链条全过程在线操作。全国共清理整治河湖库"四乱"问题 4.2 万个，其中遥感影像排查发现的问题占 58%。AI 智能遥感识别模型投入实战，房屋等建筑物识别精度超 85%，并在京津冀等地开展试点应用。

三是利用北斗技术强化河道采砂管理。2024年，在黄河大北干流、湖南省洞庭湖区、河北省沙河和冶河等55个许可采区，开展基于北斗单模应用的采区现场采砂作业智能化监管，建设采区电子围栏，定位采运砂车船，监控采砂范围、采砂深度、堆砂场，防止超边界、超深度、超量开采，取得良好效果，如洞庭湖区水下采砂深度监控精度可达厘米级。

四是强化河道砂石采运数字化智能化监管。全面实行河道采砂许可电子证照，开发上线全国河道砂石采运电子管理单，集成许可开单、转运、核验、查询、统计等全过程追溯功能，为规范河道采砂、打击非法采砂奠定基础。强化部门间信息互通共享，水利部与公安部、交通运输部建立长江河道采砂管理信息互通机制，实现采砂基础信息、规划采区信息、许可审批信息、涉砂码头信息、砂石采运管理信息、视频监控信息、案件信息等10类信息互联互通。

李　晶　执笔
刘　江　审核

大力推进数字孪生流域建设

水利部信息中心

一、数字孪生长江

水利部长江水利委员会积极开展数字孪生汉江、丹江口、江垭皂市等先行先试，技术牵头数字孪生三峡建设，建设成果在应对长江2024年1号、2号洪水等应用场景发挥了重要作用。一是率先开展顶层设计并完成评审。在充分征求各业务主管部门的业务需求基础上，回答了数字孪生长江"要什么、建什么、谁来建、靠什么"的问题，明确了建设布局、任务分工和实施路径，为全面、长效、有序推进数字孪生长江建设提供了指导。二是聚力推进数字孪生长江建设。持续夯实数据底板，重点弥补倾斜摄影、水下地形、工程BIM等高精度地理空间数据，积极推动库区地灾、高切坡等行业内外数据共享。深化模型知识研究应用，搭建模型服务平台，编制模型平台建设技术导则，推进模型共建共享；初步建设知识自动构建引擎，支撑知识全周期管理；研发防洪避险转移等模型和涉河建设项目合规性研判等规则，赋能流域管理。

二、数字孪生黄河

水利部黄河水利委员会统筹全流域一盘棋建设，初步实现全流域贯通、全领域覆盖、全链条联动。一是强化数据汇聚治理，建设完善水文、水资源、水利工程、水土保持、水生态、野外科学试验等6个专题数据库及全委数据仓库。三门峡至河口统一的L2级数据底板与黄河一张图融合应用。二是优化算法，研发干流污染物迁移、流量智能演进等模型，升级三花间降雨径流、水工程联合调度、冰凌智能监测、主溜线识别等水利专业模型和智能识别模型，河冰动力学、水沙动力学模型已嵌入国家防汛会商系统。实施"模型黄河"数字孪生升级改造。三是实战导向，利用原型黄河监测数据开展实体模型与数学模型耦合分析，预演洪水演进过程，比选最优调度方案。实施流域应急抗旱调度、洪水防御、上中游水库联合排沙和调水调沙，取得多赢效果。迭代优化水旱灾害防御"四预"系统，开发手机 App 应用，支撑汛期 70 余场防汛会商决策。水资源管理与节约保护系统实现与全国取用水管理平台互联互通。淤地坝系统完成 500 多座淤地坝监测感知设备信息的接入，同步推进河湖管理保护、河防工程管理等系统建设应用。

三、数字孪生淮河

水利部淮河水利委员会不断强化高站位的统筹协调。一是全面提升高水平的防洪"四预"应用，完成正阳关以上区域、蚌埠—洪泽湖区间等 15.78 万 km^2 区域的分布式水文模型、一二维水动力模型构建及率定工作，建立正阳关以上流域多工程多目标"逆向"预演模型、大中型水库抗暴雨动态分析模型。首次建立了全流域的新安江模型河系预报方案。防洪"四预"系统作为核心业务系统在 2024 年淮河防汛会商现场全面应用，避免了安徽省董峰湖、上下六坊堤行洪区和洪泽湖入海水道的启用，经济社会综合效益显著。二是不断拓展水资源管理与调配及 N 项业务智能应用。水资源管理与调配方面，实现流域 10960 个取水户、18781 个监测点、81 处省界断面、44 个水源地的实时水情工情信息、取用水信息的动态监控，有效支撑流域水资源统一管理和最严格水资源管理制度考核。智慧河湖信息系统方面，建成水利部淮河水利委员会智慧河湖信息系统 1.0，初步实现河湖管理及河湖长制工作数字化、标准化、可视化。水利综合监管方面，搭建水利部淮河水利委员会水利监督工作平台，有效支撑农村饮水安全、小型水库等监督任务。水土保持应用方面，智慧水土保持应用平台扎实起步、有序推进。

四、数字孪生海河

水利部海河水利委员会统筹搭建数字孪生海河平台，支撑海河流域治理管理。一是融合各类数据资源，构建了涵盖38类图层的"海河水利一张图"。逐步完善流域水利专业模型库，在永定河流域构建卢沟桥以上精细化分布式水文模型等多模型耦合体系，实现降雨—产流—汇流—演进全链条模拟、预报调度一体化决策。构建"物理机制+统计方法"双驱动的来水预报和多目标生态水量调度的模型体系。在永定河流域利用气象卫星和3部测雨雷达组成第一道防线、1150处雨量站组成第二道防线、348处水文站组成第三道防线，为精准预测预报提供有力支撑。二是基本实现官厅水库下游流域防洪"四预"，基本实现永定河流域生态水量调度"四预"功能，助力永定河生态水量调度，流域重现生机。构建了安全性态预测、安全风险预警、安全状态预演、安全处置预案，实现了三维数字化场景工程安全智能分析预警，守牢工程安全底线。

五、数字孪生珠江

水利部珠江水利委员会积极推进已有数据资源、模型和知识的整合共享建设，集成了包含53个预报节点的预报模型以及包含23座水库和95个调度节点的全流域防洪调度模型。夯实数据基础，基于珠江水利一张图的珠江流域数据底板框架基本形成。基本建立与水利部L1级数据底板对接共享机制，发布覆盖珠江流域（片）的2 m正射影像和30 m DEM地图服务。定制发布并持续完善涵盖全流域水利工程、水文测站等重要预报调度节点，以及蓄滞洪区、防洪保护对象等要素的专题地图服务，为流域宏观视角调度预演和复盘提供有力支撑。滚动实施"四预"措施，珠江水旱灾害防御"四预"平台有效支撑去冬今春枯水期3次压咸补淡应急水量调度以及2024年西江、北江、东江、韩江等13次编号洪水，调度水库座数再创新高，确保流域防洪安全和供水安全。不断拓展重点流域区域河湖管理与保护、水利工程运行管理等专题地图应用，加强与中国铁塔公司中高位视频监控建设的共享与合作，在"四乱"问题核查、涉河建设项目管理、库区库容保护、联合巡查中发挥了重要作用。

六、数字孪生松辽

水利部松辽水利委员会坚持需求牵引，有序推进数字孪生建设。一是持续完善全景数字嫩江平台与防洪"四预"应用，优化嫩江干流洪水演进场景，支撑2024年松花江流域典型洪水防洪调度。建设西辽河数字化场景，搭建数字孪生西辽河平台框架，开发流域总览、来水预报、断面管控、取用水、调度预演等业务功能，构建西辽河干流麦新至通辽段二维水动力模型，初步实现水资源调度推演，实现水头演进模拟。迭代升级数字孪生尼尔基，结合水库运行管理矩阵建设，进一步提高水库的运行效率和安全性。二是数字赋能，防洪"四预"水平逐步提升。面对2024年异常严峻复杂汛期防汛形势，充分利用卫星遥感、无人机、视频等监测手段，实时、快速监测洪水发展趋势，分析洪水淹没及溃口情况，特别是在乌苏里江、葫芦岛、老哈河等防汛会商时，通过对比采集的无人机和遥感影像，分析溃口位置、宽度及淹没范围等关键信息，为应急抢险调度、防洪指挥决策提供了第一手资料。

七、数字孪生太湖

水利部太湖流域管理局完善太湖流域全要素在线感知系统，印发《关于加快推进太湖流域现代化雨水情监测预报体系工作方案》，推动水利测雨雷达试点及地市测雨雷达建设工作。一是进一步完善流域水文监测站网体系，实现流域骨干河道太浦河12个主要支流口门全覆盖，提档升级张桥、琳桥等12处水文测站，提升水文站网监测要素和在线感知能力，延长自动监测推流范围。二是强化水安全保障"四预"应用。防洪安全方面，开发"烟花"等台风反演功能以及圩区破圩应用场景等，应用于2024年太湖流域防洪调度演练。优化数字孪生太浦闸预测模型，泄洪期间提前预演并上报闸门泄流能力22次，支撑水利部太湖流域管理局会商决策。供水安全方面，完成太湖二维水动力模型湖流率定，在夏季引江济太期间应用于模拟预测江水入湖的水流运动。开发望虞河、新孟河、瓜泾口、阳澄湖来水组成预演功能。生态安全方面，持续优化太湖蓝藻水华预测预报模型，不断提高太湖蓝藻水华预测预报精度。利用壬子港无人机机场定期开展贡湖沿岸带无人机远程自动巡查，打破环湖岸基固定点监控局限。

2025年，水利系统将进一步加快建设数字孪生流域，全面启动国家数字孪生水利建设工程（一期），加快构建水利部和七大流域协同高效、动态计算的数字孪生平台。加强水利专业模型机理深化研究、参数实时率定和源程序迭代优化。持续提升数字孪生流域安全防护能力和水平。

任瑞雪　付　影　执笔
钱　峰　审核

积极推进数字孪生水网建设

水利部信息中心

2024年,数字孪生南水北调国家骨干水网建设成效初显,14个省级、17个市级、10个县级水网先导区数字孪生水网建设有序推进,数字孪生调水工程逐步开展,数字孪生水网建设相关标准规范不断完善。

一、数字孪生水网工作整体有序推进

一是围绕调度机制、决策支持和运行保障三部分开展专题研究并持续完善国家水网调度中心建设工作方案,为完善国家水网调度运行机制,建立水网运行调度管理制度体系,构建水网决策支持体系,提高水网运行效率和效益谋划顶层设计。二是组织编制国家数字孪生骨干水网实施方案,为驱动国家骨干网充分发挥综合效益,在更高水平上保障国家水安全提供技术支撑。三是推进数字孪生调水工程和第一批国家水网重要结点工程数字化改造。召开数字孪生调水工程现场会,现场考察数字孪生南水北调中线工程建设情况,交流先行先试经验,示范引领推动全国数字孪生调水工程建设有力有序开展。印发《数字孪生调水工程建设技术指南》,组织开展典型数字孪生调水工程建设工作,完成第一批、第二批17家调水工程管理单位数字孪生调水工程实施方案审查。四是持续推进省级水网先导区数字孪生水网建设先行先试。完成数字孪生浙江水网建设先行先试(浙东区域)中期评估,形成中期技术评价意见。各省级水网先导区开展自评估,检视工作进展,提炼形成可复制可推广的成果经验。五是完成《数字孪生水网建设技术导则》《国家水网智能化设计标准》制修订,为行业相关单位开展数字孪生水网建设提供技术依据。

二、水网先导区数字孪生水网建设先行先试加快推进

南水北调工程中线、东线以及第一批、第二批省级水网先导区持续推

进数字孪生水网建设先行先试，浙江、江西、广西、福建等大多数省（自治区）已经取得了丰硕的建设成果，初步发挥了实战实效，已经形成了一批可借鉴、可推广的典型案例和经验，示范引领数字孪生水网建设，协同构建数字孪生水利体系，驱动引领水利高质量发展。

数字孪生赋能南水北调中线高质量发展。一是助力中线防汛度汛工作。台风"格美"强降雨期间，通过异常监测数据自动提醒功能及时对河南省南阳市、方城县等高地下水渠段的工程运行状态进行分析研判，提前预测了降雨区内交叉河流和左排建筑物交叉断面水位、流量等关键指标。预置抢险资源，提前精准备防，为中线工程防汛决策提供了有力支撑。同时，通过对风险段外水入渠情况模拟预演，提升汛期应急响应能力。通过模拟沿线渠池在降雨影响下的水位变化过程提前研判入渠流量调整，充分保障入渠雨量的消纳空间，确保极端天气下的工程安全和供水安全。二是助力研判典型部位工程结构性态。汛期渠道周围地下水位抬高，可能对渠道边坡稳定产生影响，通过系统模拟外部地下水位变化下渠道边坡的渗流稳定及边坡稳定，对边坡安全性进行评估。依据抗滑稳定模型，模拟分析不同过流水位下的结构抗滑稳定系数，为应急处置及资源配置决策提供辅助。三是助力月输水调度方案编制。自 4 月起，在编制次月输水调度方案时，利用一维恒定流仿真预演功能，输入给定的入渠流量、各口门用水量等边界条件，模拟计算稳定状态下的水面线结果及输出闸门开度等信息，较未采用数字孪生仿真预演系统之前的计算结果，模拟更准、效率更高，为每月的输水调度提供参考和依据。四是助力应对水质突发事件。7 月 16 日，丹江口库区支流老鹳河发生铁锰超标问题后，系统及时预警，第一时间通过增加高精度传感器数据采集感知频次实时监测水质变化，为后续应急启动和处置提供数据支撑。基于已有数据和工况进行智能化模拟预演，确保在突发情况下能够迅速采取有效措施，保障供水安全。

浙江省已全部完成 609 个监测感知新建及接入任务，基本完成 12 个水网专业模型与 4 个智能识别模型构建，基本建成安全运行监视、联合调度决策、日常业务管理、应急事件处置、掌上浙东引水等数字孪生水网业务应用，在护航亚运、抗旱保供、灌溉保障等方面取得实战实效。

江西省数字孪生潦河水网建设先行先试已完成总体进度的65%，完成了1处无人机基站、12处流量监测设备建设，潦河水网（赣西水网）范围内水网对象的基础数据和空间数据补充采集及整编，水文、水资源、水工程调度等水网专业模型建设，工程安全监视、防洪安全监视、生态安全监视等安全运行监视应用构建，在潦河灌区防汛抗旱、科学配水、保障水质等方面取得了显著成效。

广西壮族自治区数字孪生龙云灌区水网（蟠龙水库至云良水库段）建设已完成了已建多类监测数据接入，完成了L1、L2、L3三级数据底板融合构建和渠系水力学模型、洪水预报模型、水库调度模型、水资源调配模型、水资源优化配置模型开发，基本建成水资源管理、抗旱预警和工程全生命周期管理业务应用，在应对台风"摩羯"期间为玉林市龙云灌区水网防汛任务保驾护航。

陕西省富平县积极推动县级数字孪生水网建设，以"实用共建、上下联动、资源共享"为原则，坚持全县"一张网、一盘棋、一体化"推进，整合已建的山洪灾害、城乡供水、农业灌区等数据资源，以数字孪生石川河（富平段）、城乡供水智慧水务、东雷二期抽黄灌区（流曲）等工程为基础先行先试，充分运用物联网、云计算、大数据、人工智能等新一代信息技术与水网业务深度融合，构建数字孪生水网综合管控平台，加快推进富平数字孪生水网建设，稳步提高富平水网全时空、全周期、全要素、全业务系统性智慧化管控。

7月，水利部印发《水利部关于做好第三批省级水网先导区、第二批市级和县级水网先导区建设工作的通知》，确定四川、河北、河南、江苏4个省作为第三批省级水网先导区，浙江省杭州市、山东省德州市、安徽省合肥市、宁夏回族自治区银川市、福建省泉州市、江西省赣州市、广西壮族自治区玉林市、山西省长治市、河北省邢台市、河南省南阳市10个地市作为第二批市级水网先导区，陕西省富平县、浙江省龙游县、安徽省广德市、广西壮族自治区阳朔县、重庆市长寿区、山东省无棣县、新疆维吾尔自治区伊宁县7个县（区、市）作为第二批县级水网先导区。其中，4个省级水网先导区已完成数字孪生水网先行先试实施方案技术审查，将与第一批、第二批省级水网先导区协同形成合力，全面提升水网监测感知能力，深化水网工程和新型基础设施建设融合，推动水网工程数字化智能化建设，为水网调度运行管理提供科学性、精准性、安全性支撑。

三、推进数字孪生调水工程建设

6月，水利部印发《关于开展数字孪生调水工程建设工作的通知》，确定第一批两类32项数字孪生调水工程建设名单，明确实施方案编制报送和审查印发、阶段评估、总结推广等工作要求。跟踪指导引绰济辽等第二类17项工程管理单位落实数字孪生水利建设现场会和有关文件要求，编制完成数字孪生调水工程建设实施方案。10月16日，组织对上述方案进行专家审查并印发审查意见，指导进一步修改完善实施方案。

2025年，水利系统将继续加快数字孪生水网建设。深化南水北调东中线工程数字孪生应用，基本建成省级水网先导区数字孪生平台。推进国家水网调度中心、大数据中心建设工作，构建"国家水网一张图"，开展水网"纲、目、结"的调度运行情况实时监控，跨流域、跨区域调度方案计划制定，调度方案的执行和调整"四预"等业务应用。持续开展省级水网先导区数字孪生水网建设先行先试任务跟踪指导、调度会商、阶段评估，加强与数字孪生流域（工程）建设先行先试任务成果的衔接。

夏润亮　执笔
成建国　审核

专栏 57

全力推动第一批数字孪生调水工程建设

水利部调水管理司

按照《水利部办公厅关于开展数字孪生调水工程建设工作的通知》要求，以实现调水工程全要素和建设运行全过程历史数据积累、实时状态映射、未来风险预测、决策方案预演为目标，全力推动第一批数字孪生调水工程建设取得明显成效。其中，珠江三角洲水资源配置工程（以下简称珠三角工程）是广东省物理水网"五纵五横"骨干输配水通道之一，于2024年1月底正式通水。

珠三角工程充分运用工程建设期设计、施工BIM模型，搭建完成工程L3级数据底板，融合大数据中心建设管理、水工安全监测、生产运行等数据，形成孪生过程数据底座。初步实现三维可视化查阅历史档案，同步映射工程实体运行状态，支撑实现"记录历史、反映现实、预测未来"。

在工程安全方面，对地下输水隧洞、泵站、水库及工作井等关键水工建筑物开展安全监测，工程全线设置有68个监测断面，共埋设5000余个仪器实时感知水工构筑物的变形、渗流、压力等状态，构建不同运行工况下的监测感知模型、典型断面结构受力分析模型及水工安全监测系统结构健康评价体系，同时利用摄像头、四足机器人、无人机构建智能、自动巡检体系，全时全域支撑业务部门常态化及个性化的巡检需求，多重判断，保证设备安全，构建基于机组运行暂态稳态仿真模型，确保设备安全高效运行。

在供水安全方面，为实现快速、经济、优水质、省电调水模式，提升调度效能，保证供水能力，基于调度运行信息、调水专业模型、设备机理模型、调度模型，开展调度过程联合推演分析，对关键断面、水库、分水口等运行数据进行预测，模拟不同工况下不同供水调度方案产生的结果，系统优化生成逐小时调度方案并进行方案预演，方案推送至 SCADA 后经人工确认执行，持续促进工程安全低碳经济运行。同时，通过共享水情监测站点信息，结合历史水位数据综合研判来水预报，基于地形高程孪生体进行空间计算分析，实现泵站防洪预演及应急预案优化，并适时启动应急响应，系统精确通知到相关部门相关责任人，多手段多维度评估影响，恢复生产。

在水质安全方面，自建水质检测站，采用自动+人工结合的方式开展水质检测，实时研判水质安全。基于水质检测数据，构建水质污染智能预警分析机制，对来水、取水、调蓄、交水全过程输水水质进行机理建模及精准预测。对水质突发事件进行精准模拟，评估影响范围和程度，优化供水应急调度预案。

下一步，水利部将持续指导调水工程管理单位加快推动数字孪生调水工程建设，为加快构建国家水网、发挥国家水网运行整体效能提供坚实保障。

孟伟超　李君宇　执笔
周曰农　审核

加快推进数字孪生工程建设

水利部信息中心

2024年,三峡、丹江口、江垭皂市、小浪底、万家寨、南四湖二级坝、岳城、大藤峡、尼尔基、太浦闸等重点工程稳步推进数字孪生工程先行先试成果迭代优化,并应用于实战,有力支撑了各项业务工作。

数字孪生三峡强化成果实战应用,在实战中改进提升模型精度,防洪调度功能在今年长江流域防汛中投入使用,涉河项目合规性研判功能支撑项目审批百余项,枢纽安全在线监控已服务于生产实践。推进"天空地水工"一体化监测感知体系建设,探索北斗、无人机、红外、人工智能等新技术使用,以数字化技术赋能流域治理管理工作实践。围绕多源异构数据融合、模型平台及知识平台构建等底层技术开展科技攻关,初步实现了通用化模型"注册—率定—调用"全过程管理和水利知识图谱的自动构建。

数字孪生丹江口通过构建"天空地水工"一体化监测感知体系,数学模型与监测数据互馈驱动的水—库—坝全息实时映射技术,模型引擎、知识引擎与仿真引擎耦合联动技术,实现了大坝性态、水质状况、库岸稳定同步映射与在线动态推演,在防洪和供水实际运行中有效发挥预报预警预演预案功能,为保障丹江口水利枢纽工程安全、供水安全、水质安全提供了有力的决策支持。

数字孪生江垭皂市研发江垭、皂市库区淹没损失评估模型、基于遥感的违建智能识别模型等,优化防洪预报模型参数,完善安全性态分析—预测—预警—评价全链条专业模型,并提高了模型通用化程度,为工程防洪与安全运行提供算法支撑。建成并优化工程安全分析预警、防洪兴利调度、生产运营管理、库区巡查管护等应用,拓展安全生产风险管控"六项机制"业务应用。

数字孪生小浪底构建小浪底、西霞院工程L3及L3+级BIM模型,建成库区测雨雷达系统、无人机库，全面提升枢纽全天候、全要素、全覆盖感知能力。系统在水调处、库区管理中心、集控中心等部门进行深度应用，在黄河应急抗旱调度、调水调沙、防洪调度期间，利用数字孪生系统实时跟踪流域雨水工情，加密滚动计算频次，跟踪研判库水位变化、异重流运动过程、大坝安全性态，提升枢纽防汛调度和运行管理工作主动性和科学性。

数字孪生万家寨成功建设禹庙、华莲大桥等6个河曲河段水位站点，完善凌情、水情监测数据。加大数字孪生系统应用力度，迭代优化防洪调度、防凌调度、大坝安全分析预警等业务系统，完善"四预"功能。成功研发基于机器学习的万家寨水库开河期冰坝智能预报模型，搭建冰坝模型滚动预报框架，实现滚动预报。

数字孪生南四湖二级坝加强数字孪生南四湖二级坝与数字孪生沂沭泗平台融合，持续推进数字孪生沂沭泗平台升级迭代优化。2024年汛期，南四湖水利管理局依托数字孪生平台，利用防洪调度系统模拟湖内洪水演进情况，结合专家经验与实地勘察，进一步摸清湖内洪水演进脉络，通过综合管理系统防汛管理模块，强化24h汛期值班和领导带班制度与主汛期工程巡查落实，为安全度汛打下坚实基础。

数字孪生岳城完成大坝安全监测系统改造及无人机机库建设，加快水平位移北斗监测、坝基及坝体测压管、坝体内部位移测斜管、视频监控、自动化传输网络等监测感知体系建设。利用数字孪生系统顺利完成2024年漳卫河防洪演练，汛期强化降雨及洪水的预报、预警，为水库防汛工作提供技术支撑。

数字孪生大藤峡3台测雨雷达提前半年实现全面组网运用，联合中国铁塔在大藤峡库区建设2处中高位视频智能监控点，提升工程实时动态信息感知能力。全面接入解析法、水动力模型法2种入库流量反演成果，库区泵站流量、内外江水位等库区综合监控信息，机组出力、导叶振动摆度、运行温度等电站监控信息，进一步健全数字孪生大藤峡全要素监测感知体系。

数字孪生尼尔基实现溢洪道11孔弧门运行状态数据接入数字孪生平

台，有力支撑工程运行管理。积极推进水利测雨雷达试点建设工作，签定《水利测雨雷达试点应用合作协议》，完成3部测雨雷达的踏勘选址工作。持续更新知识库，提升知识的精准匹配能力。

数字孪生太浦闸加强无人机、水下机器人、白蚁防治等监测设备应用，为补充完善前端感知监测设施、提高算据采集能力提供了保障，监测优化后台程序，补充GPU服务器1台，提高系统运行稳定性。修改调度运行、安全运行"四预"业务应用功能30余次，优化太浦闸下泄流量预测模型，将太浦闸流量控制步长由日均缩短到小时，提高了算法支撑能力。在全力泄洪期间，提前预演并上报闸门泄流能力22次，有力支撑防汛会商工作。

2025年，水利部门将持续推动数字孪生三峡、小浪底、丹江口、大藤峡、岳城、尼尔基等重点工程建设，加强坝工智能监测、坝外探测等新技术新设备研发应用，加快推进水库、堤防水闸、蓄滞洪区、调水工程、灌区、农村供水工程数字孪生建设，开展智能大坝建设试点，加强数字孪生工程与数字孪生流域、数字孪生水网衔接，深化业务信息融合和共建共享应用。推进新建、改扩建水利工程与数字孪生工程同步规划、设计、建设、验收、运行。

周逸琛　执笔
钱　峰　审核

专栏 58

《关于推进水库、水闸、蓄滞洪区运行管理数字孪生的指导意见》印发

水利部运行管理司

2024年10月14日，为贯彻落实水利部党组关于大力推进数字孪生水利建设的部署要求，水利部印发《关于推进水库、水闸、蓄滞洪区运行管理数字孪生的指导意见》（以下简称《指导意见》）。

一、编制背景

明确将推进数字孪生水利建设作为推动新阶段水利高质量发展的六条实施路径之一。研究制定《指导意见》，有助于提升水利工程运行管理数字化、网络化、智能化水平，对保障水利工程安全运行、效益充分发挥具有重要支撑作用。

二、适用范围

《指导意见》适用于指导已建水库、水闸、蓄滞洪区运行管理数字孪生建设，以及数字孪生成果应用。

三、主要内容

《指导意见》具体内容包括总体要求、建设任务、应用任务、保障措施四个部分。

（一）总体要求

到2027年，推进具有防洪任务的已建大型及防洪重点中型水库、大型水闸、国家蓄滞洪区数字孪生建设，迭代优化数字孪生水利工程先行先试建设成果，促进数字孪生工程与数字孪生流域、数字孪生水网互联互通与

信息共享，初步建成运行管理智能应用体系。积极开展信息化基础好、资金有保障等具备条件的中小型水库、水闸智能化升级。

到2030年，基本完成具有防洪任务的已建大型及防洪重点中型水库、大型水闸、国家蓄滞洪区数字孪生建设，实现运行管理各项业务与数字孪生深度融合，全面实现数字化、网络化、智能化运行管理。初步完成具备条件的中小型水库、水闸智能化升级。

（二）建设任务

一是加强监测感知体系建设。加快构建水利工程"天空地水工"一体化全要素全天候动态监测感知体系。大力实施水利工程安全监测设施建设、更新改造。充分利用卫星遥感、北斗、雷达、无人机（船）等现代化技术，提升对水利工程地形（含水下地形）、库容、水情、工情等要素的全面感知能力。加快构建雨水情监测预报"三道防线"。

二是动态掌握全要素信息。开展数据调查和复核，全面掌握工程基础和管理数据，以及水库库区淹没范围、洪水影响范围内人员、城（集）镇、村庄、基础设施、耕（园）地分布等全要素信息。开展数据治理和动态更新，强化数据深度挖掘和智能分析。

三是强化信息化基础设施建设。落实应急通信措施，保障极端情况下的信息报送和预警发布能力。进一步畅通通信传输网络，加强计算存储、网络机房等实体环境建设，提升算力综合供给能力。

四是统筹推进数字孪生平台建设。整合利用已有信息化资源，加快实施水利工程数字孪生平台建设。推进数据逐级归集共享至部省级数字孪生平台。

（三）应用任务

一是强化工程调度"四预"措施。强化水利工程调度运行预报预警预演预案"四预"功能应用，持续优化专业模型，提升数字孪生成果精度。

二是加强安全监测数据智能分析预警。应用数字孪生平台，开展水利工程安全监测数据综合智能分析，构建工程性态全要素多工况仿真模拟场景与分级分类预警指标体系，全面感知工程安全态势、准确研判风险隐患、及时预警安全问题、高效优化处置措施预案。

三是推进日常运行管理业务融合。积极将水利工程运行管理各项业务与智能监测、大数据、人工智能等新技术深度融合，不断探索完善数字孪生应用场景，积极推进水利工程责任人落实、日常巡检、安全鉴定、隐患探测治理、维修养护、库区管理、运行调度等运行管理业务数字化、网络化、智能化。

四是促进数字孪生成果共享。推进实现各级数字孪生平台的互联互通、业务协同，加强数字孪生平台与运行管理业务系统信息共享。

（四）保障措施

对强化组织领导、落实资金渠道、完善制度标准体系、强化新技术研发推广、加强网络信息安全等方面提出具体的保障措施要求。

孙　斌　严吉皞　执笔

王　健　审核

稳步实施"天空地水工"一体化监测感知夯基提能行动

水利部信息中心

2024年，水利系统加快构建"天空地水工"一体化监测感知体系，提升水利对象全要素和治理管理全过程智能感知能力。

一是印发《数字孪生水利"天空地水工"一体化监测感知夯基提能行动方案（2024—2026年）》，提出"天空地水工"一体化监测感知网总体框架和主要目标。要求以水利部本级、流域管理机构、省级水行政主管部门的三级数字孪生平台为依托，持续优化迭代升级卫星、雷达、无人机、无人船、视频监测点、地面监测站、水面水下监测点、水利工程监测站等组成的"点线面体"监测网络，基本覆盖水利对象全要素和水利治理管理全过程，结构、密度、功能实现提档升级，监测感知技术、环境、制度、标准等基础保障明显夯实，水旱灾害防御、水资源管理与调配、水利工程建设和运行管理、河湖长制及河湖管理、水土保持和农村水利水电等业务监测感知能力明显提升，为具有"四预"功能的数字孪生水利体系提供全面、实时、精准、可靠的算据支撑。

二是组织建立数字孪生水利"天空地水工"一体化监测感知夯基提能行动工作专班，由业务指导人、技术指导人和责任专家组成，通过听取汇报、现场调研、联合会商等方式对各单位开展全过程、全链条跟踪指导。

三是以数字孪生水利建设实际需求为目标开展顶层设计，编制《数字孪生水利"天空地水工"一体化监测感知夯基提能行动方案（2024—2026年）》。12月，我国首颗以水利命名的遥感卫星"水利一号"发射成功，为数字孪生水利"天空地水工"一体化监测感知体系"天基"监测增添新力量。

四是组织7个流域管理机构和11个工程管理单位以及31个省（自治

区、直辖市）和新疆生产建设兵团实施方案编制和审查，印发审查意见。各流域管理机构、省级行政主管部门、有关工程管理单位结合实际成立工作专班，强化各项任务全生命周期监督管理，推进具体工作。

五是建立水利对象全要素和水利治理管理全过程监测感知数据夯基提能行动台账和"一张图"，有力有序对各项任务落实进行动态管理。其中，黄河中游建成黄河三门峡—小浪底区间3部测雨雷达并组网运行，黄河中下游重点工程实现无人机、视频监控全覆盖，在100多道坝垛部署"智能石头""坝岸智能卫士"等感知设备；海河永定河流域利用气象卫星和3部测雨雷达组成第一道防线、1150处雨量站组成第二道防线、348处水文站组成第三道防线，为精准预测预报提供有力支撑；丹江口水利枢纽初步构建"天空地水工"一体化监测体系，采集的海量数据通过专业团队分析研判制定科学工程维护、调度方案以及应急处理预案，全方位保障丹江口"一泓清水永续北上"。

六是建设水利部本级数据归集平台。在"全国水利一张图"上构建"天空地水工"一体化监测感知专题图，围绕业务应用需求，开展遥感、视频、无人机、测雨雷达以及已归集的水雨情、取用水、地下水等多源多维多尺度监测数据归集治理。已接入153万个取水监测计量设施基础信息、水量信息，较2023年增加超1倍，实现10万个规模以上取用水设施全面接入目标，建立143万个取水计量设施（器具）电子档案和582万个取水口台账并实现动态更新，实现证照许可水量、统计水量、计量水量等信息的融合共享、动态更新。开展广东等第一批和第二批共10个省级水网先导区水雨情、水文水资源监测数据接入。共享接入中国铁塔5万余路及"雪亮工程"200多万路视频监控资源，提升了视频级联集控平台视频资源可用性监测。

2025年，水利部将持续推进"天空地水工"一体化监测感知夯基提能行动实施方案落实。依托卫星、雷达、无人机、高塔视频监控、地面和水中监测设施设备、无人船、水下机器人等天空地水工一体化多层级平台，运用激光雷达、合成孔径雷达、穿透式地质雷达、倾斜摄影、多波束水深探测仪、AI识别等技术，开展流域下垫面、河流水库、水利工程等对象立体监测示范应用。加强坝工智能监测、坝外探测、用水在线计量监测等新设备研发应用。构建水利遥感卫星应用星座，建设归集应用平台，完善应用机制，提升不同区域、不同分辨率、不同覆盖频次的观测能力。深化气象卫星数据应用，实现临近降雨预报和暴雨告警预警，推进水利部测雨雷达组网建设，研发云雨模型算法，统一相关技术规范，完善监测预报系统平台和业务运行环境，初步构建雨水情监测预报"三道防线"。建立健全数据归集共享管理机制，推进水利部本级、流域管理机构、省级的数据归集平台建设，实现多源数据双向互联互通。

孙　峰　执笔

许明家　审核

专栏 59

"水利一号"卫星发射成功
成功传回凌情监测首图

水利部信息中心

2024年12月17日2：50，"水利一号"遥感卫星在太原市卫星发射中心发射成功。我国首颗以水利命名的遥感卫星正式升空，为数字孪生水利"天空地水工"一体化监测感知体系"天基"监测增添了新力量。

"水利一号"遥感卫星为太阳同步轨道X波段SAR卫星，轨道高度约522km，分辨率优于1m。具备全天时全天候对地观测、高分辨率成像、高精度形变监测、在轨智能处理等功能，将为我国洪涝灾害、突发涉水事件、河湖库水体、水利工程安全监测等水利重要业务和数字孪生水利L1、L2级数据底板构建提供有力遥感数据支撑，进一步提升水利专业监测手段和效能。

12月23日13：59，地面站成功接收了首幅影像。影像拍摄地点位于黄河内蒙古巴彦淖尔市乌拉特前旗段。影像产品地形特征明显、地物纹理清晰、层次分明、微波散射特性明显、质量优异。影像显示了黄河位于乌拉特前旗段的凌情信息，河槽内已封冻的部分呈白色，在封冻河段中间存在多处清沟呈黑色，堤防等水利工程影像特征明显。首图初步验证了卫星系统先进性、稳定性、可靠性。

"水利一号"遥感卫星发射充分发挥政企需求优势、资源优势和技术优势，由航天宏图信息技术股份有限公司负责，水利部信息中心等多家单位共同参与、共享共用。目前，卫星已进入在轨测试阶段，后续还将应用于黄河凌情、水利枢纽大坝安全、河湖库监管、地表形变等方面。未来，将以"水利一号"遥感卫星发射为契机，继续深化各方合作，推进水利监测感知技术创新升级，加快构建水利遥感卫星应用星座，为推动水利高质量发展、保障我国水安全作出新的贡献。

郑　策　王　赛　执笔
钱　峰　审核

专栏 60

开展河道采砂监管北斗技术应用

水利部河湖管理司

2024年，水利部积极贯彻落实国家关于加快发展新质生产力和推进北斗规模应用工作部署，在黄河、洞庭湖等部分河段（湖片）开展河道采砂监管北斗技术应用工作，推动实现55个采区采砂作业实时监控、采砂范围精准管控、非法采砂自动报警、采砂全程智能监管。

北斗系统是我国自主建设运行的全球卫星导航系统，具备全天候、高精度的定位、导航和授时服务功能，在河道采砂范围、深度、车船等监管中具有广泛应用场景。水利部指导有关流域管理机构和地方按照需求牵引、应用至上、融合创新、以点带面的原则，以北斗技术应用为重点，结合高清视频监控、无人机（船）巡查、电子采运管理单、采砂许可电子证照、人工智能、物联网等数字化手段，建设自动称重计量设施、集成视频监控节点、感知数据汇集及分析监管平台等，在河道采砂电子围栏设置、采砂机具定位、采砂高程控制、采量精准计量、采砂现场监管、运砂车船管控、非法采砂报警、违规行为记录、远程控制停机等应用场景开展河道采砂数字化智能化监管技术应用，着力形成基于北斗技术应用的河道采砂数字化智能化监管技术措施、方法路径和体制机制。

截至12月，55个采区均完成北斗技术应用任务，实现对许可采区的精准范围管控、精准采量计量、人工智能预警、高点视频监控等数字化智能化监管功能，为后续以北斗技术为核心、整体提升全国采砂监管数字化智能化水平提供了可借鉴可推广的经验。下一步，水利部将在先行应用的基础上，加强河道采砂监管北斗技术应用经验推广，指导各地进一步扩大实施范围、切实规范河道采砂管理，有序推进河道采砂监管数字化智能化建设。

陈　岩　执笔
刘　江　审核

持续完善水利网络安全体系

水利部信息中心

水利部扎实推进党委（党组）网络安全工作责任制，以水利关键信息基础设施保护为重点，强化重要数据保护和工控安全，推进IPv6规模部署和应用，常态化开展网络攻防演练，保障数字孪生水利有序健康发展。

一、关键信息基础设施保护见成效

一是修订水利关键信息基础设施（以下简称关基）认定规则，组织开展新一批关基识别认定工作。二是落实关基运营者责任，形成关基运营者责任人名录，组织制定年度安全保护计划并督促落实，强化网络安全审查、商用密码应用和供应链安全管理，开展关基联合运营课题研究，推进关基安全保护试点示范、专用软硬件安全测评试点。三是强化数字孪生水利建设中的关基保护，明确关基识别、认定的时间节点，细化识别的具体原则，强调关基应依据相关标准规范"同步规划、同步建设、同步使用"安全保护措施。水利部关基保护工作得到主管部门认可，受邀在国家关基保护相关工作会交流经验。

二、重要数据安全保护体系初形成

高度重视数据安全，2024年全面推进水利部数据安全治理平台建设项目实施，深入开展重要信息系统数据安全防护，初步形成数据安全保护体系。

一是基本建成数据安全基础设施。依托水利部数据安全治理平台建设项目，在现有网络安全防护设施基础上，建设数据防火墙、终端数据防泄漏系统、接口应用安全网关、数据分类分级平台、数据动静态脱敏平台、数据安全风险管理平台等10项数据安全基础设施，提供数据脱敏、加密、水印等服务，为水利业务系统数据安全防护提供共性的基础能力。二是完成重要信息系统数据安全保护。充分利用已建成的数据安全基础设施，完成对"全国水利一张图"、水利部政务服务平台等13个重要信息系统数据安全防护专项升级，覆盖数据采集、传输、存储、加工、提供、销毁等数据全生命周期的安全防护，增强信息系统自身安全性，大大降低了数据被窃取、被篡改的风险。三是初步形成数据安全保护体系。形成包括组织管理体系、技术防护体系、保障体系的水利部数据安全防护总体框架，明确水利部数据安全总体方针策略；根据数据全流程、全场景的保护需要，结合实际，形成水利部数据安全防护方案，为信息系统数据安全防护提供指南；完善水利重要数据安全保护要求行业标准，从重要数据识别、数据安全处理、数据安全管理、数据安全运营等方面提出技术要求。

三、水利工程控制系统网络安全有突破

水利系统以专项整治行动为抓手，推进数字孪生水利建设，提升重要水利工程控制系统的安全性和网络安全发现处置能力。

一是开展水利工程控制系统网络安全专项整治行动。组织行业开展水利工程控制系统摸底建档、自查评估、整改复核，对部分典型单位进行现场调研，对部分工控系统进行远程技术检查，开展水利工程控制系统网络安全专题技术交流。针对排查发现的存在网络安全管理盲区、防护能力不足、管理制度不健全、支撑保障不力等问题，明确下一阶段主要任务。二是强化数字孪生水利建设中的水利工程控制系统安全。明确网络安全管理机构、业务部门等相关主体的安全责任，"同步规划、同步建设、同步使用"安全防护措施。强化水利工程控制系统网络与其他网络安全隔离、设备设施自身安全可控、身份认证和加密、网络安全威胁发现和处置能力。三是加强重要水利工程控制系统网络安全发现处置能力。通过安全数据采集、多源数据关联分析、威胁情报联动等，准确识别发现安全威胁和系统脆弱性，实现网络安全事件研判分析、事件响应处置、应急预案管理等目标。

四、行业年度网络攻防演练常态化

水利部积极参加国家级网络安全攻防实战演习，以集中式演练、区域

性演练、专项演练等多种形式推进行业年度常态化网络安全攻防演练，实现漏洞隐患动态清零。

一是开展水利行业集中式演练。参演防守单位74家、攻击队7支，汇总分析演练发现的问题并形成清单，通报41个相关单位，完成整改情况线上复核。二是推进区域性演练。水利部长江水利委员会、黄河水利委员会、淮河水利委员会、海河水利委员会以及江苏省水利厅、浙江省水利厅、安徽省水利厅、湖南省水利厅、广东省水利厅、宁夏回族自治区水利厅10家单位分别组织了区域性演练。三是组织专项演练。围绕水利关基、网络安全热点问题及行业高危风险等主题，开展4次专项演练，通过互联网暴露面检测、钓鱼攻击、渗透测试等形式，发现漏洞隐患并督促整改。四是参加国家级网络安全演练。成立演练指挥部和工作专班，统筹协调行业协同防守，实行专人负责、片区化管理，建立高危风险追踪督办机制和重大问题事件会商研判机制。演练期间，水利行业各单位积极协同防守，实现靶标系统未失陷、重要数据未泄露、核心网络未攻破等目标，再次取得"优异"等次成绩；第2次组建行业攻击队参加演练，攻击成果较2023年有长足进步。

五、IPv6规模部署和应用获佳绩

一是推进数字孪生水利建设IPv6应用，持续推动IPv6升级改造，加强IPv6网络安全防护，完善安全风险监测，修订水利行业标准《水利信息网命名及IP地址分配规定》。二是强化IPv6技术创新和融合应用试点示范。水利部信息中心、黄河水利委员会信息中心、海河水利委员会水利信息网络中心、珠江水利委员会珠江水利科学研究院和山东省水利综合事业服务中心等单位牵头的5个试点项目通过中央网信办组织的验收评估。水利部信息中心"水利移动工作平台IPv6升级改造"、水利部珠江水利委员会珠江水利科学研究院"洪涝防御智慧感知物联网IPv6融合应用"、山东省水利综合事业服务中心"基于IPv6的山东水利物联网部署应用"3个项目入选IPv6技术创新和融合应用试点优秀成果。三是行业全面深化IPv6应用。强化政府网站IPv6支持情况抽查工作，稳步提升水利部所属政府网站二级、三级页面链接支持率，不断优化完善水利IPv6监测平台。完成部机关网络安全设备IPv6升级，基于水利网络安全大数据平台实现IPv6流量数据、安全日志、应用日志等统一汇集、治理及关联分析，开发了适用于IPv6网络环境的检测算法模型24个，自动化处置预案10个。水利部长江水利委员会流域骨干网全部设计使用IPv6互联；水利部黄河水利委员会在数字孪生流域建设规划中充分考虑网络设备、应用系统适配IPv6协议，并考虑结合物联网智能识别等技术进行融合应用；水利部淮河水利委员会在数字孪生淮河建设中搭建了支持IPv6的私有云平台，充分利用IPv6技术的优势，实现了流域内各节点间的高效互联互通，并建设了支持IPv6技术的安全态势感知平台；水利部海河水利委员会将IPv6规模部署与应用工作列入网络安全重点任务清单，对2024年上线的数字孪生业务系统全部进行了IPv4/IPv6双栈地址分配，并在数字孪生业务系统开发中同步推动IPv6适配工作；水利部珠江水利委员会通过升级关键安全防护设备，提升了IPv6安全风险监测预警能力，实现了IPv6攻击的威胁感知和动态防护；水利部松辽水利委员会在数字孪生嫩江、数字孪生西辽河、数字孪生尼尔基水库建设中持续深化IPv6应用；山东省以全省5241座小型水库雨水情、工情采集为重点，全面开展山东水利物联网IPv6改造。

推进水利行业IPv6发展重点任务落地见效，得到中央网信办充分肯定，受邀参加第三届中国IPv6创新发展大会，并在IPv6技术创新和融合应用试点分论坛作题为"试点先行行业推广，推进IPv6与数字孪生水利融合发展"的主旨演讲。

2025年，水利行业将常态化开展网络安全监管，持续推进年度常态化网络安全攻防演练，进一步强化关基安全保护，加强数据安全防护，实现网络安全与数字孪生水利高效协同互促共进，保障数字孪生水利建设与应用有序健康发展。

陈　岚　执笔
付　静　审核

体制机制法治篇

持续深化水利重点领域改革

水利部规划计划司

2024年，水利部深入贯彻党的二十大和二十届二中、三中全会精神，积极践行习近平总书记治水思路和关于治水重要论述精神，认真落实党中央关于全面深化改革决策部署，系统梳理、全面承接《中共中央关于进一步全面深化改革、推进中国式现代化的决定》涉及水利领域的改革任务，聚焦水利高质量发展目标，在水旱灾害防御、水资源节约集约利用、河湖生态保护治理、水价水权水市场、水利投融资、水利工程建设运行管理等方面，形成一系列改革成果，水利高质量发展制度体系进一步完善。

一、加快构建现代化防灾减灾体系

联合国家发展改革委印发实施《加快完善海河流域防洪体系实施方案》，海河流域灾后恢复重建全面推进。数字孪生水利框架体系完成顶层设计，"天空地水工"一体化监测感知体系加快完善，永定河官厅山峡段建成具有世界一流水平的现代化雨水情监测预报体系。出台指导意见和实施意见，推进各级水利部门和各流域管理机构加快建立水旱灾害防御工作体系。建立水利部重大水旱灾害事件调度指挥机制，着力提升防范化解水旱灾害重大风险和应对能力。推动修改《蓄滞洪区运用补偿暂行办法》，优化补偿对象、标准和程序。

二、水资源节约集约利用水平有效提升

联合财政部、国家税务总局制定印发《水资源税改革试点实施办法》，水资源费改税从先行先试进入全面试点阶段。出台关于加快发展节水产业的指导意见，联合国家发展改革委制定印发《关于实施取用水领域信用评价的指导意见》。分类开展水预算管理试点，推动全国28.2万家年用水量

1万 m³ 及以上工业和服务业单位实现计划用水管理。建构 28 项节水标准框架，制修订白酒、饮料等 10 项工业和服务业用水定额国家标准。在黄河流域实行强制性用水定额管理。健全水资源监测体系，加快建立全国取水口取水计量档案，规模以上取水在线计量率达到 96%。

三、江河湖库生态保护治理体系不断完善

编写出版《河流伦理建构与中国实践》（中英文版），推动习近平总书记治水思路成为国际主流治水理念。出台流域省级河湖长联席会议工作指引，强化流域"四个统一"，加强流域区域统筹协作，在重大引调水工程输水干线推行河湖长制，110 个大型引调水工程输水干线设立省市县乡四级河湖长 4040 名。印发《水利部关于加强涉河湖重大问题调查与处置的意见》，建立涉河湖重大问题发现、调查、整改、问责、处置全链条工作机制。制定印发《全面开展河湖和已建水利水电工程生态流量确定与保障工作的意见》，对全国 171 个重点河湖 281 个生态流量保障目标控制断面，开展生态流量监测和分析评价工作，重点河湖生态流量保障目标实现全覆盖。

四、健全水利工程建设运行管理制度

健全重大水利工程前期工作管理机制，保障工程顺利建设、安全运行、及早发挥效益。启动水库不动产登记试点，2024 年完成试点地区 1200 座水库不动产登记颁证。出台《水闸报废管理办法》，规范水闸全生命周期运行管理。现代化水库运行管理矩阵全国平台基本建设完成，全国 8246 座水库开展矩阵建设。农村供水"3+1"标准化建设和管护模式全面推行，全国农村自来水普及率达到 94%，规模化供水工程覆盖农村人口比例达到 65%。第二批 25 个深化农业水价综合改革推进现代化灌区建设试点启动，吸引金融信贷和社会资本投入灌区建设和管护。推进已建调水工程改造提升、强化工程运行管理，充分发挥存量工程效益。

五、两手发力"一二三四"工作框架体系全面落地见效

全国首单水利基础设施投资信托基金（REITs）上市发行，水利 REITs

实现"零"的突破，打造了拓宽水利建设长期资金筹措渠道的新型权益融资工具。总结推广水利项目利用社会资本创新模式，鼓励地方运用政府和社会资本合作新机制实施水利项目。指导地方用足用好超长期特别国债、地方政府专项债和金融支持水利政策，财政资金、金融信贷、社会资本共同发力的水利投融资新格局基本形成，有力支撑了水利建设投资连续三年迈上万亿元大台阶。

六、水生态产品价值实现路径不断拓宽

水土保持生态产品价值转化实现交易金额近10亿元，水土保持碳汇交易量77.5万t、交易金额3078万元。全国首单坡改梯新增耕地指标、黑土区侵蚀沟治理新增耕地指标，相继在安徽省定远县、辽宁省抚顺市成功交易。用水权交易日趋活跃，长江流域重庆市和四川省、松花江流域吉林省和黑龙江省实现流域内跨省份用水权交易第一单，河北省和天津市实现南水北调中线工程跨省份用水权交易第一单。多地开展"取水贷""节水贷"，以点带面示范推广，绿色金融与水利建设融合发展。

七、水利治理管理水平持续提升

我国首部节约用水行政法规——《节约用水条例》，自2024年5月1日起施行。《长江河道采砂管理条例实施办法》《黄河水沙调控体系工程名录》《黄河滩区名录》等相继出台，《中华人民共和国长江保护法》《中华人民共和国黄河保护法》配套制度体系不断完善。联合司法部出台《关于提升水行政执法质量和效能的指导意见》，强化行政执法监督。出台进一步完善水利规划体系的意见、规范水利规划实施和评估管理办法，充分发挥水利规划在保障我国水安全中的指导和约束作用。印发《水利部关于进一步加强水利科技创新的指导意见》，制定《水利技术标准体系表》，积极推进科技人才评价改革，为推动水利高质量发展不断提供动力和活力。

下一步，水利系统将继续认真落实党中央关于全面深化改革的决策部署，推动健全重大水利工程建设运行管理机制、落实水资源刚性约束制度、全面推行水资源费改税等重大改革举措落地见效，推进水旱灾害防

御、水资源节约集约利用、河湖生态保护治理、水价水权水市场、水利投融资、水利工程建设运行管理等重点领域改革取得新突破，为推动水利高质量发展、保障我国水安全提供强大动力和制度保障。

张 栋 王 熙 李文超 徐栋栋 执笔
王九大 审核

强化机构编制支撑保障

水利部人事司

2024年，水利部依法依规管好用活机构编制资源，持续优化机构编制资源配置。

一是组织做好机构编制调整工作。深入贯彻落实党的二十届三中全会精神，研究调整水利部内水库水闸除险加固、水利工程质量监督、水利工程运行安全管理等方面的职责任务分工，强化水权制度建设、推动节水事业发展等工作支撑，相应调整部分司局的人员编制、处室设置等，进一步优化部机关司局机构编制资源配置，为健全重大水利工程建设、运行、管理机制，提升水资源节约集约利用能力提供有力的体制机制支撑。

二是强化汉江流域治理管理机构能力建设。深入贯彻习近平总书记重要指示批示精神，落实水利部党组关于进一步加强丹江口库区及其上游流域水质安全保障工作的决策部署，统筹研究汉江流域治理管理支撑体系建设。3月，中央机构编制委员会办公室正式批复同意组建水利部长江水利委员会汉江流域治理保护中心。组织指导水利部长江水利委员会印发汉江流域治理保护中心"三定"规定，建立治理保护中心与有关方面的沟通联动机制，共同为丹江口库区及其上游流域水质安全保障工作提供全方位支撑。

三是持续加强机构编制管理。组织全面梳理水利部牵头的部际联席会议等机制设立情况，组织起草组建方案，做好全面推行河湖长制工作部际联席会议送审报批工作，进一步严格部内议事协调机构管理，推动议事协调机构规范有序运行。研究制定黄河古贤水利枢纽工程建设工作领导小组及专家委员会组建方案，发文明确黄河古贤水利枢纽有限公司法人治理结构等事项，为推进古贤工程建设提供体制机制保障。深入开展事业单位运行情况调研。强化机构编制刚性约束，以机构编制实名制管理为依托，加强日常管理。加强事业单位登记管理工作。

下一步，水利系统将进一步提高机构编制资源使用效益，深化事业单位改革，为推动水利高质量发展提供更加有力的体制机制保障。

喜　洋　张　腾　吴　越　执笔
郭海华　王　健　审核

扎实推进水价改革

水利部财务司

2024年，水利部扎实推进水利工程水价改革，围绕"健全有利于促进水资源节约和水利工程良性运行、与投融资体制相适应的水价形成机制"，配合国家发展改革委做好部分中央直属水利工程供水定价成本监审和价格校核工作，为持续深化水利工程水价改革提供实践经验。

一、总体情况

2022年，国家发展改革委商水利部修订印发《水利工程供水价格管理办法》《水利工程供水定价成本监审办法》，明确了水利工程供水价格制定及成本核算的规则，逐步建立起以成本监审为基础，以科学定价机制为支柱，以"准许成本加合理收益"为核心的约束与激励相结合的水价制度。2024年，水利部联合国家发展改革委开展黄河下游引黄渠首工程、岳城水库、引滦枢纽工程、漳河上游引水工程、拦河闸工程、尼尔基水利枢纽工程等成本监审有关工作，指导汉江集团、三门峡黄河明珠（集团）有限公司（以下简称明珠集团）、水利部淮河水利委员会沂沭泗水利管理局（以下简称沂沭泗水利管理局）、水利部松辽水利委员会察尔森水库管理局（以下简称察尔森水库管理局）等配合做好第一批中央直属水利工程供水价格校核有关工作，科学核定供水价格，合理反映水管单位供水真实情况。

二、主要进展情况

一是提前组织召开成本监审调度工作会。推动水管单位建立成本监审联合工作机制，统筹落实成本监审前期工作，制定具体工作方案，细化目标任务，层层压实责任，确保配合工作执行到位。对成本监审前期准备工作涉及的重难点问题进行现场答疑，指导流域管理机构按成本监审通知要求完成资料报送。

二是组织开展水价管理培训。6月，在北京举办水利价格税费水权管理培训班，邀请有关专家就水价管理专题授课，计划用2年时间实现中央直属水利工程管理单位水价管理培训全覆盖，指导涉及成本监审任务的相关单位进一步完善成本监审数据资料，并对数据填报准确性、合规性等进行严格审核把关。

三是联合国家发展改革委开展实地调研。赴水利部黄河水利委员会河南黄河河务局、山东黄河河务局，水利部海河水利委员会引滦工程管理局、岳城水库管理局、漳河上游管理局、漳卫南运河管理局、嫩江尼尔基水利水电有限责任公司等企事业单位开展实地调研，了解水利工程基本情况、供水成本和价格现状，开展座谈交流，深入研究定价范围、分摊比例、水量核定、大修理费计提比例等关键问题，积极了解水管单位诉求，提出相关意见建议，力争为价格调整符合实际提供支撑。

四是推动价格政策落实。联合国家发展改革委，组织汉江集团、明珠集团、沂沭泗水利管理局、察尔森水库管理局等供水单位与受水区相关省份座谈，听取供用水双方意见，深入研究论证价格方案的合理性可行性，推动价格改革落地。

三、主要成效

一是摸清了水管单位供水情况。严格按照书面通知、资料初审、实地审核、意见告知、出具报告等程序组织开展供水成本监审。依据供水单位的年度财务报告等财务信息，精确梳理出水利工程供水全过程涉及的各项成本要素，发现各环节成本控制的薄弱点与优化空间，促进水管单位"瘦身健体"、降本增效。

二是突破了中央直属水利工程供水价格多年未调的困境。大部分中央直属水利工程供水价格长期未做调整，价格与成本严重倒挂，给水利工程的维修养护和可持续运营带来诸多困难。开展中央直属水利工程供水成本监审和价格调整工作，打破了工程多年价格未调的瓶颈，清晰呈现了水利工程供水成本的真实情况，为健全有利于促进水资源节约和水利工程良性运行、与投融资体制相适应的水价形成机制奠定了坚实基础。

三是提升了水利财务工作人员价格管理水平。成本监审和价格校核需要准确把握相关政策法规和行业规范，掌握专业的成本核算知识和方法，科学准确归集和分摊各类供水成本。通过开展中央直属水利工程成本监审及价格校核工作，以干代训、以案促训，让水利财务人员在实践中加深对《水利工程供水价格管理办法》《水利工程供水定价成本监审办法》的理解，培养一批能打硬仗的水利价格管理人员。

下一步，水利部将持续深化水利工程供水价格改革，与国家发展改革委密切配合，主动作为，积极推动水价调整工作落地见效。

田枞 马俊 姜珊 周飞 执笔
郑红星 审核

全面推行水资源费改税

水利部水资源管理司　水利部财务司

党的二十届三中全会通过的《中共中央关于进一步全面深化改革、推进中国式现代化的决定》明确提出，落实水资源刚性约束制度，全面推行水资源费改税。2024年10月，财政部、国家税务总局、水利部印发《水资源税改革试点实施办法》（以下简称《办法》），明确自12月1日起，全面实施水资源税改革试点，标志着水资源费改税从先行先试进入全面试点阶段。

一、全面实施水资源费改税试点的意义

水资源是基础性、战略性资源，是生态保护和高质量发展不可或缺、不可替代的支撑和保障。党的十八大以来，习近平总书记多次围绕治水发表重要论述，明确提出"节水优先、空间均衡、系统治理、两手发力"治水思路，强调必须守住生态保护这条红线，必须严守资源特别是水资源开发利用上限；要求建立水资源刚性约束制度，严格用水总量控制；要求精打细算用好水资源，从严从细管好水资源；强调推进中国式现代化，要把水资源问题考虑进去。资源税是引导资源合理配置的重要手段。习近平总书记高度重视资源税杠杆调节作用，强调税收是解决水问题的重要手段。党的二十届三中全会对深化财税体制改革进行了全面部署，明确提出要"落实水资源刚性约束制度，全面推行水资源费改税"。在全国实施水资源费改税试点，是贯彻习近平生态文明思想、践行习近平总书记治水思路、落实水资源刚性约束制度的重要举措，有利于更加充分发挥税收杠杆作用，增强社会主体节水意识和动力，鼓励企业通过节水改造和技术创新提高用水效率，促进水资源节约集约循环利用和生态环境保护，推动形成绿色发展方式和生活方式。

二、全面实施水资源费改税的工作基础

根据党中央、国务院部署，2016年7月1日起，财政部、国家税务总局、水利部率先在河北省开展水资源税改革试点；2017年12月1日起，进一步将试点由河北省扩大至北京、天津、山西、内蒙古、山东、河南、四川、陕西、宁夏9个省（自治区、直辖市）。经过努力，试点工作取得了明显成效。一是抑制了地下水超采。对使用地下水特别是超采区使用地下水从高确定税额标准，优化了地区用水结构，减少了地下水超采。二是转变了用水方式。大幅提高特种行业用水税额标准，倒逼特种行业转变用水方式，改进生产工艺，减少了用水总量。三是促进了节水改造。对超计划用水加倍征收水资源税，对中水等非常规水源免征水资源税，促使企业加快节水技术革新，提高水资源利用率。四是规范了取用水行为。通过开展水资源税改革，过去大量无证取水户开始主动申请取水许可证，取用水管理得到加强。

三、《办法》的基本原则和主要内容

（一）基本原则

全面实施水资源税改革试点，总体上把握了费税平移、平稳转换的原则。

一是实现平稳转换。统筹现有水资源税改革试点制度和水资源费征收制度，在保持税制要素和基本框架稳定的前提下，实现水资源费制度向水资源税制度的平稳转换。

二是强化分类调控。对水资源严重短缺和超载地区取用水、取用地下水等从高确定税额，通过设置差别税额，更好发挥税收调节作用，抑制地下水超采和不合理用水需求。

三是体现地区差异。充分考虑不同地区水资源状况及经济发展水平差异，合理设置不同地区最低平均税额水平，授权地方人民政府按规定确定本地区水资源税的具体适用税额。

四是调动地方积极性。将水资源税收入全部留给地方，通过改革增加地方人民政府自主财力，拓展地方税源，适当扩大地方人民政府税收管理

权限，更好发挥地方积极性。

（二）主要内容

《办法》共计33条，主要对水资源税的纳税人、计税依据、税额标准、税收优惠等税制要素作出了具体规定。

1. 纳税人和计税依据。水资源税的纳税人为直接从江河、湖泊（含水库、引调水工程等水资源配置工程）和地下取用水资源的单位和个人。水资源税实行从量计征。

2. 税额标准。水资源税根据地区水资源状况、取用水类型和经济发展水平等情况实行差别税额。国家统一明确各省（自治区、直辖市）水资源税最低平均税额标准，具体适用税额由各省（自治区、直辖市）确定。同时，要求对取用地下水、水资源严重短缺和超载地区取用水从高确定税额。

3. 税收优惠。对规定限额内的农业生产取用水等5种情形，免征水资源税；对超出规定限额的农业生产取用水以及农村集中饮水工程取用水，授权地方人民政府减免水资源税；对用水效率达到国家用水定额先进值的相关纳税人，减征水资源税。

4. 收入归属。全面实施水资源费改税试点后，水资源税收入全部归属地方（原水资源费收入由中央和地方按1∶9分成），适当增加地方人民政府自主财力。

5. 税收征管。健全税务机关和水行政主管部门协作征税机制，强化对纳税人取水计量设施（器具）监管，规范和加强税收征管。

下一步，水利部将加强对各省份特别是此前未开展水资源费改税试点省份的政策执行情况的跟踪分析，评估试点效果，提炼经验做法，及时发现并配合财政、税务等部门研究解决试点实施过程中发现的问题，并以税改为契机，进一步压实取用水户取水计量主体责任和水行政主管部门监管职责，提升取水监测计量规范化水平，强化取用水监管，充分发挥税收杠杆作用，落实水资源刚性约束制度，全面提升水资源节约集约安全利用水平。

马　超　王健宇　孙　蓉　田　枞　李佳璐　罗　静　执笔
于琪洋　齐兵强　郑红星　审核

加快建设用水权交易制度体系

水利部水资源管理司 水利部财务司

2024年8月14日，水利部部长李国英赴中国水权交易所（以下简称中国水交所）调研用水权交易制度建设工作并讲话，要求全链条完善用水权交易制度，积极探索、规范推进用水权市场化交易，加快建设归属清晰、权责明确、监管有效的用水权交易制度体系。10月，水利部正式印发《关于加快建设用水权交易制度体系的工作方案》，对用水权交易制度体系工作作出安排，各项工作取得积极进展。

一、用水权法规政策体系建设有序推进

一是抓紧修法工作。扎实推进《中华人民共和国水法》修订工作，在立法调研、专题研究、专家咨询、征求意见后形成修改草案稿，明确了用水权初始分配、交易有关内容。

二是启动立法工作。开展碳排放权交易制度建设专题调研，深入了解碳排放配额分配、交易、清缴、计量等方面的主要做法，形成碳排放权调研报告。借鉴《碳排放权交易管理暂行条例》，起草《用水权交易管理暂行条例》初稿，细化实化用水权交易各环节。

三是完善配套政策。深入研究四川省、宁夏回族自治区跨省区用水权交易案例，起草《关于积极探索和规范推进黄河流域跨省区用水权交易的意见》。印发《建立南水北调中线用水权交易制度工作方案》，起草《南水北调中线用水权交易管理办法（试行）》。完成《用水权交易技术标准》《用水权交易数据规范》技术标准工作大纲编制，加快推动用水权交易相关标准编制工作。

二、用水权初始分配体系基本形成

一是完善区域水权分配。新批复南四湖、大通河流域水量分配方案，

全国计划开展水量分配的 95 条跨省江河已累计完成 94 条,基本明确了各省级行政区在跨省江河流域的用水权利边界,各省份批复了 375 条省内跨地市江河水量分配方案。完成 31 个省(自治区、直辖市)地下水管控指标确定成果审查,29 个省(自治区、直辖市)成果已经省级人民政府或其授权部门批准实施,基本建立了以县级行政区为单元的地下水取水总量、水位控制指标体系。制定流域区域可用水量确定技术大纲,印发《水利部关于开展可用水量确定工作的通知》,组织开展可用水量确定工作。

二是规范明晰取水权。实施取水许可制度,严格水资源论证和取水许可管理,发放取水许可电子证照 64 万套。全面开展取用水管理巩固提升行动,严格水资源论证和取水许可管理,确定水利部黄河水利委员会在黄河干流及流域跨省重要支流的取水许可管理权限。

三是推进明晰灌区和公共供水管网内用水户的用水权。结合深化农业用水权改革试点工作,指导各试点县(区)建立农业用水权分配及交易制度,因地制宜将灌区内灌溉用水户水权明晰到农村集体经济组织、农民用水合作组织或村民小组、用水管理小组、用水户等用水主体,生成统一的用水权属凭证。河北、上海、江西、广西、陕西等省(自治区、直辖市)对纳入公共供水管网的用水大户实行计划用水管理,通过下达用水指标的方式明晰用水权。

三、水资源监测体系建设加快推进

一是做好顶层设计。制定印发《全国水资源监测体系建设总体工作方案(2024—2027 年)》,全面推进取水口取水监测计量、河湖断面和地下水监测、监测计量数据信息化应用。指导流域管理机构和省级水行政主管部门编制实施方案,在此基础上编制全国层面的实施方案。

二是完善取水监测计量体系。《取水计量技术导则》(GB/T 28714—2023)国家标准自 4 月 1 日起正式实施。结合巩固提升行动,组织建立取水计量设施(器具)电子档案,加快推进取水在线计量数据接入。截至 2024 年年底,建立了 230 多万个取水口取水计量档案,全国取用水管理平台在线计量点超过 23 万个,规模以上取水在线计量率达到 96%,与 2023

年相比计量点增加了 9.5 万个、在线计量率提高了 21 个百分点。

三是加快推进农业灌溉机井"以电折水"。与国家电网有限公司签署协议推进农业灌溉机井"以电折水"取水计量战略合作。联合国家电网有限公司印发《关于加快推进农业灌溉机井"以电折水"取水计量和管理工作的通知》，制订完成《农灌机井取水量计量监测方法》技术标准并经国家市场监管总局批准发布。

四、用水权交易市场体系加快完善

一是积极探索和规范推进用水权交易。中国水交所全年交易 1.1 万单、交易水量 13.7 亿 m^3，同比分别增长 96.3%、154.7%。区域用水权交易方面，不同行政区域之间以结余水量为标的开展交易，松花江流域吉林省和黑龙江省实现流域内跨省份用水权交易第一单，河北省和天津市实现南水北调中线工程跨省份用水权交易第一单。取水权交易方面，取用水户将节约下来的水资源在行业间、行业内进行有偿转让，重庆市和四川省实现全国跨省份取水权交易第一单。灌溉用水户水权交易方面，灌区内灌溉用水户间根据需要开展灌溉用水户水权交易，深化农业用水权改革试点工作扎实推进。

二是完善用水权交易引导机制。重点围绕用水权交易制度建设的经验做法、困难问题、意见建议等进行全国书面调研，赴山东、湖南、云南、山西等省份开展实地调研，形成《用水权交易制度建设调研报告》。健全规范黄河流域跨省（自治区）用水权交易、南水北调中线工程用水权交易制度，简化审批手续，激发开展用水权交易的积极性和创造性，探索多样化的交易模式。

三是研究推进和规范用水权融资的政策措施。与中国人民银行、中国农业银行、浦发银行、浙商银行等金融机构座谈交流，开展用水权抵押、入股、信托等市场交易重要问题研究，形成用水权抵质押调研报告。指导中国水交所在江苏省昆山市、江西省上饶市、湖南省麻阳苗族自治县和沅陵县等地与地方水行政主管部门、银行机构加强协作，开展 7 单用水权抵质押业务，通过全国用水权交易系统规范提供质押信息登记、状态查询等服务，总计融资 4.96 亿元。

五、用水权交易平台体系加快构建

一是健全用水权交易平台运作规则。组织中国水交所对用水权交易规则、资金结算、会员管理、风险控制、纠纷调解、收费标准及鉴证书格式等平台规则进行修订。

二是完善全国水权交易系统功能。按照《用水权交易管理规则（试行）》，优化全国水权交易系统的挂牌竞价、交易审核、资金结算、监管信息报送等功能，开发水权交易 App，做好交易信息汇集发布。

三是健全国家流域区域用水权交易体系。全面梳理交易平台有关政策要求，借鉴相关交易平台建设经验，立足我国用水权交易实际，编制《健全国家流域区域用水权交易平台体系建议方案》。

六、用水权交易市场监管体系不断强化

一是完善用水权交易监管机制。组织修订《水利部水权交易监管办公室工作规则》，与中国人民银行交流研讨用水权交易监管规则制定工作，加强对用水权交易工作的组织领导和监督管理。

二是推动实行用水权交易负面清单管理。在拟出台的用水权交易制度中，明确对未经批准擅自改变取水用途的，不具备监测计量条件的，造成或加剧水资源超载的，挤占居民生活用水、基本生态用水和农田灌溉合理用水的禁止开展用水权交易，逐步细化明确用水权交易负面清单并严格管理。

三是加强用水权交易日常监管。水利部持续强化监管，组织编制 2024 年用水权交易监管报告。指导中国水交所严格交易审核，消除交易合规性、材料完备性方面的潜在风险点，守牢交易安全底线。

下一步，水利部将加快健全归属清晰、权责明确、监管有效的用水权交易制度体系。一是组织推进用水权交易管理立法前期研究，完成立法建议稿，力争进入立法程序。二是加快用水权初始分配，加快完成跨行政区江河流域水量分配，加快确定流域区域可用水量。三是加快推进水资源监

测体系建设，开展取用水监测计量能力提升专项行动。四是培育用水权交易市场，健全规范黄河流域跨省（自治区）用水权交易、南水北调中线工程用水权交易制度，深化农业用水权改革试点，深入推进用水权市场化交易。五是发挥国家用水权交易平台作用，健全流域、区域用水权交易平台体系，完善用水权供需信息系统。六是加强用水权交易市场监管，制定用水权交易负面清单。

马　超　王健宇　郭　飞　田　枞　李佳璐　罗　静　执笔
于琪洋　齐兵强　郑红星　审核

专栏 61

跨省区用水权交易取得新进展

水利部水资源管理司　水利部财务司
水利部南水北调工程管理司

水利系统认真贯彻习近平总书记关于积极探索和规范推进水权交易的重要指示精神，立足流域、区域实际，积极探索运用交易机制优化配置水资源，2024年在跨省区用水权交易方面实现3个新的突破。

一、长江流域首单交易

重庆市梁平区与四川省达州市位于长江四级支流铜钵河流域，为上下游关系，具备良好的水量交割条件。近年来，达州市用水需求增长迅速，已接近用水总量控制指标，新增取水许可空间极为有限。相比之下，梁平区水资源相对充裕，区内通过一系列措施实现了取水权的节约。在此背景下，四川省与重庆市水利部门积极沟通协调，促成达州市相关企业向梁平区购买100万 m^3 水量的取水权。此次交易于12月24日通过全国水权交易系统顺利签约，有效满足了达州市民生供水和生产用水的迫切需求，同时也为不同类型市场主体在更大范围内开展用水权交易探索了可行路径，是丰水地区运用市场机制优化配置水资源的一次成功尝试，为全国跨省区取水权交易提供了有益借鉴。

二、松花江流域首单交易

吉林省舒兰市与黑龙江省五常市地缘相邻，同属松花江一级支流拉林河流域，区域水权明确且水系相互连通。近年来，五常市农业灌溉用水需求持续增长，接近水量分配指标，而舒兰市存在结余水量，可满足五常市500万 m^3 的水资源需求。在水利部松辽水利委员会的积极推动下，两省水利部门指导舒兰市与五常市密切协商，共同编制了科学合理的用水权交易实施方案。11月13日，双方通过全国水权交易系统完成交易，五常市获得所需水资源，缓解了农业灌溉用水紧张局面，舒兰市则盘活了结余水资源，实现了经济收益。此次交易为松花江流域用水权交易市场的培育提供了有力借鉴，对推动全国跨省区水资源交易具有积极的示范带动作用。

三、南水北调中线工程首单

10月，水利部印发《南水北调中线一期工程2024—2025年度水量调度计划》，对跨省区用水权交易做出安排，明确规划分配水量之外的用水需求，通过用水权交易方式解决。天津市2024—2025年度南水北调中线工程用水趋紧，河北省南水北调中线工程年度用水权仍有结余。经复核，12月南水北调中线总干渠工程运行条件可以满足河北省与天津市交易需求。在水利部的指导和协同助力下，双方达成一致，天津市在执行中线工程口门水价政策的同时，另以0.47元/m^3的交易价格，向河北省保定市购买南水北调中线工程800万m^3水量的结余用水权，用于12月的冬季供水。12月20日，双方通过全国水权交易系统完成交易，不仅为天津市解决了冬季供水的燃眉之急，也为跨省区灵活调节用水余缺提供了宝贵的实践经验。随着国家水网大动脉和骨干输排水通道进一步完善，相关跨流域重大引调水工程建成通水，跨省区用水权交易的条件将愈发成熟，该交易为跨省区调节用水余缺、盘活用水存量提供了重要实践参考。

马　超　郭　飞　罗　静　李佳璐　侯　洁　执笔
齐兵强　郑红星　审核

链接

江苏省张家港市：
创新探索用水权交易新模式

2024年8月6日下午，江苏省张家港市顺利签约了一笔买卖双方互不相识的用水权交易。与传统一对一的交易模式不同，这是张家港市对用水权交易模式的创新探索——建立"集中池"，卖方向池子里"蓄水"，买方从池子里"取水"，从而推动用水指标交易顺利完成。

按照以往惯例做法，开展取用水权交易需要供需双方自行寻找交易对象，虽然不少企业通过节水技术改造节约出部分可转让的取用水指标，但与潜在取水单位在用水规模、用水时间等方面难以同步，存在匹配难的现实问题，导致真正落地的用水权交易量较少。

近几年，张家港市先后印发《张家港市用水指标集中池指导意见（试行）》《张家港市用水指标交易实施细则》等文件，明确全市新增项目坚持用水指标有偿申购原则，统筹建设用水指标集中池，采用用水指标"集中收储+分散配置"的交易模式，实现集中池的"调蓄"功能。

用水指标集中池机制建立以来，张家港市结合用水主体取水许可证延续审核等工作，科学开展用水绩效评估，鼓励用水户积极出让通过节水技术改造节约下来的用水指标，统一收储至集中池进行管理。

作为首批入选全国典型地区再生水利用配置试点的城市之一，张家港市还通过价格杠杆机制，形成再生水、地表水、地下水指标申购价格上的梯级差价，进一步突出再生水的价格竞争优势，引导用水主体从用水成本角度自愿使用再生水，实现全市水资源优化配置，从而解决全市常规水源用水总量指标不足的问题。

从"点对点"到"点—集中池—点"交易模式的创新，是张家港市深化用水权改革的重要举措。买卖双方不用联系、不需要见面就能各取所需。据统计，2023—2024年，集中池已累计收储各类用水指标524万 m^3，向有需求的用水户有偿供应用水指标113万 m^3。

张家港市将继续完善用水权交易制度，一方面，完善市场化运行机制，加快用水指标交易平台建设，相关部门协同探索建立完善用水指标交易市场化运行机制，制定相对灵活的指标交易价格标准，充分发挥市场机制作用；另一方面，进一步活跃用水权交易市场，加强用水指标集中池政策宣贯，挖掘符合用水指标收储的意向单位，规范开展可收储用水指标合规性认定，适时探索将公共供水（自来水）用水户纳入用水指标集中池管理，丰富集中池管理对象，活跃县域用水权交易，提升水资源利用效率，为用水权交易改革探索更多可推广可复制的经验做法。

程 瀛 吴 琼 洪 叶 执笔
石珊珊 李海川 审核

专栏 62

探索"水权贷"绿色金融新模式

水利部财务司

近年来，水利部、中国人民银行等部门陆续出台相关政策，鼓励支持开展"水权贷"绿色金融新模式，通过赋予用水权金融属性，开展用水权抵（质）押，创新用水权交易形式，助力水利高质量发展。各地出台有关配套措施，积极开展"水权贷"实践探索，在促进水电站提质升级、支持水利工程建设维护、帮助企业拓宽融资渠道等方面发挥了重要作用。广东、贵州、广西、浙江、江苏、安徽、福建、江西、山东、湖北、重庆、四川、贵州、云南、陕西、宁夏等省（自治区、直辖市）开展了"水权贷"实践探索。根据抵（质）押标的差异，既有实践案例可以分为3种类型。

一是以用水权的内在价值为标的。用水权内在价值主要包括用水权的潜在交易价值、生态综合价值等。如宁夏回族自治区贺兰县宁夏北伏科技有限公司在银行原贷款金额800万元。该公司通过确权水量办理抵押增信贷款，经由贺兰县水务局出具《贺兰县用水权抵（质）登记备案证明》明确用水权抵押权利人身份后，原贷款额度由800万元增加至1000万元，帮助企业解决了资金不足的困难。湖北省郧西县天河能源开发有限责任公司（以下简称天河公司）与金融机构合作，将天河水库每年1.36亿 m^3 的取水权在动产融资统一登记公示系统质押登记，并以0.15元/m^3 的交易价格估价，确定市场交易价值达2000万元。有关金融机构按照50%的质押率将取水权作为质押增信，向天河公司发放1000万元贷款。江苏省在全省推进"水权贷"绿色金融服务，明确对取用水信用评价等级良好以上的取用水户、省级节水型企业等，已开展授信的可合理增加授信额度，未开展授信的可主动授信，并实施延长贷款期限、给予优惠贷款利率等优惠政策。

二是以用水权的衍生收益为标的。根据用途不同，用水权的衍生收益主要有发电收入、供水收入、水产养殖收入、文旅收入等。如重庆市开州区天白水库为解决建设期贷款难题，根据《取水准予行政许可的决定》核定的年取水量，换算出配套电站理论可发电量收入、供水原水收入、灌溉用水收入、水产养殖收入、文旅收入等作为授信依据，由水利部门对开州区天白水库取水权进行预质押登记，获得金融机构1.2亿元贷款，根据建设进度分为8年授信期进行分期放款。

三是以用水权与其他权益整合形成的组合收益为标的。水利部联合有关金融机构印发金融支持水利基础设施建设的指导意见，提出积极探索用水权加采砂权等多种组合收益权抵押。四川省中江县集中县域优质水资源和水工程，打捆注入平台公司，采用改建—运营—移交（ROT）等模式盘活县域水利资产，将继光水库水权、水费收入、工程产权、水产养殖经营权整合为特许经营权作为质押物，融资6亿元用于水利建设。

田枞　王宁　门一凡　王俊杰　执笔

郑红星　审核

专栏 63

用水权市场化交易规模取得新突破

水利部水资源管理司　水利部财务司　水利部综合事业局
中国水权交易所

2024年，水利部水权交易监管办公室、流域管理机构、中国水权交易所（以下简称中国水交所）深入贯彻落实习近平总书记治水思路和关于治水重要论述精神，紧紧围绕全国水利工作会议明确的目标任务，全力推进用水权交易工作，指导中国水交所全年成交11312单，交易水量13.73亿 m^3，交易单数、水量取得跨越性进展，有力促进了水资源的优化配置和高效利用。

一、区域用水权交易实现新突破

在水利部水权交易监管办公室、流域管理机构监督指导与中国水交所服务保障下，不同行政区域之间以结余水量为标的积极开展交易，推动区域用水权交易取得一系列新突破。吉林省舒兰市与黑龙江省五常市顺利完成松花江流域首单跨省区域用水权交易。南水北调中线工程受水区水行政主管部门积极行动，河北省与天津市顺利达成南水北调中线工程首单跨省区域用水权交易，为水资源在更大范围内优化配置提供了新的范例。河北省、河南省完成省内跨地市区域用水权交易，山东省东营市持续开展跨市县长江—黄河用水权置换交易，有效破解区域水资源紧缺制约。

二、取水权交易取得新成果

随着水资源刚性约束制度深入实施，用水户间的取水权交易市场日益活跃。2024年全国共有25个省（自治区、直辖市）积极参与取水权交易，通过中国水交所开展交易1294单，创历年新高。四川省达州市与重庆市梁平区达成全国首单跨省区取水权交易，山东省济宁市、安徽省宿州市的取水权交易均超过百单。云南省、安徽省、河北省实现了省内地市州取水权交易全覆盖，展现出良好的发展态势。福建、甘肃、内蒙古、重庆、四川、江苏等省（自治区、直辖市）也纷纷开展行业间、企业间的取水权交易，推动了水资源在不同用户间的优化配置，提高了利用效率和效益。

三、灌溉用水户交易呈现新亮点

22个深化农业用水权改革试点用水权交易活力初显，2024年成交灌溉用水交易9062单。云南省元谋县、浙江省浦江县、湖北省天门市等试点地区充分利用现代化信息技术，全部应用全国水权交易系统App便捷开展水权交易，极大提高了交易效率。山东省宁津县、山西省祁县等地区探索创新开展预留水权有偿出让，进一步丰富了灌溉用水户间的交易模式，为激发农业节水潜力探索了新路径。

四、创新用水权交易形式迈出新步伐

海南省、江苏省持续推动再生水等非常规水资源交易。四川省推动3笔"合同节水+水权交易"。水利部加强与中国人民银行、中国农业银行、浦发银行、地方水行政主管部门等的交流，创新用水权抵质押等绿色金融措施，指导中国水交所在江苏省昆山市、江西省上饶市、湖南省麻阳苗族自治县和沅陵县等地促成7笔用水权抵质押，融资金额近5亿元，拓宽了水利融资渠道。

马　超　郭　飞　李佳璐　门一凡　恒　琪　罗　静　执笔
齐兵强　郑红星　审核

强化河湖长制

水利部河湖管理司

2024年,水利系统认真贯彻落实习近平总书记治水思路和关于治水重要论述精神,以及"河长制必须一以贯之"的重要指示精神,健全河湖保护治理责任体系、监管体系,在强化河湖长制上取得突出成效。

一、完善河湖长制体系

一是建立涉河湖重大问题调查处置机制。制定印发《水利部关于加强涉河湖重大问题调查与处置的意见》,将领导批办、媒体曝光、卫星遥感监测、河湖巡查、部门移送,以及巡视巡察、生态环保督察、审计转办等途径获取的非法侵占河道、围垦湖泊、占用水库库容,以及违法违规取水、排污、设障、养殖、采砂等损害河湖、造成重大损失或严重后果的突出问题纳入调查范围,建立健全涉河湖重大问题发现、调查、整改、问责、处置全链条工作体系,构建全程追溯、追查有力、有错必纠、有责必追的涉河湖重大问题调查处置机制,推动各级河湖长履职尽责。

二是完善青藏高原地区河湖长制。指导督促青藏高原地区完善河湖长制责任体系,明确了统筹水资源水生态水环境保护、严格河湖水域岸线空间管控、规范河道采砂管理、加强监测监控、推进科学考察和重大问题研究、加强执法监管等河湖管理保护重点任务,为守护好青藏高原的生灵草木、万水千山提供有力的制度保障。

三是建立健全重大引调水工程河湖长制。充分发挥河湖长制制度优势,健全重大水利工程建设、运行、管理机制,在110个重大引调水工程输水干线推行河湖长制,设立省市县乡四级河湖长4040名。

四是在母亲河复苏中充分发挥河湖长制作用。督促各地将母亲河复苏作为河湖长制年度重点工作,压实河湖长责任。河湖长现场协调解决堵点、难点问题 1091 多个，推动各项任务落实落地。

五是公布丹江口库区及主要入库河流省市县乡四级 407 名河湖长名单，接受社会监督，指导督促河南、湖北、陕西 3 省建立河湖长动态调整及责任递补机制，在全国河湖长制管理信息系统建立丹江口库区管理信息汇集功能模块，实时跟踪掌握丹江口库区及主要入库河流问题发现处置情况，充分发挥河湖长制在丹江口库区及其上游流域水质安全保障工作中的重要作用。

二、强化流域统一治理管理

一是完善流域省级河湖长联席会议机制。印发《流域省级河湖长联席会议工作指引》，指导流域管理机构及各地进一步发挥流域省级河湖长联席会议机制作用。高质量召开长江、黄河、淮河、海河、松花江辽河、珠江和太湖等七大流域省级河湖长联席会议，部署开展阻水片林、围堤、套堤清理整治及流域跨省河湖共保联治、幸福河湖建设等重点任务，做好流域统筹、区域协同、部门联动工作，强化流域实现统一规划、统一治理、统一调度、统一管理。各省份积极落实，推动河湖长制与河湖保护治理管理工作取得新成效。

二是依托长江流域省级河湖长联席会议机制，指导水利部长江水利委员会与相关省份建立健全丹江口库区及其上游流域跨省河流联防联治工作机制，协同解决丹江口库区及其上游流域保护治理管理有关问题；指导河南、湖北、陕西 3 省健全省内跨区域河湖联防联控机制。

三是指导建立大运河管理保护"淮委+黄委山东河务局+苏鲁两省河长办"协作机制、"海委+京津冀豫鲁五省河长办"协作机制、"太湖局+苏浙两省河长办"协作机制，明确职责、成员单位、工作规则、工作内容和要求，深化大运河河道水系管理保护协作配合。

三、强化宣传教育培训

在全国范围征集 52 个全面推行河湖长制典型案例，全面反映地方在强化履职尽责、区域协同机制、河湖综合治理、幸福河湖建设、基层河湖管护、水生态产品价值实现等方面的探索和实践，推动各地互学互鉴。举办西部地区河湖管理培训班，对70余名业务骨干进行专题培训，加强西部地区河湖管理人才队伍建设。组织编撰《中国河湖年鉴》。组织开展"守护幸福河湖"短视频征集活动。

下一步，水利部门将总结全面推行河湖长制工作进展成效，进一步安排部署全面推行河湖长制重点工作。加快构建重要流域上下游、左右岸、干支流贯通一体的河湖保护治理体系。用好涉河湖重大问题调查与处置机制，强化全链条跟踪问效，压实各级河湖长及相关部门责任。召开七大流域省级河湖长联席会议，加强议定事项跟踪督办，通报重大问题，深入推进流域统一治理管理。强化重点流域区域统筹协调，健全丹江口库区及其上游流域涉河湖问题发现处置机制，发挥"流域管理机构+省级河长办"协作机制作用加强大运河管理保护，督促青藏高原相关省份和有关流域管理机构落实《水利部关于进一步完善青藏高原地区河湖长制的意见》，加大青藏高原地区河湖保护力度。继续将河湖长制落实情况纳入实行最严格水资源管理制度考核。部署开展乡村河湖管护攻坚行动，指导督促各地摸清农村水系基本情况、梳理存在突出问题，学习运用"千村示范、万村整治"工程经验，结合推进乡村全面振兴，集中力量改善乡村河湖面貌，建立健全乡村河湖保护治理长效机制。加强宣传培训，组织编撰《中国河湖年鉴》，组织开展第六批全面推行河湖长制典型案例征集汇编、"守护幸福河湖"短视频征集活动。指导各地健全公众参与河湖保护机制，积极培育"民间河湖长"、志愿者服务队，用好河长湖长公示牌，畅通公众监督举报渠道，不断提升社会公众对河湖保护的责任意识和参与意识，充分发挥社会监督对压实各级河湖长及相关部门责任的作用。

孟　博　执笔

李春明　审核

专栏 64

发挥流域省级河湖长联席会议机制作用 推进流域统一治理管理

水利部河湖管理司

2021年10月—2022年3月，水利部商有关省级人民政府，全面建立了长江、黄河、淮河、海河、珠江、松花江辽河、太湖七个流域省级河湖长联席会议机制，由流域内各省（自治区、直辖市）总河长轮流担任召集人，定期召开联席会议，共同研究流域重大事项、解决重大问题，推进流域系统治理、综合治理、协同治理，强化流域统一规划、统一治理、统一调度、统一管理。

2024年2月5日，水利部部长李国英主持召开水利部河长制湖长制工作领导小组会议，审议通过《流域省级河湖长联席会议工作指引》，指导流域管理机构及各地进一步发挥联席会议机制作用，聚焦习近平总书记重要指示批示、国家区域发展战略、河湖长制主要任务、跨区域重点河湖库、流域重大问题5个方向把握协调议事重点，完善流域协调议事机制，围绕整治一批突出问题、开展一批专项行动、建立一批长效机制、披露一批典型案例等形成务实管用成果，强化议定事项的跟踪督办，加强流域区域统筹协作。

4—11月，上海市、江苏省、甘肃省、辽宁省、广西壮族自治区、河北省省级人民政府首长作为轮值召集人，分别主持召开相关流域联席会议，总结2023年度任务完成情况，安排部署水灾害防治、水资源节约、水生态保护修复、水环境治理有关重点任务。流域相关省份认真落实联席会议部署任务，推动河湖长制与河湖保护治理管理工作取得新成效。一是推动清理整治阻水片林等碍洪突出问题。海河、珠江、松辽流域联席会议审议通过阻水片林等妨碍河道行洪突出问题清理整治专项行动方案，部署开展河道内阻水片林、高秆作物、围堤围埝等妨碍河道行洪突出问题排查和清理整治，确保河道行洪畅通。二是强化水资源刚性约束。长江、黄河、淮河流域联席会议对落实水资源刚性约束制度提出明确要求，水利部长江水利委员会管理权限内规模以上取水全部实现在线计量，水利部黄河水利委员会已组织完成取水口监管"一张图"上图工作，淮河流域2024年已核减取水量7596万 m^3。三是深化水生态保护治理。黄河流域省级河湖长联席会议审议通过《黄河流域跨省界河湖库联防联控联治指导意见》，太湖流域省级河湖长联席会议审议通过《太湖流域片跨界水体共保联治专项行动方案》，太湖主要水质指标处于2007年以来最好水平，连续16年实现太湖流域水环境综合治理"两个确保"（确保饮用水安全、确保不发生大面积水质黑臭）的目标。四是有序推进幸福河湖建设。长江流域省级河湖长联席会议印发《推进长江流域片幸福河湖建设工作方案》。太湖流域省级河湖长联席会议部署推进长三角一体化发展示范区幸福河湖建设，嘉善县成功创建浙江省全域幸福河湖，江苏省、上海市省际边界湖泊元荡建设成为长三角一体化发展示范区内首个跨省界示范幸福河湖。

孟　博　执笔
李春明　审核

专栏 65

《关于加强涉河湖重大问题调查与处置的意见》印发

水利部河湖管理司

为贯彻落实党的二十届三中全会精神和党中央、国务院关于河湖长制的重大决策部署，进一步压实河湖管理保护责任，有效预防和解决涉河湖重大问题，水利部制定印发《关于加强涉河湖重大问题调查与处置的意见》（以下简称《意见》）。

《意见》将信访、举报、领导批办、媒体曝光、卫星遥感监测、河湖巡查、部门移送，以及巡视巡察、生态环保督察、审计转办等途径获取的非法侵占河道、围垦湖泊、占用水库库容，以及违法违规取水、排污、设障、养殖、采砂等损害河湖、造成重大损失或严重后果的突出问题纳入河湖调查范围。

《意见》明确河湖重大问题调查内容，要求全面调查涉河湖重大问题所在河段（湖片、库区）的基本情况、问题发生发展过程、违法违规事实、造成影响，以及问题发生的原因等。其中，违法违规事实主要包括：贯彻落实党中央、国务院关于生态文明建设和全面推行河湖长制决策部署不力，拒不整改、拖延整改、敷衍整改、虚假整改等问题；违反河湖管理保护相关法律法规、政策规定、技术标准或相关规划的问题；未经许可或不按行政许可要求违法违规开展涉河湖建设项目及活动的问题；相关河长湖长履行职责不到位的问题；相关行政主管部门未履行指导、监管职责或监管执法不力的问题等。

《意见》明确了河湖重大问题调查工作流程，即成立调查组、开展问题调查、提交调查报告、反馈整改要求、强化跟踪督办、提请追责问责。调查实施主体包括水利部和省、市、县三级水利主管部门。调查结束后，水利部组织的调查，调查报告及整改要求反馈省级人民政府；省、市、县级自行组织开展的调查，调查报告及整改要求反馈相关人民政府。

《意见》明确要建立四项保障措施：一是加强组织领导，周密组织实施，从严从细从实开展问题调查处理工作；二是畅通移送渠道，建立健全水行政执法与刑事司法、检察公益诉讼协作机制，畅通责任追究移送渠道，提高问题调查处理和责任追究的时效和质量；三是强化警示教育，及时向社会公布警示案例，达到查处一起、震慑一批、警示一方的目的；四是严肃工作纪律，正确履行调查工作职责，严格落实各项廉政规定、保密规定，严格执行请示报告制度。

关　艳　执笔

李春明　审核

专栏 66

完善青藏高原地区河湖长制

水利部河湖管理司

为完善青藏高原地区河湖长制、加强青藏高原河湖保护，依据青藏高原生态保护法等法律法规，2024年9月，水利部制定印发《关于进一步完善青藏高原地区河湖长制的意见》（以下简称《意见》）。

《意见》提出完善青藏高原地区河湖长制责任体系的主要措施。一是健全组织体系。要求全面检视、及时完善青藏高原地区河湖长制组织体系，针对无人区河湖，可采取"包片"形式，以县或乡为单元因地制宜设立河湖长，自然保护地内设立河湖长可与林长统筹，规范设置河长公示牌，无人区河湖不设置河长公示牌。二是明确工作职责。要求根据青藏高原地区不同类型河湖特点，实事求是确定河湖长职责任务和履职方式，对无人区河湖，重点关注河湖水域、水量及水生态环境等变化情况，对巡河巡湖频次不作硬性规定。三是提升河湖长及河长办履职能力。强调要认真落实中共中央办公厅、国务院办公厅《关于全面推行河长制的意见》中"县级及以上河长设置相应的河长制办公室"的要求，切实加强河长办能力建设。

《意见》明确河湖管理保护任务。一是统筹水资源水生态水环境保护。要求推进山水林田湖草沙冰一体化保护修复和系统治理，加大江河源头区、生态敏感区保护力度，加强对重要江河源头区和水土流失重点预防区、治理区，人口相对密集高原河谷区的水土流失防治，推动青藏高原地区母亲河复苏行动重点任务措施落实。二是严格河湖水域岸线空间管控。要求推进青藏高原重点河流、湖泊岸线保护与利用规划编制，完善河湖管理范围划定，严格涉河建设项目和活动审批，纵深推进河湖库"清四乱"常态化规范化。三是规范河道采砂管理。要求科学编制河道采砂规划，严格采砂许可和疏浚砂利用审批，严格采砂活动监管。依法将长江、黄河、澜沧江、雅鲁藏布江、怒江等江河源头自然保护地内河段划定为禁采区并予以公告，禁止在黄河上游约古宗列曲、扎陵湖、鄂陵湖、玛多河湖群等河道、湖泊管理范围内从事采砂、渔猎等活动。四是加强监测监控。要求建立健全青藏高原河湖监测网络体系，强化信息和数据共享，充分利用卫星遥感、北斗定位、电子围栏、无人机、视频监控、人工智能、大数据等技术。五是推进科学考察和重大问题研究。要求加强河湖演变、生态保护修复等领域重大科技问题研究，定期开展河湖健康评价，及时掌握河湖动态变化，人类活动干扰少的河湖要强化监测，可适当延长评价周期，加强自然灾害的防洪风险调查评价和监测预警。六是加强执法监管。要求推动重点湖泊立法，强化河湖执法监管，建立健全部门联合执法机制。强调各级河长办要加强与自然保护地管理机构的沟通协调，强化联合执法监管。

在保障措施方面，《意见》要求，切实加强对青藏高原地区河湖长制工作的组织领导，充分发挥长江流域、黄河流域省级河湖长联席会议机制作用，加强青藏高原跨省河湖联防联控联治。健全公众参与河湖保护机制，积极培育"民间河湖长"、志愿者服务队，不断提升社会公众对河湖保护的责任意识和参与意识。

宋　康　执笔

李春明　审核

专栏 67

在重大引调水工程输水干线推行河湖长制

水利部河湖管理司

近年来，水利部商有关省级人民政府在南水北调工程推行河湖长制，为维护南水北调工程安全、供水安全、水质安全提供了有力保障；地方结合实际，积极探索在引调水工程推行河湖长制，在加强工程管理保护方面发挥了积极作用。为充分发挥河湖长制制度优势，健全重大水利工程建设、运行、管理机制，2024年8月，水利部制定印发《水利部河长办关于在重大引调水工程输水干线推行河湖长制的通知》（以下简称《通知》）。

《通知》要求，各省级河长办商省级水行政主管部门参照水利水电工程等级划分、调水工程设计导则等技术标准，综合考虑工程重要性、引调水规模等因素，结合实际确定推行河湖长制的重大引调水工程名录；提出本行政区域内重大引调水工程输水干线河湖长组织体系设立方案，报省级总河长同意后，因地制宜建立河湖长体系，分级分段落实属地责任。

《通知》明确各级河湖长工作职责和主要任务，要求重大引调水工程输水干线沿线各级河长办要提请同级河湖长在履行好中共中央办公厅、国务院办公厅《关于全面推行河长制的意见》《关于在湖泊实施湖长制的指导意见》等相关文件规定职责和任务的基础上，结合工程管理实际，进一步突出履职重点。其中，工作职责包括：深入贯彻党中央、国务院关于强化河湖长制的重大决策部署；协调上下游、左右岸、跨行政区域间实行联防联控；协调解决重大引调水工程输水干线管理保护重大问题、研究部署水资源水环境水生态保护重大事项；对相关部门（单位）和下一级河长湖长履职情况进行督导检查，对目标任务完成情况进行考核，强化激励问责。主要任务包括：组织开展重大引调水工程输水干线管理范围内突出问题清理整治；加强与重大引调水工程输水干线交叉河道河长沟通协作，组

·367·

织协调交叉河道行洪影响工程安全问题整治和工程设施影响交叉河道行洪安全问题治理；组织建立健全联合执法、日常监管巡查制度，严厉打击影响重大引调水工程输水干线工程安全、供水安全、水质安全的违法行为。

《通知》印发后，水利部督促指导各省份明确推行河湖长制的重大引调水工程名录，制定河湖长组织体系设立方案，按期建立河湖长体系，已在110个重大引调水工程输水干线推行河湖长制，设立省市县乡四级河湖长4040名。

魏雪艳　执笔

李春明　审核

专栏 68

建立大运河管理保护"流域管理机构+省级河长办"协作机制

水利部河湖管理司

为全面贯彻习近平总书记关于治水重要论述和关于大运河的重要指示精神，深入落实党中央、国务院关于强化河湖长制的重大决策部署，扎实推进大运河河道水系管理保护，保护好、传承好、利用好大运河，根据《大运河文化保护传承利用规划纲要》《大运河河道水系治理管护规划》要求，水利部指导建立大运河管理保护"淮委+黄委山东河务局+苏鲁两省河长办"协作机制、"海委+京津冀豫鲁五省河长办"协作机制、"太湖局+苏浙两省河长办"协作机制，深化大运河河道水系管理保护协作配合。

协作机制成员单位包括相关流域管理机构和相关省份省级河长制办公室，召集人由流域管理机构主要负责同志担任，相关省份省级河长制办公室分管负责同志为成员；办公室设在流域管理机构，承担协作机制日常工作，办公室主任由流域管理机构分管负责同志兼任。

协作机制的主要职责是贯彻落实党中央、国务院关于强化河湖长制和大运河文化保护传承利用的重大决策部署，建立完善上下游、左右岸、干支流、省际间协作机制，搭建跨区域协商和协调协作平台，聚焦大运河河道水系治理管护规划明确的重点任务，研究部署重大事项，协调解决重大问题，开展联合执法，督促沿线各地落实大运河管理保护工作。

协作机制实行全体会议和专题会议制度。全体会议原则上每年召开1次，部署相关工作，审议年度工作要点及相关专项工作文件，会议由协作机制召集人主持，协作机制成员及联络员参加，根据需要可以邀请国家有关部门、单位以及有关省份相关部门参加。专题会议根据需要不定期召开。此外，"淮委+黄委山东河务局+苏鲁两省河长办"协作机制、"海委+

京津冀豫鲁五省河长办"协作机制部署以联合巡查、联合执法等形式，协调指导督促大运河相关河湖长及沿线地方有关部门、单位履职尽责；"太湖局+苏浙两省河长办"协作机制明确相关活动可结合太湖淀山湖湖长协作机制、水利部太湖流域管理局与苏浙沪闽皖河长制办公室协作机制相关活动共同开展。

协作机制要求各成员单位深入研究大运河管理保护相关配套政策措施，认真落实确定的工作任务和议定事项，并及时向协作机制办公室报送落实情况；加强沟通、密切协作、相互支持、形成合力，营造良好的议事协作氛围。协作机制办公室要及时向成员单位通报有关情况，加强各项工作任务和议定事项的督促落实。

关 艳 执笔

李春明 审核

> 链接

福建省莆田市：
激发河道管护民间力量

近年来，福建省莆田市城厢区积极探索并完善"民间河长"机制，充分发挥"民间河长"作用，加强政府引导，建立沟通协作机制，来自基层的志愿服务者凭借对本地水环境的深入了解和对群众需求的切身体会，成了河道管护的新锐力量，形成了政府主导、社会参与、群众支持的河道管护新格局。

一、壮大队伍共发力

城厢区结合各镇街的实际情况，培育了一支支具有本地特色的"民间河长"队伍，龙桥街道的"企业河长"、霞林街道的"基层民兵河长"、常太镇的"百姓河长"等，这些"民间河长"与当地河长队伍形成合力，共同推进河道管护工作。凭借对本地情况的了解和对河道的熟悉，"民间河长"能够迅速发现河道管护中存在的问题，及时向相关部门报告，大大提高了河道管护的响应速度和问题处理的准确性，有效打通了河湖长制工作的"最后一公里"。

"民间河长"还积极参与到巡查、监督和宣传工作中来，定期巡查河道，对河道水环境进行监测，确保河道的清洁和安全。同时，通过宣传教育活动，向周边群众普及河湖保护知识，增强大家的河湖保护意识。

在"民间河长"的努力下，城厢区河道治理质效得到了显著提升，河道环境得到了有效改善。更重要的是，"民间河长"以点带面，引导更多群众参与到河道保护中来，形成了全民参与的良好氛围。

二、建立机制促发展

城厢区建立了常态化沟通协作机制,通过每季度定期召开联席会议、组织联合巡查等方式,加强"民间河长"队伍与河长的沟通与联系,有力保障了河道治理目标的实现。

同时,城厢区还建立了信息共享平台,实时共享河道治理信息,确保了"民间河长"队伍与河长队伍工作之间的无缝对接和高效协同。

在"民间河长"机制的推进过程中,政府的引导和支持发挥了关键作用。一方面,政府加强了对"民间河长"工作的指导和协调,提供必要的政策支持和物质保障;另一方面,建立培训与激励机制,提高了"民间河长"的业务能力和管理水平。此外,通过评选优秀"民间河长"、表彰先进典型,一批批具有影响力的"民间河长"不断涌现,借助媒体宣传、网络传播,不仅为其他"民间河长"提供了学习借鉴的榜样,还激发了更多社会公众参与河道治理保护的热情。

田慧莹　张宏龙　执笔
石珊珊　李海川　审核

创新拓展水利投融资机制

水利部规划计划司　水利部财务司

2024年，水利部门深入践行习近平总书记治水思路和关于治水重要论述精神，围绕两手发力"一二三四"工作框架体系，积极推进水利投融资改革，在大力争取财政投入的同时，创新多元化投融资模式、积极运用市场手段和金融工具，市场主体活力有效激发，内生动力明显增强，财政资金、金融信贷、社会资本共同发力的水利投融资格局基本形成。

一、召开水利投融资改革工作推进会

11月28日，在浙江省绍兴市召开水利投融资改革工作推进会，总结交流水利投融资改革经验，研究部署深化水利投融资改革工作。水利部部长李国英出席会议并讲话，要求在积极争取财政投入的同时，进一步深化水利投融资改革，积极培育更多水利基础设施投资信托基金（REITs）上市发行，充分发挥金融对水利发展的支撑作用，创新政府与社会资本合作模式，协同推进水价、用水权交易配套改革，加快构建多元化、多层次、多渠道的水利投融资体系。

二、推动全国首单水利REITs上市发行

指导各地开展水利存量资产盘点、优质基础资产筛选等工作，及时与有关部门和金融机构对接，全过程指导推动浙江汤浦水库REITs项目通过国家发展改革委审核、中国证监会批复。11月8日，全国首单水利REITs——浙江汤浦水库REITs在深圳证券交易所发行上市，水利REITs实现了"零"的突破，打造了拓宽水利建设长期资金筹措渠道的新型权益融资工具，为盘活水利存量优质资产发挥示范推动作用。编制印发《浙江汤浦水库REITs项目申报手册》，供各地学习借鉴。

三、吸引更多社会资本参与水利基础设施建设运营

指导地方用好地方政府专项债券等金融信贷优惠政策，对水利建设任务重、地方政府专项债券落实规模减幅较多的省份进行一对一调度。组织地方梳理在建及拟开工的水利项目和贷款需求，分析收益来源，及时推荐给有关金融机构，进行项目融资需求对接。编制印发《水利项目利用社会资本典型案例》，指导鼓励地方因地制宜创新投融资模式，吸引国有企业、民营企业等各类市场主体，通过募投建管一体化等方式参与水利建设运营。

下一步，水利系统将进一步深化水利投融资改革，在争取加大政府投入的同时，拓宽超长期特别国债、地方政府专项债券和金融支持水利政策工具等多元化投融资渠道，运用好政府和社会资本合作新机制，积极培育更多水利 REITs 项目申报和发行，让工程变资产、资产变资本、资本变资金、资金变投资，加快构建多元化、多层次、多渠道的水利投融资体系，为保持水利基础设施投资规模、加快国家水网建设提供有力的资金保障。

张　栋　王　熙　李文超　徐栋栋　执笔

王九大　审核

专栏 69

全国首单水利基础设施投资信托基金（REITs）发行上市

水利部规划计划司

2024年11月8日，全国首单水利基础设施投资信托基金（REITs）——浙江汤浦水库REITs在深圳证券交易所成功上市，实现了水利REITs"零"的突破，打造了拓宽水利建设长期资金筹措渠道的新型权益融资工具，构建了盘活水利存量资产和新增水利投资的良性循环。

经过多年投资建设，水利基础设施领域形成了规模巨大的存量资产、"沉睡"资产。2021年6月，国家发展改革委印发文件，将"具有供水、发电等功能的水利设施"纳入REITs试点范围。水利部立即认真研究相关政策，制定印发推进水利REITs的指导意见，鼓励和引导地方水行政主管部门推进水利REITs工作，盘活水利存量资产，扩大有效投资。通过建立水利REITs意向清单，对纳入清单项目进行台账管理、及时跟踪项目进展。同时，邀请专家解读REITs项目相关政策，结合水利特点，讲解REITs项目申报实际操作方法。对申报条件比较成熟、地方积极性较高的水利REITs项目，组织专人专班推进、上下联动指导协调、逐一解决申报过程中遇到的问题。

首单水利REITs成功发行上市，在我国水利"两手发力"改革中具有重要标志性意义。一是将原本难以流动的水利基础设施，转化为可流通交易的证券资产，上市募集资金，盘活存量资产，有效释放了存量资产价值；二是通过水利基础设施资产证券化，为水利领域基础设施投融资开辟了一条全新路径，实现工程变资产、资产变资本、资本变资金、资金变投资；三是以汤浦水库REITs申报发行为契机，绍兴市全面开展水利工程不动产产权登记，加快推进水利工程管理和保护范围划定工作，进一步深化水利管理体制改革；四是绍兴市以"准许成本+合理收益"原则核定汤浦水库原水价格，提升资产收益能力，建立了与水利投融资体制改革相适应的合理水价形成机制。

张　栋　王　熙　李文超　徐栋栋　执笔

王九大　审核

专栏 70

中央预算内投资扩大水利支持范围并提升部分水利项目类型中央投资支持比例

水利部规划计划司

党的二十届三中全会指出，适当加强中央事权、提高中央财政支出比例。为贯彻落实党中央、国务院决策部署，进一步加强水利领域中央预算内投资管理，切实提高中央资金安排使用的科学性、精准性、规范性，有效发挥中央预算内投资的引导带动作用，根据《政府投资条例》及中央预算内投资管理等有关规定，水利部积极配合国家发展改革委修订印发《水利中央预算内投资专项管理办法》（以下简称《管理办法》），并于2024年12月11日实施。政府投资支持基础性、公益性、长远性水利重大项目建设长效机制进一步完善。

对照 2021 年印发的《国家水网骨干工程中央预算内投资专项管理办法》《水安全保障工程中央预算内投资专项管理办法》，《管理办法》扩大了中央预算内投资支持水利领域的范围，并提升了部分水利项目类型中央投资支持的比例。

一是扩大了水利支持范围。《管理办法》明确将大中型病险水闸除险加固、小型病险水库除险加固和海堤工程等项目类型新增纳入中央预算内投资支持范围。其中，大中型病险水闸除险加固工程，对东部、中部、西部、东北地区，分别按照项目投资的 60%、70%、80%、80% 予以支持；小型病险水库除险加固工程，按照小（1）型 500 万元、小（2）型 200 万元的总投资基数，分省份打捆下达中央预算内投资，由地方统筹安排使用；海堤工程对东部、中部、西部、东北地区，分别按照项目投资的 50%、60%、70%、70% 予以支持。

二是提升了部分水利项目类型中央投资支持比例。《管理办法》明确对蓄滞洪区、病险水库除险加固、江河治理、水生态保护修复等项目，中央投资支持比例提高10~30个百分点。其中，蓄滞洪区建设工程，东部、西部、东北地区的支持比例分别由50%、70%、70%提升至60%、80%、80%；大中型病险水库除险加固工程，东部、中部地区的支持比例分别由1/3、60%提升至60%、70%；河道防洪治理工程，东部、中部、西部、东北地区的支持比例分别由20%、50%、60%、60%提升至50%、60%、70%、70%；重点区域排涝能力建设，东部、中部、西部、东北地区的支持比例分别由20%、40%、60%、60%提升至50%、60%、70%、70%；水文基础设施，东部、中部、西部、东北地区的支持比例分别由1/3、50%、2/3、2/3提升至50%、60%、70%、70%；重点水生态治理工程，东部、中部、西部、东北地区的支持比例分别由20%、40%、60%、60%提升至项目投资的40%、50%、70%、70%。

新建大中型灌区、大中型水库、大中型引调水以及大型灌区改造提升等工程，由超长期特别国债资金支持，具体支持比例另行制定。

袁　浩　郭东阳　韩沂桦　王珊珊　执笔

谢义彬　审核

专栏 71

中央财政水利发展资金新增白蚁防治等支出方向

水利部财务司

水利部全面贯彻落实党的二十大精神和习近平总书记关于白蚁等害堤动物防治、农村饮水安全保障、防汛救灾工作等重要指示批示精神，在财政部大力支持下，2024年首次将白蚁等害堤动物防治、小型引调水工程建设、农村供水水质提升专项行动、国家蓄滞洪区工程维修养护等事项纳入水利发展资金支持范围。

一是白蚁等害堤动物防治。安排中央财政水利发展资金9亿元，支持小型水库和1~5级堤防开展白蚁等害堤动物隐患的日常检查排查、普查和危害治理，推进白蚁等害堤动物防治工作常态化，确保工程安全运行。

二是小型引调水工程建设。安排中央财政水利发展资金30亿元，支持60个县86个小型引调水工程建设，预期受益人口1100万人。以县域为单元，推进解决农村供水水源不稳定、管网输配能力不足等问题，提升县域农村供水规模化水平。

三是农村供水水质提升专项行动。安排中央财政水利发展资金10亿元，用于支持解决1.8万余处水质问题，加快建立健全从源头到龙头的水质保障体系，持续提升农村供水水质保障能力，确保农村群众饮水安全，推动农村供水高质量发展，助力全面推进乡村振兴。

四是国家蓄滞洪区工程维修养护。安排中央财政水利发展资金2.97亿元，支持对国家蓄滞洪区工程约6000 km堤防和110多座进退洪闸进行维修养护，保障蓄滞洪区工程安全良性运行，确保行蓄洪功能长效发挥。

下一步，水利部将锚定全面提升国家水安全保障能力总体目标，紧紧围绕水利高质量发展六条实施路径，与财政部密切配合，主动作为，积极争取财政投入，为水利高质量发展提供有力资金保障。

陈艺伟　杜慧华　执笔
郑红星　审核

专栏 72

多地创新出台省级财政贷款贴息补助和水利工程保险政策

水利部财务司

2024年，水利部门积极推动出台财政贷款贴息支持水利政策，进一步优化完善水利工程保险制度，充分发挥财政资金引导撬动作用，推动银行、保险等金融机构不断加大支持水利力度，着力构建多元化、多层次、多渠道的水利投融资体系。

一、创新出台财政贷款贴息政策

山东省水利厅坚持协同发力、自愿自主、防控风险的原则，联合省财政厅创新出台省级财政贷款贴息政策，印发《关于开展重点水利工程建设贷款贴息试点的通知》，对未足额获得省级补助资金支持的重点水利工程建设项目，由省级财政给予贴息补助。按照规定，县级水利部门联合县级财政部门将符合条件的项目贷款情况报市级水利、财政部门汇总审核后，省级水利、财政部门组织进行合规性审核后下达贴息资金。据初步统计，2024年符合条件的项目贷款约30亿元，将贴息补助约3000万元。广西壮族自治区水利厅积极协调自治区党委金融委员会办公室、中国人民银行广西壮族自治区分行等部门和单位，健全水利投融资服务工作协调机制，推动将水利贷款纳入自治区"桂惠贷"贴息支持范围，出台《"桂惠贷—水利贷"产品实施细则》，明确对水利基础设施建设、水资源开发利用和节水领域的水利贷款给予贴息支持。通过审核的企业（单位），可直接按照贴息支持后的利率与银行签订贷款协议，有效降低融资成本。

二、出台水库管护保险试点政策

山东省水利厅联合国家金融监管总局山东监管局深入研究，印发《关于开展水利工程运行管护保险试点的通知》，将公益性小型水库工程作为首批试点，由各地级市结合工作实际，确定保险服务内容，省财政给予不超过总保费一定比例的资金补助。截至 2024 年年底，山东省 82 个县（市、区）共有 3675 座具有防洪任务的小型水库纳入保险范围。2024 年汛期强降雨期间，保险机构协助水利部门积极开展巡查、隐患排查，主动提供防汛物资，有力支持防汛抢险。强降雨结束后，枣庄、德州、潍坊、泰安等地的水利部门、保险机构，迅速开展工程查勘定损，赔付资金远超单个水库保费水平，有力促进了水利工程设施灾后尽快修复和恢复正常运行。

三、不断优化完善堤防保险长效机制

福建省、江西省不断优化完善长效机制，根据灾情特点和堤防工程现状，制定统一的堤防资产评估办法，设置堤防保险防灾防损基金，积极推动堤防保险取得新成效。福建省水利部门采取全省统一招标方式，由 4 家保险公司组成联合体服务全省堤防保险，不断提升服务保障水平；引入"模块化理赔定价"理念，将堤防工程分解为堤身、护坡、压顶、基础、排水沟等具体项目，按照全省定额标准和各地市场指导价，确定项目单价，实现灾后快速计算理赔金额。江西省水利部门积极推动将堤防保费列入财政预算，由省、市、县三级财政共同承担，省级按照"以奖代补、先保后补"方式对有关市县给予补助；聚焦事前风险防控，通过承保前验标、建立隐患档案、汛前风险查勘等举措发现隐患，使用防灾防损基金及时处置修复，将风险管理服务前置到安全动态监测，大幅减少潜在灾害发生。

王　宁　霍静怡　执笔
郑红星　审核

链接

湖南省麻阳县：
探索水生态产品"变现"路径

湖南省怀化市麻阳县牢固树立和践行"绿水青山就是金山银山"理念，立足于丰富的水资源和良好的水生态，在湖南省率先开展水生态产品价值评估工作，创新质押体系和转化路径，以"取水贷""节水贷"等为抓手，促进产业生态化和生态产业化，初步形成了水电、水土保持等多种水生态产品价值实现模式。

2024年3月，湖南省水利水电科学研究院（以下简称湖南水科院）与麻阳县人民政府签订水利高质量发展战略合作协议，以包括"水生态产品价值实现"在内的水利规划、水资源配置、智慧水利等技术融合为重点，共同谋划麻阳县"十五五"水利发展。湖南水科院以麻阳县作为试点，研究编制了《麻阳县水生态产品价值评估报告》，形成了麻阳县水生态产品目录清单，将麻阳县高品质柑橘、中药材等涉水衍生特色农产品，以及地热水、矿泉水等纳入水生态产品统计范围，解决水生态产品"有什么"以及水生态产品价值"度量难""抵押难""变现难"的问题；按照"先分类、后总体"的模式，建立价值评估体系，确定评估内容、评估指标、评估方法等，开展水生态产品价值量核算，解决生态产品"价值核算难"的问题，将原本看不见的水生态产品价值，转化为看得见的数字。

10月，麻阳县举行水生态产品价值评估成果发布会暨水生态产品价值实现项目签约仪式，现场展示了水电、灌溉、城乡供水等18项水生态产品，总估值近200亿元。麻阳县8家企业单位与6家金融机构签订水生态产品贷款协议和战略合作协议，签约金额达 7.252 亿元。

江　宁　杨思宇　李雅婷　执笔
石珊珊　李海川　审核

修订《长江河道采砂管理条例实施办法》

水利部河湖管理司

为进一步落实《中华人民共和国长江保护法》（以下简称《长江保护法》）、《长江河道采砂管理条例》（以下简称《条例》）等法律法规，结合长江河道采砂管理实际需要，2024年，水利部对《长江河道采砂管理条例实施办法》（以下简称《办法》）进行了全面修订。11月12日以"水利部令第56号"发布，自2025年1月1日起施行。

一、《办法》修订的重要意义

《办法》修订深入贯彻习近平总书记"节水优先、空间均衡、系统治理、两手发力"治水思路和关于长江大保护的重要讲话指示批示精神，根据《长江保护法》《条例》等法律法规，按照国家行政审批制度改革有关要求，结合长江河道采砂管理工作实际，重点围绕落实长江大保护要求，明确了"保护优先、科学规划、总量控制、有序开采、严格管理"的原则，鼓励长江河道砂石统一开采管理，推进集约化、规模化、规范化开采，明确将疏浚砂综合利用纳入河道采砂监管。此外，结合长江河道采砂管理实际，对加强长江河道采砂审批管理、采砂活动监管、采砂船舶管理、疏浚砂综合利用管理、采砂执法能力建设等内容进行修订完善。

修订《办法》，是将长江河道采砂管理实践经验巩固提升为制度规定的重要举措，对于在法治轨道上加强长江河道采砂管理、规范长江河道采砂管理秩序，保障长江防洪安全、通航安全、生态安全，推动水利高质量发展具有重要意义。

二、《办法》修订的主要内容

修订后的《办法》共29条，主要包括《办法》制定目的、适用范围、总体原则、采砂规划制度、可行性论证报告制度、采砂许可审批程序、行政执法和监督检查等内容。《办法》重点围绕以下方面，进一步加强长江河道采砂管理。

一是进一步强调长江河道采砂管理实行保护优先。落实《长江保护法》关于坚持生态优先、绿色发展，共抓大保护、不搞大开发的要求，明确规定长江采砂坚持保护优先、科学规划、总量控制、有序开采、严格管理的原则。

二是进一步规范长江河道采砂许可审批管理。根据长江河道采砂管理实践经验以及《河道采砂规划编制与实施监督管理技术规范》，《办法》对可行性论证报告内容进行细化，进一步严格开展长江河道采砂可行性论证要求。同时，进一步规范审批管理，优化长江河道采砂申请和审批程序，相应明确了不予批准采砂的7种情形。

三是进一步完善长江河道采砂监督检查要求。根据长江河道采砂管理需要，《办法》明确将执行河道砂石采运管理单制度情况、疏浚砂综合利用情况等纳入水利部长江水利委员会（以下简称长江委）和沿江各级水行政主管部门监督检查内容。

四是进一步细化采砂船舶集中停放管理规定。根据《条例》对采砂船舶集中停放管理的要求，《办法》进一步细化相关规定，集中停放的采砂船舶因修理、保养、采砂作业等正当理由确需离开指定地点跨省级行政区移动的，应当经有管辖权的省级人民政府水行政主管部门或者其他部门确认；在省（直辖市）内移动的，按相应省（直辖市）有关规定执行。

五是进一步明确长江疏浚砂综合利用管理要求。为强化疏浚砂综合利用管理，《办法》规定，实施河道整治、航道整治等涉水工程建设或者维护性清淤疏浚项目所产生的砂石，需要上岸综合利用的，应当严格履行相关手续，纳入河道采砂监管。所利用砂石应当按照沿江省（直辖市）的有关规定处置，不得擅自销售。禁止利用河道整治、航道整治、清淤疏浚等名义开展非法采砂活动。

六是进一步强化非法采砂联合执法。根据《长江保护法》关于开展长江流域河道非法采砂联合执法工作的要求，《办法》规定，长江委应当指导沿江省（直辖市）人民政府水行政主管部门建立省际边界长江采砂管理合作机制。长江委和沿江县级以上地方人民政府水行政主管部门应当加强长江河道采砂执法能力建设，会同有关部门建立执法协调机制，依法开展联合执法，加强行政执法与刑事司法衔接。

三、做好贯彻落实工作

《办法》是新阶段做好长江河道采砂管理工作的重要制度规定，学习好、宣传好、实施好《办法》，对于进一步规范长江河道采砂管理秩序、保障长江防洪和生态安全、推动长江经济带高质量发展具有重要意义。水利部将指导有关单位和地方认真贯彻落实《办法》，切实加强长江河道采砂管理工作。

一是做好制度衔接。指导长江委和沿江各级水行政主管部门梳理长江河道采砂管理地方性法规、规章、相关制度文件等，与《办法》进行衔接，及时修改细化有关管理措施和要求，进一步完善长江河道采砂管理制度体系。

二是认真贯彻落实。指导相关部门认真执行长江河道采砂规划许可、总量控制、可行性论证报告等制度，依法依规进行采砂许可；加强疏浚砂综合利用管理；全面实行河道砂石采运管理单制度；保持对非法采砂高压严打态势；强化部门间、地区间协作配合，形成长江河道采砂齐抓共管合力。

三是强化执法打击。指导长江委和沿江各级水行政主管部门组织开展常态化巡查和执法打击，始终保持对非法采砂的高压严打态势；健全完善行刑衔接和检察公益诉讼协作机制，推动水利、公安、交通运输长江河道采砂管理合作机制向基层延伸拓展，强化部门间、地区间协作配合，形成长江河道采砂齐抓共管合力。

四是加强宣传引导。指导长江委和沿江各级水行政主管部门结合工作实际开展集中学习、研讨交流，全面把握《办法》各项管理要求，利用报刊、门户网站、微信公众号等多种媒体向社会宣贯《办法》，扩大宣传范围，提升宣传效果，为《办法》贯彻实施营造良好氛围。

杨 思 执笔

刘 江 审核

专栏 73

开展长江流域河道采砂专项整治行动

水利部河湖管理司

长江流域河道采砂事关长江河势稳定，事关流域防洪、供水、航运、生态安全，事关长江经济带高质量发展。为贯彻落实《中华人民共和国长江保护法》《长江河道采砂管理条例》，进一步规范长江河道采运砂管理，严厉打击非法采运砂行为，水利部部署开展长江流域河道采砂专项整治行动。

专项整治行动由水利部统筹，水利部长江水利委员会负责组织协调和监督指导，长江流域各省（自治区、直辖市）县级以上地方各级河长制办公室和水行政主管部门具体实施。专项整治行动时间为2024年6月1日—11月30日，以加强河道砂石采运管理单管理使用为主线，依法严厉打击整治违规采运砂石和违规使用采运管理单行为，严格采砂船舶集中停靠管理，严肃查处非法采砂船舶和违规收运无证砂石行为。

整治行动期间，长江流域15个省（自治区、直辖市）进一步压实采砂管理相关责任人责任，建立河长挂帅、部门联动、社会监督的采砂管理工作机制，形成采砂监管合力；落实河道砂石采运电子管理单制度，围绕长江流域河道砂石开采、运输、过驳、堆存等采运砂环节，依法严厉打击虚开、倒卖、伪造采运管理单等违法犯罪行为；加强对规划采区和疏浚砂综合利用项目监督检查，积极推进包括数字围栏设置、采砂机具定位、开采高程控制、采量精准管控、高清视频监控、运砂车船管控、自动称重计量等功能的数字化智能化监管；强化日常巡查检查，开展联合执法巡查，严厉打击非法采砂活动，推进行政执法与刑事司法相衔接；加强采砂船舶管控，依法对"三无"和"隐形"采砂船舶予以拆解，强化采砂船舶集中停靠和移动管理。

整治行动期间，各有关省份累计出动执法人员 29 万人（次），执法车辆 6.75 万车（次），执法船艇 1.25 万艘（次），累计巡查河道 261.21 万 km，查处（制止）非法采砂行为 335 起，查处非法采砂案件 241 件、移交司法机关 15 起，追责问责 15 人。

通过整治行动，有力震慑了长江流域非法采砂行为，有效规范了规划采区和河道疏浚砂综合利用项目管理，进一步推动各地压实河道采砂管理责任，强化部门合作、区域协作，健全长效机制，为下阶段更好维护长江流域河道采砂管理秩序打下了坚实基础。

徐之青　执笔
刘　江　审核

加快完善水利法治体系

水利部政策法规司

2024年，水利部全面贯彻党的二十大和二十届二中、三中全会精神，深入贯彻习近平法治思想和习近平总书记关于治水重要论述精神，坚决落实部党组决策部署，加快推进立法、执法、普法和依法行政各项工作，不断提升水法治保障水平。

一、《中华人民共和国水法》修改等立法工作取得重要成果

《中华人民共和国水法》修改取得重要阶段性成果。举全系统之力，完成立法调研、专题研究、咨询论证、征求意见等工作，组织赴8个省份开展实地调研，召开7场专家咨询会，历经数十轮修改打磨，2024年年底前修改草案稿通过部务会议审议，报送国务院。全力争取立法机构支持，推动将《中华人民共和国水法》《蓄滞洪区运用补偿办法》修改列入2025年立法计划一类项目，《中华人民共和国防洪法》修改列入二类项目，立项工作取得重要成果。

推动《节约用水条例》等3件法规规章出台。全力配合开展《节约用水条例》审查审议，推动条例颁布实施。通过国务院政策例行吹风会、专家解读和媒体报道等方式做好宣传贯彻。修改出台《长江河道采砂管理条例实施办法》《水利工程质量事故处理规定》2件部规章，水利法治体系更加完善。

扎实推进其他立法。加快推进《蓄滞洪区运用补偿办法》修改，形成草案稿报送国务院。深度参与生态环境法典编纂，积极参与《中华人民共和国可再生能源法》《中华人民共和国农业法》《城市供水条例》以及密云水库保护条例等立法修法，办理《中华人民共和国渔业法》以及耕地保护和质量提升法等法律法规草案征求意见、复核、立法协调任务50余件，

保障水利部门依法履职。

持续强化体制机制法治管理。加强统筹协调，强化体制机制法治管理工作。围绕淮河保护立法、丹江口库区及其上游流域保护立法等，高质量办理完成9件人大代表建议、2件政协提案、6件人大代表议案。

二、水行政执法质量和效能稳步提升

加强水行政执法改革跟踪指导。为贯彻行政执法体制改革部署要求，3月，水利部联合司法部印发《关于提升水行政执法质量和效能的指导意见》，进一步压实各级水行政主管部门监管主体责任，推动水行政执法职能回归机关，在地方机构改革大背景下跟踪指导水行政执法工作。启动水行政执法人员管理办法制定，推动解决水行政执法职能回归机关后"有人干事"问题。配合中央机构编制委员会办公室，将46项已经下放乡镇的涉水行政执法事项收回上级部门。

全力支撑黄河保护法执法检查。按照部署安排，水利部牵头配合、全程参与执法检查方案设计、前期调研、实地检查、随机暗访等工作。12月，十四届全国人民代表大会常委会第十三次会议分组审议执法检查报告，召开联组会议进行专题询问，水利部部长李国英就委员关心的水资源节约集约利用、水沙调控和防洪安全等问题作了回答。

不断深化水行政执法协作。联合最高人民检察院召开协作机制建设两周年新闻发布会，总结协作机制建立2年来的做法和经验，发布涉河湖、水资源、水土保持等领域10个典型案例，展示协作机制发挥的重要作用和取得的成效，进一步凝聚深化协作的强大合力；首次举办水行政执法与检察公益诉讼协作同堂培训，两部门100多名处级以上干部同堂学习交流，培训成效显著；积极推动黄河流域检察公益诉讼协作指挥中心建设。健全丹江口库区及其上游流域水行政执法协作机制，组织流域3省5市召开联席会议，指导开展专项行动，"丹境之眼"等140件违法项目得到整改。加强执法协作，做好长江十年禁渔有关工作。

紧扣涉水突出问题加大执法力度。围绕河湖库、水资源、水利工程、水土保持等领域，全国立案查处案件超2万件，在地方水行政执法队伍几乎全部撤并划转的情况下，做到了查处违法案件数基本稳定，较好实现了改革中队伍不乱、工作不断的目标，有力地维护了水事秩序。同时，针对一些执法"老大难"问题，与检察机关协调联动，发挥挂牌督办的震慑作用，推动问题加快整改。联合最高人民检察院，先后赴河北省石家庄市和广东省惠州市督促石家庄医学高等专科学校、惠州龙门红色水乡项目侵占河道问题，相关问题得到积极整改。2023年挂牌督办的湖北荆州学堂洲违建完成拆除整改，江苏泗洪天岗湖违建问题整改取得实质进展。

三、水利法治宣传教育影响力持续扩大

加强水法治宣传。开展2024年"世界水日""中国水周"主题宣传活动，发布宣传口号及主题宣传画，并在地铁、公交车站等人流密集区域投放，在"学习强国"学习平台推出每日答题，吸引8200余万人（次）学员参与活动。组织开展《节约用水条例》网络答题活动，39.7万人（次）参与答题。提前谋划和确定2025年"中国水周"主题和活动方案。

做深做实水利法治教育培训。着力打造水利法治培训教育"金字招牌"，组织开展依法行政、水利援藏、水行政执法等现场培训班，组织流域管理机构执法人员依法行政线上培训班，邀请全国人民代表大会、最高人民检察院、公安部、司法部、中国法学会等知名专家授课，依托"全国水行政执法业务培训平台"，举办水行政执法人员线上培训班，培训学员3200余人。

组织开展特色普法活动。在"国家宪法日"当天，邀请全国人民代表大会环境与资源保护委员会专家作专题讲座，2000余人（次）参加了线上线下学习。组织开展第三届"人·水·法"全国水利法治短视频作品征集展播，在抖音上点击量达到300余万次。完成"少年黄河考察营"5集专题纪录片制作，在央视少儿频道首播。会同全国总工会组织开展《中华人民共和国黄河保护法》知识竞赛，沿黄9个省（自治区）和水利部黄河水利委员会共11支代表队参赛。持续做好"法治水利"公众号和"水政在线"网站运行维护，2024年累计编发信息886条。

四、水利依法行政水平不断巩固提升

做好法治政府建设有关工作。全面梳理法治政府建设情况，向中共中央、国务院报送水利部 2023 年法治政府建设情况报告。落实领导干部学法要求，向全国普法工作办公室报送水利系统领导干部应知应会党内法规和国家法律清单制度落实情况报告。组织梳理 400 余件法律法规政策，重点排查并督促清理涉及不平等对待企业的法律法规政策，助力营商环境法治化建设。

强化合法性审查和复议应诉等工作。对 160 件重大决策实施合法性审查。备案社会稳定风险评估事项 150 件。水利部本级审理行政复议案件 18 件，就普遍性问题首次向水利系统印发完善制度、改进行政行为的"行政复议建议书"。办理行政应诉案件 12 件，及时复盘行政诉讼中发现的问题。

积极推动"高效办成一件事"重点任务。水利部"我陪群众走流程""政务服务体验员"工作获国务院办公厅高度认可，作为典型经验向全国推广。按照国务院办公厅要求组织完成 2024 年行政许可事项清单核对工作；梳理并清理规范水利部涉企行政检查事项，进一步优化营商环境。

组织做好水利政策研究。始终紧盯水利重点业务和重大政策需求，严把成果质量关，推动产出一批制度性成果。推动水旱灾害防御、国家水网、河湖复苏、水资源节约集约利用等方面研究成果直接转化为政策性文件，为治水战略谋划、立法起草、规划编制、制度建设等体制机制法治改革重点工作提供了有力支撑。

2025 年，水利部门将坚持以习近平新时代中国特色社会主义思想为指导，不折不扣落实习近平法治思想和习近平总书记关于治水重要论述精神，善用法治思维和法治方式推动水利高质量发展，有效发挥法治固根本、稳预期、利长远的保障作用，为水利高质量发展提供坚实法治保障。

李绍民　执笔

王建平　审核

专栏 74

2024 年水利政策法规出台情况

水利部政策法规司

序 号	制度名称	文 号
一、法规规章（3项）		
1	《节约用水条例》	国务院令第 776 号
2	《长江河道采砂管理条例实施办法》	水利部令第 56 号
3	《水利工程质量事故处理规定》	水利部令第 57 号
二、政策文件（37项）		
4	《国家税务总局　财政部　水利部关于水资源税有关征管问题的公告》	国家税务总局　财政部　水利部公告 2024 年第 12 号
5	《财政部　税务总局　水利部关于印发〈水资源税改革试点实施办法〉的通知》	财税〔2024〕28 号
6	《水利部关于批准发布〈建设项目水资源论证导则　第 8 部分：钢铁行业建设项目〉等 5 项水利行业标准的公告》	水利部公告 2024 年第 16 号
7	《水利部　司法部关于提升水行政执法质量和效能的指导意见》	水政法〔2024〕34 号
8	《水利部关于印发〈水闸报废管理办法〉的通知》	水运管〔2024〕71 号
9	《水利部关于公布黄河水利委员会在黄河干流及跨省重要支流取水许可管理权限的通知》	水资管〔2024〕73 号
10	《水利部印发〈关于推进水利工程建设数字孪生的指导意见〉的通知》	水建设〔2024〕93 号
11	《水利部关于印发黄河水沙调控体系工程名录的通知》	水防〔2024〕109 号
12	《水利部关于印发〈水利工程质量检测员资格规定〉〈水利工程质量检测员资格考试实施办法〉的通知》	水建设〔2024〕116 号
13	《水利部关于发布〈水利技术标准体系表〉的通知》	水国科〔2024〕148 号
14	《水利部　国家发展改革委关于实施取用水领域信用评价的指导意见》	水资管〔2024〕172 号

续表

序号	制度名称	文号
15	《水利部 国家电网有限公司关于加快推进农业灌溉机井"以电折水"取水计量和管理工作的通知》	水资管〔2024〕176号
16	《水利部关于印发〈水利部野外科学观测研究站建设与运行管理暂行办法〉的通知》	水国科〔2024〕177号
17	《水利部关于印发〈水利部野外科学观测研究站建设发展方案（2024—2030）〉的通知》	水国科〔2024〕186号
18	《水利部关于印发〈水利建设市场经营主体信用信息管理办法〉的通知》	水建设〔2024〕201号
19	《水利部 市场监管总局关于在黄河流域实行强制性用水定额管理的意见》	水节约〔2024〕208号
20	《水利部关于进一步完善青藏高原地区河湖长制的意见》	水河湖〔2024〕233号
21	《水利部关于修订印发水利标准化工作管理办法的通知》	水国科〔2024〕241号
22	《水利部关于加强涉河湖重大问题调查与处置的意见》	水河湖〔2024〕242号
23	《水利部 国家发展改革委 中国人民银行关于建立健全生态清洁小流域水土保持生态产品价值实现机制的意见》	水保〔2024〕249号
24	《水利部关于加强蓄滞洪区内非防洪建设项目洪水影响评价管理的意见》	水防〔2024〕300号
25	《水利部关于印发〈水利部直属单位安全生产工作考核办法〉的通知》	水监督〔2024〕315号
26	《水利部关于进一步完善水利规划体系 推动水利高质量发展、保障我国水安全的意见》	水规计〔2024〕324号
27	《水利部关于健全重大水利工程前期工作管理机制的意见》	水规计〔2024〕338号
28	《水利部 财政部 自然资源部 交通运输部 农业农村部 国家林草局关于全面推进幸福河湖建设的意见》	水河湖〔2024〕344号
29	《水利部关于印发〈水库大坝安全监测管理办法〉的通知》	水运管〔2024〕347号
30	《水利部办公厅关于进一步做好重大引调水工程建设有关工作的通知》	办规计〔2024〕17号
31	《水利部办公厅关于印发〈关于加快构建水旱灾害防御工作体系的指导意见〉的通知》	办防〔2024〕69号
32	《水利部办公厅关于加快推进农村供水县域统管工作的通知》	办农水〔2024〕107号

续表

序 号	制度名称	文 号
33	《水利部办公厅关于印发〈幸福河湖建设项目负面清单指南（试行）〉的通知》	办河湖〔2024〕154号
34	《水利部办公厅关于进一步加强重大水利工程雨水情监测预报"三道防线"、安全监测、数字孪生设计工作的通知》	办规计〔2024〕181号
35	《水利部办公厅关于印发〈加快构建水旱灾害防御工作体系的实施意见〉的通知》	办防〔2024〕221号
36	《水利部办公厅关于印发〈水利部重大水旱灾害事件调度指挥机制〉的通知》	办防〔2024〕222号
37	《水利部办公厅 自然资源部办公厅关于鼓励和支持社会资本参与水土流失治理的指导意见》	办水保〔2024〕243号
38	《水利部办公厅关于印发〈水利规划实施和评估管理办法（试行）〉的通知》	办规计〔2024〕278号
39	《水利部办公厅进一步推进水文监测资料汇交共享工作的通知》	办水文函〔2024〕543号
40	《淤地坝维修养护标准》	SL/T 823—2024

苏秋纳　执笔

李晓静　审核

专栏 75

汇聚法治合力　护佑黄河安澜
——配合完成《黄河保护法》执法检查

水利部政策法规司

为深入贯彻习近平总书记关于黄河流域生态保护和高质量发展重要讲话精神和党中央决策部署，督促有关方面认真贯彻实施《中华人民共和国黄河保护法》（以下简称《黄河保护法》），依法推动黄河流域生态保护和高质量发展，全国人民代表大会常务委员会（以下简称全国人大常委会）将《黄河保护法》执法检查列入2024年度工作要点和监督工作计划。按照部署安排，水利部牵头配合、全程参与，支撑《黄河保护法》执法检查工作顺利完成。

一是扎实做好执法检查前期支撑工作。按照要求，推荐执法检查重点内容和检查点位，汇编相关法律法规和政策规划等，编制调查问卷等，及时报送全国人民代表大会环境与资源保护委员会（以下简称全国人大环资委）。水利部领导参加全国人大环资委组织召开的执法检查前期工作座谈会，介绍水利部贯彻实施《黄河保护法》情况，水利部黄河水利委员会做黄河保护有关专题讲座。参加全国人大环资委赴四川省开展的执法检查前期调研。

二是专题部署水利系统支撑配合工作。水利部领导参加全国人大常委会执法检查组第一次全体会议，全面介绍水利部贯彻实施《黄河保护法》情况。会后，召开专题会议，动员部署水利系统以执法检查为契机和动力，进一步抓好法律学习宣传和贯彻实施，强化工作支撑，保障执法检查顺利进行。

三是全程参与配合实地检查工作。6—9月，全国人大常委会有关领导同志分别率执法检查组赴黄河流域7省（自治区）开展实地检查，座谈听取地方人民政府及其有关部门贯彻落实法律情况和意见建议，重点围绕配套法规、规划、标准制修订，法律制度落实，执法及司法，存在的主要问题等进行检查，对有关情况进行了暗访抽查。

四是认真做好审议与专题询问相关工作。水利部牵头会同有关部门认真准备审议和专题询问相关材料。12月22日，十四届全国人大常委会第十三次会议分组审议关于检查《黄河保护法》实施情况的报告；24日，召开联组审议并开展专题询问，国务院领导同志和水利部等6个部门负责同志到会听取意见、回答询问，水利部部长李国英就委员提出的黄河流域水资源节约集约利用、水沙调控与防洪安全等问题进行回答。

五是同步推进水利系统贯彻实施工作。在执法检查过程中，对社会各界高度关注的黄河"八七"分水方案、用水权交易、地下水超采治理、水沙调控与防洪减灾、流域生态保护修复等问题，水利部及时作出说明。以执法检查为契机，组织有关单位和流域内9个省（自治区）水行政主管部门对法定职责任务落实情况再梳理、再检视、再总结，推动制订配套制度10余件，黄河保护治理制度体系进一步健全。

唐忠辉　李发鹏　执笔
李晓静　审核

专栏 76

深化水行政执法体制改革提升执法质量和效能

水利部政策法规司

为深入贯彻中央深化行政执法体制改革要求，落实国务院办公厅《提升行政执法质量三年行动计划（2023—2025年）》，2024年，水利部、司法部联合印发《关于提升水行政执法质量和效能的指导意见》（以下简称《指导意见》），进一步提升水行政执法质量和效能，推动综合行政执法体制改革与水行政管理有机衔接。

《指导意见》深入贯彻习近平法治思想、习近平生态文明思想、习近平总书记关于治水重要论述精神，以提升执法质量和效能为目标，重点从总体要求、压实主体责任、完善标准规范、健全协作机制、加强监督考核、强化工作保障6方面进行阐述，规范水行政执法行为，完善水行政执法体制机制，持续加强行业监管，更好保护人民群众合法权益，保障国家水安全。

《指导意见》指出，各级水行政主管部门和流域管理机构要坚持法定职责必须为，法无授权不可为。要压实水行政执法主体责任，严格履行法律法规赋予的职责，按照职责要求配强水行政执法力量。要改变重审批轻监管的行政管理方式，把更多的行政资源从事前审批转到事中事后监管上来。健全以"双随机、一公开"监管和"互联网+监管"为基本手段、以重点监管为补充、以信用监管为基础的新型监管机制。要加大对防洪安全、供水安全、工程安全，水资源水生态水环境保护及水利工程建设质量与安全等关系群众切身利益的重点领域的执法力度。各级水行政主管部门、流域管理机构内设的法制工作机构要加强对本级行政决策、行政执法工作和重大水行政执法案件办理的业务指导，严格落实法制审核制度。完善水行政执法标准规范，落实行政裁量权基准制度，统一执法案卷和文书标准。

《指导意见》明确，大力推进跨领域跨部门联合执法，实现违法线索互联、执法标准互通、处理结果互认。综合行政执法改革地区，水行政主管部门要主动对接综合行政执法部门，实现日常监管与综合执法有机衔接。动态调整下放乡镇（街道）行政执法事项，各省级水行政主管部门要积极配合司法行政部门，协助做好已下放乡镇（街道）的水行政执法事项的定期评估工作。加强常态化执法监督和执法专项监督，健全司法行政部门与水行政主管部门执法监督协调联动机制。

《指导意见》强调，面对执法体制改革的新形势，各级水行政主管部门要切实提高思想认识，探索研究行政执法职能回归机关工作机制。严格落实水行政执法人员资格管理和持证上岗制度，加强执法能力和执法数字化建设。各级水行政主管部门、流域管理机构要明确重点工作任务，加强协调配合，推动创新实践，实现水行政管理与综合行政执法改革的平稳对接。

孟祥菡　执笔
王建平　审核

专栏 77

推深做实水行政执法与检察公益诉讼协作机制

水利部政策法规司

2022年5月，最高人民检察院、水利部联合印发《关于建立健全水行政执法与检察公益诉讼协作机制的意见》，确立了水行政执法与检察公益诉讼协作机制。两年来，双方紧密合作、同向发力，不断推进协作机制走深走实，针对重点领域和突出问题，查处了一批"老大难"案件，解决了一批"硬骨头"问题，有力维护了公共利益，推动水事秩序持续向好。2024年，水行政执法与检察公益诉讼协作不断深化、成效显著。

一是深入总结协作成效和经验。8月，水利部联合最高人民检察院举行"深化水行政执法与检察公益诉讼协作 依法保障国家水安全"新闻发布会。会上，最高人民检察院和水利部还联合发布了涉及水资源、河湖、水土保持等方面10个协作典型案例，充分展现了水行政执法与检察公益诉讼协同服务保障我国水安全的实践成效。

二是纵深推进流域层面协作。两部门共同指导水利部黄河水利委员会和河南省人民检察院，积极推动黄河流域水行政执法与检察公益诉讼指挥中心建设，旨在实现沿黄9省（自治区）水利部门和检察机关信息共享、线索互认、协同办案目标，纵深推进水行政执法与检察公益诉讼协作在流域层面的实践。指导水利部松辽水利委员会联合内蒙古自治区人民检察院和水利厅共同开展西辽河干流专项执法监督行动，助力保障西辽河干流全线过流。

三是深化业务交流带动提升执法能力和水平。水利部联合最高人民检察院首次举办水行政执法与检察公益诉讼协作同堂培训，来自两部门的100多名处级以上干部同堂学习、同堂交流、同频共振，深入交流典型案例和办案经验，共同增强对检察公益诉讼制度和涉水法律法规的理解，培训成效显著。各地也通过互派业务干部协助或参与执法办案、业务培训、挂职交流、专题调研、发布典型案例等方式，加强水行政执法能力建设。

四是推动涉水重大问题整改。联合最高人民检察院调研河北石家庄医学高等专科学校侵占滹沱河河道、广东惠州龙门红色水乡房地产项目侵占增江（东江支流）河道问题，推动相关问题加快整改；2023年联合挂牌督办的湖北荆州学堂洲侵占长江干流违建问题完成拆除整改，江苏泗洪侵占天岗湖违建问题按计划完成阶段整改任务，通过推进重大涉水问题解决，有效发挥查处一案、警示一批、规范一片的综合效应。

徐瑜良　执笔
王建平　审核

专栏 78

水利政策研究支撑水利高质量发展

水利部政策法规司

2024年，水利部深入贯彻习近平总书记关于治水重要论述精神，加强水利政策研究项目组织实施和全链条管理，强化研究成果运用和成果信息共享，为推动水利高质量发展提供了有力政策保障。

一、精准安排政策研究项目

围绕部党组重大决策部署以及水利改革发展重大课题，研究提出2025年度政策研究项目安排建议。一是坚持需求牵引。立足工作实际，锚定推动水利高质量发展的目标，针对水利各领域管理遇到的政策依据不足或缺失等问题，紧扣管理需求，有针对性地谋划研究课题。二是坚持急用先行。紧盯完善水治理体制机制法治体系中的制度性短板弱项，优先安排行业管理急需的项目。三是坚持应用至上。成果应用要转化为管理效能，及时推动相关政策出台，充分发挥政策研究对制修订法律法规规章、制定政策文件、健全管理制度机制等的支撑作用。

二、强化政策研究项目管理

印发2024年度政策研究项目计划，紧盯项目工作大纲评审、中期检查、成果评定等多个环节，确保按时完成各项工作任务。一是审定工作大纲。项目主管司局认真落实项目计划，按照部务会审定的项目名称、工作内容和工作成果，对项目承担单位编制的工作大纲进行审查把关。二是开展项目中期检查。项目承担单位按照工作大纲确定的工作进度和时间节点提交中期成果，项目主管司局跟踪项目进展情况，及时发现和解决存在的问题，提出中期检查意见和下一步工作要求。三是严格把关成果评定。项目主管司局组织项目成果评定专家组，对项目承担单位提交的项目实施情况、工作内容、成果质量、成果应用情况等进行评审，提出评定意见，作出评定结论。

三、积极推动成果转化应用

2023 年度组织完成水利政策研究项目 43 项，共形成 67 项研究成果，项目成果转化成效明显。一是在宏观战略研究方面，开展了习近平治水重要论述学习纲要、实施国家"江河战略"重大问题等研究，深入分析水利发展形势，为完整准确全面贯彻习近平总书记关于治水重要论述精神，推动水利高质量发展提供了有力支撑。二是在体制机制法治管理研究方面，深化水旱灾害防御、国家水网建设、蓄滞洪区管理、复苏河湖生态环境、水资源节约集约利用、节水激励机制、水法修订及执法普法等方面研究，相关成果直接转化为 11 项政策性文件。三是在其他基础性政策研究方面，围绕水利高质量发展人才支撑战略、新时代水利廉洁文化探源与发展路径等内容开展有益探索，拓展了政策研究项目的多元化方向。

刘　洁　执笔
夏海霞　审核

专栏 79

水利法治宣传教育有力有效

水利部政策法规司

2024年，水利部深入实施水利"八五"普法规划，以主题宣传和法治教育培训为抓手，丰富普法载体，拓展宣传实效，水利法治宣传教育成效显著。

一是强化领导干部法治教育培训。紧盯"关键少数"，强化法律法规学习，先后举办水利系统司局级领导干部法治培训班、水利系统水行政执法培训班、西藏自治区水利系统法治建设培训班等3期线下培训班和1期水行政执法人员线上培训班，邀请知名专家学者授课，3000余名学员参加学习培训，有效提升了领导干部依法行政能力。首次开展水利部、最高人民检察院两部门同堂培训，来自全国水行政主管部门和检察机关的处级以上干部同堂学习、同堂交流，培训效果明显。

二是开展主题宣传活动。发布"世界水日""中国水周"宣传口号及主题宣传画，在地铁、公交车站等人流密集区域投放宣传海报，加大水周品牌宣传力度。《人民日报》发表水利部部长李国英署名文章《为以中国式现代化全面推进强国建设、民族复兴伟业提供有力的水安全保障》。在"学习强国"学习平台推出"世界水日·中国水周"每日答题，吸引8200余万人（次）参与活动。《节约用水条例》出台后，牵头配合举行《节约用水条例》国务院政策例行吹风会，组织开展网络答题活动，39.7万人（次）参与答题。在"国家宪法日"当天，邀请全国人民代表大会环境与资源保护委员会专家围绕"生态文明建设的法治保障"作专题讲座，2000余人（次）参加了线上线下学习。

三是丰富载体拓展宣传实效。举办第三届"人·水·法"全国水利法治短视频作品征集展播活动，获得众多单位和社会大众广泛关注和参与，在抖音平台上"人水法短视频征集"话题播放量达333.9万次。联合全国总工会举办黄河流域黄河保护法知识竞赛，11支代表队现场比拼，精彩纷呈，深入推动黄河保护法贯彻实施，增强全社会的水生态保护意识和水法治观念。指导完成"少年黄河考察营"5集纪录片制作，记录和展示依法治水管水在黄河流域的生动实践，在央视少儿频道首播。注重网上普法阵地建设，加强"水政在线"网站和"法治水利"微信公众号运营管理，创新形式内容，不断扩大影响力。2024年"水政在线"网站各栏目共采集、编写和更新稿件540篇，"法治水利"推送各类信息346条。

四是聚焦典型案例"以案释法"。落实"谁执法谁普法"责任制，联合最高人民检察院举行"深化水行政执法与检察公益诉讼协作 依法保障国家水安全"新闻发布会，发布10个水行政执法与检察公益诉讼协作典型案例。组织召开2024年丹江口库区及其上游流域水行政执法联席会议，通报近年来丹江口库区及其上游流域水行政执法工作情况，审议通过新修订的《丹江口库区及其上游流域水行政执法联席会议制度》，开展丹江口库区及其上游流域水质安全保障专项执法行动。

钱文江　执笔
夏海霞　审核

流域治理管理篇

强化流域治理管理"四个统一"
持续提升长江流域水安全保障能力

——2024年长江流域治理管理进展与成效

水利部长江水利委员会

2024年，水利部长江水利委员会（以下简称长江委）深入贯彻习近平总书记"节水优先、空间均衡、系统治理、两手发力"治水思路和关于治水重要论述精神，积极践行水利高质量发展"六条实施路径"，强化流域治理管理"四个统一"，长江保护治理取得重要进展。

一、水旱灾害防御"三大体系"持续完善

流域防洪工程体系加快完善，华阳河、康山等蓄滞洪区建设稳步推进，长江铜陵河段综合治理工程、饶河乐平水利枢纽、贵州花滩子和宣威水库开工建设。流域现代化雨水情监测预报体系加快构筑，与长江流域气象中心共享86部天气雷达数据，汇集报汛信息近5万站，初步实现短临强降水"叫应"功能，雨水情监测预报"三道防线"初步构建，流域中长期、延伸期预报预测能力持续增强。强化水工程统一联合调度，成功应对长江3次编号洪水和台风"格美""普拉桑"暴雨洪水，高效处置湖南华容县团洲垸洞庭湖一线堤防决口险情，科学调度以三峡水库为核心的53座流域控制性水库累计拦洪282亿 m^3，减少灾害损失约655亿元。积极应对涝旱急转，汛末长江上游水库群死水位以上最大蓄水量875亿 m^3，为满足冬春用水需求提供有力保障。

二、国家水网建设推动有力

南水北调中线运行与后续工程建设有序推进，《南水北调工程总体规

划》修编取得积极进展，引江补汉工程全面实施，南水北调中线后续水源工程论证积极推进，中线一期工程陶岔渠首2023—2024供水年度向北方供水83.37亿 m^3。区域水网重大工程加快建设，区域水网建设规划编制完成并已报送待审，四川引大济岷、毗河供水二期工程前期工作加速推进，三峡后续工作项目有序实施，三峡库区地质灾害防治力度不断加大。工程建设运行管理持续加强，重庆藻渡水库、湖北姚家平水库、四川青峪口水库、重庆渝西水资源配置工程等重大水利工程建设全面推进，丹江口、江垭、皂市现代化水库运行管理矩阵初步建成，王甫洲、潘口、陆水等水库和流域98座试点水库、21个先行区域现代化水库运行管理矩阵建设稳步推进。

三、流域河湖生态环境持续改善

全面做好丹江口库区及其上游流域水质安全保障，16条主要入库河流水质自动监测实现全覆盖，陶岔渠首全年Ⅰ类水质天数占比达80%。开展11条生态清洁小流域建设成效监测，全面完成增发国债丹江口库区水土流失治理任务，新增水土流失治理面积4756 km^2。推动"丹境之眼"违法项目爆破拆除。强化河湖管理，开展四川等7个省份河湖库"清四乱"暗访，指导督促完成1.6万个河湖库"四乱"问题清理整治，印发《长江流域片幸福河湖建设工作方案》，指导地方开展18个幸福河湖建设。持续强化三峡水库库容安全保障，开展库尾减淤调度和库区清淤试点，恢复防洪库容132万 m^3，制定调节坝处置"一案一策"方案。水生态修复持续加力，健全流域85条重点河湖131个断面生态流量"日预警、周处置、月通报、年考核"监管工作体系，及时开展滁河、沅江等河流突发水污染应急监测。河道采砂管理持续强化，全年实施采砂总量1666万t、利用疏浚砂3513万t，组织长江干流统一清江执法行动，开展省际边界重点河段巡查1223次。水土保持不断加强，流域内5个省（直辖市）13个生态清洁小流域水土保持生态产品价值转化交易落地。

四、水资源集约节约利用水平不断提升

流域节水型社会建设深入推进，指导湖北等6个省（自治区、直辖

市）91个县（区）开展节水型社会达标建设，推动江西等7个省（自治区、直辖市）6万余家年用水1万 m³ 及以上工业和服务业单位计划用水管理全覆盖。开展汉江流域水资源供需形势分析、嘉陵江流域水资源承载能力评价。取用水监管能力大幅提升，完成取用水管理巩固提升行动，建立流域违规取用水问题排查整改长效机制，建立流域取用水管理平台，完成9.67万套取水许可证与23条跨省江河流域关联，制定取用水领域信用评价工作方案，持续推进取水在线监测计量，长江委管理的规模以上非农取水项目取水口、重点大中型灌区渠首在线计量接入率达100%。

五、数字孪生长江建设取得显著成果

着力强化顶层设计，数字孪生长江建设顶层设计、数字孪生水利"天空地水工"一体化监测感知夯基提能行动实施方案、数字孪生三峡提升工程实施方案通过水利部审查，数字孪生丹江口实施方案（二期）编制完成，数字孪生长江建设技术导则编制有序推进。着力推进成果迭代优化集成，数字孪生长江框架初步构建，数字孪生三峡、汉江、丹江口分别以代码级和链接式集成至数字孪生长江。数字孪生三峡年度建设任务全面完成。长江流域全覆盖水监控系统建设项目第一批58个水资源监测站点建设有序推进。强化数字赋能，数字孪生丹江口有效助力大坝性态、库岸稳定、水质推演和南水北调中线水质安全保障应急演练。数字孪生汉江有力支撑汉江编号洪水防御、丹江口水库汛末提前蓄水和中线一期水量调度，数字孪生江垭皂市成功助力2024年长江"1935·7"洪水防洪调度演练，数字孪生三峡提前5天精准预报编号洪水量级，有力支撑长江编号洪水防御决策。

六、流域体制机制法治管理持续强化

认真贯彻落实《中华人民共和国长江保护法》（以下简称《长江保护法》）、《中华人民共和国青藏高原生态保护法》，推进《中华人民共和国水法》《中华人民共和国防洪法》修改，流域治理管理取得扎实成效。统一规划方面，嘉陵江流域等综合规划获批实施，长江流域防洪规划通过水利部审查，汉江等流域综合规划和水土保持、长江口综合整治等专业专项规划编制审查取得积极进展。开展长江经济带发展水利专项规划、成渝地区双城经济圈水安全保障规划实施监督。启动编制长江宜宾以下干流河道采砂管理规划。统一治理方面，印发长江流域和西南诸河中小河流治理总体方案，完成流域13个省（直辖市）130条中小河流治理方案技术复核。推动完成流域2403座小型水库除险加固、4789座小型水库雨水情测报、4160座小型水库大坝安全监测等项目建设。统一调度方面，纳入联合调度的水工程数量增至127座（处），推动流域防洪库容等效互用，有效保障流域防洪安全。印发实施岷沱江流域、洞庭湖水系等7条跨省河流水量调度方案和引汉济渭工程水资源调度方案，组织实施金沙江、汉江等13条河流年度水量调度，有效保障流域用水安全。开展三峡、金沙江下游梯级、丹江口等水库生态调度17次，相机实施华北地区生态补水超12亿 m^3，有效保障生态安全。统一管理方面，召开第三次流域省级河湖长联席会议和流域水资源调配第四次联席会议，加强水资源论证和取水许可管理，强化区域用水总量和断面下泄流量管控，加强105个水利部审批生产建设项目全链条全过程监管，落实水利安全生产风险管控"六项机制"，新建长三角地区长江干流区域、三峡库区、澧水流域江垭水库三项水行政执法协作合作机制，深化运用水行政执法与刑事司法衔接、水行政执法与检察公益诉讼协作机制，开展跨部门跨区域联合执法57次，指导11个省（自治区、直辖市）水行政主管部门查处水事违法案件3800余件。

2025年，长江委将进一步全面深化长江水利改革，扎实推动长江水利高质量发展。一是加快构建水旱灾害防御体系。不断完善流域防洪工程体系，加快构建雨水情监测预报"三道防线"，强化流域水工程统一联合调度，全面做好水旱灾害防御。二是持续助推国家水网建设。加快推进滇中引水、引江补汉等工程建设，指导地方科学制定市县级水网建设规划，推进重庆藻渡、湖北姚家平、四川青峪口等重点水源工程建设。三是加快复苏河湖生态环境。加强河湖水域岸线空间和重点河湖生态流量管控，扎实做好流域水土流失综合防治，强化丹江口库区及其上游流域水质安全保障。四是全面加强水资源节约集约利用。推进节水型社会建设，强化水资源刚性约束，完善流域水资源监测体系，加大流域用水权交易市场培育力度。五是扎实推进数字孪生长江建设。健全长江流域数字孪生建设标准体系，完善数字孪生长江平台，持续做好升级迭代，完成好全覆盖水监控系统年度建设任务。六是全面强化流域体制机制法治管理。深入贯彻《长江保护法》，深化水行政执法与刑事司法衔接、与检察公益诉讼协作机制，推进跨省河湖库联防联查联执联治；科学编制流域"十五五"水安全保障规划，推进汉江流域综合规划等审查审批；加快完善先进实用治江科技支撑体系，落实水利安全生产风险管控"六项机制"，全面提升依法治江管水能力。

佘焰高　王　凡　执笔

吴道喜　审核

专栏 80

全力守护丹江口库区及其上游流域水质安全

水利部长江水利委员会

2024年，水利部长江水利委员会（以下简称长江委）深入学习贯彻习近平总书记关于南水北调中线工程水源地水质安全保障的指示批示精神，全力推进丹江口库区及其上游流域水质安全保障各项水利任务落实落地，有力保障了陶岔渠首水质全年稳定在Ⅱ类以上，其中Ⅰ类水质天数达到292天、占比80%。

一是监测体系更加严密。"应设尽设、应测尽测、应在线尽在线"取得阶段性成效。新改建31座自动水质站，实现库区及16条主要入库河流水质自动监测全覆盖。26个国家重点水质站常规水质监测频次由每月1次增加到3次，对20个出入库断面及3个雨量站开展污染物通量监测。推动水土流失1个重点、2个一般站点建设，完成11条生态清洁小流域面源污染防治成效监测和评估。完成25条河流和库周部分区域13类水源地风险源遥感解译、2轮河湖库"四乱"地物遥感图斑解译。

二是综合治理更加有力。指导水源区相关省市完成增发国债项目4756 km²水土流失治理任务，完成"十四五"规划剩余的1810 km²治理任务。编制《丹江口水库岸线保护与利用规划》并报水利部印发，纵深推进河湖库"清四乱"常态化规范化，加强水域岸线空间管控。对消落区58块重点种植地块开展5轮现场巡查，督促禁用农药化肥。

三是联防联查联执联治更加有效。夯实跨省河流突发水污染事件联防联控协作机制，及时发现、高效应对五里川河水质异常事件。成功承办丹江口库区及其上游流域—中线总干渠联动水质安全保障应急演练，达到"检验预案、锻炼队伍、提高协同能力"目的。"1+3+5"水行政执法联席会议成员单位立案查处140件，推动"丹境之眼"违法项目爆破拆除。深入推进跨省河流联防联查联执联治活动，持续健全跨区域、跨部门、跨行业协作的水资源调配机制和南水北调中线湖北水源区"室组地"协同监督工作机制。

四是工程调度更加精准。科学防御汉江2024年第1号洪水，丹江口水库削峰81.1%，拦蓄洪水24.29亿m³，实现防洪蓄水"双赢"。精准实施流域水量调度，向受水区供水83.37亿m³，向华北地区生态补水超8.11亿m³，"双超额"完成任务。开展4次生态调度试验，抑制汉江中下游水华发展、促进鱼类繁殖等，生态效益显著。

五是保障基础进一步夯实。组建汉江流域治理保护中心，成立汉江流域水政监察总队，积极争取预算经费支持。迭代升级数字孪生汉江流域和丹江口工程，实现三维水质模拟推演、动态呈现。15项成果获批重点推广及成熟适用水利技术，科技创新支撑作用凸显。

2025年，长江委将进一步扛牢政治责任，科学制定年度重点工作计划并抓实抓细任务落实，确保如期实现年度工作目标，为确保一泓清水永续北上作出应有的贡献。

陈　力　李清清　执笔
王　威　审核

坚持系统观念　强化"四个统一"
奋力开创黄河流域水利高质量发展新局面

——2024年黄河流域治理管理进展与成效

水利部黄河水利委员会

2024年，在水利部党组坚强领导下，水利部黄河水利委员会（以下简称黄委）坚持以习近平新时代中国特色社会主义思想为指导，深入学习贯彻党的二十大和二十届二中、三中全会精神，认真落实习近平总书记治水思路和关于治水重要论述精神，特别是黄河保护治理重要讲话指示批示精神，锚定"幸福河"目标，积极践行"六条实施路径"，着力提升"四种能力"，强化"四个统一"，深入推动黄河流域水利高质量发展，各方面工作稳中有进、亮点突出。

一、强化统一规划，持续完善流域保护治理总体格局

一是加快重大规划编制。编制完成加强系统治理确保黄河防洪安全相关报告和意见、"八七"分水方案优化调整方案并上报水利部。黄河流域防洪规划修编通过水利部审查，河口综合治理规划、刁口河入海流路综合治理方案、东平湖综合治理提升方案通过水利部水利水电规划设计总院（以下简称水规总院）审查。启动黄河流域"十五五"水安全保障规划编制。二是强化规划引领约束。开展黄河流域生态保护和高质量发展水安全保障规划实施年度评估，完成黑河流域近期治理规划、塔里木河流域近期综合治理规划后评估。三是做好区域水利规划审查。指导流域水网建设规划编制。组织审核内蒙古十大孔兑综合治理规划以及省（自治区）4项水利工程前期工作成果，签署规划同意书12项。印发黄河流域、西北诸河中小河流治理总体方案，完成流域省（自治区）206条河流治理方案审核。

二、强化统一治理，持续完善流域水沙调控和防洪减灾体系

一是推进重大项目前期。古贤水利枢纽工程开工建设，导流洞施工标段进展顺利，工程初步设计加快编制报批。黑山峡工程前期工作稳步推进。南水北调西线工程规划通过水规总院审查，一期工程可研加快编制。指导督促上游干流治理前期工作。二是加快重大水利工程建设。黄河下游"十四五"防洪工程、下游引黄涵闸改建工程主体完工，东庄水利枢纽加快建设。黑河黄藏寺工程顺利通过二期蓄水阶段验收，首次投入生态调度综合运用。三是提升工程管理水平。实施水利工程建设质量提升行动，开展稽察和质量检查，确保工程质量安全。15家水管单位所属工程通过水利部标准化管理评价，3座黄委直管水库全面开展水库运行管理矩阵试点。四是推进水土流失综合治理。推动建立水土保持空间管控制度。完成生态脆弱区界定，建立小型淤地坝名录。指导完成黄委南小河沟、辛店沟以及宁夏彭阳、陕西延安4宗水土保持碳汇及生态产品价值转化交易。强化人为水土流失监管，建立部批项目监管跟踪人制度，及时将严重违法项目列入"重点关注名单"，实施信用惩戒。

三、强化统一调度，持续完善流域水资源配置体系

一是强化防汛抗旱统一调度。面对5月底至7月初的旱情，坚持"四个精准"，实施应急抗旱调度，向受旱省（自治区）累计供水39.15亿m^3，全力保障供水安全、粮食安全。汛期锚定"四不"目标，强化"四预"措施，及时启动13次应急响应，成功战胜干支流编号洪水和北洛河高含沙洪水。实施3次汛期调水调沙和上中游重点水库联合排沙调度，实现水库排沙减淤、保障供水灌溉等多赢目标。适时启用应急分洪区分凌，保障了防凌安全。二是强化水资源统一调度。圆满完成年度水量调度任务，干流累计供水232.77亿m^3，各省（自治区）均未超用水指标，黄河实现连续25年不断流。三是强化河湖生态调度。印发实施黄河流域重点河流生态流量保障管理办法，10条河流20个主要控制断面生态流量保证率全部达标。累计向乌梁素海、华北地下水超采区、河口三角洲等地区实施生态补水

13.35亿m³，河口三角洲自然保护区鸟类种类增长近1倍，生态环境持续改善。推进沁河、黑河母亲河复苏行动，黑河全年4次向东居延海输水7000万m³，连续2年冬季调水进入尾闾，东居延海实现连续20年不干涸。

四、强化统一管理，持续完善流域协同保护治理体系

一是强化《中华人民共和国黄河保护法》施行效力。加快配套制度建设，累计完成19项配套制度和内部制度修订，指导10余部地方法规颁布实施。建立健全水行政执法与刑事司法衔接、与检察公益诉讼协作机制，全面开展水行政联合执法协作平台建设，联合地方累计印发协作机制文件385件。持续开展法律宣传普及，建成各类法治文化阵地138处。二是强化河湖管理保护。召开第三次流域省级河湖长联席会议，审议通过《黄河流域跨省界河湖库联防联控联治指导意见》。纵深推进河湖库"清四乱"常态化规范化，实施妨碍河道行洪突出问题专项清理整治，依法制止查处非法采砂行为47起，整治河湖库"四乱"问题4080个。870余座小水电清理整改全部完成。三是强化水资源刚性约束。实施水资源差别化管理，完成首次黄河流域水资源超载评估。大通河水量分配方案获批。明晰黄委取水许可管理权限，累计完成与地方850多个取用水项目移交。初步建立下游滩区地下水取水口核查登记台账。黄委发证的354个规模以上取水口实现在线计量全覆盖。推进深度节水控水，审查审核节水评价42项，累计配置非常规水源3699万m³，发布16个节水型工业企业典型案例。首次开展黄河流域农田灌溉水有效利用系数测算。四是强化数字孪生黄河建设。强化"天空地水工"一体化监测感知，3部测雨雷达组网运行。推广应用光电测沙仪、"智能石头"、"坝岸智能卫士"等自主研发感知设备。完成国内首例河工模型人工智能地形制作设备研发。优化升级水利专业模型和智能识别模型，完善"2+N"业务应用体系。数字孪生古贤、三门峡、东平湖等加快建设。初步实现"三条黄河"联动性协同性参证性研究运用。3项科技成果获省部级奖。获批4项黄河水科学研究联合基金重点项目、5项水利技术示范项目、18项河南省科技计划项目，25项成果入选水利先

进技术推广指导目录和推广清单，4个野外科学观测研究站获批筹建。五是强化黄河水文化保护传承弘扬体系建设。创新培塑"三千里长堤　五千年华夏"水文化品牌，编制完成黄河工程与文化融合建设指引、水利工程水文化建设导则。2处工程入选第五届水工程与水文化有机融合案例。完成首批黄河流域重点水利遗产评审。参与指导的电视剧《天下长河》、纪录片《黄河安澜》、豫剧《大河安澜》分获飞天奖、金鹰奖、中共中央宣传部"五个一工程"奖。成立中国水利廉洁文化中心，举办治河廉洁人物展览，3项廉洁文化产品入选新时代水利廉洁文化建设优秀实践案例。

2025年，黄委将深入落实重在保护、要在治理的战略要求，紧紧围绕水利高质量发展"六条实施路径"，以进一步全面深化改革为动力，凝心聚力，抢抓机遇，奋力开创黄河流域水利高质量发展新局面。一是切实守牢水旱灾害防御安全底线，加快推进重大规划重大项目，加强直管工程建设与管理，坚决打赢洪旱防御总体战。二是深入实施最严格的水资源保护利用制度，完善水资源刚性约束制度体系和水资源优化配置体系，持续打好深度节水控水攻坚战。三是着力维护河湖健康生命，持续推动河湖生态环境复苏，全面深化河湖库保护治理，科学推进水土流失综合治理，着力强化地下水管理和水资源保护。四是健全流域统一治理管理机制，着力推进统一规划、统一治理、统一调度、统一管理。五是全力推进科技创新数智赋能，强化"三条黄河"耦合联动，强化科技创新支撑引领。六是厉行法治一体推进立法执法普法，保护传承弘扬黄河文化，加强廉洁文化建设。七是持续规范单位内部管理，织密筑牢安全生产防线，强化财务审计和综合管理。

李　萌　执笔
千　析　审核

专栏 81

黄河流域积极探索水土保持生态产品价值转化

水利部黄河水利委员会

2024年10月19日,水利部黄河水利委员会(以下简称黄委)绥德水土保持科学试验站辛店沟小流域水土保持生态产品价值转化、西峰水土保持科学试验站南小河沟小流域水土保持碳汇2单交易项目在陕西省西安市集中签约。

此次签约是水利部、国家发展改革委、中国人民银行联合印发《关于建立健全生态清洁小流域水土保持生态产品价值实现机制的意见》后,全国水土保持生态产品转化交易第一单和水利部直属单位水土保持碳汇交易第一单。

经科学评估,绥德辛店沟小流域水土保持生态产品价值转化交易涵盖物质供给、调节服务和文化服务3个部分,涉及农业产品1.44万kg,土壤保持和固碳增汇当量1万t,旅游康养和休闲游憩部分合作经营等,交易金额150万元。经核算,西峰南小河沟小流域国有场地水土保持碳汇量为9.5万t,本次交易4.3万t,交易金额163.8万元。

这2单水土保持生态产品成功交易,是黄委贯彻党中央、国务院关于加强新时代水土保持工作决策部署的具体行动,是深化黄河流域水土保持改革、探索水生态产品价值实现机制、打通绿水青山向金山银山转化路径的生动实践,也是黄河流域科学推进水土保持工作的成效体现,对于拓展社会资本参与水土流失治理具有重要示范意义,为黄河流域(片)开展水土保持生态产品价值转化交易提供了宝贵经验。

黄委高度重视水土保持生态产品价值实现工作,将其作为年度重点任务,组织开展水土保持碳汇交易调研工作,并审定调研报告。分管负责人主持召开专题办公会和流域(片)省(自治区)及新疆生产建设兵团座谈会，加快推进流域（片）水土保持生态产品价值转化。黄委将水土保持生态产品价值实现纳入年度政治监督事项，全程监督指导。黄委有关部门和单位按照职责，做好主编和参编的《水土保持碳汇核算技术规范》及温室气体自愿减排项目方法学——淤地坝碳汇、梯田碳汇、小流域综合治理3个方法学编制工作，配合水利部进一步健全水土保持生态产品价值实现机制和水土保持碳汇交易。同时，加大宣传力度，新华通讯社、中央电视台、《中国日报》、《中国纪检监察报》等十几家媒体都对交易进行了报道，使大众更加关注、了解水土保持生态产品价值实现是满足对美好生态需求的重要途径之一，为做好水土保持生态产品价值转化交易奠定了坚实的基础。

下一步，黄委将继续加强示范引领，充分发挥人员、技术、科研等优势，持续推动流域水土保持生态产品价值转化交易，为建设造福人民的幸福河贡献更多水土保持力量。

孙　浩　执笔
千　析　审核

坚持改革创新引领　凝聚合力谋划发展
推动淮河保护治理高质量发展再上新台阶
——2024 年淮河流域治理管理进展与成效

水利部淮河水利委员会

2024年，水利部淮河水利委员会（以下简称淮委）深入贯彻习近平总书记"节水优先、空间均衡、系统治理、两手发力"治水思路和关于治水重要论述精神、视察淮河重要指示精神，持续强化流域统一规划、统一治理、统一调度、统一管理，推动淮河保护治理取得新成绩。

一、淮河流域规划体系持续完善

按时高质量完成淮河流域防洪规划修编，形成"1+15+1"成果体系，通过水利部审查，谋定了到2035年的淮河流域及山东半岛防洪减灾体系。编制完成淮河流域（片）水土保持规划、淮河流域中小河流治理实施方案、雨水情监测预报"三道防线"建设规划等，形成了较为完善的规划修编成果体系。协调加快流域综合规划、防洪规划实施，扎实推动长江经济带、长三角一体化、中部地区崛起等国家重大战略相关水利重点任务落实；积极做好与自然资源、国土空间、交通水运规划意见沟通衔接，加快推动规划任务落地落实。完成淮河流域岸线保护与利用、采砂管理规划实施情况年度评估。组织技术审查、复核山东省沂沭河流域水资源开发利用规划等30余项规划。严格水工程规划同意书审查，依法许可16项，加强监督管理，规划管控约束作用进一步彰显。

二、水利基础设施体系加快构建

聚焦完善淮河流域防洪工程体系和构建国家水网，积极协调进一步治淮 2 项未开工项目前期工作取得重要进展，淮河干流峡山口至涡河口段可研水利部审查意见报送国家发展改革委，前期要件基本办理完成；淮河干流浮山以下段可研通过国家发展改革委评估。推动韩庄、蔺家坝节制闸除险加固可研获得国家发展改革委批复，完成临淮岗水资源综合利用工程可研及相关专题论证；推进沂沭泗河洪水东调南下提标规划实施，推动骆马湖新沂河提标工程可研经水利部水利水电规划设计总院审查，完成南四湖韩庄运河中运河提标工程可研，开展分沂入沭、新沭河可研编制，初步形成了开工一批、推进一批、储备一批直属重大工程的有序推进局面。统筹推进治淮重大工程建设，洪汝河治理、淮河干流王家坝至临淮岗段淮委实施工程基本完工，淮河入海水道二期工程顺利截流、加快建设，洪泽湖周边滞洪区等在建工程加快实施，昭平台水库扩容、洪泽湖大堤蒋坝段以及安徽、江苏、山东 3 省增发国债水利项目等如期开工，沂河沭河上游堤防加固等 13 项工程完成竣工验收，流域全年落实水利投资 1400 多亿元。

三、多目标统筹调度科学开展

修订淮河流域重要河流超标准洪水防御预案、淮河防御洪水方案、大型水库群联合调度方案等，不断健全防汛调度体制机制。严格执行防汛关键期工作机制，及时开展防汛备汛检查，充分运用数字孪生淮河防洪"四预"、数字孪生沂沭泗系统科学调度水利工程，成功防御了 5 次编号洪水、67 条河流超警洪水、5 条河流超保洪水。抗御淮河洪水期间，调度预留 22 座大型水库防洪库容 52.7 亿 m^3，协调上游大型水库群最大拦蓄洪量 13.29 亿 m^3，调度淮河干流中游、重要支流控制性工程提前预降底水位、畅通行洪，合理控制洪泽湖等湖库水位，通过洪泽湖全力下泄洪水 160 亿 m^3，避免了淮河干流 3 个蓄滞洪区运用，减淹耕地 8.3 万亩。抗御沂沭泗洪水期间，协调上游岸堤等 12 座大型水库最大拦蓄洪量 6.6 亿 m^3，调度刘家道口等控制性枢纽泄洪 233 闸次、140 亿 m^3 洪水安全下泄。坚持旱涝同防同治，科学开展应急水量调度，实施沭水东调向日照城市应急供水 0.31 亿 m^3，协调南水北调东线一期工程调水入下级湖近 1 亿 m^3，有效应对区域旱情和生态危机，保障供水安全。推动《淮河水资源调度方案》获批实施，以流域水资源统一调度为基础,建立了南水北调东线一期工程、引江济淮工程水资源调度会商机制。完成南水北调东线一期工程年度水量调度监管、监测,全年跨省调水 14.16 亿 m^3,助力京杭大运河连续 3 年实现全线贯通;首次编制引江济淮工程年度水资源调度计划,监督、指导向淮河及以北地区调水 2.15 亿 m^3 应对淮北旱情。持续强化生态统一调度,密切监管 17 个重点河湖 34 个主要控制断面生态流量,及时发布预警 13 次,最大限度保障河湖生态用水。深入推进母亲河复苏行动,实现 9 条母亲河 160 km 河段全线贯通,增加有水河长、时长。

四、协同管理水平不断提升

聚焦体制机制改革创新,建立大运河管理保护"淮委+黄委山东河务局+苏鲁两省河长办"机制,推动淮河流域水行政执法与检察公益诉讼等协作机制走深走实。充分运用卫星遥感、无人机等新技术推进河湖库"清四乱",完成 2800 余个流域河湖库地物遥感图斑解译,推动流域重要湖泊退圩还湖。制定淮河干支流及流域跨省河湖、水利风景区名录,建立健全 278 个河段湖片健康档案。评估复核安徽龙子湖、河南崔家沟—西洺河 2 个水利部幸福河湖,推进 8 个水利部、25 个淮河流域幸福河湖建设。首次发布淮河流域(片)水土保持公报。强化生产建设项目水土保持事中、事后监管,完成安徽、江苏、山东 3 省 1.3 万条小流域划分成果复核。沂源县、金寨县分别完成山东省、安徽省首单水土保持碳汇交易,安徽省定远县完成全国首单坡改梯新增耕地指标交易,流域水利"两手发力"取得新突破。聚焦强化水资源刚性约束,推动南四湖流域水量分配方案获批,全面完成淮河流域 15 条重要跨省河湖初始水权分配。严格取水许可审批,建立超许可取水预警机制。加强取用水监测数据互联互通,实现流域规模以上取用水在线监测全覆盖。积极推进用水权改革实践,流域累计完成用水权交易 971 笔,交易水量 6.69 亿 m^3。加快数字孪生淮河建设,推动数字孪生淮河蚌埠至浮山段、数字孪生沂沭泗上线试运行,初步建成覆盖重点防洪区域的淮河防洪"四预"系统以及数字孪生建设与运行管理、智慧水土保持应用系统。强化水利工程运行管理,组织开展 8 座大中型直管水闸安全鉴定，督促完成559座小型水库除险加固、1187座水库大坝常态化安全鉴定。推动刘家道口、二级坝水利枢纽现代化水闸运行管理矩阵先行先试取得阶段性成果。制定安全生产责任清单，完成2家单位标准化创建，推动"六项机制"落地见效，水利安全生产形势持续稳定向好。

五、全面从严治党纵深推进

深入学习贯彻党的二十届三中全会精神，制定淮委落实进一步全面深化水利改革任务实施方案，统筹细化51项具体改革措施，推动走深走实。认真学习贯彻《习近平关于治水论述摘编》，组织全覆盖、多形式学习，全面掀起学习贯彻热潮。扎实开展党纪学习教育，举办专题读书班、学习研讨、辅导报告等，开展"三个以案"专项行动，抓常警示教育，不断巩固深化学习教育成果。突出党建引领，召开机关第八次党员代表大会。加强典型示范，开展"两优一先""十佳青年"评选表彰。加强意识形态阵地管理，压紧压实各级工作责任。持续推进水利部党组巡视反馈意见整改，组织2轮对4家基层党组织巡察，不断加强巡察整改和成果运用。深入落实中央八项规定及其实施细则精神，深化整治形式主义为基层减负。加强对"一把手"和领导班子成员日常监督，深入开展各类专项整治，巩固风清气正政治生态。

2025年，淮委将锚定推动水利高质量发展、保障我国水安全目标，以进一步全面深化水利改革为动力，持之以恒强化流域治理管理，进一步提升淮河流域水旱灾害防御能力、水资源节约集约利用能力、水资源优化配置能力、江河湖泊生态保护治理能力，推动淮河保护治理高质量发展再上新台阶。

郑朝纲　高梦华　执笔
吴贵勤　审核

专栏 82

持续推进进一步治淮工程建设
加快完善流域防洪减灾体系

水利部淮河水利委员会

淮河流域地理气候条件特殊、水系河性特征复杂，加之黄河夺淮的深重影响，洪涝灾害历来多发频发。2003年、2007年淮河流域相继发生流域性洪水，已建工程体系经受住洪水考验，发挥了巨大的防洪减灾效益，但也暴露出以下问题：行蓄洪区建设滞后，需要启用大量的行蓄洪区、大规模转移群众；易涝洼地多、排涝能力偏低，涝灾损失大，因洪致涝、"关门淹"问题严重；下游河道泄洪能力不足。

2009年12月、2010年6月，在治淮19项骨干工程全面建成之际，国务院先后2次召开治淮会议，研究部署进一步治理淮河工作。其后，印发了《关于切实做好进一步治理淮河工作指导意见》《进一步治理淮河实施方案》，明确实施淮河行蓄洪区调整和建设、重点平原洼地治理、堤防达标建设和河道治理等38项工程。水利部淮河水利委员会（以下简称淮委）深入贯彻落实习近平总书记视察淮河重要指示精神，坚决贯彻落实党中央、国务院决策部署，切实履行流域管理机构职责，与流域各省密切协作配合，全力推动进一步治淮工程建设取得显著成效。

行蓄洪区运用更加及时安全有效。通过河道拓浚、进退洪口门建设、安全建设等措施，实施完成淮河干流蚌埠至浮山段、王家坝至临淮岗段、正阳关至峡山口段行洪区调整建设，浮山以下段、峡山口至涡河口段前期工作取得重要进展，方邱湖、临北段等行洪区已调整为防洪保护区，南润段行洪区调整为蓄洪区，花园湖、寿西湖等建设成为有闸控制的行洪区。淮河干流中游行蓄洪区布局进一步优化，调度运用更加灵活，启用标准将由4~18年一遇提高到10~50年一遇；有序推进淮河行蓄洪区和淮河干流滩区居民迁建，已安排河南省、安徽省、江苏省44万不安全居住人口迁至安全地区，群众生命财产不再遭受洪水威胁，实现行蓄洪区安全、及时、有效运用，缓和了人、水、地矛盾。

淮河下游洪水入江入海能力巩固提升。通过堤防加固、险工处理、建筑物拆建等措施，实施完成入江水道整治、分淮入沂整治、洪泽湖大堤除险加固等工程，下游入江入海能力得到巩固，待正在建设的入海水道二期工程建成后，将进一步扩大淮河下游洪水出路，加快中游洪水下泄、减轻中游防洪压力，下游洪泽湖大堤保护区防洪标准将达到300年一遇，有力保障下游2000多万人口、3000多万亩耕地防洪安全。

重点平原洼地治理成效显著。按照成片治理的原则，按5~10年一遇排涝标准对流域沿淮、里下河、南四湖、邳苍郯新等重点平原洼地进行了治理，总治理面积达4.4万 km^2，治理区形成完整的防洪排涝体系，涝水排得出、洪水防得住，改变低洼易涝区现有局面，为保障国家粮食安全、巩固拓展脱贫攻坚成果、实施乡村振兴战略、全面建成更高水平小康社会作出水利贡献。

下一步，淮委将认真落实水利部加快水利基础设施建设安排，尽早完成进一步治淮38项工程建设，以数字孪生技术赋能水旱灾害防御，全面提升防洪"四预"应用水平，推动构建与全面建设社会主义现代化相适应的水旱灾害防御体系，助力流域经济社会高质量发展。

王晓亮　王雅燕　执笔

吴贵勤　审核

全面强化流域治理管理
推动海河流域水利高质量发展再上新台阶

——2024 年海河流域治理管理进展与成效

水利部海河水利委员会

2024 年，水利部海河水利委员会（以下简称海委）深入贯彻党的二十大和二十届二中、三中全会精神和习近平总书记关于治水重要论述精神，全面强化流域统一规划、统一治理、统一调度、统一管理，推动海河流域治水兴水取得积极成效，为流域经济社会高质量发展提供了坚实的水安全保障。

一、着眼长远，加快构建流域统一规划体系

一是加快完善流域水利规划体系。深入贯彻习近平总书记"大涝大灾之后，务必大建大治"重要指示精神，全面落实中共中央办公厅、国务院办公厅关于全面加强京津冀等北方地区防洪排涝抗灾基础设施建设的意见，编制《加快完善海河流域防洪体系实施方案》经国务院审议印发实施，安排 7 大类 40 项建设任务，匡算总投资 4400 多亿元，为实施流域灾后系统治理提供了重要依据。贯彻"上蓄、中疏、下排、有效治洪"原则，加快流域防洪规划修编，成果通过水利部技术审查。科学编制流域水土保持规划，研究"十五五"流域水安全保障规划思路，以流域规划驱动水利改革发展。

二是建立健全重大规划落实机制。聚焦治水"国之大者"，牵头建立《加快完善海河流域防洪体系实施方案》前期工作推进机制，跟踪督导京津冀协同发展水利专项规划、河北雄安新区防洪专项规划等落地实施，着力发挥规划引领、指导、约束作用，推动流域规划构想转为现实。围绕服

务保障京津冀协同发展国家重大战略，会同地方制定并落实《服务保障京津冀协同发展战略水安全2024年工作要点》，畅通务实高效协作渠道。

三是全力推进重大水利工程立项建设。抢抓灾后恢复重建战略机遇，聚焦填补暴雨洪水集中来源区控制性工程空白，全力推进拒马河张坊水利枢纽工程、永定河官厅山峡洪水控制工程前期论证，工程总体任务与规模布局基本确定。锚定堤防达标建设三年行动任务节点，多措并举推动河北省滹沱河等治理任务全面开工，漳卫新河达标治理工程获批立项，漳河干流治理等4项工程前期工作取得突破进展。

二、聚焦重点，持续完善流域统一治理格局

一是着力完善流域防洪工程体系。认真贯彻习近平总书记在北京、河北考察灾后恢复重建工作时的重要讲话精神，落实《以京津冀为重点的华北地区灾后恢复重建提升防灾减灾能力规划》，多措并举督导流域1017项水毁工程修复汛前完工并发挥效益，增发国债投资（不含调整项目）如期全部完成，197项超长期国债新建项目全面开工。青山、娄里、乌拉哈达等控制性水库，永定河、大清河等骨干河道整治，以及东淀、文安洼等25处国家蓄滞洪区，以上流域重点防洪工程加快建设，委属海河防潮闸除险加固、卫河干流治理、漳河上游控导工程顺利完工并投入使用，流域防洪"安全网"不断织密织牢。

二是加快推进国家水网工程建设。准确把握国家水网建设总体要求，围绕建设安全韧性现代水网，配合做好南水北调工程总体规划修编。督导流域省级水网规划全面获批实施，市级水网规划全部编制完成，"两省、四市、一县"水网先导区发挥示范作用，农村水利基础设施"建运管"提档升级。持续规范工程运行管理，21处委属工程通过委级标准化管理评价；岳城水库安全监测设施加快建设，坝区实现封闭管理，潘家口、大黑汀水库高水位运行安全有序，现代化水库运管矩阵建设取得阶段进展。

三是持续完善雨水情监测预报体系。锚定发展水利新质生产力战略导向，编制印发《海河流域现代化雨水情监测预报体系建设实施方案》，高标准打造永定河官厅山峡雨水情监测预报现代化试点，持续迭代提升数字

孪生永定河。海委监测预报调度决策支持系统、都衙现代化样板示范水文站建成投用，推动委属水文监测预报提质增效。积极搭建数字孪生海河共建共享合作框架，横跨全流域、覆盖全链条的智慧水利协作体系加快构建，加快"治水"向"智水"转变。

三、统筹全局，不断提升流域统一调度能力

一是不断筑牢水旱灾害防御体系。深入践行"两个坚持、三个转变"防灾减灾救灾理念，面对流域旱涝急转复杂情势，科学调度直属水库、渠首工程供水 1.13 亿 m^3，妥善应对局地旱情；通过前瞻精准调度，避免大清河系东淀蓄滞洪区启用，有力保障汛期 11 次强降雨期间人民群众生命财产安全；坚持蓄泄兼筹，组织流域 33 座山区大型水库累计蓄水超 117 亿 m^3。聚焦责任落实、决策支持、调度指挥"三位一体"，率先出台水旱灾害防御工作体系实施方案，主要河系防御洪水方案和洪水调度方案修订成果报水利部，流域防灾减灾"一盘棋"格局日益完备。

二是切实强化水资源调度管理。全面贯彻中共中央办公厅、国务院办公厅关于实行水资源刚性约束制度的意见，持续推进流域跨省江河水量分配方案细化落实，协调编制滦河、滹沱河、漳河（含清漳河、浊漳河）水资源调度方案。精细调度南水北调东线北延工程、引滦工程、漳河等安全供水超 18 亿 m^3，为沿线经济社会发展提供充足水源保障。严把取水审批关口，核减和不予许可不合理用水需求超 5 亿 m^3，开展取用水管理巩固提升行动，排查违规取水问题 3668 个。深入贯彻《节约用水条例》，助力京津冀南水北调受水区近八成县域建成节水型社会，水资源利用效率、效益持续领跑全国。

三是持续推动母亲河生态环境复苏。树牢"绿水青山就是金山银山"理念，稳步构建上下游贯通一体的流域水生态环境治理体系，初步建立涵盖 55 个河湖断面的生态流量保障体系。统筹多水源实施河湖生态补水超 65 亿 m^3，流域 38 条（个）母亲河（湖）年度复苏目标全部达成，永定河全线流动突破 260 天，京杭大运河全年全线有水首次超 100 天。系统评估流域近 10 年河湖生态环境复苏成效，52 条评估河流全面实现全线贯通，

全线有水平均时长由193天增至267天，Ⅰ—Ⅲ类水质断面占比由40%增至80%，流域"有河皆干、有水皆污"局面得到根本性扭转。

四、深化改革，充分释放流域统一管理效能

一是纵深推进河湖长制。充分发挥省级河湖长联席会议平台作用，圆满完成联席会议确定的20个重点河湖问题清理整治，顺利召开2024年联席会议，全面启动阻水片林等妨碍河道行洪突出问题清理整治专项行动。协调建立大运河管理保护"流域管理机构+省级河长办"协作机制，逐步拓展河湖库"清四乱"工作纵深。

二是全面深化水利改革。紧紧围绕党的二十届三中全会决策部署，印发进一步全面深化改革加强流域治理管理重点任务实施方案。扭住水价改革目标，滚动督导深化农业水价综合改革推进现代化灌区建设试点，持续规范直属工程水费计收，全面完成供水成本调查监审，海河下游五闸供水保水费收缴取得突破进展。坚持"两手发力"，指导保定市易县完成流域首单生态清洁小流域价值转化，推动天津市、河北省实现南水北调中线工程跨省份用水权交易"第一单"。

三是扎实推进依法治水。坚持以习近平法治思想为指导，大力推进流域立法探索，协调建立永定河水法治建设合作机制，完成海河保护立法前期研究。圆满完成"许可+监管+执法"专项行动，排查问题线索111件，立案查处27起。"更加科学、更加严格、更加规范"办结许可申请99项，行政相对人满意度100%。

2025年是"十四五"规划收官之年，海委将立足流域水安全保障战略全局，锚定水利高质量发展"六条实施路径"，强化流域治理管理"四个统一"，锐意改革、苦干实干、善作善成，推动流域水利高质量发展再上新台阶。一是完善流域水旱灾害防御体系。全力落实《加快完善海河流域防洪体系实施方案》，跟踪调度国债水利项目实施，加快推进张坊水利枢纽工程等流域重大防洪工程立项建设，推进堤防达标建设、蓄滞洪区建设管理三年行动。做好流域防洪规划修编及报批。扎实构建流域现代化雨水情监测预报体系、水旱灾害防御工作体系。二是构建国家水网重大工程体

系。落实《国家水网建设规划纲要》，推动国家、省、市、县四级水网贯通融合。精细开展南水北调东线北延、滦河、漳河、漳沱河等水资源调度，提高供水保障能力。全面完成工程运行管理水平提升三年行动。三是完善复苏河湖生态环境治理体系。逐河湖、逐断面、逐工程确立生态流量目标，完成2025年母亲河复苏任务。强化地下水取水量与水位"双控"，如期完成《华北地区地下水超采综合治理实施方案》治理目标。落实落细《海河流域水土保持规划》。四是完善数字孪生水利体系。编制《海委"十五五"数字孪生水利建设实施方案》，迭代优化已有建设成果，打造协同高效的数字孪生海河平台。五是建立健全节水制度政策体系。组织编制第三批跨省河流水量调度方案，严格做好取水许可审批管理。跟踪典型地区再生水配置试点成效，推动南水北调受水区全面建成节水型社会、雄安新区深度节水控水。六是完善水治理体制机制法治体系。编制《海河流域"十五五"水安全保障规划》。发挥河湖长制作用，大力推动阻水片林等妨碍河道行洪突出问题清理整治。指导全面深化流域水权、水价、水市场、水生态价值实现等领域改革。扎实推进流域水法治建设。努力提升流域水利科技创新支撑能力。

淳于训洲　执笔

乔建华　审核

专栏 83

海河流域 10 年河湖生态复苏成效显著

水利部海河水利委员会

2014年以来，海河流域水行政部门深入贯彻落实习近平总书记关于治水重要论述精神，锚定"让河流恢复生命、流域重现生机"的目标，稳步有序推进海河流域河湖生态环境复苏，取得显著成效。

坚持节水优先，流域用水效率显著提升。10年来，在保持经济社会高速发展的同时，流域用水总量稳定保持在370亿 m^3 左右。2023年，流域内非常规水供水量达43.6亿 m^3，占流域总供水量的11.7%；万元国内生产总值用水量28.5 m^3、万元工业增加值用水量11.6 m^3，较2014年分别下降36.7%和30.1%；耕地实际灌溉亩均用水量161 m^3，较2014年下降42 m^3，用水效率全国领先，水资源节约集约利用水平持续提升。

坚持空间均衡，补水长效机制逐步建立。10年来，加快构建水网"纲""目""结"体系，不断完善水资源空间配置格局。自南水北调东中线一期工程全面通水以来，累计向京津冀供水超400亿 m^3，极大缓解了流域供水紧张局面。加快健全完善河湖控制断面和已建水利水电工程生态流量保障机制，初步建立涵盖42个河湖55个断面目标的生态流量保障体系，河湖复苏长效机制逐步建立。

坚持系统治理，河湖生态环境加快复苏。从生态系统整体性和流域系统性出发，开展母亲河复苏行动，深入推进地下水超采综合治理，扎实推进山区水土保持治理。自2018年实施试点补水以来，累计实施华北地区河湖生态补水407亿 m^3，断流百年之久的京杭大运河连续3年实现全线水流贯通，断流26年之久的永定河实现全年全线有水，流域地下水水位显著回升，水土保持率达80.5%，水源涵养能力不断提升。

坚持两手发力，体制机制法治管理不断增强。持续深化"流域管理机构+省级河长办"协作，提升河湖监管效能。出台《白洋淀生态环境治理和保护条例》《石家庄市滹沱河保护条例》等河湖专项法规，不断完善制度保障。加强与金融机构战略合作，拓宽水利投融资渠道，探索实施水资源税改革，流域内京津冀晋豫鲁蒙均纳入水资源税改革试点范围。搭建永定河"流域机构+地方+公司"协作平台，推动河湖治理保护由政府主导向政府、企业、社会共同推进的转变。

据统计，10年来海河流域河湖面貌实现根本改善，52条主要河流全线有水平均时长由193天（2014年）增加至267天（2023年），有水河长占评估河长比例由75%（2014年6月）增加至96%（2024年6月），永定河等重点河流有水情况持续改善，白洋淀等重点湖泊水面面积得到有效保障。2023年海河流域河湖水质状况总体良好，Ⅰ—Ⅲ类水质断面占比由2014年的不足40%大幅提升至近80%，劣Ⅴ类水质基本消除，消失多年的黑鹳、丹顶鹤等珍稀物种重现相关水域，河湖生态环境持续向好，河畅水清岸绿正在成为流域新常态。

闫　鑫　执笔
马　涛　审核

扎实履行职责　强化"四个统一"
奋力谱写中国式现代化珠江水利新篇章
——2024年珠江流域治理管理进展与成效

水利部珠江水利委员会

2024年，水利部珠江水利委员会（以下简称珠江委）全面贯彻落实党的二十大和二十届二中、三中全会精神，深入践行习近平总书记关于治水重要论述精神，充分发挥流域管理机构主力军作用，围绕推动水利高质量发展"六条实施路径"，强化流域治理管理"四个统一"，防御大洪水、规划大水网、推进大项目、实施大治理、谋划大发展，成功应对历史罕见的13次编号洪水和9个台风袭击，连续20年组织实施珠江"压咸补淡"应急水量调度，加快推动流域防洪工程体系和国家水网重大工程建设，为流域经济社会高质量发展提供有力的水安全保障。

一、强化顶层设计，统筹谋划流域保护治理格局，强化统一规划实现新突破

一是持续健全流域规划体系。率先完成珠江流域防洪规划修编并通过水利部审查，高质量编制完成区域水网规划、珠江流域（片）水土保持规划，率先启动流域现代化雨水情监测预报体系规划编制，提早部署"十五五"水安全保障规划。二是强化区域水利规划建设合规性审查。审查流域范围内省级水利规划及流域主要河流水资源配置方案，充分发挥规划引领和约束作用。三是健全完善流域规划实施机制。配合水利部制定《水利规划实施和评估管理办法（试行）》。推动地方落实粤港澳大湾区水安全保障规划，组织完成规划实施年度评估。

二、立足流域全局，大力推动国家水网工程建设，强化统一治理迈上新台阶

一是全力推进重大水利工程建设。启动龙滩防洪能力提升、南盘江—郁江引水等工程前期论证，协调广西、贵州推动洋溪工程可研报告上报国家发展改革委。指导广西长塘水库、海南昌化江水资源配置工程开工建设，环北部湾广东、广西水资源配置等31项在建重大工程建设全线提速，珠三角水资源配置工程正式通水。列入重要堤防达标建设三年行动方案的珠江项目全部开工，中小河流治理工作方案编制加快推进。二是有力提高流域水库运行管理水平。流域25座试点水库和5个先行区域现代化水库运行管理矩阵加快建设，全面完成2140座水库库容曲线复核，完成532座小型水库除险加固以及1619座小型水库雨水情测报设施、2185座水库大坝安全监测设施建设。三是推动大藤峡工程效益全面发挥。成功应对4次西江编号洪水，实施6次压咸补淡应急调度，向下游补水12亿 m^3；年发电量近57亿 $kW·h$，船闸过闸核载量超1亿 t，均创历史新高。高标准打造大藤峡现代化水库运行管理矩阵，荣获"2024年度中国电建优质工程奖"。

三、坚持协作共赢，系统科学精准开展统筹调度，强化统一调度交出新答卷

一是贯彻落实习近平总书记关于防汛救灾工作重要指示批示精神及时、迅速、到位。2024年珠江流域旱涝并发，洪水重发频发，主要江河连续发生13次编号洪水，占全国26次编号洪水的一半。珠江委及时响应、及时预警、及时调度、及时指导，在全国率先召开流域防汛抗旱总指挥部会议，多次召开委党组会议和防汛会商会，第一时间传达学习习近平总书记重要指示批示精神，周密部署水旱灾害防御工作。二是保障流域防洪安全和供水安全有力、有序、有效。全年组织会商165次，启动应急响应23次，响应时长累计108天，派出26个工作组、专家组，成功应对13次编号洪水和9个台风袭击，确保流域防洪安全。克服2024年枯水期来水持续偏少不利影响，提前组织实施珠江"压咸补淡"应急水量调度，有效保障

澳门回归纪念日、元旦等重要节假日期间粤港澳大湾区供水安全。系统总结20年水量调度工作，开展水利部专题展览、新闻发布会，中央广播电视总台《焦点访谈："压咸补淡"保供水》专题报道等系列宣传，展现服务"一国两制"伟大实践的水利担当。三是强化流域水库群联合调度科学、系统、精准。按照"讲政治、保安全、求共赢"思路，系统调度全流域大中型水库3287座（次），拦洪356亿 m^3。持续扩展流域水库群统一调度深度、广度，纳入联合调度的水工程由27座扩大至38座。圆满实施3次西江干流生态敏感期水量调度，充分发挥水工程综合效益，实现多方共赢。四是推动流域水旱灾害防御管理规范、专业、精细。组织制定《珠江委水旱灾害防御工作体系》，建立重大水旱灾害调度指挥机制，进一步明确全链条防御责任，提升流域水旱灾害防御能力和重大水旱灾害应对处置水平。

四、健全体制机制，凝聚齐抓共管治水兴水合力，强化统一管理焕发新气象

一是强化河湖生态管理保护。召开2024年珠江流域省级河湖长联席会议，新增海南省为成员单位，高位部署流域中小河流阻水障碍物清理整治和水生态产品价值实现工作。推动流域各地完成6000多个河湖库"四乱"问题清理整治，推进莲阳河、苁碧湖等7个河湖全面建设国家级幸福河湖。以天生桥二级水电站为切入点，成功推动完成首个大型引水式电站坝下生态流量核定和保障。北部湾地区提前完成"十四五"浅层地下水超采量压减目标。指导福建、广西等7省（自治区）开展水土保持生态产品价值转化交易。二是加强水资源节约集约管理。制订流域片可用水量确定技术方案，推进流域区域可用水量确定工作。严格取水审批，核减取水量约1.2亿 m^3，排查复核违规取用水问题线索2118个，完成384个县域水资源承载能力评价。首次开展流域11个建成满五年节水型社会建设达标县区复核，完成4.7万家年用水量1万 m^3 及以上工业和服务业单位计划用水管理复核，"开拓大湾区智慧节水模式"入选中国节水十大经典案例。三是提升流域水利管理能力和水平。珠江流域被水利部确定为流域水网调度

管理立法试点,编制完成《珠江水网调度管理办法(送审稿)》。协助水利部编制完成《水利安全生产风险管控"六项机制"实施工作指南》。开展珠江河口崖门水道、光照库区等联合执法行动,有力整治侵占河湖行为。加快数字孪生珠江体系建设,开展"天空地水工"一体化监测感知夯基提能行动,大藤峡工程在部直管工程中率先组网投运3台测雨雷达。珠江委洪涝防御智慧感知物联网IPv6融合应用项目成果作为全国试点之一,获评国家级优秀。四是推进自身能力建设。确立"推动高质量发展,保障珠江水安全"的流域水利工作总体目标,提出领导班子忠诚团结、发展思路科学明确、内部管理规范高效、选人用人公平公正、政治生态风清气正、发展动能持续强劲"六个目标导向",树牢"全委一盘棋",统筹履职尽责和事业发展"两大任务",严格规范化、专业化、精细化"三化"管理,珠江委自身高质量发展基础不断夯实。坚持创新引领发展,持续强化科技攻关,14项成果获省部级技术奖励,其中3项牵头成果获大禹水利科学技术奖二等奖,16项优秀成果入选水利部重点推广和成熟适用清单,授权发明专利106项,主编或参编各类技术标准53项。深化港澳水利领域合作,首次与香港渠务署签订合作协议,召开澳门附近水域水利事务管理联合工作小组第十次会议,对港对澳涉水事务合作开创新局面。

2025年,珠江委将坚定不移全面深化水利改革,持续提升水旱灾害防御能力、水资源节约集约利用能力、水资源优化配置能力、江河湖泊生态保护治理能力,争做水利高质量发展的排头兵,为推动水利高质量发展、保障我国水安全贡献珠江力量。一是扎实做好水旱灾害防御工作。筑牢流域当地、近地、远地梯次供水保障"三道防线",科学实施今冬明春珠江"压咸补淡"应急水量调度,全力保障粤港澳大湾区城市群供水安全。提早谋划部署2025年流域迎汛备汛工作,牢牢守住水旱灾害防御底线。二是强化统一规划。做好流域防洪规划、区域水网规划等规划审查报批,扎实做好"十五五"水安全保障规划编制。加快编制珠江流域现代化雨水情监测预报体系建设规划。三是强化统一治理。全力推动洋溪水利枢纽早日开工,协调推进西江龙滩水库防洪能力提升、北江黄茅峡水库、韩江长潭水库扩容等重大工程前期,加快推进环北部湾水资源配置等国家水网重大工程建设，锚定大藤峡工程2025年年底前具备竣工验收条件目标，有序推进竣工验收各项准备工作。四是强化统一调度。进一步健全"流域统筹、区域协同、部门联动"的水库群联合调度工作机制，加快推进《珠江水网调度管理办法》出台，充分发挥水资源综合效益，不断巩固流域管理机构调度权威。五是强化统一管理。充分发挥珠江防汛抗旱总指挥部、珠江流域省级河湖长联席会议等机制作用，持续加强河湖、水资源管理，指导成立粤港澳大湾区节水产业联盟，打造数字孪生珠江"四个统一"特色应用，不断提升水利治理管理数字化、网络化、智能化水平。

黄　昊　吴怡蓉　执笔
吴小龙　审核

专栏 84

珠江"压咸补淡"应急水量调度 20 年守护粤港澳大湾区供水安全

水利部珠江水利委员会

2024 年是澳门回归祖国 25 周年，也是珠江"压咸补淡"应急水量调度实施 20 周年。20 年来，水利部珠江水利委员会（以下简称珠江委）累计完成调水 756 亿 m³，有效压制了珠江河口咸潮，向粤港澳大湾区提供了优质淡水，为重大国家战略实施和"一国两制"行稳致远作出了积极贡献，为区域经济社会高质量发展提供了有力的水安全保障。

一是迅速行动，千里调水压咸潮。粤港澳大湾区城市群供水水源以河道取水为主，取水口极易受咸潮影响，特别是澳门三面环海，陆地面积小，淡水资源匮乏，95% 以上的淡水由珠海通过供水管道输送给澳门。2004 年秋季，珠江三角洲地区遭遇了异常凶猛的咸潮，威胁到澳门、珠海等地供水安全。同年 11 月，珠江委全面启动应急供水保障工作，从上游水库应急调水至珠江河口，有效补充河道淡水径流量，以压制咸潮、保证补淡。调水距离长达 1336 km，跨越贵州、广西、广东等省（自治区），历时 10 天，成功缓解供水紧张局面，确保了春节期间澳门、珠海等地供水安全。2006 年，珠江防汛抗旱总指挥部正式成立，这是我国首个将抗旱职能纳入统一管理的流域性总指挥部，有力推动水量调度从被动到主动、从应急到常态、从局地到流域，由最初的调水压咸发展成兼顾供水、生态、发电、航运等多赢并举。

二是精准调度，"三道防线"解民忧。2021 年珠江流域遭遇严重秋冬春连旱，水利部部长李国英首次提出构建流域当地、近地、远地梯次供水保障"三道防线"，亲自指挥"千里调水压咸潮"特别行动。第一道防线是基础，珠海竹银等当地水库抢抓时机抽蓄淡水补库，"灌满门前水缸"；

第二道防线是关键，抬高近地大藤峡水利枢纽蓄水位，适时开展"压咸补淡"应急调水，确保淡水按时、保质、保量到达下游取水口；第三道防线是保障，远地天生桥一级、龙滩等水库持续向第二道防线补给水源。珠江委强化统筹协调，筑牢流域梯次供水保障"三道防线"，打造全流域、大空间、长尺度、多层次的供水保障格局，确保抗旱保供水调度更加精准、更加及时、更加有效。

三是强化"四预"，科技赋能增质效。为支撑"压咸补淡"应急水量调度顺利实施，多年来，珠江委持续提升雨水咸情预测预报精准度，加快构建现代化雨水情监测预报体系，并开创新型水工程调度体系，创新形成"月计划、旬调度、周调整、日跟踪"的调度方式和"打头压尾""避涨压退"等调度技术。坚持需求牵引、应用至上、数字赋能、提升能力，大力推进数字孪生珠江建设，充分运用数字化、网络化、智能化技术手段，建成珠江水旱灾害防御"四预"平台并投入使用，不断提升系统感知、预报预警、调度创新、平台集成等水资源调控能力，为科学、精准、及时调度提供科学支撑。

20年来，参与珠江"压咸补淡"应急水量调度的骨干水库兴利库容由2004年的68亿 m^3 增加到2024年的255亿 m^3，调度时长由10天缩短为3天，对澳门等地的供水能力从20万 m^3/d 提升至70万 m^3/d。汩汩清泉，润泽湾区，不仅为澳门等地输送清澈优质的水源，更是以水为纽带，串联起港澳与祖国内地血脉相融的浓浓亲情，进一步铸牢中华民族共同体意识。下一步，珠江委将持续筑牢流域梯次供水保障"三道防线"，全面提高流域区域水资源配置水平，更好增进粤港澳大湾区民生福祉，努力为推进粤港澳大湾区建设重大国家战略实施提供坚实的水利支撑。

黄　昊　吴怡蓉　执笔
吴小龙　审核

锚定奋进目标　坚持改革攻坚
以流域水利高质量发展保障新时代东北全面振兴

——2024 年松辽流域治理管理进展与成效

水利部松辽水利委员会

2024 年，水利部松辽水利委员会（以下简称松辽委）深入贯彻习近平总书记关于治水重要论述精神，贯彻落实水利部党组决策部署，流域江河保护治理取得新成效。

一、扛牢防汛天职，成功守护江河安澜

2024 年，松辽流域成灾河流多、降雨持续时间长，防汛形势异常严峻。松辽委始终坚持人民至上、生命至上，锚定"四不"目标，筑牢流域安全防线。

一是关口前移强化"四预"措施。开展松花江流域典型洪水防洪调度实战化演练，制修订流域防御洪水方案、洪水调度方案，汛期发布预报 6300 余次，洪水预警 44 次，重点地区洪水预报精度达到 90% 以上，有力支撑洪水防御工作。

二是科学指导构筑防洪阵地。充分发挥流域防汛抗旱总指挥部平台作用，组织防汛会商 70 余次，启动防汛应急响应 45 次。汛期派出工作组 37 个，科学指导流域 14 次编号洪水防御和蛤蟆河、王河、老哈河堤防决口险情处置。

三是系统精细开展防洪调度。汛前主动腾库迎汛，汛期充分发挥流域控制性水库洪水调控能力，调度丰满水库将 11300 m^3/s 洪峰流量削减至 4000 m^3/s，察尔森水库连续 61 h 零出流，极大减轻了下游防洪压力。指导调度流域水工程累计拦蓄洪水 198 亿 m^3，避免人员转移 177 万人（次），

切实保障人民群众生命财产安全。

二、服务区域发展，系统构建现代水网体系

牢牢把握东北地区在维护国家"五大安全"（国防安全、粮食安全、生态安全、能源安全、产业安全）中的重要使命，高标准高质量推进流域水利基础设施建设。

一是逐步完善流域规划体系。流域水网建设规划经水利部部务会审议后报送国家发展改革委，防洪规划、水土保持规划通过水利部技术审查，中小河流治理总体方案印发实施，"十五五"水安全保障规划思路报告编制完成。

二是统筹推进骨干工程建设。流域水网骨干一期工程纳入国家"两重"储备库，可研报告编制已启动，毕拉河口水利枢纽可研任务书已经水利部水利水电规划设计总院技术审查。督促指导辽河干流防洪提升等重点工程及增发国债水利项目加快实施。

三是不断强化工程建设和运行管理。组织完成三江治理重点工程竣工验收，推动东台子水库成功实现下闸蓄水。有序开展松辽委直管工程标准化达标创建和矩阵建设，加强直调水库库容曲线复核和蓄滞洪区运行管理，常态化推进害堤动物防治。

三、守护绿水青山，持续改善河湖生态环境

认真贯彻落实习近平生态文明思想，建构河流伦理，积极履行河湖代言人职责。

一是有力推进西辽河干流贯通调度。按照水利部部长李国英调研辽河保护治理工作时的要求，坚定不移恢复西辽河健康生命。制订力争实现西辽河干流全线过流工作方案，组建工作专班，持续强化技术支撑和机制保障。首次实施汛期水流贯通调度，实现干流150.9km连续过流，刷新近26年来最远行进距离，西辽河干流贯通取得重要阶段性成效。

二是持续深化河湖生态保护与治理。全面建立18条跨省江河生态流量实时监测预警体系，对流域288处小水电站生态流量泄放实现在线监管。

洮儿河干流等 5 条河流实现全线贯通。完成河湖岸线利用清理整治专项行动，整治违法违规问题 4.29 万个，指导 4 省（自治区）建成幸福河湖 413 个。

三是系统开展黑土区水土流失综合防治。指导流域 241 个增发国债东北黑土区侵蚀沟治理项目实施，治理侵蚀沟 3.33 万余条。组织实施流域 162 个县 89 万 km² 水土流失动态监测。对 43 个水利部批复生产建设项目开展水土保持跟踪检查。主持修编《黑土区水土流失综合防治技术规范》。

四是扎实推进地下水超采综合治理。完成三江平原等 4 个重点区域地下水超采综合治理评估。开展地下水管理与超采治理情况监督检查、平原区水位动态监管以及辽河区海（咸）水入侵状况摸底调查，修改完善流域新一轮超采区划定成果，推动流域地下水分区管控。

四、坚持向新而行，加速建设数字孪生流域

持续推动构建流域数字孪生水利体系，为流域治理管理提供前瞻性、科学性、精准性、安全性支撑。

一是数字孪生顶层设计不断完善。谋划推进国家数字孪生水利建设工程（一期）松辽重点建设任务，编制完成"天空地水工"一体化监测感知夯基提能行动实施方案，同步推动数字孪生水网、防洪规划修编智慧化方案建设。

二是数字孪生水利工程建设有力推进。提档升级全景数字嫩江平台与防洪"四预"应用，迭代优化数字孪生尼尔基工程建设成果，首次实现流域小型水库视频监控与松辽委平台级联集控。搭建数字孪生西辽河平台，实现来水预报、调度预演等业务功能。

三是业务支撑能力显著增强。迭代更新松辽委水利一张图，新增专题图层 27 个，数据 107 万余条，在汛期洪水应对和险情处置过程中，紧急调用遥感影像动态分析溃口及洪水淹没范围，为防洪指挥决策等提供空间信息支持。

五、落实"四水四定"，全面加强水资源利用质效

深入贯彻落实《节约用水条例》和水资源刚性约束制度，有效提升流

域水资源节约集约利用水平。

一是扎实推进流域节水管理。开展黑龙江省、辽宁省用水定额评估和吉林省用水定额修订审核，完成第一批4个节水型社会建设达标县（区）核查，督促指导辽宁省营口市、吉林省双辽市典型地区再生水利用配置试点建设。

二是科学实施水资源统一调度。系统开展16条跨省江河年度水量调度和察尔森、尼尔基直调水库兴利调度，有力保障流域生产生活需水和灌溉用水。持续强化水资源调度计划监管，及时通报控制断面生态流量（水量）。

三是不断强化流域水资源监管。全年审批取水许可6项，新换发证29套。严格落实节水评价制度，实施西辽河等水资源超载地区取水许可禁限批。完成最严格水资源管理制度考核实地检查。

六、完善体制机制，系统提升流域治理管理水平

坚持系统观念，把握治水规律，一体提升流域治理管理能力和水平。

一是"两手发力"实现新突破。促成流域首单跨省区域用水权交易，推动完成全国首单黑土地侵蚀沟治理工程新增耕地指标交易、流域首单水土保持生态产品价值转化交易，多领域实现"0"到"1"的转变。

二是体制机制运用不断深入。积极发挥流域防汛抗旱总指挥部、流域省级河湖长联席会议、水行政执法与检察公益诉讼协作机制作用，协力推进西辽河、老哈河等河道治理和妨碍河道行洪突出问题清理整治。

三是依法治水管水成效突出。强化水行政执法力度，巡查河道近6万km，查处违法案件3起，组织对119条省际河流开展水事矛盾纠纷集中排查化解。全年审批水行政许可23项，累计对66个监管对象开展事中事后监管。

四是事业支撑能力不断强化。开展科技需求和重大项目研究，1项成果入选成熟适用水利科技成果清单，新增省部级领军人才1人，省域拔尖人才2人，科技支撑保障能力不断增强。推进水利安全生产风险管控"六项机制"落地见效，安全生产管理水平稳步提升。

七、强化政治保障，着力推动全面从严治党向纵深发展

坚持党建引领，全面提高机关党的建设质量，推动水利高质量发展。

一是政治意识持续增强。深入学习贯彻党的二十届三中全会精神和《习近平关于治水论述摘编》有关内容，开展松辽委党组会议"第一议题"学习18次，理论学习中心组学习13次，推动习近平总书记重要讲话和指示批示精神落地见效。持续抓好巡视整改，136项整改措施实现对账销号，完成松辽委党组第二轮巡察。

二是组织建设持续规范。持续推进党支部标准化规范化建设，开展创先争优评选表彰工作，强化党员教育管理，10个直属党支部完成换届工作。松辽委察尔森水库管理局成功获评第七届全国文明单位，松辽委机关和嫩江尼尔基水利水电有限责任公司顺利通过复审。

三是作风建设持续深入。扎实开展党纪学习教育，深化"以案三促"专项行动，推动构建"大监督"格局体系，开展落实中央八项规定精神情况专项监督检查、违规吃喝专项整治行动。深化整治形式主义为基层减负、统筹规范督检考。

2025年，松辽委将坚持以习近平新时代中国特色社会主义思想为指导，对标对表全面深化水利改革重点任务，以防洪规划修编为契机，加快完善流域水旱灾害防御三大体系；全力谋划推进流域重大水利工程建设，着力构建安全韧性现代水网；深入实施国家节水行动，全面提升流域水资源统筹调配、取用监管和生态流量保障能力；坚定不移推动西辽河干流全线过流，统筹实施河湖系统治理、地下水超采治理和黑土区保护治理，巩固拓展幸福河湖建设成效；迭代优化数字孪生水利建设成果，推进重点领域科技攻关和成果转化应用，不断夯实流域治理管理根基，为谱写中国式现代化东北新篇章作出水利贡献。

陆　超　罗天琦　王成刚　李　冰　林永亮　执笔
郭　海　审核

专栏85

系统联动 靶向施策
加快推动西辽河流域河湖生态复苏

水利部松辽水利委员会

西辽河是我国七大江河中唯一处于断流状态的大江大河，加快推动西辽河生态复苏，让母亲河恢复生命、流域重现生机工作迫在眉睫。2024年水利部松辽水利委员会（以下简称松辽委）在水利部的正确领导下，坚定推进汛期西辽河水流贯通调度，西辽河水近26年来首次流入通辽市城区，西辽河生态复苏的美丽画卷正徐徐展开。

一是集智聚力，完善调度支撑保障。统筹西辽河全线过流河道治理需求，编制河道综合整治方案，制定力争实现西辽河干流全线过流工作方案和调度预案，整合松辽委专业资源和技术力量组建工作专班，成立辽河水文水资源中心，开展河道地形测量、水文应急监测、洪水演进规律分析等工作，持续强化技术支撑和机制保障，为推动实现西辽河干流全线过流打牢基础。

二是强化监管，畅通生态过流通道。充分发挥流域省级河长办联席会议协作机制、水行政执法与检察公益诉讼协作机制，统筹实施春耕前主河槽禁种，系统解决了一批阻碍西辽河干流、老哈河河道生态过流的卡点问题，不断还原河道形态。强化调度期全时段监管，现场协调疏通影响生态过流的瓶颈制约，开辟恢复过流通道近20 km，为水头持续向下游延伸创造有利条件。

三是精细调度，有水河段逐年延长。充分利用西辽河流域汛期降雨过程，建立场次洪水会商机制，抢抓年内调度关键期，首次实施汛期水流贯通调度，东台子、德日苏宝冷水库累计下泄水量3.25亿 m^3，实现干流150.9 km连续过流，刷新近26年来最远行进距离，水流贯通调度取得重要阶段性成效。

四是以水定绿，生态环境逐步改善。汛期调度期间，水流流经的通辽市开鲁县、科尔沁区地处科尔沁沙地腹地，累计有效回补地下水 2.19 亿 m^3，形成地表水面面积 $217km^2$，生态环境持续向好。奔腾流淌的河水，为沿河群众带来生机勃勃的自然景观，有效改善了流域生态环境。西辽河干流水头到达通辽市科尔沁区河段时，儿童浅水嬉戏，鸟儿盘旋飞翔，市民驻足赏景，成为一道亮丽的城市风景线。

下一步，松辽委将继续深入贯彻落实水利部的安排部署，按照近期、中期、远期"三步走"考虑，认真做好西辽河水资源调度和生态环境复苏各项工作。近期，系统开展西辽河河道地形测量、河道综合整治方案和应急治理方案编制、畅通水流过流通道，科学谋划实施春季、汛期西辽河水资源调度。中期，充分发挥外调水作用，利用引绰济辽工程为西辽河相机补水，进一步复苏河道生态环境。远期，进一步提升水资源调配能力，通过规划实施跨流域引调水向西辽河输水，为西辽河生态复苏提供充裕的水资源保障。

陆　超　王晓妮　罗天琦　执笔
郭　海　审核

强化流域治理管理"四个统一" 推动太湖流域水利高质量发展

——2024年太湖流域治理管理进展与成效

水利部太湖流域管理局

2024年，水利部太湖流域管理局（以下简称太湖局）深入贯彻落实党中央决策部署和水利部党组工作安排，凝心聚力、攻坚克难，奋力推动流域治理管理工作取得积极进展。

一、流域统一规划取得新成效

着力开展《太湖流域防洪规划（2025—2035年）》编制，规划成果通过专家审查。强化《太湖流域重要河湖岸线保护与利用规划》宣贯落实，重点做好"一湖三河"岸线分区管控。完善《太湖流域（片）水土保持规划》，成果顺利通过水利部水利水电规划设计总院（以下简称水规总院）审查。与水利部珠江水利委员会联合编制《东南区域水网建设规划》，开展专题调研及多轮技术研讨，成果已报水利部。制定印发《太湖流域区域水利规划合规性审核管理办法（试行）》，先后组织对苏州、无锡、常州水网规划进行审核，确保区域规划服从流域规划。联合水利部长江水利委员会、淮河水利委员会印发《长三角一体化发展水安全保障规划实施监督管理工作方案》，推动各地协同落实重大项目和重点措施。

二、流域统一治理取得新进展

全力推进治太剩余工程建设，强化周报告、月调度，太浦河后续工程（一期）可研报告已通过水规总院审查；望虞河拓浚工程可研报告已报水利部；采取工作会商、现场调研、线上跟踪等方式督促指导吴淞江工程建设，江苏段已完成总投资 37% 的建设任务，上海段新川沙河泵闸枢纽和苏西闸主体工程基本完工，罗蕴河北段开工建设。推动浙江镜岭水库开工，福建上白石水利枢纽可研报国家发展改革委并经中国国际工程咨询有限公司咨询。认真做好太湖流域水环境综合治理水利工作，加强流域重要水体水质监测和太湖蓝藻防控，定期发布太湖健康状况年度报告，连续 17 年实现"两个确保"（确保不发生饮用水安全问题、确保太湖水体不发生大面积水质黑臭）的目标。印发《太湖流域中小河流治理总体方案》《东南诸河区中小河流治理总体方案》。建立完善流域片在建重大水利工程和重要支流、中小河流治理项目及相关增发国债水利项目信息台账，推动流域片 324 项建设、运管领域的国债项目按要求实现 6 月底前全部开工建设的节点目标。

三、流域统一调度取得新突破

汛前未雨绸缪做好准备，全面开展汛前检查，及时召开太湖流域防汛抗旱总指挥部指挥长会议，开展防洪调度演练；按照太湖流域调度协调组第三次全体会议部署，全面加强多目标统筹调度；根据太湖流域汛期降雨偏多、可能发生较大洪水的预测，提早加大太浦河、望虞河排水，预降太湖水位。汛期，科学调度流域骨干水利工程，强化重要堤防、水库、山洪灾害等关键环节防御，有效应对太湖 2 次编号洪水和 4 次台风强降雨袭击。新安江流域洪水期间，首次启用新安江流域防洪联防联控机制，做好新安江水库泄洪调度，成功缩短高水位持续时间。全年实施 2 次望虞河引江济太和 1 次新孟河引江济太调水，有效补充流域优质水资源。探索适度提前启用常熟水利枢纽引水，为实施冬季引江济太调水尽早入湖创造有利条件。8 次实施太浦河闸泵联合调度，太浦河下游水源地连续 7 年未发生锑浓度异常事件。加强太湖特征水位研究，编报太湖防御洪水方案和太湖超标洪水防御预案。制定交溪、建溪年度水资源调度计划，实现流域片跨省江河流域水资源调度全覆盖。

四、流域统一管理取得新提升

统筹规范监督检查考核，按水利部部署，充分整合检查内容、优化行程安排，开展 2024 年水旱灾害防御监督检查，派出 6 组（次）、26 人（次）专家。汛期派出 19 个（次）防汛防台工作组以及水库检查组，赴流域地方协助指导防御工作。推动流域地方全面完成水安全审计有关问题年度整改任务。

稳步提升流域法治能力，开展《太湖流域管理条例》修订立法前期研究，提出流域圩区管理立法及制度建设专项研究报告。加大执法巡查力度，实现流域重点河湖巡查检查全覆盖，核实处理 3 起涉嫌未批先建行为，将 17 起违法行为线索移送地方水利部门，推动三山岛、望虞河排泥场等历史遗留违法问题依法处理。

推动水资源刚性约束走深走实，提出太湖水系水资源供需形势分析阶段成果。发布年度太湖流域及东南诸河水资源公报，提出重点区域水资源开发利用"综合画像"。建立健全流域用水统计数据分析机制。出台《关于进一步做好太湖流域及东南诸河河湖生态流量保障工作的指导意见》，保障 6 个跨省重点河湖生态流量（水位）达标率 100%。

抓好水资源节约与保护，联合地方共建高质量节水型学校，完成上海市、浙江省、福建省年用水量 1 万 m^3 及以上的工业服务业单位计划用水管理覆盖工作复核。首次完成长三角示范区重点跨界河湖健康评价。组织开展省际边界地区水葫芦联合整治，连续 7 年为中国国际进口博览会营造优美水环境。

深化落实河湖长制，召开太湖流域片省级河湖长联席会议全体会议，部署开展跨界水体共保联治专项行动，推动完成太湖、淀山湖、新安江水库"一湖一策"联合修编。印发《关于加快推进太湖流域片幸福河湖建设的指导意见》，深入推进浙江省、福建省 6 个水利部幸福河湖试点项目建设。向地方河长办通报主要入太湖河道污染物浓度和总量。

推动水土保持高质量发展，印发《长三角示范区生态清洁小流域建设与评价技术指南》，编制完成长三角示范区内生产建设项目水土保持方案编制指南，实现对流域片 42 个在建水利部批复项目水土保持方案的"互联网+监管"全覆盖检查。推进农村水利水电标准化发展，全力组织推动流域 5 省（直辖市）落实农村供水"3+1"标准化建设和管护模式，完成

2024 年 30 个县域农村饮水安全标准化建设初审，完成 2025—2026 年农村供水小型引调水工程项目储备。

加强水利科技创新，太湖流域浅水湖泊生态系统野外科学观测研究站获水利部正式授牌，完成太湖流域水科学研究院理事会换届，研发的《水质 1，3-二氧戊环等 6 种致嗅物质的测定 固相萃取气相色谱-质谱法》技术标准纳入《水利技术标准体系表》，联合南京水利科学研究院召开太湖流域水治理国际会议。

五、数字孪生太湖建设取得新成绩

全面贯彻水利部部长李国英对数字孪生太湖建设有关要求，制定工作方案并推动落实。持续推进国家数字孪生流域建设工程（一期）太湖流域部分前期工作，基本编制完成可研深化报告。着力推进流域数字孪生水利"天空地水工"一体化监测感知夯基提能行动，积极推进"三道防线"建设，接入气象部门 S 波段雷达外推降雨预报产品，延长太湖洪水预见期。印发实施《关于加快推进太湖流域现代化雨水情监测预报体系建设的工作方案》。强化"四预"应用提升，全年开展水文预报 187 期、工程调度方案预演 97 次，发出预警 9 次，编制预案方案 7 个，完善集水量、水质、淹涝、蓝藻、湖流等多模型耦合的模型群。多目标统筹"四预"一体化系统不断完善，数字孪生太浦河先行先试建设项目入选数字孪生水利十大样板。持续更新数字孪生太浦闸基础类、监测类、业务类、地理空间类等数据，完善太浦闸闸区安全人工智能应用。

2025 年，太湖局将认真学习党的二十届三中全会精神，深入贯彻习近平总书记治水思路，全面落实 2025 年全国水利工作会议部署，为保障流域水安全作出新的贡献。一是全力保障流域防洪安全，汛前做好水旱灾害防御各项准备工作，及时压实责任；汛期强化落实"四预"措施，做好水工程联合调度；汛后加强重点防御过程的复盘。二是着力保障流域供水安全，紧盯流域雨情、水情、旱情、藻情、咸情，加强对太湖蓝藻水华的监测预报，强化太浦河闸泵联合调度。三是加快治太剩余工程建设，推动太浦河后续（一期）工程年内及早开工，望虞河拓浚工程年底前开工，同时进一步加快吴淞江工程建设。四是抓好流域治理管理"四个统一",配合水利部完成太湖流域防洪规划修编报批,深入推进流域水环境综合治理水利工作,科学实施多目标统筹调度,强化跨界水体共保联治。五是高质量建设数字孪生太湖,全面启动国家数字孪生流域建设工程(一期)项目建设,完善"天空地水工"感知体系,强化提升"四预"支撑能力。

王逸行　执笔

朱　威　审核

专栏 86

持续提升太湖流域水安全保障能力
为深入推进长三角一体化发展贡献水利力量

水利部太湖流域管理局

2024年，水利部太湖流域管理局（以下简称太湖局）认真贯彻落实习近平总书记在深入推进长三角一体化发展座谈会上的重要讲话精神，按照水利部党组安排，紧扣一体化和高质量两个关键词，全力提升流域水安全保障能力，为深入推进长三角一体化发展贡献水利力量。

一是守牢防洪供水安全底线。按照太湖流域调度协调组第三次全体会议部署，全面加强多目标统筹调度，根据中长期降水预报，尽早开展太浦河、望虞河排水，预降太湖水位，有效应对太湖2次编号洪水和4次台风强降雨袭击。全年3次实施引江济太调水，有效补充流域优质水资源。8次实施太浦河闸泵联合调度，太浦河干流已连续7年未发生锑浓度异常事件。新安江流域洪水期间，首次启用新安江流域防洪联防联控机制，共同做好新安江水库泄洪调度工作，坚决守稳守牢防洪供水安全底线。

二是强化跨界水体共保联治。召开太湖流域片省级河湖长联席会议全体会议，部署开展为期3年的跨界水体共保联治专项行动，推动完成太湖、淀山湖、新安江水库"一湖一策"联合修编。印发《关于加快推进太湖流域片幸福河湖建设的指导意见》，指导各地统筹加快幸福河湖建设。开展省际边界地区水葫芦联合整治，为第七届中国国际进口博览会营造优美水生态环境。

三是推动实施太湖流域水环境综合治理。认真做好太湖流域水环境综合治理水利工作，连续3年向地方河长办通报主要入太湖河道污染物浓度和总量，传导太湖治理保护责任。加强流域重要水体水质监测和太湖蓝藻防控，定期发布太湖健康状况年度报告，连续17年实现"两个确保"（确保不发生饮用水安全问题、确保太湖水体不发生大面积水质黑臭）的目标。2024年太湖主要水质指标处于2007年以来同期较低水平，太湖全湖平均蓝藻密度为2020年以来同期次低。

四是聚焦支撑长三角示范区建设。首次完成东太湖、太浦河、淀山湖（含元荡）等长三角生态绿色一体化发展示范区（以下简称示范区）重点跨界河湖健康评价，协调指导地方加快实施"水乡客厅"蓝环工程等示范区重大工程建设，不断擦亮示范区生态底色。联合出台《长三角生态绿色一体化发展示范区生态清洁小流域建设与评价技术指南》，编制完成示范区内生产建设项目水土保持方案编制指南，推动示范区水土保持高质量发展。

五是探索水利领域一体化制度创新。联合水利部长江水利委员会、淮河水利委员会印发《长三角一体化发展水安全保障规划实施监督管理工作方案》，推动各地协同落实重大项目和重点措施。推动长三角首个水利统一标准《数字水利河道空间信息监测技术规范》履行立项手续，研究形成示范区一致性用水定额成果，不断探索水利领域一体化制度创新的新路径。

王逸行　执笔

朱　威　审核

行业发展能力篇

科学推进重大水利规划编制

水利部规划计划司

2024年，水利系统深入贯彻党的二十大和二十届二中、三中全会精神，积极践行习近平总书记治水思路和关于治水重要论述精神，以推动完善国家水网规划体系、加快七大流域防洪规划修编、启动"十五五"水安全保障规划编制等为重点，着力抓好重大水利规划编制和审查审批，强化水利规划管理和实施评估，为推动水利高质量发展、保障国家水安全夯实规划基础。

一、深入贯彻实施《国家水网建设规划纲要》

一是持续抓好规划纲要贯彻落实。召开水利部加快推进国家水网建设工作领导小组全体会议，总结检视国家水网建设工作进展，研究部署下一步重点工作。举办国家水网建设培训班，凝聚推进国家水网建设合力。二是推动完善国家水网建设规划体系。根据国家水网建设总体布局，完成南水北调工程总体规划修编报告。组织完成区域水网建设规划编制。协同推进省市县水网规划建设，省级水网建设规划全部批复实施，印发《市县水网建设规划编制技术要点》，98%市级、86%县级水网建设规划编制完成。强化国家水网重要结点工程规划建设和调度运行管理，认定并公布第一批100项国家水网重要结点工程名录。三是高质量推进水网先导区建设。确定第三批省级、第二批市县级水网先导区名单，加强水网先导区建设跟踪指导和督促，及时总结经验做法，在浙江省宁波市召开加快市级水网建设现场推进会，交流推广典型经验。

二、加快完善流域防洪规划体系

一是七大流域防洪规划修编成果全部通过专家审查。大力推进七大流域防洪规划修编工作，逐流域开展调研座谈和专题讨论，持续加强调度会商和协调推进，全年开展调度会商7次，全面完成规划修编成果体系。水利部部长李国英专题听取长江流域、黄河流域防洪规划修编主要成果汇报。11月22日—12月12日，七大流域防洪规划修编成果全部通过专家审查。二是制定印发海河流域防洪体系实施方案。针对海河"23·7"流域性特大洪水暴露的突出问题，制定《加快完善海河流域防洪体系实施方案》，经国务院同意，联合国家发展改革委印发实施。三是制定印发中小河流系统治理方案。联合财政部印发《全国中小河流治理总体方案》，以流域为单元，统筹推进流域面积200~3000 km² 中小河流系统治理。会同国家发展改革委，以河流水系为单元，编制流域面积3000 km² 以上的重点中小河流防洪治理实施方案。四是做好重要城市防洪规划审查。印发广州市、开封市城市防洪规划审查意见，组织开展蚌埠市、芜湖市、南昌市等城市防洪规划审查工作。

三、全面提升国家重大战略水安全保障能力

一是扎实做好国家重大战略水利任务落实。狠抓京津冀协同发展、长江经济带发展、粤港澳大湾区建设、长三角一体化发展、黄河流域生态保护和高质量发展等区域重大战略水利重点任务落实，组织流域机构制定工作方案，建立规划任务清单和项目台账，扎实推进任务落实。二是全力做好实施国家"江河战略"规划工作。细化落实《进一步抓实抓好长江大保护工作三年行动计划》水利任务，组织水利部长江水利委员会编制提出长江干流和重要支流河湖水系连通修复方案。召开水利部推进黄河流域生态保护和高质量发展工作领导小组会议，持续深入推动黄河流域保护治理。三是强化区域水利规划实施监督管理。组织流域管理机构编制区域水利专项规划实施监督管理工作方案，建立规划任务清单和项目台账，分解落实规划确定的目标指标、主要任务，扎实推进规划任务落实。

四、加快推进全国和流域重点规划（方案）编制审批

一是启动"十五五"水安全保障规划编制。商国家发展改革委先行启

动规划预研工作，推进重大专题研究和专项规划编制。二是印发实施全国农田灌溉发展规划。会同农业农村部印发实施全国农田灌溉发展规划，明确了全国灌溉发展规模和布局。三是加快主要支流和河口规划审批。批复嘉陵江流域综合规划。长江口、黄河河口、珠江河口、辽河口综合治理规划已通过技术审查，明确河口治理布局和任务。四是加快重要河湖库岸线保护利用规划审批。经国务院同意，印发太湖流域岸线保护利用规划，七大流域岸线保护利用规划全部批复实施。印发实施丹江口水库岸线保护利用规划。五是完成七大流域（片）水土保持规划审查。七大流域管理机构编制完成流域（片）水土保持规划并通过技术审查，明确流域（片）水土保持主要目标、规划布局和重点任务等。

五、健全水利规划管理和实施评估机制

一是加强水利规划管理和实施评估。为深入贯彻党的二十届三中全会精神，落实推动水利高质量发展新要求，印发《关于进一步完善水利规划体系 推动水利高质量发展、保障我国水安全的意见》《水利规划实施和评估管理办法（试行）》，构建定位清晰、功能互补、协调衔接的水利规划体系，加强规划实施管理，科学评估实施情况。二是加强水利规划编制和审批计划管理。制定印发2024年度重点水利规划编制和审批工作计划，加强跟踪督促和协调推动。三是做好规划衔接协调。加强水利规划与国民经济和社会发展规划、区域规划、国土空间规划和交通运输、生态环境、能源发展、林草等规划衔接协调。

六、下一步重点工作

2025年，水利规划工作将以"十五五"水安全保障规划、重要区域水网规划、七大流域防洪规划修编等为重点，进一步完善水利规划体系，加强规划实施评估，发挥水利规划在推动水利高质量发展、保障我国水安全中的指导和约束作用。

一是完善"十五五"水安全保障规划体系。系统评估"十四五"水安全保障规划执行情况，完成专项规划编制和重大专题研究，科学谋划和系

统部署"十五五"水安全保障目标指标、主要任务，谋划提出一批可实施、可落地的重大战略任务、重大改革举措和重点项目，高质量完成规划编制。

二是持续推动完善国家水网建设规划体系。抓紧完成南水北调工程总体规划修编。推进区域水网建设规划，优化区域水网布局。加快完善市县水网规划体系，指导各地全面完成市县级水网建设规划编制和审批。高质量建设水网先导区，发挥先行先试作用。

三是加快七大流域防洪规划修编成果报批。督促指导各流域机构，抓紧修改完善规划修编成果，组织全国技术工作组对规划修编成果进行复核。将规划征求国务院有关部门和相关省级人民政府意见，做好与相关规划的协调衔接，具备条件后按程序报国务院审批。开展全国蓄滞洪区建设与管理规划修编，编制全国山洪灾害防治项目总体方案。

四是推进国家重大战略水利重点任务落实。持续推进京津冀协同发展、长江经济带发展、粤港澳大湾区建设、长三角一体化发展、黄河流域生态保护和高质量发展等国家区域重大战略水利年度任务落实。督促流域机构健全区域水利规划实施机制，强化规划实施过程管理。

五是加快全国和重要流域水利规划编制审批。督促流域机构加快完善重点河流流域综合规划和重要河口综合治理规划，按程序推进规划审批工作。完成七大流域（片）水土保持规划审批。组织修编重要江河河道采砂规划。

六是强化水利规划编制和实施评估管理。加强水利规划清单管理，制定印发年度重点水利规划编制和审查审批工作计划。建立水利规划实施评估机制，加强全国层面水利规划实施评估，指导流域机构做好流域水利规划实施评估。完善水利规划标准体系，组织制修订《市县级水网建设规划编制导则》等。

王　晶　郭东阳　钟　文　执笔
高敏凤　杨　威　审核

推动水利人才队伍建设提档升级

水利部人事司

2024年，水利系统深入学习贯彻习近平总书记治水思路和关于治水重要论述精神，以习近平总书记关于做好新时代人才工作的重要思想为遵循，认真落实党的二十届三中全会改革部署，不断加强水利战略人才培养，奋力推进水利人才队伍建设提档升级，为推动水利高质量发展、保障我国水安全提供了有力的人才支撑。

一、水利战略人才力量加快建设

把水利战略人才力量建设作为人才工作的重中之重，努力整合各方资源，不断加大支持力度。选拔推荐16人入选国家相关高层次人才，组织选聘新一批42名事业单位专业技术二级岗位人选。水利国际化人才培养实现新突破，与流域组织国际网络（INBO）签署联合开展访问学者项目的合作协议，新选拔推荐23名水利国际化人才合作培养项目人选。进一步加强对水利高层次人才的政治引领，举办人力资源社会保障部专业技术人才知识更新工程2024年高级研修项目——数字孪生水网建设高级研修班，以及水利高层次专业技术人才培训班。

二、水利高层次人才培养创新突破

深入贯彻习近平总书记关于加快培养大批卓越工程师的重要指示精神，围绕推动水利高质量发展的"六条实施路径"，创新实施水利部卓越水利工程师培养工程。在中央部委中率先面向在职职工启动实施卓越工程师培养工程，聚焦数字孪生水利建设重点领域，在全国水利系统组织遴选32名既懂水利又熟悉数字应用技术的专业技术人员，采用"三段衔接、工学交融"方式，即先集中到高校进行3个月的知识更新，再到数字孪生水利建设重点项目进行 3 个月的实践锻炼，最后回派出单位进行 6 个月的数字孪生水利建设技术攻关，积极探索符合水利人才特点的卓越工程师培养模式。

三、基层水利人才队伍建设全面提速

贯彻落实中央关于留住用好本土人才，培育基层一线持续发展内生动力的部署，主动适应全面推进乡村振兴的新变化新要求，下大力气抓好基层水利人才工作。首次面向各省区市水利厅局召开基层水利人才"订单式"培养现场会，总结交流"订单式"培养经验做法，示范推广"订单式"培养成功模式，跟踪指导有关省份探索开展"订单式"培养。指导水利人才发展基金会专项支持基层水利人才"订单式"培养，择优奖励 30 名湖南省基层水利特岗生代表。组织开展人才"组团式"援藏，选派 15 名专业技术干部，分赴阿里、昌都、山南、日喀则、林芝开展为期 3 个月的集中帮扶。举办 4 期县市水利局长示范培训班，首次面向地级市举办水利局长示范培训班，线上线下相结合培训县市水利局长 600 名，着力增强各级各类干部服务水利高质量发展本领。

四、水利技能人才队伍建设强基固本

贯彻落实《关于做好新时代水利高技能人才队伍建设有关工作的通知》，全面推进水利技能人才工作。更名组建水利行业国家职业标准修订工作领导小组，组织修订水土保持员等 5 个职业的国家职业标准，不断完善水利职业技能标准体系。积极推进职业技能等级认定，畅通水利技能人才职业发展通道。举办水利高技能人才培训班，提高技能人才素质。成功举办第十一届全国水利行业职业技能竞赛（水工闸门运行工）、第十六届全国水利职业院校技能大赛，带动水利高技能人才培养和后备力量建设。

五、职称评审管理全面加强

加快推进职称评审监管制度化、规范化，落实职称评审事前、事中、事后全过程监管要求，多措并举确保职称评审客观公正。严格申报材料真实性核查，加大工程、经济、会计等系列申报材料的核查比例；首次全面开展抽查答辩工作，实现工程、经济、会计系列正高级职称评审抽查答辩全覆盖；严格备案审核副高级职称评审结果。组织完成2023年度工程、经济、会计系列891人（次）职称评审工作。

六、水利人才发展体制机制更加健全

突出水利行业特点，深化人才分类评价改革，组织中国水利水电科学研究院、南京水利科学研究院正式启动科技人才评价改革试点，聚焦"应用研究和技术开发类人才"，加快构建以应用创新为导向的科技人才评价体系，有关做法被中央主流媒体专门报道。统筹推进教育科技人才一体化发展，启动水利部重点建设教材建设工作。积极协调教育部，推动长江科学院成功获批博士学位授予权，中国水利水电科学研究院新增3个博硕士学位授权点；支持南昌工程学院更名为江西水利电力大学，河海大学水利工程学科申报教育部"一流学科培优行动"。

2025年，水利部将坚持以习近平新时代中国特色社会主义思想为指导，立足推动水利高质量发展、保障我国水安全，加快培养造就高素质水利人才队伍。贯彻落实《"十四五"水利人才队伍建设规划》，加快建设水利战略人才力量，优化水利人才支持计划（项目），加强高层次人才推荐选拔，持续实施卓越水利工程师培养工程，着力培养造就一流水利领军人才和创新团队。统筹抓好水利基层人才和技能人才队伍建设，协调推广水利人才"订单式"培养模式，加大教育培训力度，持续提升基层人才能力素质。积极推进水利部重点建设教材工作，加强水利后备人才培养。深化人才发展体制机制改革，推进实施科技人才评价改革试点，扎实做好水利职称评审工作。

张　伟　陈　博　再丽娜　执笔
郭海华　王　健　审核

专栏 87

水利部党组印发《水利干部教育培训规划（2024—2027年）》

水利部人事司

干部教育培训是建设高素质干部队伍的先导性、基础性、战略性工程，在推进中国特色社会主义伟大事业和党的建设新的伟大工程中具有不可替代的重要地位和作用。水利部党组深入贯彻落实习近平总书记"节水优先、空间均衡、系统治理、两手发力"治水思路和关于治水重要论述精神，按照《干部教育培训工作条例》《全国干部教育培训规划（2023—2027年）》要求，2024年5月制定出台《水利干部教育培训规划（2024—2027年）》（以下简称《规划》），对未来一个时期的水利干部教育培训工作作出全面部署。

《规划》从指导思想、主要目标、量化指标3个方面，提出了规划期内水利干部教育培训工作的总体要求，明确了水利干部教育培训的主要内容。一是对坚持不懈用习近平新时代中国特色社会主义思想凝心铸魂作出部署，通过组织实施习近平新时代中国特色社会主义思想教育培训计划等措施，引导水利干部坚定不移用习近平总书记治水思路武装头脑、指导实践、推动工作。二是对加强干部政治训练作出部署，围绕深刻领悟"两个确立"的决定性意义、做到"两个维护"，明确要严格落实党性教育等政治训练重点内容，通过组织实施"关键少数"政治能力提升计划和年轻干部理想信念强化计划等措施，使水利干部的政治素养、政治能力与担负的职责使命相匹配。三是对加强干部履职能力培训作出部署，明确要聚焦水利高质量发展实施路径开展重点领域和专题培训，通过组织实施重点领域和专题培训计划以及干部履职能力提升计划、拓宽培训渠道强化培训保障、突出岗位特点增强培训实效等措施，提高水利干部服务水利高质量发展本领。

《规划》从推进培训资源建设、推动网络培训体系建设、深化改革创新、组织领导等4个方面，强化了水利干部教育培训的保障措施。一是推进培训资源建设，夯实水利培训保障基础。从培训机构建设、师资队伍建设、课程资源建设、经费保障4个方面作出部署，同时组织实施干部教育培训机构质量提升计划。二是推动网络培训体系建设，提升水利干部教育培训数字化水平。从推进网络培训平台建设、加强网络培训课程建设、加快培训管理数字化3个方面作出部署，同时组织实施干部网络培训提质增效计划。三是深化改革创新，提高水利干部教育培训质量和活力。从进一步完善制度机制、改进方式方法、加强考核评估、严格培训管理、加强理论研究5个方面作出部署。四是组织领导。明确在贯彻落实过程中各级党组（党委）的领导责任和相关司局（单位）的工作责任，确保规划任务落到实处、按时全面完成。

下一步，水利部将把学习贯彻习近平新时代中国特色社会主义思想作为主题主线，坚持不懈用党的创新理论凝心铸魂、强基固本。坚持把政治训练贯穿干部成长全周期，引导干部树立正确的权力观、政绩观、事业观，提高干部政治判断力、政治领悟力、政治执行力。分层级分领域开展履职能力培训，不断优化教育培训方式方法，提高水利干部推动水利高质量发展本领、服务群众本领、防范化解风险本领，为推动水利高质量发展、保障我国水安全提供思想政治保证和能力支撑。

张　伟　再丽娜　执笔
郭海华　王　健　审核

专栏88

水利部卓越水利工程师（数字孪生水利方向）培养试点启动实施

水利部人事司

2024年7月，水利部卓越水利工程师培养工程（数字孪生水利班）在河海大学开班，标志着水利部卓越水利工程师培养工程正式启动。该工程旨在深入贯彻习近平总书记关于做好新时代人才工作的重要思想和加快培养大批卓越工程师的重要指示精神，围绕推动水利高质量发展的"六条实施路径"，创新水利高层次人才培养模式，加快建设水利战略人才力量。

水利部卓越水利工程师培养工程（数字孪生水利班），聚焦数字孪生水利建设重点领域，在全国水利系统组织遴选32名既懂水利又熟悉数字应用技术的专业技术人员，采用"三段衔接、工学交融"的培养方式，先集中赴河海大学进行3个月的知识更新，再到数字孪生水利建设重点项目进行3个月的实践锻炼，最后返回派出单位进行6个月的数字孪生水利建设技术攻关。通过试点，着力培养储备一批既懂水利又懂信息化的卓越水利工程师，助力提高数字孪生水利建设技术水平，探索符合水利人才特点的卓越工程师培养模式，总结具有行业特色的培养经验，为后续批次开展卓越水利工程师培养提供典范借鉴。

水利部精心组织调研，反复研究论证，扎实做好各项工作。一是加强组织领导。专门成立卓越水利工程师（数字孪生水利方向）培养试点工作领导小组，负责研究协调有关重大事项，制定重大政策措施。二是认真编制培养方案。落实《"十四五"水利人才队伍建设规划》有关任务要求，组织编制培养试点实施方案，明确培养目标任务等。三是有序推进培养任务。高校知识更新阶段采用"课题+小组+导师"的方式，聚焦数字孪生水利建设中的重大需求和"卡脖子"问题，组织培养对象结合自身专业背景和技术领域，有针对性地进行知识更新和课题攻关。项目实践锻炼阶段采用"项目+顶岗+导师"的方式，选择一批数字孪生流域、数字孪生水网、数字孪生工程重点建设项目，组织培养对象顶岗承担数字孪生水利建设具体任务，提升技术攻关能力。截至2024年12月底，上述两个阶段的培养任务已基本完成。

张　伟　陈　博　执笔
郭海华　王　健　审核

专栏89

全国水工闸门运行工职业技能竞赛决赛举办

水利部运行管理司

为贯彻落实习近平总书记对技能人才工作的系列重要指示精神，加快水利工程运行管理人才培养，推动水利技能人才队伍建设，水利部于2024年11月28—29日在安徽省合肥市举办第十一届全国水利行业职业技能竞赛——水工闸门运行工职业技能竞赛决赛。

各地各流域有关单位高度重视，决赛之前广泛开展预赛和岗位练兵，全国上千名水工闸门运行工参加预赛，经过层层选拔，来自7个流域管理机构、1个水利部直属单位、29个省（自治区、直辖市）和新疆生产建设兵团水利部门的78名选手进入决赛。决赛包括理论知识考试和技能操作比赛，技能操作比赛分设闸门止水装置维修、电气线路接线、制动器检查与调整等科目，用以考验选手闸门运行技术和抢险处理方法的掌握熟悉程度。

技能人才是我国人才队伍的重要组成部分，是经济社会高质量发展不可或缺的重要基础力量。职业技能竞赛是培养选拔高素质技能人才的重要途径，水利部高度重视水利技能人才高质量发展，坚持把开展水利职业技能竞赛作为人才培养和队伍建设的有效途径和重要载体，累计组织举办了11届全国水利职业技能竞赛，形成独具特色的水利技能人才培养体系和良好的人才成长环境，极大地激发了水利技能人才学习技术、苦练技能、敬业奉献的热情，水利系统高技能人才队伍不断壮大，为推动水利高质量发展提供了有力的人才保障和技能支撑。

尚　达　执笔

司毅军　审核

水利财会监督有力有效

水利部财务司

2024年，水利系统认真学习领会习近平总书记关于财会监督的重要论述精神，贯彻落实中共中央办公厅、国务院办公厅《关于进一步加强财会监督工作的意见》（以下简称《意见》）要求，提高政治站位，加强组织领导，完善具有水利特色的财会监督体系，提升财会监督效能，财会监督工作取得积极成效，为水利高质量发展提供坚实财务保障。

一、统筹协调，完善财会监督机制

一是修订水利财务管理"三项机制"。紧密结合财政新形势和水利高质量发展要求，修订印发《水利部预算项目储备管理办法》《水利部预算执行考核办法》《水利部预算执行动态监控办法》，强化资金安全保障，提升资金使用效益。二是完善内部控制制度体系。全面梳理现行财经法律法规制度规范，收集整理了227项制度，设立预算管理、收入管理、基本建设、合同管理等11个制度库。印发《水利部内部控制制度指导目录（试行）》，针对各控制领域提出重点内容、关键环节、防范要点，整编相关制度依据。三是印发"红黄牌"评价制度。制定《水利财会监督"红黄牌"评价暂行办法》，作为年度考核的参考，进一步增强财会监督震慑力。四是强化内部审计制度体系。印发《水利部内部审计工作领导小组工作规则》《水利部内部审计工作领导小组办公室工作细则》，强化内部审计组织体系控制。印发《水利部关于提升内部审计能力的意见》和《水利部关于加强内部审计成果运用的意见》，集中内部审计力量，提升监督能力。五是持续深化警示教育。编印《审计监督与财会监督典型案例汇编》，聚焦关键领域近200个典型问题，深入剖析问题的性质、违反的法律条款，提出整改的措施，持续深化警示教育效能。六是完善预算绩效管理。进一步完善部门预算绩效指标设置，修订印发2024年水利部重点二级项目预算绩效共性指标体系框架。建立健全"1+N+1"水利发展资金绩效评价指标体系，实施整体绩效评价与分支出方向绩效评价相结合的新模式，强化绩效评价结果运用，提高资金管理使用的安全性、规范性、有效性。七是健全部属企业监管制度。印发《水利部关于进一步加强和规范事业单位所属企业监管的意见》，逐级压实事业单位对所属企业监管责任，加强部属企业监管。

二、聚焦重点，加大财会监督力度

一是开展"小金库"专项检查。采取财会监督与内审监督相结合的方式，开展"小金库"专项检查。抽查30家基层单位，督促有关单位落实整改，并建立健全内部控制长效机制。二是实施水利基建工程领域监督检查。深入推进水利基建领域廉洁风险防控，组织开展水利部直管重点在建工程项目资金支付监控和现场核查，督促水利部直属单位严格资金拨付和使用程序，切实加强水利基建财务管理。三是组织内部控制专项检查。对11家单位开展内部控制专项检查，内容涵盖预算执行管理、"三公"经费、会议和培训管理等重点领域，督促发现问题整改，指导基层单位进一步完善内部控制制度建设，提高财会管理水平。

三、创新方法，强化财会监督人才保障

一是建立水利财会人员信息库。对水利企事业单位财会人员基本情况进行全面统计摸底，为推动财会人员队伍建设奠定基础。二是建设财会人员网络培训平台。1月，启动水利财会人员网络教育培训平台（以下简称培训平台）建设。9月培训平台正式上线。将水利行政事业单位1800余名财会人员全部纳入培训平台线上培训范围，构建财会人员线上线下培训体系，丰富培训渠道，提高培训效率。三是打造高端财会人才队伍。组建预决算、政府财务报告等会审专家团队，集思广益研究水利财会管理相关政策；向财政部、国家机关事务管理局推荐优秀同志参加高层次人才等选拔，3人成功入选。四是加强基层财会人员培训。聚焦职业道德规范、财会基础、预算编制和执行、资产管理等水利财会监督重点领域，2024年组

织 12 期基层财会人员培训班，举办二级单位财会监督负责人培训班，邀请财政部监督评价局等专家授课，提高财会监督负责人履职能力。五是提升财会人员职业素养。举办"新时代水利行业会计职业道德建设"短视频大赛，组织财会论文征文，开展内部控制评价机制建设等重点课题研究，全方位、多渠道引导水利财会人员践行职业道德规范，提升财会专业理论研究能力。

四、加强沟通，推动与其他监督贯通协同

一是开展与其他监督贯通协同试点。指导南京水利科学研究院开展纪检监督与财会监督、内审监督贯通协同试点；采取财会监督与内审监督相结合的方式，进一步探索各类监督贯通协同机制。二是为其他监督提供人员支持。坚持以练促学、以干代训，择优选派财会人员参加水利部党组巡视、内部集中联合审计等专项工作。一年来，水利部部属单位党委（党组织）不断提升财会监督责任意识，扎实推动财会监督工作有序有效开展，初步建成分工明确、约束有力的财会监督机制和内部控制体系，财会人员业务素质显著提升。水利财会监督工作得到了财政部等部门的多次表扬和鼓励。水利部在中央部门预算管理绩效考核工作中，被评为"优秀"等次；在落实习惯过紧日子总体评估中，各季度均被评为 A 等级。企业财务会计决算报告编报工作在财政部考评中名列第一。部门财务报告、内部控制报告等工作获得财政部通报表扬。

2025 年，水利系统将坚持以习近平新时代中国特色社会主义思想为指导，全面贯彻落实党的二十大和二十届二中、三中全会精神和中央经济工作会议精神，坚持稳中求进、以进促稳，按照财政部统一部署，持续加大财会监督力度，以水利内部控制制度标准化规范化和水利财会人员素质提升两个三年工程为抓手，严肃财经纪律，提高资金使用效益，筑牢资金安全防线，以财会监督高效能助推水利高质量发展。

吴钦山　宋秋龄　高　西　执笔
俞　欣　审核

全面提升水文支撑保障能力

水利部水文司

2024年，水利系统深入贯彻落实党中央、国务院决策部署，大力推进水文现代化建设，加快完善雨水情监测预报体系，全面提升水文支撑保障能力，水文工作取得显著成效。

一、支撑水旱灾害防御夺取新胜利

2024年，我国江河洪水南北齐发、早发多发、历史罕见，水旱灾害防御形势复杂严峻。各级水文部门扛牢防汛抗旱天职，充分发挥雨水情监测预报"三道防线"作用，加强"四预"措施，全力支撑水旱灾害防御工作。

一是精密测报及时有力。面对频繁发生的江河洪水，各地加强值班值守，全力做好水文测报工作，应急监测彰显担当。共采集雨水情信息37.36亿条，发布雨水情短信4706万条，开展洪水调查河段长度6639 km。汛期滚动开展洪水预报21万站（次），累计出动应急监测队伍7216队（次），3万人（次），增设应急监测断面1006处，抢测洪水4503场（次），精细化开展洪水演进预演，有力支撑"格美"等台风暴雨洪水应对、26次编号洪水及湖南省团洲垸堤防决口处置、陕西省柞水县高速桥垮塌事件调查、四川省汉源县暴雨泥石流监测、内蒙古自治区老哈河堤防溃口封堵等重大应急突发事件水旱灾害防御工作。

二是旱情咸情凌情监测精准有序。面对严重旱情，西南、华北、西北等地水文部门加强降雨、土壤墒情、河道来水、引取水等监测分析，研判旱情发展演变趋势，为抗旱保供水和水工程调度提供及时准确数据支撑。水利部珠江水利委员会提早开展后汛期及枯水期雨水情分析预测，加强咸情监测预报，为珠江"压咸补淡"应急水量调度第20周年顺利实施奠定坚实基础。水利部黄河水利委员会（以下简称黄委）充分运用卫星遥感、无人机等手段开展天气和凌情监测预报，全面掌握凌情发展形势，准确预报宁蒙河段首凌、首封日期及各断面开河日期等重要凌情信息；水利部松辽水利委员会联合黑龙江省水文部门，提前部署、精心谋划，全力保障黑龙江流域安全开河。

三是水旱灾害防御"四预"支撑有力有效。各地坚持"预"字当先，关口前移、防线外推，完成7157处水文站大断面和1809处重要预报断面河道地形测量工作，推动模型参数优化更新，制修订水文测站超标准洪水预案3600余个和洪水预报方案3800余套，着力推进延长洪水预见期与提高洪水预报精准度的有效统一，以精准预报预警为水库精细化调度、人员提前安全转移、涉水事务水情服务等水旱灾害防御决策提供重要支撑。及时开展辽宁省葫芦岛、黑龙江省乌苏里江、宁夏回族自治区灵武市等暴雨洪水复盘检视，总结水文测报经验，分析断电断路断网情况下水文通信保障、延伸沿河洪水预报等问题。

二、服务水资源水生态水环境治理成效突出

一是全国重点区域水文监测分析持续加强。相关流域和省份水文部门探索建立"天空地水工"一体化河湖生态环境复苏水文监测分析体系，加强华北地区生态环境复苏河湖、西辽河、黑河流域等重点区域水文全要素、全过程监测分析，助力华北地区河湖生态环境复苏、京杭大运河全线贯通补水、母亲河复苏行动；在南水北调、引江济太、引黄入冀、珠江压咸补淡等工作中开展水量水质监测和径流中长期预报，为生态补水、流域调水、区域供水等提供了及时准确的水文信息。

二是水质水生态监测分析评价支撑有力。统筹地表水与地下水监测站网，加强江河湖库重要控制断面、行政区界、跨流域区域调水供水、饮用水水源地的水质水生态监测，全年开展9.2万站（次）水质监测和3800余站（次）水生态监测，有力支撑饮水安全保障、河湖生态环境复苏和河湖健康评价等工作。圆满完成丹江口库区及其上游流域水质安全保障水文水质监测工作，进一步充实完善监测站网布局，组织相关水文部门做好洪

水期水质水量同步监测分析和超标水质应急监测,编制《丹江口库区及其上游流域和中线总干渠水文水质监测分析评价月报》12期。

三是地下水监测评价预警不断加强。国家地下水监测一期工程整体运行良好,国家地下水监测二期工程可研进入国家发展改革委审批阶段。强化地方地下水监测数据汇交,14147处地方地下水站监测数据实时上传水利部,数据整编质量和共享水平得到提升。水文部门开展华北地区和重点区域地下水动态评价和预警,首次完成全国地下水水位综述性评价,完成全国泉水泉域监测专项调研。

四是水文水资源信息发布持续推进。编制发布2023年《中国水文年报》《中国河流泥沙公报》《水文发展年度报告》《地下水动态月报》,编制完成《全国水文统计年报》《中国地表水资源质量年报》《全国重点水域水生态监测及评价报告》等。各级水文部门积极与自然资源、生态环境、气象、应急等部门共享水文数据,及时向社会公众发布实时雨水情数据等水文监测预警信息。

三、水文行业管理能力持续提升

一是水文政策法规和技术标准体系不断完善。水利部印发《全国水文情况统计调查制度》《重大水旱灾害事件水文应急测报工作要求(试行)》《水质监测质量和安全管理办法实施细则》等文件,制定《水文统计源头数据质量核查要求》,强化水文行业管理。财政部、水利部联合印发《水文技术装备专用资产配置标准(试行)》,推进河流流量测验规范、水库水文泥沙监测规范等27项"急用先行"标准加快制修订。

二是水文新质生产力加快发展。"天空地水工"水文监测感知技术实现多点突破,其中光电测沙仪实测最大含沙量扩展至 $938\,kg/m^3$。声学多普勒流速仪、侧扫电波测速仪、声层析测流系统、影像测速仪等国产流量测验装备广泛推广应用,为实现高中低枯水全量程流量测验创造了条件。

三是水文行业宣传持续发力。各级水文部门在水利部官网首页、水利部官微及《中国水利报》发布各类稿件800余篇,联系中央媒体及地方媒体宣传报道1万余篇。黄委自制动画短片《这就是水文》,点击量突破

6万次。广东水文科普园3D"云展馆"正式上线，获得社会广泛关注。汉口水文站荣获国际水利环境遗产奖。

四是水文国际交流成果显著。参加第18届世界水资源大会、联合国教科文组织政府间水文计划（IHP）第26届理事会和IHP亚太区第31届会议，展示中国水文发展成就，传播中国治水理念。辽宁省首次在鸭绿江中朝友谊桥上开展水文监测，黑龙江、吉林、云南、西藏、新疆等省（自治区）圆满完成国际河流水文报汛任务，我国全年对外水文报汛超25万条，成功签署中越汛期水文资料交换实施方案。

2025年，水利系统将坚持以习近平新时代中国特色社会主义思想为指导，深入学习贯彻习近平总书记治水思路和关于治水重要论述精神，全面贯彻落实党中央、国务院决策部署，大力提升水文现代化能力，为推动水利高质量发展、保障我国水安全提供坚实水文支撑。一要加快完善雨水情监测预报体系。健全第一道防线，强化第二道防线，提升第三道防线。二要全力做好水旱灾害防御决策支撑服务。做实做细汛前准备工作，完善监测预报工作体系，精准监测洪水过程，强化"四预"支撑。三要积极拓展水资源管理与调配等水利业务服务。加大水资源、水质水生态、地下水监测支撑服务力度。四要大力发展水文新质生产力。提升水文监测感知和预报预警能力，推进水文科技研发和标准供给。五要一以贯之加强水文行业管理。持续强化水文法治建设、测报管理、人才队伍建设、宣传和安全生产工作。

吴梦莹　执笔
林祚顶　李兴学　审核

专栏90

水文新技术应用取得新突破

水利部水文司

党的十八大以来，以习近平同志为核心的党中央高度重视科技创新工作，把科技创新摆在国家发展全局的核心位置，加快推进科技自立自强，推动我国科技事业取得历史性成就、发生历史性变革。水利部门认真贯彻习近平总书记关于科技创新的重要论述精神，落实水利部党组关于加快发展水利新质生产力的工作要求，坚持"水利现代化建设水文要先行"，大力推进新技术、新装备研发推广应用，加快完善现代化雨水情监测预报体系，提升水文监测能力，为水利高质量发展、保障国家水安全贡献水文力量。

一是新技术新装备配备力度不断加大。指导北京市在永定河官厅山峡段建成具有世界一流水平的现代化雨水情监测预报体系，推动10000余处雨量站、水文（位）站高标准建设，完成全国水文站高洪测验设施设备现代化升级改造，水利测雨雷达、声学多普勒流速仪、侧扫电波测速仪、声层析测流系统、影像测速仪等新技术新装备广泛推广应用，水文监测装备设备类型、数量持续丰富。

二是新技术新装备研发取得多点突破。水利部长江水利委员会（以下简称长江委）、水利部黄河水利委员会、水利部南京水利水文自动化研究所等单位深化与高校、企业等合作，加大水文新技术研发投入力度，"天空地水工"立体感知多点突破。全感通、量子点光谱测沙仪等新技术装备进一步推广应用，光电测沙仪实测最大含沙量扩展至938 kg/m³，实现水文泥沙测报关键技术突破。高含沙水流测深研究取得重大成效，实现160 kg/m³含沙量环境下全断面连续测深。高精度大水深空间多维信息观测研究完成验收，GNSS三维水道、激光雷达河道观测新技术在多地推广应用，水文全要素监测感知能力整体提升。

三是创新平台建设成效明显。长江委水文局、长江技术经济学会智慧水文专委会、长江水文感知创新联盟主办长江流域智慧水文技术交流会，正式发布长江水文"九派"大模型，并启动长江水文感知创新联盟创新服务体系。黄河水利委员会水文局牵头成立黄河水文协同创新中心，推动水文科技产学研深度融合，为黄河流域（片）水文现代化建设提供有力支撑。山东省成立山东数字水文创新联盟，搭建水文科技创新与水文感知技术两大平台，共建水文信创实验室，汇集众智推动水文新质生产力高质量发展。

四是技术标准体系加快完善。面向加快发展水利新质生产力、扎实推进水利高质量发展，梳理完善水文技术标准体系，推进河流流量测验规范、水库水文泥沙监测规范、水利测雨雷达应用技术规范等27项"急用先行"标准的加快制修订，加大水文新技术新装备应用指导的力度。

石梦阳　执笔

林祚顶　刘志雨　审核

落实水利安全生产风险管控"六项机制"提升安全支撑保障水平

水利部监督司

2024年，水利系统持续推动水利安全生产风险管控"六项机制"落地见效，全面排查整治各类风险隐患，强化安全生产责任措施落实，取得积极进展。

一、强化安全生产组织领导

一是高度重视安全生产工作，水利部部长李国英多次主持召开会议，及时传达学习贯彻习近平总书记关于安全生产重要指示精神，针对重大水利工程、重要事项研究工作措施，分析研判水利安全生产形势，部署开展重点工作，防范化解行业重大风险。二是水利部党组理论学习中心组专题学习习近平总书记关于安全生产重要论述，将学习习近平总书记关于安全生产重要论述、落实安全生产责任、防范化解安全风险等情况纳入水利部党组巡视监督和水利部直属单位安全生产工作考核的重要内容，推动树牢安全发展理念。三是制定《2024年水利安全生产工作要点》，提出20项重点工作，明确57项具体措施。定期召开部安全生产领导小组会议，强化安全生产重点工作，统筹推进水利工程建设与运行、人员密集场所等群众身边领域安全生产管理和风险防控，切实保障水利各领域生产安全。四是贯彻国务院安全生产委员会（以下简称国务院安委会）全体会议、全国安全生产电视电话会议等精神，落实国务院安委会及其办公室工作安排、问题通报、建议函等18项具体部署，特别是围绕"一件事"全链条综合治理要求，组织做好水利工程建设安全生产、汛期安全生产、水利风景区旅游安全、消防安全整治、电动自行车安全整治等重点领域重点时段安全风险防范工作。五是做好重点领域、重点时段水利安全生产工作，在元旦春节、全国"两会"、汛期、岁末年初等重要时段强化安全生产工作部署，督促各地区各单位严格落实安全防范措施。

二、组织开展水利系统安全生产治本攻坚三年行动

一是协同国务院安委会办公室印发《水利系统安全生产治本攻坚三年行动方案（2024—2026年)》，对照"八大行动"制定水利系统8项任务，全方位、系统性补短板、强弱项，提升水利行业本质安全生产水平。二是制定2024年重点工作任务分工方案，明确水利工程建设运行安全整治、安全生产风险防控、加大科技支撑等8项任务，确定57项工作任务，明确责任分工和完成时限，按月调度推进，全面完成各项年度任务。三是组织全行业学好用好重大事故隐患判定标准，推动建立水利行业生产经营单位事故隐患内部报告奖励制度，指导水利生产经营单位常态化开展隐患排查整治。四是推进将水利工程危险源辨识与风险评价导则、重大事故隐患判定标准提升为行业技术标准，指导水利行业全面开展危险源辨识管控和隐患排查整治工作。五是每季度分析研判安全生产形势，对安全风险较高的地区、单位进行重点督导帮扶，全行业累计整改各类事故隐患60万个，持续强化事故隐患动态清零，进一步推动三年行动走深走实。

三、全面推进水利安全生产风险管控"六项机制"

一是制定印发推进安全生产风险管控"六项机制"工作方案，明确目标任务，落实责任分工和完成时限，确保安全生产风险管控"六项机制"取得实效。二是制定印发安全生产风险管控"六项机制"实施指南、教学片等，针对查找、研判、预警、防范、处置、责任逐一环节明确细化工作内容。三是建立水利部直属单位安全生产风险管控"六项机制"平台，推动实现"六项机制"全流程信息化管理，确保数据安全。四是推动"六项机制"加快建设，召开"六项机制"推进会，定期调度会商，对水利部直属单位进行视频调度、调研指导、电话抽查、现场抽查，水利部直属单位已全面建立安全生产风险管控"六项机制"，各地区制订实施计划全面推进。五是加强督促指导帮扶，对12个部直属单位和省级水行政主管部门开

展现场调研指导，选派专家对 3 个省 16 个项目进行重点帮扶指导，运用"六项机制"管控安全风险，开展直管工程安全生产巡查，对 29 个部直属单位进行安全生产年度考核，对 5 个省份水利安全生产进行现场考核，推动"六项机制"落地见效。

四、持续夯实安全生产基础

一是将 54 项安全相关标准纳入新修订的水利技术标准体系表，将 22 项安全相关标准纳入"急用先行"标准清单。二是落实水利工程建设安全生产责任保险制度，组织开展宣贯培训，指导编制出台水利工程建设安全生产责任保险事故预防服务指南团体标准，探索运用市场机制提高水利工程建设安全风险防范水平。三是严格水利水电工程施工企业安管人员安全生产考核管理，共组织考试 2.1 万人（次），办理证书申领、延续等行政许可审批 2.3 万人（次）。四是持续推进水利安全生产标准化建设，加强标准化单位动态管理，评定 90 个水利安全生产标准化单位，对 5 个标准化单位予以采取黄牌警示等动态管理措施。五是举办水利部直属单位和重点工程主要负责人安全管理培训班、水利安全生产监督管理培训班。六是组织开展安全生产月和全国消防宣传月活动，近 28 万人、6000 余家单位参加水利安全生产知识竞赛活动，营造良好安全生产氛围。畅通安全生产举报渠道，建立健全问题线索受理办理工作规范，立接立转立办。

下一步，水利部门将深入贯彻习近平总书记关于安全生产重要指示精神和党的二十届三中全会精神，认真落实国务院安委会工作部署，按照水利部党组要求，压紧压实安全生产"三管三必须"责任，持续推进安全生产治本攻坚三年行动，抓好水利部直属单位"六项机制"提质增效，持续推动各地区"六项机制"全覆盖，严密防控重点领域安全风险隐患，确保水利安全生产形势持续稳定。

石青泉　执笔

曹纪文　审核

强化发展水利新质生产力的科技支撑

水利部国际合作与科技司

2024年，水利系统深入贯彻党的二十届三中全会精神，以及全国科技大会、国家科学技术奖励大会、两院院士大会精神，认真落实习近平总书记治水思路和关于治水重要论述精神，以及关于科技创新重要论述精神，围绕推动水利高质量发展的科技需求，加快构建先进、实用的水利科技支撑体系，各项工作取得明显成效。

一、水利科技体制改革激发新动能

优化水利科技创新组织机制，统筹强化水利科技创新和技术攻关。调整水利部科技领导小组，加强水利科技工作组织领导和统筹协调。充分发挥水利部科学技术委员会高层次科技战略智库作用，围绕水利重大政策、重要规划、重大工程、重大科技问题等开展多次咨询论证活动和科普讲座。召开水利科技工作会议，部署推动水利科技创新工作。加大水利科技创新制度供给，出台《水利部关于进一步加强水利科技创新的指导意见》。启动编制构建先进实用水利科技支撑体系三年行动方案（2025—2027年），积极探索"以工程带科研、以科研提水平"相关举措。深化科技使命导向改革试点工作，组织部属有关单位优化匹配使命任务和创新要素，引导人才潜心投身国家和行业重大科研任务。

二、重大科技计划实施取得新进展

聚焦重大国家战略及水利高质量发展重大科技需求、难点与重点问题，多渠道加强重大科技问题研究工作。以水利部部长李国英在2024年水利部科学技术委员会全体会议上提出的10个方面问题为主线，围绕水利行业治理管理中亟须解决的技术瓶颈，组织凝练国家水网建设及水安全保障重大专项动议。作为主责单位承接"十四五"国家重点研发计划"长江黄河等重点流域水资源与水环境综合治理"重点专项，完成指南发布、项目评审等工作，部署45项研究任务，拟支持中央财政经费3亿元。组织推荐"黑土地保护与利用科技创新"等其他涉水重点专项立项实施7项。聚焦黄河流域生态保护和高质量发展中的重大水科学问题，会同国家自然科学基金委员会、国家电力投资集团实施黄河水科学研究联合基金，立项重点项目32项，支持经费1亿元。迭代研发降雨预报模型、产汇流水文模型、洪水演进水动力学模型等专业模型，强化模型平台集成研发应用，组织完成第一批专业模型量化测评遴选工作，通过构建水利专业模型量化评价体系平台，遴选出45个具备代表性的实用模型，有效支撑数字孪生水利建设。

三、科技创新平台建设迈上新台阶

支持中国水利水电科学研究院成功重组流域水循环与水安全国家重点实验室。积极推动将节水和国家水网建设等水利重点领域纳入国家技术创新中心总体布局。在部级科技创新平台基地清理规范工作中，成功保留重点实验室、技术创新中心和野外科学观测研究站等3类水利科技创新平台。制定出台《水利部野外科学观测研究站建设发展方案（2024—2030）》和《水利部野外科学观测研究站建设与运行管理暂行办法》，新认定21家水利部野外科学观测研究站。加强对已建部级科技创新平台的运行指导。依托水利部白蚁防治重点实验室举办技术交流活动、建立研发测试平台，多层次推进白蚁防治和监测技术研发与应用。启动19家水利部重点实验室筹建期满验收工作。水利部11家单位全部通过重大科研基础设施和大型科研仪器开放共享评价考核，其中1家单位获评优秀。

四、水利科技推广等取得新成效

强化需求凝练、成果集合、示范推广、成效跟踪工作机制，印发《2024年度成熟适用水利科技成果推广清单》，遴选发布91项科技成果，引导行业开展推广运用。完成2022年度成熟适用水利科技成果推广应用情况成效评估，共评估41家成果持有单位的106项成果，编制印发

《2023年水利科技成果公报》。指导举办第十九届国际先进水利技术（产品）推介会等推介活动30余场。加强水利技术示范项目组织管理，支持9个新立项项目和15个延续项目，完成首批12个后补助项目立项工作。指导完成大禹水利科学技术奖奖励委员会换届工作，修订印发奖励办法及奖励委员会工作规则，评选55项成果获年度大禹水利科学技术奖。

2025年是"十四五"规划收官之年，水利科技创新工作将把全面提升国家水安全保障能力作为首要任务，把加快发展水利新质生产力作为主攻方向，加快构建先进、实用的水利科技支撑体系，努力为推动水利高质量发展、保障国家水安全提供更加有力的支撑保障。一是统筹强化重大问题科技攻关。积极推动增设国家水网建设及水安全保障国家科技重大专项，加强国家重点研发计划涉水重点专项组织管理，组织做好水利部重大科技项目计划立项实施。推进土壤侵蚀、地下水、泥沙等模型研发与应用。二是纵深推进科技体制改革。强化水利科技创新顶层设计，编制"十五五"水利科技创新规划，印发实施构建先进实用水利科技支撑体系三年行动方案（2025—2027年）水利部主责国家重点研发计划重点专项管理实施细则，制定关于进一步推进水利行业"工程带科研"有关工作的通知。深化使命导向管理改革试点工作，选拔第九届水利青年科技英才。持续发挥水利部科学技术委员会高层次科技战略智库和咨询机构作用。三是加快壮大水利战略科技力量。积极争取更多国家级平台在水利行业布局，加强部级创新基地建设与管理，研究制定水利部技术创新中心布局方案和管理办法，组织新建一批部级科技创新平台基地。推进水利部野外科学观测研究站信息汇交平台建设。四是扎实推动科技成果推广转化。推广应用100项左右成熟适用水利科技成果，组织开展2023年成熟水利科技成果推广清单成果评估。用好在华举办的水利领域各类国际国内重要会议、博览会和论坛等平台，加大科技成果的推介力度。持续规范水利技术示范项目管理，强化项目管理和绩效考核，进一步完善"后补助"等项目管理模式。

金旭浩　米双姣　王洪明　管玉卉　执笔

金　海　倪　莉　曾向辉　审核

专栏 91

水利科技创新成果丰硕

水利部国际合作与科技司

2024年，水利系统深入贯彻落实党的二十届三中全会关于科技工作的部署要求，坚持需求牵引、应用至上，引领推动、科技进步，查漏补缺、急用先行，夯实基础、行稳致远，充分发挥新型举国体制优势，加强有组织科研，集中科研院所、高等院校和科技企业等水利战略科技力量，找准关键技术障碍，集智攻关、超前突破，取得一批实用管用效用水利科技创新成果。

一是水利科技攻关成效显著。加强水利基础和应用基础研究，在水资源调配基础理论、水旱灾害孕育机理、强不平衡输沙理论、水利工程设计理论与方法、水生态环境评估理论等方面取得长足进步。加强关键核心技术与装备研发，在水循环过程精准模拟与动态预测技术、水旱灾害风险分析技术、堤防险情隐患快速探测技术与装备、智能化节水灌溉技术与装备、全断面岩石掘进施工技术、水质多参数监测设备等方面取得重要突破。加强新一代信息技术应用，北斗定位系统、卫星遥感、测雨雷达、激光雷达、智能传感设备等高新技术在水利行业得到广泛运用，迭代研发降雨预报模型、产汇流水文模型、洪水演进水动力学模型等水利专业模型，有效支撑数字孪生水利建设。一批水利科技创新重大研究成果获评国家级和省部级科技奖励，水利行业科技水平和能力显著提升。

二是重大科技计划组织实施卓有成效。聚焦重大国家战略，以水利部部长李国英在2024年水利部科学技术委员会全体会议上提出的10个方面问题为主线，围绕水利行业治理管理中亟须解决的技术瓶颈，凝练形成国家水网建设及水安全保障重大课题建议。作为主责单位承接"十四五"国家重点研发计划"长江黄河等重点流域水资源与水环境综合治理"重点专项，推荐有关单位申报并立项实施"重大自然灾害防控与公共安全""典型脆弱生态系统保护与修复"等其他涉水重点专项，组织实施长江水科学研究联合基金、黄河水科学研究联合基金，新部署80余项国家科技项目，加强重大科技问题集智攻关，提升推动水利高质量发展、保障我国水安全能力。

三是重大科技项目投入渠道不断拓宽。推动设立新的水利科技计划，强化对水利科技创新持续稳定的资金支持，加强支撑行业科研需求。联合国家自然科学基金委员会和有关央企推进国家自然科学基金长江水科学研究联合基金接续实施，积极推动新的水科学研究联合基金设立。组织实施243项水利部重大科技项目，调动不同渠道优势资源和力量参与水利科技研发，有效带动社会投入近17亿元。

金旭浩 米双姣 柳 杨 来志强 执笔
金 海 曾向辉 审核

水利标准化工作迈上新台阶

水利部国际合作与科技司

2024年，水利系统深入学习贯彻习近平总书记治水思路和关于治水重要论述精神，认真落实《国家标准化发展纲要》，将完善水利技术标准体系作为健全水利科技创新体系的基础性、先导性任务，全力推动水利新质生产力技术标准体系建设，进一步加强水利计量能力建设，水利标准化工作取得显著成效。

一、水利新质生产力技术标准体系基本构建

构建面向发展新质生产力的水利技术标准体系，修订印发2024年版《水利技术标准体系表》，全面优化标准体系框架结构和标准项目，纳入水利技术标准644项，着力填补标准空白，加快标准迭代更新，进一步突出水利技术标准对推动水利高质量发展的牵引和保障作用。聚焦水旱灾害防御、国家水网建设、复苏河湖生态环境、水资源节约集约利用、数字孪生水利建设等重点领域加大标准供给力度，制修订"急用先行"水利技术标准379项，报批发布标准39项（含国家标准4项、水利行业标准35项）。不断加强标准编制质量管理和标准化人才队伍建设，4项水利技术标准和2名个人荣获我国工程建设领域唯一标准奖项——标准科技创新奖。

二、水利标准化工作体制机制建设全面加强

全面构建系统完备、科学高效的水利标准化工作体制机制，修订印发《水利标准化工作管理办法》，优化标准制定发布程序，压缩制定周期，规范标准立项、制定、实施与监督的全生命周期管理，为加强标准有效供给提供完备制度保障。修订发布《水利技术标准编写规程》（SL/T 1—2024），进一步规范标准编写工作，提升标准质量水平。优化调整水利部标准化工作领导

小组、水利标准化工作专家委员会并制定相关工作规则，修订印发水利技术标准编制流程图，建立水利标准编制进度月度动态跟踪机制，压实标准制定审查主体责任，加快推进标准编制进度，提升标准编制质量。

三、水利技术标准实施监督有序推进

首次联合国家标准委等6部门面向全国开展水利技术标准实施效果评估，开展121项水利技术标准复审，加快标准立新汰旧、迭代升级。会同国家标准委组织完成第十一批国家农业标准化示范区"国家沿江灌区沙头片现代灌排技术标准化示范区""国家水土保持标准化示范区"绩效考核。对标团体标准综合绩效评价要求，修订《水利团体标准评估指标体系（试行）》，完成46项水利团体标准实施效果评估，促进水利团体标准规范优质发展。连续6年发布《水利标准化年报》，全方位、多层次展示水利系统标准化工作成效，为宏观管理和决策提供支撑。

四、水利标准国际化工作迈上新台阶

加快推进水利标准国际化跃升，与国家标准委、联合国工业发展组织顺利签署基于小水电国际标准协同推进乡村可持续发展的合作谅解备忘录。制定印发《水利标准国际化工作方案（2024—2026年）》，明确近三年水利标准国际化发展方向和主要目标，部署实施23项重点任务。积极参与国际标准制定，首次成功获批立项主导编制《小水电—术语》《地下水监测井透水灵敏度注水试验分析规程》2项ISO国际标准。进一步完善水利技术标准外文版体系，立项翻译12项水利技术标准英文版，累计翻译标准近百项。积极面向国际市场输出中国先进水利标准，累计推动海外工程项目采用中国水利标准260余项（次），以技术标准不断巩固提升中国水利国际影响力和话语权。

五、水利计量与资质认定工作取得突破性进展

首次获批筹建国家水资源计量站、国家水文计量站，成功建立流量、水位、雨量相关4项水利行业最高计量标准，有力填补国家计量体系空白。

一体化统筹水利计量技术规范体系建设,发布国家计量技术规范《农灌机井取水量计量监测方法》,将53项水利计量技术规范以附表纳入《水利技术标准体系表》,实现水利主要专业领域计量技术规范体系整体性布局。持续加强水利行业国家级检验检测机构资质认定管理,制定发布2024年版《水利行业国家级检验检测机构资质认定评审指南》,统一资质认定评审尺度,促进检验检测机构合法合规运行。顺利增补水利行业国家级检验检测机构资质认定评审员及主任评审员43名,国家级资质认定评审人才队伍进一步壮大。

六、下一步工作重点

2025年,水利标准化工作将认真贯彻落实习近平总书记治水思路和关于治水重要论述精神,深入实施《国家标准化发展纲要》,进一步促进水利标准化工作提质增效,为推动水利高质量发展、保障我国水安全提供有力技术支撑。

一是健全水利新质生产力技术标准体系。精准对接水利中心工作的标准需求,聚焦数字孪生水利、国家水网建设、智能大坝建设、雨水情监测预报"三道防线"等重点领域,加快推进"急用先行"水利技术标准制修订,推动标准编制进度月度跟踪机制常态化。

二是深入推进水利标准国际化。积极推动小水电、水文等优势领域国际标准制定,大力培育和建设国际标准组织涉水技术支撑平台,加大水利标准外文译本供给力度,依托海外工程项目和技术交流平台推动中国水利标准"走出去",持续提升中国水利标准化对外开放水平。

三是加快水利计量与资质认定工作提档升级。筹建国家水资源计量站、国家水文计量站,建设一批水文水资源等领域计量标准装置,修订《水利部计量工作管理办法》,强化水利专用计量器具管理。加强水利行业检验检测机构资质认定评审管理,促进水利检验检测机构专业服务能力提升。

张景广　蒋雨彤　王兴国　王丽珍　执笔
金　海　倪　莉　审核

专栏 92

推动构建面向发展新质生产力的水利技术标准体系

水利部国际合作与科技司

2024年6月12日，水利部修订发布《水利技术标准体系表》（以下简称《体系表》），旨在深入贯彻习近平总书记关于加快发展新质生产力、扎实推进高质量发展的重要讲话精神，推动落实党中央、国务院印发的《国家标准化发展纲要》，充分发挥水利技术标准的导向性、引领性、推动性、基础性作用，为全面提升国家水安全保障能力提供技术支撑，是加快发展水利新质生产力、扎实推进水利高质量发展的标志性成果。

本次《体系表》修订，坚持统筹高质量发展和高水平安全，统筹水利勘测、规划、设计、建设、运行全生命周期，统筹物理工程与数字孪生，具备预报预警预演预案功能的基本原则，按照加快发展水利新质生产力要求，对照推进水利高质量发展的目标路径，全面优化《体系表》框架结构和标准项目，共设置专业门类15个、功能序列13个，纳入水利技术标准644项。面向水利科技前沿和行业发展重大需求，着力填补标准空白，加快标准迭代更新，推进标准研制与科技创新协同发展，进一步突出水利技术标准对数字孪生水利建设、大坝安全智能监测、雨水情监测预报"三道防线"、国家水网建设、流域治理管理等水利中心工作的牵引和保障作用。

《体系表》是水利标准化工作中长期发展规划的主要依据，也是加快推进水利治理体系和治理能力现代化的重要手段。水利部高度重视水利技术标准体系建设工作，先后于1988年、1994年、2001年、2008年、2014年和2021年发布实施了6版《体系表》，为水利高质量发展奠定了坚实基础。下一步，水利部将充分发挥《体系表》对水利标准化工作的规范和指导作用，加快推动水利标准化发展向质量效益型转变，不断增强标准化治理效能，以高水平标准化助力加快发展水利新质生产力、引领支撑水利高质量发展。

张景广 蒋雨彤 何一帆 执笔
金　海 倪　莉 审核

专栏 93

水利行业首次获批筹建国家专业计量站

水利部国际合作与科技司

2024年3月4日，由水利部推荐申报的国家水资源计量站、国家水文计量站获市场监管总局批准筹建。这是水利行业首次获批筹建国家专业计量站，标志着水利计量体系和能力建设取得突破性进展，是水利部深入贯彻习近平总书记关于治水重要论述精神、落实《计量发展规划（2021—2035年）》的重要成果。

经市场监管总局批准，国家水资源计量站依托中国水利水电科学研究院筹建，承担电磁流量计等7种水利行业专用计量器具的检定、校准和测试任务；国家水文计量站依托南京水利科学研究院筹建，承担翻斗式雨量计等5种水利行业专用计量器具的检定、校准和测试任务。

国家水资源计量站、国家水文计量站的成功获批筹建，有效填补了国家计量体系在水利领域的空白，立足水利高质量发展对计量的实际需求，进一步强化了水利行业量值传递溯源能力，提升水利计量管理水平。以准确可靠的量值保障，支撑服务水资源消耗总量和强度双控管理，加快完善取用水监测计量体系，推动规范有序实行水资源税从量计征，为构建数字孪生水利体系数据底板、建立雨水情监测预报体系、推动智能大坝建设等重点工作提供精准数据支撑，对于深入实施国家节水行动、提升水旱灾害防御能力具有重要意义，有利于进一步夯实国家水安全保障的计量基础，推动实现高水平依法治水管水兴水，为加快发展水利新质生产力、推进水利高质量发展提供更加强有力的计量支撑。

张景广 蒋雨彤 韩孝峰 执笔
金 海 倪 莉 审核

开创水利国际合作新局面

水利部国际合作与科技司

2024年，中国水利深入贯彻习近平外交思想，认真落实习近平总书记关于治水重要论述精神，坚持服务国家外交大局，支撑保障水利高质量发展，大力推进"一带一路"建设水利合作，持续推动习近平总书记"节水优先、空间均衡、系统治理、两手发力"治水思路成为国际主流治水理念。

一、服务元首外交取得新突破

中东（帝汶）、中印（尼）、中芬水利合作纳入两国元首外交成果清单，水利部部长李国英出席元首会晤活动并签署水利合作文件。认真贯彻落实领导人会晤成果，加强内外联络对接，从服务外交和受援国实际需求出发设计务实援助项目，派专家团赴东帝汶开展项目前期设计查勘，邀请东帝汶、印尼专家来华学习水利建设管理经验。

二、多双边交流合作再上新台阶

高位推动水利对外合作，完成30余场高层互访任务。深度参与第十届世界水论坛，首发宣介《深入学习贯彻习近平总书记关于治水的重要论述》（英文版）和《河流伦理建构与中国实践》。在京成功举办第三届亚洲国际水周并发布《北京宣言》，首次在国际性文件中完整全面采纳习近平总书记治水思路核心要义。签署多双边水利合作协议4份，成功开展40余场多双边机制性水利交流活动，指导在华主办17场主场国际水事活动，组织协调多层次代表团出席73场重要水事活动，全面对外宣介习近平总书记治水思路及其指引下中国水利取得的历史性成就，获国际社会广泛好评和热烈反响。

三、"一带一路"建设水利合作高质量推进

深入学习贯彻习近平总书记在"一带一路"建设工作座谈会上的重要讲话精神，抓好高质量共建"一带一路"8项行动水利任务落实，如期完成第三届"一带一路"国际合作高峰论坛部署的5项水利成果，水利合作事项纳入中国政府与40多国"一带一路"合作文件和实施方案。水利部3项案例荣获"第五届全球减贫案例征集活动"最佳减贫案例。顺利实施13个水利援外培训班，累计培训学员300余名。推进实施流域生态保护和水旱灾害防御等国际合作项目，积极引进国际先进理念和实用技术服务水利重点工作。

四、港澳台及外事管理工作取得新成绩

组织安排高级别代表团赴港出席国际基建项目领导峰会，并与香港发展局商谈建立合作机制；组织召开澳门附近水域水利事务管理联合工作组第十次会议；认真贯彻粤港澳大湾区水安全保障规划要求，一体推进粤港澳大湾区水安全保障，并联合开展重大项目研究与人员交流。进一步做好对金门、马祖供水保障工作；巩固发展两岸水利交流机制，获批4项重点对台交流项目，实现疫情以来入岛团组零的突破，完成台湾水利调研报告，获中共中央台办肯定。进一步规范因公出国（境）团组计划分类审批程序，印发在华举办国际会议全过程管理工作要点和因公出国（境）团组全过程工作提醒。配合开展省部级以下涉外论坛清理整顿工作。组织举办水利外事联络员培训班。水利外事管理工作成效获外交部点名表扬。

五、国际河流机制性合作与双边交流不断巩固拓展

持续强化国际河流工作统筹协调，成功举办中哈、中俄、中蒙、中印、澜湄等国际河流合作机制性会议，与孟加拉国、越南新修订续签报汛备忘录或实施方案，国际河流对等报汛站点数量增加至70余个，有力保障边境地区防洪安全、服务周边外交大局，合作成效得到中哈联合声明、中

俄总理第二十九次定期会晤联合公报等重要双边文件高度评价。巩固拓展中哈节水和水资源领域合作，成立中俄防洪合作工作组，续签中老水资源领域合作谅解备忘录，与湄公河五国就加强信息共享达成共识，国际河流丰硕合作成果为推动构建周边命运共同体贡献水利力量。

六、下一步工作重点

2025年，水利系统将坚定不移以习近平外交思想为指导，继续大力推动习近平总书记治水思路成为国际主流治水理念，以高水平水利国际合作工作，助力水利高质量发展，为谱写构建人类命运共同体治水篇章贡献更多中国理念、中国方案、中国力量。

一是持续深化水利多双边交流合作。精心设计高层互访安排，推动新签续签一批合作谅解备忘录，不断扩大中国水利"国际朋友圈"。围绕水利高质量发展需求统筹设计双边合作项目内容，加强引进国外先进技术与成熟经验。精心筹备在华办好国际大坝委员会第二十八届大会暨第九十三届年会，积极参与第四十一届国际水利学大会等重要国际水事活动，不断推动习近平总书记治水思路成为国际主流治水理念。积极推动举办中国—欧盟水政策对话机制第三次会议、中欧水资源交流平台第十一次年度高层对话会和中欧商务交流活动，密切跟踪上合组织、二十国集团等重要多边机制涉水交流活动，深度参与全球水治理。

二是高质量推进"一带一路"建设水利合作。着力打造"小而美"项目，继续推动供水、灌溉、防洪、小水电等民生项目实施，打造一批接地气、聚人心的合作成果。突出规划引领，强化设计咨询对境外项目的引领带动作用，积极推进国际产能合作。深入开展援外培训，构建多层次、宽领域、高水平的发展中国家水利人才培训网络，助力各国提高水管理能力水平。

三是巩固深化国际河流互利共赢合作。在外交大局和水利高质量发展全局中统筹做好国际河流工作。精心设计与柬埔寨、泰国、越南等湄公河国家开展高层互访，深化澜湄水资源合作和与湄公河国家水利双边合作；组织举办第四届澜湄水资源合作论坛，引领推动澜湄全流域水治理国际交流与合作；稳步运行国际河流固定合作机制，推动中哈节水等创新领域合作；持续开展国际河流水文报汛和信息共享，加快国际河流管理信息化建设。

王晋苏　彭竞君　翟晓娟　执笔
金　海　徐　静　王　伟　审核

专栏 94

积极落实支持高质量共建"一带一路" 8 项行动水利任务

水利部国际合作与科技司

2024 年，水利系统深入学习贯彻习近平总书记关于共建"一带一路"的重要讲话精神，抓好中国支持高质量共建"一带一路"8 项行动水利任务落实。

一是加强"一带一路"建设水利合作顶层设计和任务宣贯，编制印发高质量共建"一带一路"8 项行动水利任务落实方案，强化任务清单式管理；召开推进"一带一路"建设水利合作工作座谈会，深入学习贯彻习近平总书记在"一带一路"建设工作座谈会上的重要讲话精神，明确下阶段工作目标并加强经验交流分享。

二是圆满完成第三届"一带一路"国际合作高峰论坛重点任务，水利部 5 项务实成果全部如期落实并发挥民生效益，其中，"'澜湄甘泉'农村饮水示范""中国—巴基斯坦小型水电技术'一带一路'联合实验室"荣获"第五届全球减贫案例征集活动"最佳减贫案例，为全球水治理贡献了中国智慧。

三是持续推动水利"小而美"项目建设工作，组织专家组赴东帝汶、印度尼西亚开展水利调研，在农村供水、防灾减灾、小流域治理、小水电开发等领域实施诸如孟加拉国莫汉南达橡胶坝建设、赞比亚小水电开发等民生水利项目，得到了当地政府和民众的高度评价。

四是增进民心相通，顺利执行 13 期境内外、多语种援外培训项目，为 41 个发展中国家的 300 多名政府官员和技术专家提供水利技术培训，全面提升有关国家水治理能力水平。

五是积极拓宽水利"一带一路"合作平台，推动澜湄水资源合作中心成功获得援外培训机构资质，启动筹建"一带一路"国际水联盟。

池欣阳　彭竞君　执笔
金　海　徐　静　审核

专栏 95

国际河流防洪合作成果丰硕

水利部国际合作与科技司

2024年，水利部党组坚持以习近平新时代中国特色社会主义思想为指引，坚持亲诚惠容和与邻为善、以邻为伴周边外交方针，与周边国家积极开展跨界河流报汛合作，截至2024年年底，与周边国家对等相互报汛站点已超过70个，为边境地区防洪安全提供有力支撑。

中哈跨界河流报汛和防洪合作。春季，哈萨克斯坦遭遇80年以来最严重洪灾，5月中旬，中哈跨界河流额尔齐斯河发生洪水。应哈方请求，水利部向哈方提供了中国开展水旱灾害防御工作的有关经验和技术资料，并在双方相关协议基础上增加额尔齐斯河中方水文站向哈方报汛频次，为下游地区做好水库调度和保护居民利益提供了重要帮助。哈方在7月中哈两国元首共同发表的《中华人民共和国和哈萨克斯坦共和国联合声明》中就此表示感谢。

中俄跨界水防洪合作。7月，中俄界河乌苏里江发生超历史纪录洪水，根据两国跨界水合作工作安排，双方流域机构及时召开防洪合作会议，相互通报了降水和洪水预报情况，就充分利用各自境内支流水库调蓄洪水径流进行了深入交流，有力促进了双方在跨界水领域的防洪合作，为沿岸两国人民生命财产安全提供了有力保障。8月发表的《中俄总理第二十九次定期会晤联合公报》对两国专家防洪合作成果予以高度评价。

中孟水文报汛合作。7月孟加拉国总理来华访问期间，在两国总理见证下，水利部部长李国英与孟方代表共同签署了相互交换汛期水文资料的谅解备忘录，实现两国在雅鲁藏布江—布拉马普特拉河—贾木纳河汛期上下游水文信息共享，夯实了流域应对气候变化、防灾减灾的合作基础。

澜沧江—湄公河防洪合作。汛期，湄公河流域泰国、老挝相关地区受台风"摩羯"影响发生洪水，水利部一方面组织专家开展流域水情分析，协调国内部门和企业科学调度澜沧江梯级水电站，减轻下游防洪压力，另一方面及时与泰方、老方沟通信息，澜湄水资源合作信息共享平台网站发布"科学调度澜沧江梯级水电站 努力减轻下游防洪压力"消息，中国驻老挝使馆官微发布信息指出"网传中国景洪水电站泄洪完全是谣言"，有力澄清了中国泄洪导致湄公河洪水的不实信息，进一步提升流域上下游共同应对水旱灾害的合作互信。7月举行的澜湄水资源合作联合工作组第五次会议上，6国就加强信息共享、上下游互相提供水情信息达成共识。

杨泽川　翟晓娟　王小敏　曾　鑫　执笔
金　海　王　伟　审核

专栏 96

第三届亚洲国际水周成功举办

水利部国际合作与科技司

经国务院批准，第三届亚洲国际水周（以下简称第三届水周）于 2024 年 9 月 23—28 日在北京市顺利召开。

第三届水周由水利部和亚洲水理事会主办，中国水利水电科学研究院承办，共有来自 68 个国家水管理部门、20 余个国际组织和国际学术机构以及水利科研院所、高等院校、涉水企业等近 1300 名代表参会，其中外宾约 600 人，包括 9 位亚洲国家部级官员。

第三届水周以"共促未来水安全"为主题，紧紧围绕坚定不移推动习近平总书记"节水优先、空间均衡、系统治理、两手发力"治水思路成为国际主流治水理念和促进涉水领域的先进技术、设备、标准"走出去"的目标，向国际社会大力宣介习近平总书记治水思路及其指引下的中国治水理论和实践成效，全面展示习近平总书记治水思路在解决亚洲乃至全球共同面临的水问题上的普适性、有效性，取得一系列丰硕成果，得到与会各方代表高度评价。

水利部部长李国英在开幕式上作主旨报告，全面阐述习近平总书记治水思路的时代背景、重大意义及精神实质，详细介绍在习近平总书记治水思路指引下，中国水利在有力保障防洪安全、供水安全、粮食安全、生态安全及深化改革等方面取得的历史性成就，并基于中国治水实践和治水经验，提出协同推进理念创新、治理创新、科技创新、合作创新 4 点倡议。

第三届水周主要成果文件《北京宣言——第三届亚洲国际水周亚洲水声明》首次以会议举办地冠名，将习近平总书记治水思路完整纳入，并依托水周 6 大议题，提出具体可行、普遍适用的中国治水倡议，其中包括树立节水优先观念、优化水资源配置与调度、强化流域综合管理、采取政府与市场协同融资方式、共同践行河流伦理、发展智能大坝理论与实践、推广数字孪生技术、提升早期预警和预报系统、加强场景预演和预案编制等具体治水措施。《北京宣言——第三届亚洲国际水周亚洲水声明》的发布体现出，习近平总书记治水思路不仅是解决中国水问题的有效途径，也是解决亚洲乃至全球共同面临水问题的有效路径。

高雅琪　执笔

金　海　王　伟　审核

水利宣传引导有力有效

水利部办公厅　水利部宣传教育中心
中国水利报社　中国水利水电出版传媒集团有限公司

2024年，水利宣传工作坚持以习近平新时代中国特色社会主义思想为指导，积极践行习近平文化思想，紧紧围绕贯彻落实党的二十大和二十届二中、三中全会精神，认真落实党中央决策部署和水利部党组指示要求，牢牢把握正确导向，不断扩大宣传声势、壮大主流舆论、汇聚奋进力量，水利行业的社会知名度和美誉度持续提升。

一、高擎思想旗帜，理论宣传出新出彩

认真学习贯彻习近平新时代中国特色社会主义思想，特别是坚持不懈抓好习近平总书记治水思路和关于治水重要论述精神体系化、学理化研究阐释，持续推动宣介工作走深走实。协调推动中央媒体深入解读《习近平关于治水论述摘编》并及时进行反响报道。大型电视纪录片《治水记》（国内版、国际版）在中央广播电视总台（以下简称总台）央视重点频道滚动播出20余轮次。参与录制《习近平经济思想系列讲读》，不断拓展宣传阐释深度广度。出版《河流伦理建构与中国实践》（中英文版）并在第十届世界水论坛宣介。协调《人民日报》《求是》《经济日报》《光明日报》刊发水利部党组和李国英部长署名文章13篇。

二、坚持守正创新，主题宣传亮点纷呈

在庆祝中华人民共和国成立75周年、古贤工程开工建设、三峡工程开工建设30周年、南水北调东中线一期工程全面通水10周年等重要节点推出系列重磅报道，"大美江河""幸福三峡""行走东中线""高质量发展调研行""家乡河·幸福河"等主题活动成效显著，展现了治水安邦、兴

水利民新画卷。贯彻落实节水优先方针，通过新闻发布会等途径大力宣贯《节约用水条例》，各地联动开展"节水中国行""节水大使"选聘等宣传教育活动，助力全社会强化节水意识、形成节水型生产生活方式。成功打造"中国经济圆桌会""会里会外""生态中国"水利专题节目，持续做好经济宣传报道，大力唱响中国经济光明论的水利篇章。全年《人民日报》、新华社、总台央视播发水利新闻报道 3200 余条；特别是头版、头条以及深度节目等高质量报道大幅增长，会同总台央视制播《共治一江水》《非常汛期　非常"战法"》等纪录片；《人民日报》头版等重要版面发布 20 余条水利报道；新华社通过文字、图片、音视频等形式，推出水利报道 1500 条；央视《新闻联播》播发水利新闻 177 条，《焦点访谈》播出水利专题节目 10 期。

三、加强舆论引导，新闻发布权威高效

在第十届世界水论坛、第三届亚洲国际水周等国际水事活动中，积极展示中国水利高质量发展成就，宣介中国智慧、中国方案、中国力量，推动习近平总书记治水思路成为国际主流治水理念。充分发挥新闻发布在新闻宣传方面的龙头牵引作用，围绕水利基础设施建设、国家水安全保障进展成效、水利保障农业生产等主题举行 20 场新闻发布活动，多次获中央宣传部通报表扬。李国英部长出席"部长通道"集体采访活动，微博等平台相关话题阅读量超 1425 万人（次）；司局级以上领导 71 人次走上发布台，回应热点问题 155 个，各媒体记者 600 余人次进行现场报道，相关稿件突破 8 万篇。

四、切实担负使命，文化文艺工作空前加强

用好红色资源，赓续红色血脉，"共和国印记"主题活动引发广泛关注，其中"共和国水利故事我来讲"展演活动、"江河奔腾看中国"展览活动分别被中央宣传部、中央网信办等列为国家重点推介项目，充分发挥以文化人、以文育人的重要作用。深入贯彻落实《中共中央办公厅关于加强新时代廉洁文化建设的意见》，成立中国水利廉洁文化中心，编纂出版

《河山正气》等图书，举办《治河廉洁人物》巡展，积极打造廉洁文化宣传展示品牌。圆满完成"五个一工程"奖组织报送工作，豫剧《大河安澜》获优秀作品奖，填补了水利部历史空白。此外，纪录片《黄河安澜》、电视剧《天下长河》喜获国家级奖项，《红旗渠精神永在》《小水滴游长江》获"中国正能量"网络精品奖。长江文化艺术季成功举办，"唱响新时代长江之歌""当代作家珠江行"等文艺创作活动反响热烈。同时，强化水文化工作顶层设计，组建水利部水文化研究工作指导委员会，开展《水利工程水文化建设设计导则》标准编制。

五、建强管好阵地，意识形态安全稳固

认真抓好意识形态工作责任制落实，定期研判舆情风险，不断提高舆情感知和应急响应能力。组织水利部党政机关举办论坛活动清理规范，清理优化宣传选树和媒体评奖活动。《中国水利年鉴》《中国黄河文化大典》编纂出版进一步提质增效，《中华人民共和国年鉴》首次成体系纳入水利内容，权威体现水利重要地位和综合功能。管网治网用网能力不断提升，水利部政府网站完成英文版改版，全年发布信息 4.7 万条、访问量超 9.7 亿人（次），在政府网站绩效评估中位列国务院组成部门第 3 名，获评"中国最具影响力党务政务平台"。

六、强化引导激励，统筹领导坚强有力

为统一思想、凝聚力量，组织召开中央媒体座谈会、水文化工作座谈会等重点会议，持续开展水利新闻宣传考评工作，以及"水利好新闻"遴选和"中国水利记忆"评选活动。首次评选全国水利宣传先进集体和先进个人，充分发挥先进典型的示范带动作用。举办水利宣传工作者、水利新闻宣传与舆情应对等培训，建设高素质专业化宣传思想文化干部人才队伍。

七、坚持全媒联动，行业媒体声量增强

中国水利报社建强宣传主阵地主平台，《学习进行时》栏目传播量超

1010万，精心策划水利系统宣传贯彻落实党的二十届三中全会精神、庆祝新中国成立75周年等系列稿件，全年融媒体平台累计推出作品超2.8万篇。传播水利好故事好声音，报道水利部部署762篇，唱响中国经济光明论的水利篇章，强势报道水利基础设施建设1300余篇，全时做好水旱灾害防御报道，推出防汛抗旱报道2300余篇。激发媒体新动力新活力，"中国水事"融媒体矩阵内容全年阅读量近2.5亿，产品入选中国报业深度融合发展内容供给创新类案例，进入抖音热榜、人民号热文榜单。打造20个"家乡河·幸福河"视频，TikTok浏览量超267万，推动中国河湖叙事走向世界。

胡　逸　孟　辉　陈晓磊　蔡晓洁　执笔
徐　刚　王厚军　李国隆　李中锋　审核

专栏 97

2024 年度"中国水利记忆·TOP10"评选结果

中国水利报社

一年一度的"中国水利记忆·TOP10"评选活动，即水利十大新闻、有影响力十大工程、基层治水十大经验 3 个系列评选活动，是水利系统的年度盛事，得到了行业内外的广泛关注。自 2011 年开始，评选活动已连续举办 14 年，成为水利系统扩大传播力、引导力、影响力、公信力的"品牌栏目"，对进一步讲好中国故事，传播好水利声音，推动全社会关心、重视、支持、参与水利工作，具有重要意义。

2024 年度"中国水利记忆·TOP10"评选活动以典型代表性、读者关注度、社会影响力为基准，经过多轮筛选确定候选名单。2024 年 12 月 24 日 8：00—29 日 17：00，在"中国水事"微信公众号进行为期 6 天的网络投票。据统计，此次评选活动共吸引 11.5 万人（次）参加投票，投票人员涵盖 30 个省（自治区、直辖市）。

经专家审议和广大读者网络投票，确定 2024 年度"中国水利记忆·TOP10"三大系列评选结果。其中，2024 水利十大新闻为：《习近平关于治水论述摘编》出版发行；水利部深入学习贯彻落实党的二十届三中全会精神；水利部门科学有序有效应对大江大河 26 次编号洪水；《节约用水条例》正式施行；增发国债带动水利建设全面提速，水利基础设施建设规模创新高；水资源费改税试点 2024 年 12 月 1 日起全面实施；母亲河复苏行动加快推进，河湖面貌得到根本性改善；全国首单水利基础设施 REITs 成功上市；数字孪生水利防洪"四预"工作取得新突破；全国水利系统先进集体、先进工作者和劳动模范获表彰。"黄河古贤水利枢纽工程开工建设"等被评为 2024 有影响力十大水利工程。"江苏宜兴市：建设应用现代化水库运行管理矩阵"等被评为 2024 基层治水十大经验。

2024年度"中国水利记忆·TOP10"评选结果通过中国水利报社融媒体矩阵发布，得到社会各界广泛关注，被行业内外多家媒体转发。通过开展2024年度"中国水利记忆·TOP10"评选活动，广大读者、网民共同回顾了水利事业波澜壮阔的发展历程，深切地感受到2024年水利事业发展取得的巨大成效和突破；激励了广大干部职工以更加奋发有为的精神状态干事创业，为推动水利高质量发展营造了良好的舆论氛围。

陈　岭　滕红真　李海川　王慧群　执笔
李国隆　李先明　审核

水利科普工作有力有效

水利部国际合作与科技司　水利部科技推广中心

水利部宣传教育中心　中国水利报社

中国水利水电出版传媒集团有限公司

2024 年，水利系统坚持以习近平新时代中国特色社会主义思想为指导，坚持把科学普及放在与科技创新同等重要的位置，深入贯彻落实《中共中央办公厅　国务院办公厅关于新时代进一步加强科学技术普及工作的意见》《全民科学素质行动规划纲要（2021—2035 年)》有关要求，围绕提升水利科普能力和公众水科学素质，不断加强水利科普顶层设计、品牌活动打造、科普作品供给、科普载体建设等工作，取得显著成效。

一、水利科普顶层设计不断加强

深入贯彻落实《水利部　共青团中央　中国科协关于加强水利科普工作的指导意见》。制定印发《关于进一步加强水利科技创新的指导意见》，进一步强调加强水利科普传播力和影响力，并对协同推进水利科技创新与科学普及提出具体要求，明确了当前和今后一段时期水利科普工作的重点内容。组织开展"水利行业科普能力建设"政策研究项目，研究提出加强水利行业科普能力建设的思路举措，为持续强化水利科普工作提供了有益的政策建议和参考依据。加强水利科普工作的统筹协调，压实压细各方工作职责，逐步构建形成水利部门主导、相关部门协同、社会公众参与的水利科普工作格局体系。

二、水利科普活动影响不断提升

结合全国科技活动周、全国科普日、世界水日、中国水周等重要时间节点，举办科普活动 500 余场（次），覆盖人数 70 余万，积极推动水利科普进学校、进社区、进农村、进机关、进企业。举办全国科普日水利主场活动暨第五届全国水利科普讲解大赛总决赛，充分发挥示范引领作用。持续打造水利特色科普品牌活动，举办首届"节水中国行"主题宣传活动，全国1208个市（县、区）共计1.1万余处地标建筑物参与"千城地标亮节水"活动。组织开展"守护幸福河湖"和"节水在身边"全国短视频比赛，参赛视频在活动平台累计播放量达18.2亿次。组织直播栏目"水科学大讲堂"，邀请中国工程院王浩院士、张建云院士等知名专家，围绕水利科学前沿话题和科技创新成果与广大网民进行互动，观看人数超21万、点赞次数超27万，水利科普品牌规模效应和社会影响力不断提升。深化国际水利科普交流，在第十届世界水论坛期间举办《你好，大坝》《水与人类：水精灵的全球水之旅》等多部中、外文科普读物发布活动，在全球范围内普及水知识与节水护水理念。

三、水利科普作品供给更加丰富

面向保障国家水安全需求和社会公众需要，围绕水旱灾害防御、水资源节约集约利用、河湖生态复苏及重大水利工程等重点领域，通过原创动漫、手绘长图、视频、文字等多种方式，组织创作了一批"有人气""接地气"的优秀水利科普读物、动画和微视频作品，通过通俗易懂的语言和丰富多样的呈现形式，为社会公众普及水科学知识。其中，多部作品获国家级和省部级奖项，《中国水利水电科普视听读丛书》《节水总动员之江小惜的时光旅行》入选2024年度全国优秀科普作品，《九曲黄河万古流》入选第四届自然资源好书；《"洪涝共治"，让城市不再"看海"》获评2024年全国优秀科普微视频。科普短文《@所有人，这份山洪避险指南请查收》被央视新闻转发和朝闻天下栏目引用；"'水促进共享繁荣'第十届世界水论坛主题绘本"入选"一带一路"出版合作典型案例。

四、水利科普载体主阵地作用充分发挥

加强21家全国科普教育基地建设，充分利用水利工程、科技创新基地、博物馆、科技馆等各类载体的特点和优势，持续发挥科普主阵地作

用，向社会公众提供优质多元的水利科普服务。重点围绕都江堰、红旗渠等不同时期典型水利工程，深入挖掘工程科普资源，通过科普讲解、科普产品、展演教具等方式生动展现水利工程科学内涵和技术亮点，引起社会公众广泛关注。依托水利部重点实验室、野外科学观测研究站等科技创新基地，举办公众开放日活动，让社会公众特别是青少年近距离接触水利科研设施设备，了解水利科技创新成果。依托水利博物馆、科技馆等，开展科普讲座、展览展示、沉浸式互动体验等形式多样的科普宣传活动。

2024年，水利科普工作成效显著，4名个人获评全国科普工作先进工作者，2个集体获评全国科普工作先进集体；3名选手参加第十一届全国科普讲解大赛，均获二等奖；1支队伍参加第七届全国科学实验展演汇演，获得一等奖；1项活动成功入选2024年全国科技活动周轮值主场活动清单。

五、下一步工作重点

2025年，水利部将持续深入贯彻落实习近平总书记关于科学普及的重要论述精神，按照水利部党组和全国科普工作联席会议有关工作部署，围绕水利重点领域强化开展水利科普工作，不断提升服务支撑水利高质量发展的能力。

一是深入做好政策法规的宣贯落实。全面宣传贯彻新修订的《中华人民共和国科学技术普及法》，深入落实《关于进一步加强水利科技创新的指导意见》中关于水利科普工作的相关部署，为构建新时代"大科普"工作格局贡献水利力量，为高水平水利科技自立自强夯实创新土壤。

二是持续打造特色水利科普活动。深化水利科普品牌活动建设，结合世界水日、中国水周、全国科技活动周、全国科普月等重要时间节点，开展全国水利科普讲解大赛、科学实验展演汇演等水利特色品牌活动，积极探索创新活动形式，不断提升活动品牌效应和影响力。

三是加快推进水利资源科普化工作。充分发挥水利遗产、重大水利工程、水利风景区、水利科技创新平台、科普基地等平台优势，围绕灵渠、大运河等古代重大水利工程，以及三峡工程、南水北调工程等近现代重大水利工程，发掘科普资源，丰富科普供给。

四是强化水利科普人才队伍建设。鼓励更多科研人员参与水利科普工作，加强科普能力培训，培养一批既懂专业又懂科普的复合型人才，提升水利科普专业性和权威性。强化科学传播能力培训，培养水利科普工作人员使用新媒体创作能力，不断加强水利科普的趣味性和参与度。

管玉卉　原杰辉　王　海　刘　伟　执笔
金　海　曾向辉　审核

激发水文化创新活力

水利部办公厅　水利部宣传教育中心　中国水利报社
中国水利水电出版传媒集团有限公司

2024年，水利系统深入学习贯彻习近平文化思想和习近平总书记关于治水重要论述精神，不断深化改革、坚持守正创新，推动中华优秀传统水文化创造性转化、创新型发展，深入挖掘水文化蕴含的时代价值，提供内容丰富、形式多样的水文化产品和服务，全力保护传承弘扬水文化。

一、开展水文化活动

水利部、国家文物局联合开展"共和国印记——江河奔腾看中国"主题活动。遴选了75件能够反映社会主义革命和建设时期、改革开放和社会主义现代化建设新时期、中国特色社会主义新时代以来，水利事业伟大成就和时代变迁的见证物，在中国水利博物馆进行集中展示。深入挖掘见证物蕴含的思想内涵、时代价值和教育意义，以物证史，以物叙史，遴选了75名共和国水利故事讲述人。举办"共和国水利故事我来讲"展演活动，邀请部分共和国水利故事讲述人以亲历者、见证者、讲述者的视角，深情讲述中国治水事业的历史性变革，热情讴歌新时代新征程水利高质量发展的火热实践，生动展示伟大祖国75年波澜壮阔的发展历程，激励广大水利工作者踔厉奋发、拼搏奋斗，为推动水利事业高质量发展，实现中华民族伟大复兴中国梦凝聚强大精神力量。组织"少年黄河考察营"等社会公众参与度高、品牌影响力强的水文化主题活动，抖音等多媒体平台播放量超过4亿人（次）。

二、深化水文化研究

紧紧围绕治水实践，结合《中华人民共和国水法》修改，研究水文化相关制度，提出相关水文化法条内容，为水文化建设提供坚实法治保障。深入分析水工程与水文化有机融合案例，组织编制《水利工程水文化建设设计导则》，促进水文化与水利工程融合加速发展，为丰富水利工程文化内涵提供科学指引。不断深化河流伦理研究，出版《河流伦理建构与中国实践》，并在第十届世界水论坛向世界宣介，组织编写河流伦理学教材。组织开展中国古代典型水利工程技术创新研究，深入挖掘郑国渠"横绝"技术、灵渠分水机制和大运河穿黄工程蕴含的科技创新点和历史文化价值，传承弘扬中华优秀传统文化。开展良渚水利文明在中国治水文明中的地位和作用专题研究。开展大禹文化研究，系统整理禹迹，关注禹会遗址考古发掘，组织考古专家和水文化专家召开禹会遗址考古发掘情况座谈会，出版《中国禹迹图导读》。

三、大力弘扬水文化

推出《以习近平文化思想为引领　开创水文化繁荣发展新局面》《千年运河奔向新时代》《讲好"黄河故事"坚定文化自信》等重要专题，开设《文化中国行》《跟着总书记领略江河文化》等栏目，推出《里下河：水乡洼地　文化高地》《人民胜利渠：不忘为民初心　传承引黄文化》《存史启智续文脉》等稿件，以小切口反映水利遗产保护、水文化建设的生动实践。中国水利网站专设"水文化"频道，策划推出《水脉·文脉》网络专题；"中国水事"微信公众号策划推出《大江奔腾》音频文化栏目，带领读者从自然、人文两方面，感受长江流域灿烂辉煌的文化，累计传播量近422万人次；持续推出《治水廉吏》系列报道，宣传水利廉洁文化；推出《我和大运河的故事不止十年……》图文报道，分享大运河沿线水利工作者保护传承大运河文化的故事。

积极推进国家出版基金资助项目《中国黄河文化大典》的编纂工作，出版了《中国黄河文化大典·工程档案（古代部分）一》。出版《黄河生态纵横谈》（黄河水文化科普丛书）等"十四五"国家重点出版物，《中国水文化概论》等"十四五"时期水利类专业重点建设教材。策划出版《一滴水》《了不起的三峡》《水与人类：水精灵的全球水之旅》《你好，大坝》等科普读物，以社会大众喜闻乐见的方式弘扬水文化，努力打造多类型、广覆盖的水利科普品牌。

四、加强水文化国际传播

联合联合国教科文组织在有"世界古代水利建筑明珠"之称的广西灵渠举办第四届水文化国际研讨会，以"通江达海：运河发展与人类文明"为主题，国内外专家深入交流运河历史与文化、运河工程与科技，探讨运河的保护与现代价值传承。在三峡工程开工建设30周年之际，联合媒体制作中英文两版三峡工程短视频，宣传三峡工程作为"国之重器"护佑长江安澜、增进人民福祉所发挥的重要作用，新华网客户端的浏览量接近90万人次，中国日报脸谱平台浏览量接近18万人（次），点赞数3000多次，分享2000多次。中国水利水电出版社出版的"水促进共享繁荣"第十届世界水论坛主题绘本入选"一带一路"出版合作典型案例。该主题绘本共有中文、英文、法文、印尼文4个语种，是由水利部国际经济技术合作交流中心、全球水伙伴中国委员会、全球水伙伴东南亚委员会、印度尼西亚PT Bintang Sempurna 出版社以及来自泰国的插画师联合策划、绘制、编写、翻译、审稿、出版和推广，并在第十届世界水论坛上发布。

下一步，水利系统将全面完成《"十四五"水文化建设规划》重点任务，启动《"十五五"水文化建设规划》编制工作，制订出台《水利工程水文化建设设计导则》，做好水文化遗产调查、研究、保护、传承、利用，出版河流伦理学教材、《中国黄河文化大典》等一系列水文化精品力作，不断创新水文化传播形式，全面提升水文化社会影响力。

王浩宇　梁延丽　汪汶欣　周　妍　樊弋滋　　执笔
　　　　　　　　　　魏晓雯　罗景月　蔡晓洁

刁莉莉　王厚军　李国隆　马　加　李中锋　审核

专栏 98

我国 4 处灌溉工程入选第十一批世界灌溉工程遗产名录

水利部农村水利水电司

2024年9月3日上午，在澳大利亚悉尼召开的国际灌排委员会第75届执行理事会上，2024年（第十一批）世界灌溉工程遗产名录公布，我国新疆吐鲁番坎儿井、徽州堨坝和婺源石碣联合申报的中国古堨、陕西汉阴凤堰梯田、重庆秀山巨丰堰等4处工程成功入选。至此，我国的世界灌溉工程遗产已达38项。这4处灌溉工程巧妙地利用了自然地理条件，无论是丰水的地方还是干旱的地方，都根据各自不同的自然特点来兴建水利工程，人与自然和谐相处，至今在持续发挥作用。

新疆吐鲁番坎儿井：坎儿井是新疆各族劳动人民为适应极度干旱和高蒸发量条件而创建的引出浅层地下水进行灌溉的古代水利工程，距今有600年以上的历史。坎儿井是巧妙利用地形地势开凿的地下水取水工程，一个完整的坎儿井系统，主要由竖井、暗渠、明渠和涝坝这四部分组成。虽然叫"井"，却是一条"渠"。吐鲁番现存坎儿井1200余条，其中有水坎儿井近190条，年径流量为1.14亿 m^3，控制灌溉面积近10万亩。

徽州堨坝—婺源石碣（联合申报）：堨是从古徽州文化中传承下来的砌石引水堰坝类型的水利工程。黄山徽州区和江西婺源县历史上都辖于古徽州，由于地理条件等方面的差异，徽州区的古堨大都修建在丰乐河等较大河流上，其规模更大，在当地被称为堨（huì）坝；而婺源县的古碣大都修建在小河溪流上，其规模较小，在当地被称为石碣（hè）。徽州全区现存古堨坝500余座，其中500年以上古堨坝5座；婺源县现存坝长5 m以上、水位上下高差0.8 m以上的石碣共计2052座，其中百年以上的有1181座。古堨营造的优美水景观与古村落、古建筑、古街、古道、宗祠等遗址遗存融合一体，蕴含深厚的历史文化价值和美学价值。

陕西汉阴凤堰梯田：凤堰梯田位于陕西省南部汉文化发祥地之一的汉阴县，灌区面积约5.2万亩，有"天上云梯""大地浮雕"之称。历朝历代的汉阴先民顺山地之势，借自然之力，形成了以凤堰梯田为代表的"田、渠、塘、溪"灌溉体系。古梯田的改造利用坡地、增加了耕地资源、防治水土流失，降低影响开发的方式，完美契合了"自然积存、自然渗透、自然净化"的海绵理念。

重庆秀山巨丰堰：秀山巨丰堰坐落于重庆市秀山县武陵山脉之间，始建于清乾隆三十二年（1767年），为清朝"改土归流"后应需而建，至今已灌溉近260年。这座百年古堰集防洪、灌溉、排沙等功能于一身，布局合理、结构科学，是丘陵山区引水灌溉枢纽的典范。"立体化"灌溉工程体系适应丘陵山区灌溉需求，拥有中国现存年代最早、规模最大、仍在使用的砌石渡槽拦河坝，保障灌区"高水高灌、低水低灌"，实现最大灌溉效益。特别是2022年遭遇特大干旱时，为实现粮食稳产增产，保障全县粮食安全作出了巨大贡献。

龙海游　戴　玮　申祖宁　执笔
许德志　审核

专栏 99

持续推进定点帮扶和对口支援

水利部水库移民司

一、发挥行业优势，助力定点帮扶县乡村全面振兴

2024年，水利部定点帮扶工作坚持以习近平新时代中国特色社会主义思想为指导，全面落实党中央、国务院关于推进乡村全面振兴和中央单位定点帮扶工作的决策部署，紧紧围绕强化组织领导、促进乡村振兴、加强工作创新等重点工作，发挥水利行业优势，督促指导重庆市郧阳区、万州区、武隆区、城口县、丰都县、巫溪县6个定点帮扶县区（以下简称6县区）学习运用"千万工程"经验，巩固拓展脱贫攻坚成果，有力有效推进乡村全面振兴。

一是加强组织领导。制定印发《2024年水利部定点帮扶工作要点》、6县区年度帮扶计划；水利部部长李国英看望慰问水利部援派挂职干部，要求挂职干部充分发挥桥梁纽带作用，积极协调推进帮扶重点工作，聚焦当地群众最关心最直接最现实的利益问题，着力抓好办成一批群众可感可及的事实；组织召开水利部定点帮扶工作会议，强调要以推进乡村全面振兴为抓手，持续发挥水利行业优势，聚焦"两确保、三提升、两强化"，学习运用"千万工程"蕴含的发展理念、工作方法和推进机制，助力6县区推进乡村全面振兴；水利部领导带队先后赴6县区调研考察7次，水利部开展调研298人（次），确保年度任务顺利实施。二是坚持实施"八大工程"。继续实施水"八大工程"，全年下达6县区水利投资20.61亿元；直接投入和引进帮扶资金8.62亿元；培训基层干部、乡村振兴带头人、专业技术人才等共计2906人（次）；直接购买和帮助销售农产品2233.38万元；结对共建党支部17个。三是继续做好对口支援宁都县工作。水利部帮

扶江西革命老区水利高质量发展座谈会在宁都县成功召开；帮助宁都县成功争取到全国深化农业用水权改革试点和全国第二批深化农业水价综合改革推进现代化灌区建设试点；继续做好挂职干部选派工作。

二、久久为功，助力三峡库区经济社会高质量发展

2024年是对口支援"十四五"规划的关键之年，各对口支援省区市聚焦生态环境保护、脱贫攻坚成果巩固拓展、产业高质量发展、基本公共服务供给、对外开放合作五大领域持续发力，久久为功，助力三峡库区经济社会高质量发展。2024年全国对口支援预计为三峡库区引进资金约209.3亿元，其中经济合作类项目资金约203.5亿元、无偿援助类项目资金约5.8亿元。

一是库区基本公共服务供给"软"实力得到显著增强。上海市实施"影子院长校长"工程，邀请库区骨干教师、医生到上海学校、医院跟班学习；天津市与万州区开展12个医学学科的建设和人才跟班培养；南京签署"1+6"教育合作协议，搭建全学段、全类别教育合作体系。二是产业绿色发展取得新成效。各支援省（自治区、直辖市）充分发挥优势、调动资源，在中药材、茶叶、旅游等不同领域打出产业扶持"组合拳"，三峡库区各县区各具特色的生态绿色优势产业正在逐步形成。三是脱贫攻坚成果得到进一步巩固。各支援省（自治区、直辖市）设立专门消费协作场馆、商场专柜，通过大型国际展会，如中国-东盟博览会、"西洽会"等推荐对口支援地区产品、举办对口地区特色农产品展销会、开展电商助农活动等多种方式，打通农产品销售"最后一公里"。四是人力资源开发水平得到全面提升。各对口支援省区市充分利用各自培训平台、培训师资及线上培训资源，采取"请进来、走出去"和"线上、线下"相结合的培训方式，为库区提升社会治理、工业管理、城乡建设、电子商务等领域专业化水平提供了智力支持。

付群明　姜远驰　执笔

朱闽丰　审核

专栏 100

水利援疆援藏工作进展

水利部规划计划司　水利部水利工程建设司

一、水利援疆工作进展

2024年，水利部深入学习贯彻习近平总书记关于新疆工作的重要讲话和第三次中央新疆工作座谈会精神，完整准确全面贯彻新时代党的治疆方略，全力推进水利援疆工作，为新疆高质量发展筑牢水安全保障。

一是推进新疆水网工程建设。实行重大水利项目前期工作周报制度，组织院士专家现场指导项目前期工作、工程建设中的难点问题。在资金安排上倾斜支持，安排新疆维吾尔自治区和新疆生产建设兵团中央水利资金200.3亿元，大石峡、玉龙喀什等重大水利工程正加快实施，"十五五"期间将建成发挥效益。

二是强化水资源节约集约利用。支持新疆61处大中型灌区现代化改造，10处灌区被评为国家节水型灌区。同时，指导新疆强化取水许可和用水定额执行监管，加强取用水监测计量，在线计量点超过1.6万个，规模以上取用水在线计量率达到75%。指导编制新疆水资源相关规划，细化水资源刚性约束措施，提升水资源利用效率和效益。

三是加强水生态保护治理。汛期，水利部多次会商部署塔里木河洪水防御和水资源利用，精准调度塔里木河水工程，塔里木河全线过流。支持新疆推进天山南北麓及吐哈盆地地下水超采综合治理，支持地方实施小流域综合治理提质增效，治理水土流失面积472 km^2。

二、水利援藏工作进展

水利部党组深入贯彻落实新时代党的治藏方略和党中央关于西藏工

作决策部署，始终把水利援藏工作作为一项重大政治任务和政治责任，紧紧围绕"十四五"时期水利援藏工作目标，坚持经济援藏、技术援藏、人才援藏、对口援藏、定点帮扶多管齐下，组织推动各项援藏任务有序实施。

一是加快推进经济援藏。积极支持西藏自治区加强水利基础设施建设，扩大水利投资规模，落实中央投资44.5亿元。统筹推进湘河、帕孜、旁多、桑德等工程建设实现重大节点目标，加大农村供水工程建设及维修养护力度，实施大中型灌区续建配套与现代化改造，支持西藏开展水旱灾害防御、水资源集约节约利用和水资源保护与修复治理。

二是统筹实施技术援藏。推动重要流域综合规划审批工作，完善西藏水网规划布局，开展水利科技"组团式"帮扶，扎实推进科技帮扶工作，做好西藏重大水利工程质量监督和技术帮扶工作，推动水利工程运行管理标准化建设和雨水情测报及大坝安全监测设施建设工作，强化河湖生态流量保障、加强取用水监督管理和重要河湖生态保护和修复有关工作，指导做好河湖长制、河湖水域岸线管理和河道采砂管理等，深入贯彻落实国家节水行动，节水水平和用水效率进一步提升。

三是大力推进人才援藏。选派优秀干部赴藏工作，开展专业技术人才援派帮扶，选派专业技术人才赴阿里、那曲、山南、日喀则、昌都、林芝等地区开展"组团式"技术帮扶，帮助当地解决水利管理和技术难题。围绕水旱灾害防御、河湖生态环境、工程建设和运行管理等内容，通过多种形式的人才支援、技术帮扶和培训，西藏水利干部职工技术能力水平显著提升，水利人才队伍不断壮大。

四是深入开展对口援藏。根据《水利部"十四五"援藏工作规划》确定的对口援藏103项具体任务，16个水利部直属单位按照有关责任分工认真落实，充分发挥人才、技术、资金优势，积极与西藏26个单位开展对口援助工作，大力推进各项任务有序开展，加快西藏高质量发展步伐。

五是着力抓好定点帮扶。按照中央和国家机关做好定点帮扶有关要求，有序推进帮扶工作"八大任务"，加快农村供水、水美乡村、防洪减灾等工程建设，实施产业帮扶、人才帮扶和技术帮扶，开展支部共建，为推动定点帮扶县长治久安和高质量发展提供水利支撑与保障。

杨　蕾　丁蓬莱　王　瑞　杜　帅　李　哲　白会滨　执笔
王九大　赵　卫　审核

党的建设篇

以"党建之为"保障水利高质量发展

水利部直属机关党委

2024年，在中央和国家机关工委、水利部党组的坚强领导下，水利部直属机关各级党组织坚持以习近平新时代中国特色社会主义思想为指导，深入贯彻落实党的二十大和二十届二中、三中全会精神，持续深入贯彻落实习近平总书记在中央和国家机关党的建设工作会议上的重要讲话精神，坚决贯彻落实习近平总书记重要指示批示和党中央各项决策部署，坚定不移推进全面从严治党，全面提升机关党建质量水平，为推动水利高质量发展、保障我国水安全提供坚强保证。

一、扎实开展党纪学习教育

认真组织实施，制定实施方案、召开动员部署会、举办专题读书班，水利部党组书记讲授专题党课；举办水利廉政大讲堂，召开在京直属单位座谈会、直属机关青年党员干部专题研讨会，开展网络答题，引导基层党组织通过"三会一课"、主题党日等形式，组织党员干部原原本本学习《中国共产党纪律处分条例》。加强督促指导，印发问题答复4期，工作提示4期，建立周工作调度机制，及时跟踪了解党纪学习教育进展情况；编印党纪学习教育专刊27期，在网站和报刊开设专栏专题，运用新媒体平台做好宣传。常态长效推进，召开部党建工作领导小组（扩大）会议，深入学习贯彻习近平总书记关于党纪学习教育的重要指示和中央党的建设工作领导小组会议精神，对部属系统党纪学习教育进行总结，对巩固深化党纪学习教育成果进行部署；研究细化工作措施，将纪律教育作为党内集中教育、干部教育培训的重要内容，推动党纪学习教育融入日常、抓在经常。

二、坚决走好践行"两个维护"第一方阵

举办学习宣传贯彻党的二十届三中全会精神宣讲会，水利部党组书

记、部长李国英作宣讲，组织3期部机关局处级干部、2期科级及以下干部共514人参加集中轮训。坚决贯彻落实习近平总书记重要讲话指示批示精神和党中央重大决策部署，紧盯国家水网建设、水旱灾害防御、农村饮水安全、复苏河湖生态环境、数字孪生水利建设等重点工作开展政治监督。扎实推进中央巡视整改，水利部党组召开2次会议，听取中央巡视整改工作进展情况汇报；召开调度会议，紧盯持续推进的整改任务跟进督办。持续推进政治机关建设，认真学习贯彻习近平总书记"7·29"重要指示精神，开展习近平总书记"7·9"重要讲话精神贯彻落实情况"回头看"，督促指导基层党组织严格落实党的组织生活制度。扎实推进内部巡视巡察工作，深入学习贯彻新修订的巡视工作条例，完善巡视工作流程和制度机制；开展2轮部党组巡视，对6个部直属单位党组织进行巡视监督；落实选调优秀干部到部党组巡视岗位锻炼机制，持续深化巡视巡察上下联动、贯通融合。

三、坚持不懈用习近平新时代中国特色社会主义思想凝心铸魂

持续深化党的创新理论武装，水利部党组开展集体学习研讨6次，举办读书班1期、辅导讲座1次，坚持年度学习情况通报、列席旁听、"一学一报"等机制，加强对直属单位党组（党委）理论学习中心组学习指导督导。认真学习贯彻习近平总书记治水思路和关于治水重要论述精神，组织学习贯彻《习近平关于治水论述摘编》，持续推动部属系统党组织和党员干部武装头脑、指导实践、推动工作。强化青年干部思想政治引领，开展水利部青年干部"学思想、强党性、重实践、建新功"演讲比赛、第二届"我学我讲新思想"水利青年理论宣讲活动，召开部直属机关青年干部代表座谈会。推进思想政治工作，开展机关干部职工思想状况调研，2023年度36项改进措施全部落实到位。

四、着力锻造坚强有力的基层党组织

深化党支部标准化规范化建设，制定贯彻落实工委意见的工作方案，不断提升基层党组织工作质量；扎实开展"四强"党支部创建，24个党支

部获评、49个党支部复查通过。强化基层党组织分类指导，建立完善各项党建工作机制，调研14个直属单位党组织，推动问题解决。加强党员队伍建设，推选45人获评中央和国家机关"四好"党员，组织参加工委举办的党支部书记、党小组长、党员干部培训班，做好党员发展，严格党费收缴、使用和管理，向43名老党员发放"光荣在党50年"纪念章。

五、持之以恒正风肃纪

筑牢中央八项规定堤坝，开展专项核查，通报典型案例，加大对违规吃喝问题整治力度，在重要时间节点严明纪律要求。深化"以案促教、以案促改、以案促治"专项行动，召开部直属系统警示教育大会，制作警示教育片，以党支部为单元集中观看研讨，组织对52名新任处级干部、新入职公务员开展集体廉政谈话。精准运用监督执纪"四种形态"，做好审计署对水利部2023年预算执行等情况反馈意见中有关问题的追责问责工作，做好134人（次）廉政意见回复工作。加强纪检工作规范化建设，修订印发水利部直属机关纪委工作规则、水利部直属机关纪委干部年度全员培训计划，制定谈话笔录注意事项清单。

六、深入推进精神文明建设和群团统战工作

持续深化精神文明建设，召开水利精神文明建设工作会议，开展"关爱山川河流·助力河湖复苏"志愿服务，做好全国文明单位申报推荐及复查工作，举办水利文明创建培训班，征集第五届"水工程与水文化有机融合"典型案例。统筹抓好群团统战工作，做好五一劳动奖、青年五四奖章、全国五好家庭等推荐工作；组织参加工委举办的书画摄影展等活动，开展元旦春节前夕走访慰问送温暖，举办水利部机关迎新春系列活动以及主题读书、体育健身、单身职工联谊等活动；召开直属机关第六次团代会进行换届选举，开展"三八"妇女节讲座、传承优良家风、恒爱行动等活动，指导侨联换届，支持配合民进中央、工委、北京市侨联有关工作。

七、压紧压实全面从严治党政治责任

推动落实全面从严治党责任，水利部党组召开水利党风廉政建设工作

会议、党的工作暨纪检工作会议、党建工作领导小组会议以及与驻部纪检监察组会商会议；印发水利部党组落实全面从严治党主体责任年度任务安排和部党建工作领导小组工作要点；制定《落实机关党建主体责任工作任务清单》《全面提高中央和国家机关党的建设质量行动方案（2024—2026年）》工作方案，按季度印发党建工作重点任务清单；开展2023年度党组织书记抓党建工作述职评议考核，92名党组织书记考核等次为"好"；派出5个检查组对46家司局单位落实全面从严治党主体责任情况进行核查。紧盯突出问题开展专项整治，聚焦水利基建工程领域突出问题，加强重要岗位和关键环节廉洁风险防控，严肃查处"靠水吃水"等腐败问题；成立水利部层面整治工作协调机构，召开整治工作调度会。加强廉洁文化建设，制定印发《关于加强新时代水利廉洁文化建设的实施意见》，调研推动相关措施落实。

2025年，水利部直属机关党的建设将坚持以习近平新时代中国特色社会主义思想为指导，深入学习贯彻习近平总书记关于党的建设的重要思想、关于党的自我革命的重要思想，持续贯彻落实习近平总书记在中央和国家机关党的建设工作会议上的重要讲话精神，坚持围绕中心、建设队伍、服务群众，进一步压实全面从严治党政治责任和机关党建主体责任，全面提升机关党建质效，以高质量机关党建引领保障水利高质量发展。

廖晓瑜　执笔

孙高振　审核

> 专栏 101

深入推进部属系统基层党组织建设

水利部直属机关党委

水利部党组牢固树立大抓基层的鲜明导向，以提升组织力为重点，持之以恒抓基层打基础，不断提高基层党的建设质量，夯实水利高质量发展的坚强战斗堡垒。

一、着力强化党组织政治功能

组织水利部属系统党组织深入学习贯彻习近平总书记在中央和国家机关党的建设工作会议上的重要讲话精神，开展贯彻落实情况"回头看"，逐项梳理措施任务落实情况。坚持不懈推进党的政治建设，常态化开展政治机关意识教育和对党忠诚教育。巩固拓展学习贯彻习近平新时代中国特色社会主义思想主题教育成果，完善以学铸魂、以学增智、以学正风、以学促干长效机制。扎实开展党纪学习教育，引导党员干部学纪、知纪、明纪、守纪。深入学习贯彻党的二十届三中全会精神，组织水利部机关3期局处级干部、2期科级及以下干部集中轮训班，加强对基层党组织学习的指导督促，确保全会精神在部属系统落地落实。组织党员干部认真学习《习近平关于治水论述摘编》，确保水利工作始终沿着习近平总书记指引的方向前进。

二、锻造坚强有力的基层党组织

梳理基层党组织建设存在的问题并进行通报，坚持问题导向，精准施策，不断提升基层党组织工作质量。扎实开展中央和国家机关"四强"党支部创建工作，以评促创、以创促建，24个党支部获评，49个党支部复查通过。健全完善基层党组织换届提醒督促机制，指导基层党组织做好换届选举工作，选优配强党组织班子。严格党的组织生活制度，指导基层党组织认真落实"三会一课"、民主生活会和组织生活会、谈心谈话、民主评议党员等基本制度，规范主题党日。根据不同类型党组织功能的差异性，加强分层分类指导，进一步明确党组织关系在地方的水利部直属单位党建工作责任。组织开展基层党组织创新案例、精品党课、优秀调研报告征集活动。开展2024年度党组织书记抓党建工作述职评议考核，强化考核结果运用，持续推动党组织书记履行好第一责任人责任。

三、全面加强党员队伍建设

加强党员教育管理监督，坚持抓在经常、融入日常、严在平常。对在防汛救灾抢险中充分发挥基层党组织战斗堡垒作用和广大党员先锋模范作用、党组织和党员在网络空间发挥作用进行部署，汇聚党员正能量。严把发展党员入口关，把政治标准放在首位，举办党员发展对象培训班，指导基层党组织从严做好党员发展工作。严格规范党员组织关系管理，印发进一步做好党员组织关系转移和接收工作的通知。扎实推进党员教育培训，组织人员参加工委举办的党支部书记、党小组组长、党员干部示范培训班。做好党内关怀帮扶工作，向43名老党员发放"光荣在党50年"纪念章，走访慰问生活困难党员和老干部老党员。开展"四好"党员选树工作，45人获评中央和国家机关"四好"党员。

严丽娟　执笔

孙高振　审核

专栏 102

水利精神文明建设成果丰硕

水利部直属机关党委

2024年，水利精神文明建设坚持以习近平新时代中国特色社会主义思想为指导，全面贯彻落实党的二十大和二十届三中全会精神，深入学习贯彻习近平文化思想，深刻领悟"两个确立"的决定性意义，增强"四个意识"、坚定"四个自信"、做到"两个维护"，为推动水利高质量发展提供了坚强思想保证和强大精神力量。

一、坚持不懈用习近平新时代中国特色社会主义思想凝心铸魂

巩固拓展学习贯彻习近平新时代中国特色社会主义思想主题教育成果，制定工作方案，完善以学铸魂、以学增智、以学正风、以学促干长效机制。认真组织学习党的二十届三中全会精神，水利部党组书记、部长李国英作宣讲，对局处级、科级及以下干部开展集中轮训，督促各级党组织开展多种形式的学习。持续深入学习习近平总书记关于治水重要论述精神，以习近平总书记发表保障国家水安全重要讲话十周年为契机，开展主题征文、网络答题、第二届"我学我讲新思想"水利青年理论宣讲等活动；推动《习近平关于治水论述摘编》正式出版发行，水利部党组理论学习中心组带头学习研讨，召开座谈会专题学习贯彻，水利部属系统党组织开展全覆盖、多层次学习。

二、扎实开展党纪学习教育

举办专题读书班、水利廉政大讲堂，邀请中央纪委国家监委有关负责同志作专题辅导；深化"以案促教、以案促改、以案促治"专项行动，召开直属系统警示教育大会，水利部部长李国英讲授党纪学习教育纪律党

课；召开党纪学习教育工作座谈会、青年党员干部党纪学习教育专题研讨会；开展纪律处分条例网络答题活动，引导各级党组织通过"三会一课"、主题党日等形式，组织党员原原本本学习纪律处分条例。巩固深化党纪学习教育成果，推动党纪学习教育融入日常、抓在经常。

三、着力培育和践行社会主义核心价值观

深化爱国主义教育，国庆前夕在水利部机关举行以"学习水利先进典型、弘扬爱国奉献精神"为主题的升国旗仪式。做好先进典型学习宣传，开展全国水利系统先进集体、先进工作者和劳动模范评选表彰工作，举办"双先"表彰大会，宣传第四届"最美水利人"先进事迹，编辑出版《中国水利人（九）》。坚持开展干部职工思想状况调研，及时了解干部职工思想动态。加强家庭家教家风建设，组织干部职工家庭参观"中华好家风"展览。广泛开展法治教育宣传，举行机关新任职公务员宪法宣誓仪式，举办国家宪法日专题讲座。

四、深化群众性精神文明创建活动

召开水利精神文明建设工作会议，安排部署水利精神文明建设年度重点任务。举办水利系统文明创建培训班，提升水利精神文明建设工作者能力素质。落实中央关于整治形式主义为基层减负要求，全面改进创新文明创建工作，做好第七届全国文明单位申报推荐和往届全国文明单位复查工作，积极推荐全国五一劳动奖、三八红旗手、青年五四奖章、五好家庭等。

五、积极培育水利行业新风正气

开展"关爱山川河流·助力河湖复苏"志愿服务活动，组织水利系统各单位在流域或辖区内河湖开展志愿服务活动，为河湖综合治理和生态修复作贡献。开展"节水中国行"主题宣传活动，通过中国"节水大使"公益代言、节水一线访谈、成果展览、范例观摩、节水短视频展播等形式，提升社会公众爱水、节水、护水意识。制定关于加强新时代水利廉洁文化

建设的实施意见,培育水利廉洁文化。征集第五届"水工程与水文化有机融合典型案例",持续发挥典型水工程在水文化建设中的示范作用。

林辛楷　执笔

孙高振　审核

专栏 103

推动党纪学习教育走深走实

水利部直属机关党委

2024年,水利部党组把开展党纪学习教育作为重要政治任务,深入学习贯彻习近平总书记关于党纪学习教育的重要讲话和重要指示精神,认真落实中央党的建设工作领导小组会议精神和《中共中央办公厅关于在全党开展党纪学习教育的通知》要求,认真制定方案,及时动员部署,抓好组织实施,高标准高质量开展好党纪学习教育。

一、强化思想引领

水利部党组充分发挥示范领学作用,先后围绕《中国共产党纪律处分条例》(以下简称《条例》)和习近平总书记关于全面加强党的纪律建设的重要论述开展2次党组理论学习中心组集体学习研讨。举办水利部党组党纪学习教育专题读书班,示范带动23家直属单位党组(党委)相继举办读书班。组织党员干部认真学习《习近平关于全面加强党的纪律建设论述摘编》。及时传达学习党的二十届三中全会和二十届中央纪委三次全会精神,推动全会精神在水利系统落地生根。

二、精心组织实施

水利部党组第一时间研究制定实施方案,召开动员部署会议,作出部署安排。成立党纪学习教育工作专班,印发党纪学习教育有关学习材料,推动党纪学习教育有序开展。驻部纪检监察组将党纪学习教育开展情况作为政治监督的重要内容,通过参加会议、专题讲授、调研指导等多种方式,督促抓好落实。部属系统各级党组织认真履行主体责任,迅速启动部署、及时制定方案,抓好党纪学习教育组织实施;各级纪检组织认真履行监督责任，形成齐抓共管的工作合力。

三、突出学习重点

印发《关于认真学习贯彻新修订的〈中国共产党纪律处分条例〉的通知》，组织学习中国干部网络学院"《条例》解读专栏"课程，举办水利廉政大讲堂，邀请中央纪委国家监委有关负责同志围绕《条例》作专题辅导讲座。组织开展学习贯彻《条例》网络答题活动，4万余名党员干部职工参与答题。将《条例》作为水利部党校的必学内容，纳入干部培训重点班次的重要内容，持续深化纪律教育。

四、深化警示教育

深刻总结杨昕宇严重违纪违法案件教训，持续深化"以案促教、以案促改、以案促治"专项行动，水利部党组书记、部长李国英亲自审定警示教育片，组织全体党员干部职工以党支部为单元集中观看，并对照检视剖析，开展研讨交流。召开水利部直属系统警示教育大会，李国英部长讲党纪学习教育纪律党课，引导党员干部以身边人、身边事为镜鉴，增强规矩意识、守好纪律底线。组织党员干部参观中央和国家机关廉政教育基地，走进燕城监狱聆听服刑人员现身说法，加强"情景式""沉浸式"教育。加大案件查办力度，强化监督执纪问责，形成有力震慑。

五、抓实督促指导

水利部党组书记认真履行第一责任人职责，水利部党组班子成员认真履行"一岗双责"，水利部党建工作领导小组成员单位按照分工各负其责，结合日常调研、监督检查，及时了解各司局各单位党纪学习教育进展情况。建立周工作调度机制，水利部党组党纪学习教育工作专班对党纪学习教育重点任务完成情况密切关注、及时提醒。召开在京水利部直属单位党纪学习教育工作座谈会，对推进党纪学习教育走深走实作出安排部署。

六、关注青年群体

制定水利部党组关于加强年轻干部教育管理监督的若干措施，每季度调度进展情况。举办"学思想、强党性、重实践、建新功"演讲比赛，召开水利部直属机关青年党员干部党纪学习教育专题研讨会，开展水利部机关新任处级干部、新入职公务员集体廉政谈话。水利部属系统各级团组织通过开展"学党纪·知敬畏·守底线"主题团日、举办青年干部纪律教育培训班、召开青年职工座谈会等方式，加强团员青年党纪学习教育。

七、加强宣传引导

制定水利部党纪学习教育宣传工作安排，在水利部门户网站开设党纪学习教育专题网页，分专题编印党纪学习教育专刊25期，宣传水利系统党纪学习教育亮点工作和经验做法。印发《关于加强新时代水利廉洁文化建设的实施意见》，以建设"清廉水利"为目标，推动形成崇廉拒腐的良好风尚。充分利用"中国水利""中国水事"微信公众号、《中国水利报》等平台，加强典型宣传、通报反面案例，营造遵规守纪的浓厚氛围。

八、坚持结合融入

水利部党组将开展党纪学习教育与推进水利中心工作紧密结合，出版发行《习近平关于治水论述摘编》，组织编写深入学习贯彻习近平江河战略（暂名），深入学习宣传贯彻习近平总书记关于治水重要论述精神，确保水利工作始终沿着习近平总书记指引的方向前进。第一时间学习贯彻习近平总书记对防汛抗旱工作重要指示精神，坚决扛牢水旱灾害防御天职。开展水利基建工程领域廉洁风险防控和腐败问题整治，严肃查处"靠水吃水"等腐败问题，努力把每一座水利工程都建成民心工程、优质工程、廉洁工程。

韩伟玮　执笔
孙高振　审核

专栏 104

坚定不移深化政治巡视
不断推进水利部党组巡视工作高质量发展

水利部直属机关党委（党组巡视工作领导小组办公室）

2024年，水利部党组坚持以习近平新时代中国特色社会主义思想为指导，深入学习贯彻党的二十大和二十届二中、三中全会精神，深入贯彻落实习近平总书记和党中央关于巡视工作的部署要求，坚定不移深化政治巡视，加强巡视整改和成果运用，以巡视监督实效为推动水利高质量发展提供坚强保障。制定实施水利部党组学习贯彻《中国共产党巡视工作条例》工作方案，围绕健全巡视巡察工作体制机制部署要求细化制定落实措施，完善水利部党组巡视工作流程，修订巡视工作手册，加强对部属单位巡察工作贯彻落实《中国共产党巡视工作条例》的指导督促，推动部属系统巡视巡察工作稳步前进、规范发展。坚持水利巡视政治方向，探索常规巡视板块轮动，集中安排对流域管理机构、新闻宣传单位、科学研究和政策研究单位党组织开展巡视监督，紧紧围绕学习贯彻落实习近平总书记"节水优先、空间均衡、系统治理、两手发力"治水思路和关于治水重要论述精神，聚焦履职尽责、进一步全面深化水利改革任务落实落地、防范化解水利重大风险等情况查找和推动解决突出问题。把加强巡视整改和成果运用作为推动巡视工作深化发展的着力点，加强统筹谋划和组织指导，压实被巡视党组织整改主体责任，持续完善巡视整改指导督促联动机制，推动具体问题即知即改、重点问题合力攻坚、共性问题分类施治，切实做好巡视"后半篇文章"。不断优化巡视监督与其他监督贯通协调工作机制，推动信息、资源、力量、成果共享，提升巡视综合监督效能。组织开展巡察工作必要性分析研判、巡察工作专项检查，加强调研指导，规范部属系统巡察工作体系。加强巡视干部队伍建设，选优配强巡视组组长、副组长，选调优秀干部到水利部党组巡视岗位锻炼。先后印发《水利部党组巡视组作风纪律情况后评估工作办法》《关于建立水利部党组巡视整改会商意见》《水利部党组巡视组工作人员选配管理办法》等巡视工作制度，加强巡视信息化建设，推进使用现场巡视单机系统，不断提升巡视工作制度化规范化水平。

王　茵　执笔
孙高振　审核

专栏 105

深化水利基建工程领域廉洁风险防控和腐败问题整治工作

水利部直属机关党委

为深入贯彻落实党的二十届三中全会、二十届中央纪委三次全会精神，深化整治水利基建工程领域突出问题，坚决铲除腐败滋生蔓延的土壤和条件，坚决查处"靠水吃水"等腐败问题，2024年5月水利部党组与驻部纪检监察组联合印发通知，在部属系统开展水利基建工程领域廉洁风险防控和腐败问题整治工作。

一、认真做好问题排查

水利部党组高度重视整治工作，成立整治工作协调机构，召开工作调度会，精心研究并推动有关工作落实。把问题排查作为首要任务，组织对十九大以来水利部直管已开工建设但尚未通过竣工验收的水利基建工程，围绕审查审批、招标投标、征地拆迁、结算验收等重点环节，紧盯业务主管部门重要岗位、工程建设单位领导班子以及经营管理关键岗位等重点人员，对涉及水利基建工程领域的问题线索进行大排查，建立问题线索台账，做好梳理分类，将问题线索处置责任明确到部门、落实到具体人。经排查，党的十九大以来，水利部安排中央预算内投资且尚未竣工验收的直管水利基建项目346项，总投资599亿元，共发现问题线索141个，截至2024年年底，已完成整改132个，其余9个正抓紧推进。

二、切实抓好问题整改

督促各级党组织压紧压实管党治党责任，树牢问题意识，坚持问题导向，切实抓好问题整改。对照自查发现的问题、信访举报、12314平台等渠道中群众反映的问题，以及巡视巡察、审计监督、项目稽察、纪检监察发现的问题，列出问题清单，制定整改方案，建立问题台账和整改落实台账，明确整改措施和时限，紧盯不放、一抓到底，逐项对账销号。健全完善相关制度，并强化制度执行力度，从源头上预防和治理水利基建工程领域腐败问题，努力把每一座水利工程都建成民心工程、优质工程、廉洁工程。

三、加强廉洁风险防控

持续深化"以案促教、以案促改、以案促治"专项行动，举办廉政大讲堂，邀请中央纪委国家监委有关负责同志作专题辅导讲座，召开警示教育大会，用身边事教育身边人。制定印发关于加强新时代水利廉洁文化建设的实施意见，引导党员干部坚定理想信念，树牢正确的权力观，增强拒腐防变能力，一体推进不敢腐、不能腐、不想腐。

敖　菲　执笔
孙高振　审核

专栏 106

全国水利系统"双先"表彰大会召开

水利部人事司

2024年11月26日，全国水利系统先进集体、先进工作者和劳动模范表彰大会在京召开，水利部、人力资源社会保障部负责同志为97名受到表彰的集体、个人代表现场颁授奖章、奖牌和证书，3名受表彰代表作交流发言，57位司局（单位）负责人现场见证，300多个地方水利系统单位视频连线观看仪式直播。水利部部长李国英出席大会并讲话，勉励广大水利干部职工要以先进为榜样，以典型为标杆，永葆爱党为党的绝对忠诚，站稳造福人民的根本立场，扛牢水利高质量发展的时代使命，练就善作善成的过硬本领，筑牢廉洁自律的坚固防线，为推动水利高质量发展、保障我国水安全作出新的贡献。

全国水利系统"双先"评选表彰是党中央、国务院批准水利部保留的唯一一项联合人力资源社会保障部开展、享受省部级表彰奖励获得者待遇的活动，每5年开展一次，是水利系统的最高荣誉。为切实将最具有先进性、典型性、代表性的表彰对象选出来，评选表彰工作领导小组科学设置评选条件、合理分配表彰名额、认真选取表彰对象。在评选标准上，细化表彰对象须在推动水利高质量发展"六条实施路径"中作出突出贡献等具体要求；在名额分配上，统筹考虑水利发展改革任务量、水利职工数量、重点任务完成情况，重点向地方水利单位倾斜；在对象选取上，聚焦规划计划、水旱灾害防御、水资源集约节约利用保护等水利中心工作，同时统筹兼顾水利行业各领域；在树立导向上，重点向长期工作在条件艰苦地方和基层一线的对象倾斜。经严格履行"两审三公示"程序要求，最终评选产生100个全国水利系统先进集体、209名全国水利系统先进工作者、9名全国水利系统劳动模范。

本次评选表彰活动具有6个"首次"的特点：首次由两部主要负责同志亲自担任评选表彰工作领导小组组长，高位推动表彰工作；首次对受表彰先进个人进行全覆盖考察，确保表彰对象质量；首次向被表彰先进个人发放一次性奖金，强化激励作用；首次单独举办高规格表彰仪式，到现场受奖人数远超历届；首次设置代表亮相环节、制作播放暖场视频，让先进模范感受到尊崇礼遇；首次在线直播颁奖仪式，扩大影响面。此次评选表彰工作有效激发全国水利系统各级单位、广大干部职工的干事创业热情，推动提升干部职工对水利行业的认同感、自豪感，增强水利事业发展的凝聚力、感召力。

袁　静　张建民　执笔
郭海华　骆　莉　审核